第一次世界大战总盘点

毛元佑◎编著

军事科学出版社

图书在版编目（CIP）数据

第一次世界大战总盘点 / 毛元佑编著. —北京：军事科学出版社，2014. 7

（“一战百年”系列丛书）

ISBN 978-7-80237-711-0

Ⅰ. ①第… Ⅱ. ①毛… Ⅲ. ①第一次世界大战—研究 Ⅳ. ① K143

中国版本图书馆 CIP 数据核字（2014）第 151951 号

书　　名： 第一次世界大战总盘点
作　　者： 毛元佑
责任编辑： 邢　扬
封面设计： 纪　奕
出版发行： 军事科学出版社（北京市海淀区青龙桥 100091）

标准书号： ISBN 978-7-80237-711-0
经 销 者： 全国新华书店
印 刷 者： 北京鑫海达印刷有限公司
开　　本： 700 毫米 ×1000 毫米 1/16
印　　张： 26
字　　数： 322 千字
版　　次： 2014 年 7 月北京第 1 版
印　　次： 2014 年 7 月第 1 次印刷
印　　数： 1~4000 册
定　　价： 53.00 元

销售热线：（010）62882626　66768547（兼传）
网　　址： http://www.jskxcbs.com
电子邮箱： jskxcbs@163.com

目录

CONTENTS

前言

岁月能够风蚀人的相貌，时光却难以冲淡人的记忆。

于是，人类社会有了许多的纪念日，甚至许多的节日本身就是纪念日。

人们总是喜欢回忆过去，喜欢纪念往事。在人类社会发展的历史长河之中，有许多过去的人、有许多过去的事，不会随着时光的流逝而淡出人们的脑海。在这许多的人和事中，战争，因其残酷，因其剧烈，因其带来的惨痛，更是给人类留下了历久而弥新的回忆。

一战阵亡将士墓地遍布欧洲大陆，墓地中那密密麻麻的十字架，经常会勾起人们对战争的痛苦回忆

往日的刀光剑影可以暗淡，往日的鼓角铮鸣可以远去，但战争留给人类的印记却永远难以磨灭。

1

2014年，最值得人类回忆和纪念的战事，无疑是100年前爆发的那场世界大战了。

这不，2014年尚未到来，世界上的有关国家就为此张罗开了。2014年1月2日《参考消息》以“一战百年引爆没有硝烟的战争”为题，报道了相关的消息。请看这条报道：

［美国《洛杉矶时报》网站12月29日报道］题：一战百年纪念计划引发论战

那场曾被指望结束所有战争的战争并没能像人们指望的那样。但是谁又会知道，它在差不多一个世纪之后仍在挑起冲突。

随着欧洲准备在2014年纪念第一次世界大战爆发100周年，围绕如何才能最好地记住一场夺走了千百万人生命并彻底改变了人类历史走向的战争，已经爆发了论战。

在整个欧洲大陆都将举行纪念活动的情况下，一些人希望彰显一战作为英、法等国的一次重要胜利的地位——这些国家是付出了惨重代价才赢得战争的。然而，这可能会让现在的盟国德国感到不快——德国是这场战争的战败国。

其他一些人则警告说，真正的教训——即战争的疯狂——有可能被军国主义傲慢的炫耀所掩盖。他们指出，应该把重点放在和平上。

这些在公开及私下场合进行的争论，体现了大西洋这一侧的人们对于第一次世界大战的持续迷恋。对于许多欧洲人来说，1914～1918年的这场战争仍然是他们现代历史的决定性事件，是一场规模前所未有并且为第二场全球浩劫埋下了祸根的灾难。

在英国，囊中羞涩的政府正在计划长达4年的“国家纪念行动”，其中包括电影、讲演、博物馆展览、守夜仪式、社区历史项目以及学校组织学生前往佛兰德战场遗址凭吊的活动。

法国总统奥朗德将空前地向参加过一战的全部72个国家的领导人发出邀请，请他们到巴黎与他一起出席7月份的年度阅兵式。在战争中失去了100多万士兵的法国还将落成最新的阵亡者纪念碑，并纪念具有重要战略意义但同时也极其血腥的1914年马恩河战役。那次战役在大约一周时间里造成了多达50万人伤亡，并导致双方军队在西线战场战壕中长达数年的僵持。

邻国比利时也将举行类似的活动。甚至连被认为是一战头号侵略国的德国也将在百年之际举办若干展览，这些展览强调的是在很多年后的今天欧洲联盟所具有的团结意义。驻伦敦的德国大使馆发言人诺曼·瓦尔特说：“我们的目光放在和解上面，即让从前的敌人尽可能多地走到一起，并证明我们已经从错误中吸取了教训。”

但是在其他地方，一些纪念活动的性质和调子已经变得极具争议性，尤其是英国。

当首相戴维·卡梅伦把即将到来的纪念活动与去年女王伊丽莎白二世登基60周年“钻石禧年”庆典相提并论时，许多人感到震惊。他们担心政府为期4年的纪念计划——包括2000多场展览和活动——最终将沦为对一场本来绝不该发生的战争的庆祝。一个简称“绝非光荣”的联盟反对任何低估一战惨痛代价的行为。该联盟已经得到了包括影星裘德·洛和艾伦·里克曼在内的英国名人的声援。

和平行动团体“制止战争”的成员克里斯·宁哈姆说：“任何以理智或人道方式进行的第一次世界大战纪念活动都必须围绕防止战争重演的内容展开。这不是政治立场，这是人道立场。”

批评者们对于官方纪念计划中的爱国狂热或军人自豪感到担心：有人甚至察觉到一项正在进行的政治议程，即试图对历史重新诠释，以便为英国目前较具鹰派味道的外交政策开脱。

宁哈姆的团体正在打算组织针锋相对的活动。他说:“如果你阅读有关纪念活动的文字报道,显而易见存在一种决心为20世纪甚至是世界历史上最可怕的杀戮之一恢复名誉的努力。”

英国政府否认自己有美化一战的企图,并表示政府欢迎围绕历史问题的讨论。牛津大学教授休·斯特罗恩警告说:“我肯定不会认为我们应该颂扬任何战争……但是另一方面,如果你不得不打一场战争,那么赢得这场战争也许会成为重要的事情,因此在这样的语境下,对于获胜方来说,庆祝一下的想法是讲得通的。”

从许多方面来说,围绕这场战争的分歧与这场战争本身一样古老。斯特罗恩指出,意见的两极分化在20世纪20年代有所加剧,尤其是随着小说《西线无战事》的出版。随后,关于将领无能但士兵勇敢的压倒性叙述——用经典的说法是“驴子指挥雄狮”——变得十分普遍。

伦敦帝国战争博物馆的历史学家尼格尔·斯蒂尔说,1964年纪念一战50周年的时候,许多从战壕里爬出的老兵仍然健在,从而使冷静的讨论变得比较困难,而现在人们有机会以更加客观和多维的方式审视这场战争。

这家博物馆是一战还在进行时就建立的,因为当时人们已经知道那些战事的重要性以及记住它们的意义所在。在耗资5700万美元翻修之后,博物馆的一战陈列品室将于明年夏天重新开放,它们将提

战争中摧毁的不仅是教堂,更重要的是摧毁了人们的信仰

供英国有关这场战争的最全面的观察，不仅有战场上英勇行为的描述，也有关于大后方的巨大挑战和变革的内容。斯蒂尔说："我们将会在宏观的历史背景下作出解释，确保人们不会忘记。我们的目的是解释战争为什么会发生。这绝对不是美化战争，也不是要发出必胜主义的信息。"

2

前事不忘，后事之师。

历史是一面镜子。我们回忆战争，我们纪念战争，不是为了歌颂战争，粉饰战争，美化战争。恰恰相反，我们回忆战争，是为了寻找战争的根源，吸取过去战争的教训，从而遏制战争，维护和平。研究第一次世界大战的起因，可以为我们认识和处理战争与和平问题提供有益的借鉴。

第一次世界大战的爆发，与以往的战争有着共性的原因。战争，这个人类自相残杀的怪物，自从它登上历史舞台的那一天起，便同人类社会发展如影随形，须臾不离。只要社会还有阶级矛盾存在、国家利益纠葛、领土主权争端、民族纷争冲突等，战争就不可避免，就不会消亡。因此，发生在 1914 ~ 1918 年的第一次世界大战，不是历史的反常，而是周期性的正常事件。因为战争早已植根于阴暗的历史土壤之中。然而，第一次世界大战的爆发，又有着特殊的根源，帝国主义的侵略、掠夺、强盗的本性决定了大战的不可避免。

关于第一次世界大战的起因，西方国家早已进行过大量研究，起初是从追究战争责任展开的。但是由于立场、观点和方法不同，得出的结论也会迥然不同。英、法、美等国学者把战争的罪责都推给了德国，认为德皇威廉二世和德军统帅部是发动战争的罪魁祸首。西方许多学者追溯19世纪欧洲各国历史，把战争归因于秘密外交和同盟体系、军国主义、民族主义等。还有人则归咎于所谓人类好战的本性、没有超国家的世界政府、缺乏民族间和睦和解的道德观念、普法战争以后法国的复仇欲望、克里木战争后俄土对立、巴尔干的民族纷争、德国海军扩张等一些具体问题。从某一角度、某一侧面来说，这些观点都有其道理。但是，这些观点都不全面，都没有回答第一次世界大战最本质、最核心、最深层次的根源。

第一次世界大战是帝国主义两大军事集团为争夺世界霸权、重新瓜分殖民地、争夺势力范围和奴役他国人民而进行的首次具有全球规模的战争。这次大战最深刻的根源在于帝国主义时代资本主义国家发展不平衡和长期以来国家利益纠纷引起的冲突不断加剧的必然结果。人类进入20世纪时，若干资本主义国家已经发展到垄断资本主义的阶段。垄断代替了“自由竞争”，但没有排除竞争。相反，在垄断基础上的竞争更为激烈。各垄断资本集团只有夺取更多的原料产地、商品倾销市场和投资场所，才能在竞争中战胜对手。为了维护垄断资本家在斗争中的有利地位，各帝国主义国家纷纷加入了瓜分殖民地和势力范围的行列。在列强分割世界领土的斗争中，英、俄、法3个老牌帝国主义国家抢得的最多，而德、美、日等后起的帝国主义国家则所得无几。但是，资本主义国家的经济发展是不平衡的，明显地表现为一些后起的国家跳跃式地超过了另一些国家。新兴的帝国主义国家强烈要求按“资本”和“实力”来改变它们在占有世界殖民地和势力范围上的比重。当世界已被瓜分殆尽的时候，采用武力手段也就成为必然的选择。

第一次世界大战是一场帝国主义战争。无论对同盟国还是协约国来说都具有侵略的、非正义的和反动的性质。列宁指出：“这场欧洲的和世界的大战具有十分明显的资产阶级、帝国主义、王朝战争的性质。战争唯一的真实内容和意义是：争夺市场掠夺其他国家，力图制止国内的无产阶级和民主派的革命运动，力图愚弄、分裂和屠杀各国无产者，为了资产阶级的利益唆使一国的雇佣奴隶去反对另一国的雇佣奴隶。”虽然一些殖民地和半殖民地的国家被拖入战争，实出于无奈，不能与帝国主义国家混为一谈，但并不能改变整个大战的帝国主义性质。

曾经，有许多人认为，第一次世界大战是一场“结束战争的战争”，但是，这场残酷无比的战争既没有结束战争，也没有带来“美好的世界”。饱尝战争之苦的人们并没有吸取历史的教训，无论是战败的德国，还是战胜的其他国家，在时过不久又重蹈覆辙，重新选择了战争。于是，战争的火种仍在地球上燃烧，战争的阴云仍然笼罩在世人头上，了无止境，没有尽头，并且随着科技的进步、武器的发展而变得越来越残酷，越来越可怕。正如一位西方军事理论家所说：“我们的文明可以很好地创造战争，但是它却忘了怎样制造和平。战争的手段开始垄断着战争的目的，结果战争便以另一种形式继续进行了，这样当然不可能有和平。”

残酷的现实告诉我们，帝国主义和霸权主义仍然是战争的根源。只要战争的根源不消除，战争的威胁就会存在。这在过去是，现在仍然是一个难解的困局。

第一次世界大战是人类历史上第一次世界规模的战争。在过去的历史上，曾经发生过 1.45 万余场战争，但由于生产力水平、科学技术、交通工具、武器装备等方面的限制，难以发生世界性、全球性

这位一战伤残老兵胸前挂满的勋章，不仅记载了他的功劳，也记录了人类遭受的战争创伤

的暴力对抗和武装冲突。战争最多是在国与国之间或几个国家之间进行，因此，充其量只能是地区性战争，而不可能形成全球性规模，所有的军事行动只能在当时人们力所能及的陆上或海上进行，严格地说仍属于局部战争的范畴。而第一次世界大战则明显不同，无论是战争的空间范围，还是涉及的国家、投入的兵力、作战的规律和方式，都发生了重大变化，与过去相比已不可同日而语。

第一次世界大战参战国家之多、战场之辽阔、战役战斗之激烈、伤亡之惨重、财物消耗之巨大、影响之深远，都是史无前例的。这场战争经过 4 年 3 个月的厮杀，共有 35 个国家和地区占世界人口总数 3/4 的 15 亿人卷入战争，战争以欧洲为中心，涉及亚洲、非洲和大西洋、地中海、太平洋等广大地域，各国共动员 7350 万人参战，直接用于战争的费用达 1863 亿美元，间接费用 1500 多亿美元，相当于拿破仑战争到第一次世界大战前世界历次战争开支总和的 10 倍。交战各国军人阵亡人数约 1000 万人，负伤和失踪 2897 万人，造成平民死亡 1261 万多人。

丘吉尔在他的回忆录中这样写道：“它们记下了数百万人的苦难、艰险和激情。他们的汗水、他们的泪水、他们的鲜血打湿了无垠的平原。千家万户等待着他们的归来。成百座城市准备欢呼他们的胜利。但所有人都失败了，所有人都受到了打击，他们付出的一切都付诸东流，他们蒙受了骇人听

第一次世界大战后，这样的伤残老兵在主要交战国的街头随处可见

闻的伤害，他们忍受了匮乏，他们以典型的无限忠诚献身，但一切牺牲都化为乌有。任何人都一无所得，那些经历过无数战斗日夜的老兵最终回来了，带着胜利荣誉感抑或不幸消息，回到了早已被灾祸吞没的家乡。”

第一次世界大战开创了一个战争的总体性的世纪：手段的总体性、力量的总体性和目的的总体性，它使战争向立体的、机械化方向发展。在这次世界大战中，各主要参战国破天荒地第一次实施国民经济总动员，使战争带有真正的总体性。武器装备和军事技术迅速发展，飞机、飞艇、坦克、反坦克炮、迫击炮、远程火炮、毒气弹、烟幕弹、高爆弹、无线电通信和光学测量等技术器材开始大量装备部队并使用于战场，航空兵、坦克兵、防化兵等新的兵种闪亮登场，战争不再限于陆地和水面，而且扩大到空中和水下，从而使战争开始具有立体战的性质。

第一次世界大战中被炮火摧毁的城市，印证了战火的残酷与无情

第一次世界大战的战役，同样表现出大战的性质。每次重大战役，双方都投入了大量的兵力兵器；每次战役，都会造成几十万上百万士兵的伤亡。战争，总会带来灾难与苦痛，流血与死亡。但是，像第一次世界大战这样，交战双方

不计后果地拼消耗，造成死伤枕藉，血流成河，在战争史上却是少见的。

第一次世界大战，使外交官无事可干，而为众多的将军们提供了发挥自己才能的广阔舞台。在战争中，将军们手握大权，地位尊荣。但战场上大量的伤亡，使交战双方的指挥者声誉受损，为人诟病。战后不少人认为，第一次世界大战是战争艺术的大倒退，战争走进了死胡同。战时任法国总理的克莱孟梭从中总结出一条经验教训就是：“战争太重要了，不能交给将军们去干。”但是，公平地说，消耗战所带来的僵局和痛苦，不能完全怪罪那些手握重权的将军们。从某种意义上讲，这次世界大战的消耗战是当时历史条件下的必然产物。世界规模的战争，作战双方在军事力量上的相对平衡，武装斗争手段的不够完善，西线战场的相对狭小，以及缺乏进行世界战争的指挥经验等，使当时各国的将帅们不得不依靠消耗成千上万的士兵和炮弹来赢得战场上的胜利。最主要的是，他们生活在战争史上火力大大超过机动力的时代，机枪和火炮的威力巨大，这是造成第一次世界大战血流成河的重要原因。

3

我们深知和平的可贵，因此，我们珍爱和平，我们要尽力维护和平；我们饱受战争的苦难，因此，我们厌恶战争，我们要尽力反对战争。但是，爱好和平，必须有维护和平的手段；厌恶战争，必须有反对战争的实力。能战方能止战，能战方能言和，这是历史留给我们的经验和教训。

和平是人民的永恒期望，和平犹如空气和阳光，受益而不觉，失之则难存。没有和平，发展就无从谈起。习近平同志指出，走和平发展道路，是我们党和国家根据时代发展潮流和我国根本利益作出的战略抉择。中

一战开始时，正在街头无忧无虑玩着排兵布阵游戏的孩子，不会想到他们的父兄正在前方浴血奋战，而他们在20年后也将奔赴另一次世界大战的战场

华民族是爱好和平的民族。消灭战争，实现和平，是近代以后中国人民最迫切、最深厚的愿望。走和平发展道路，是中华民族优秀文化传统的传承和发展，也是中国人民从近代以后苦难遭遇中得出的必然结论。中国人民对战争带来的苦难有着刻骨铭心的记忆，对和平有着孜孜不倦的追求，十分珍惜和平安定的生活。中国人民怕的就是动荡，求的就是稳定，盼的就是天下太平。

实现中华民族伟大复兴，是中华民族近代以来最伟大的梦想。实现中国梦的奋斗目标，必须有和平的国际环境。没有和平，中国和世界都不可能顺利发展；没有发展，中国和世界也不可能有持久和平。国防和军队建设是国家安全的坚强后盾，没有一个巩固的国防，没有一支强大的军队，和平发展就没有保障。

落后就要挨打，发展才能自强。回想100年前，中国是第一次世界大战的参战国，也是第一次世界大战的战胜国，中国为第一次世界大战协约国的胜利作出了自己的贡献。但是，令无数中华儿女愤慨的是，中国不仅没有享有战胜国应当享有的权利，反而沦落到如战败国同样任人宰割的地步。这一悲惨的际遇是近代中国屡遭欺侮的继续，也是近代中国屡遭凌辱的缩影。这一残酷的现实告诉我们这样一个真理，在一个弱肉强食的世界里，弱国无外交，维护自己的权利靠的是实力。正如习近平同志2012年11月29日在参观《复兴之路》展览时所指出的："回首过去，全党同志必须牢记，落后就要挨打，发展才能自强。"

如今的中国与当年相比，已经发生了天翻地覆的变化，与100年前相比已经不可同日而语。现在，我国的综合国力、核心竞争力、抵御风险的能力显著增强，国际地位和国际影响力显著提高，战略回旋空间不断扩大。我们维护安全的手段和选择增多了，可以灵活运用、纵横捭阖。但千万不能忘记，军事手段始终是保底的手段。

当今世界，求和平、谋发展、促合作已成为不可阻挡的时代潮流，国际形势保持总体和平、缓和、稳定的基本态势。但是，我们要充分估计前进道路上可能遇到的困难和风险，清醒地看到国家安全面临的机遇和挑战。中华民族伟大复兴绝不是轻轻松松、顺顺当当就能实现的，我们越发展壮大，遇到的阻力和压力就会越大，面临的外部风险就会越多。这是我国由大向强发展过程中无法回避的挑战，是实现中华民族伟大复兴绕不过去的门槛。

在现阶段，我国发生大规模外敌入侵的战争可能性不大，但因外部因素引发局部战争和武装冲突的可能性不能低估。当前，国际体系加速演变和深度调整，世界正处于前所未有的大变局时期，各种国际力量加快分化组合，大国关系进入全方位角力新阶段，围绕权力和利益再分配的斗争十分激烈，霸权主义、强权政治和新干涉主义有所上升，天下并不太平，局部动荡频繁发生，世界依然面临着现实和潜在的战争威胁。我国安全的不稳定性不确定性增大，我国安全和发展的国际环境更加复杂，我国周边特别是海上方向安全面临的现实威胁呈上升趋势。尤其应该清醒地认识到，我们在社会制度、意识形态等方面与西方国家完全不同，西方国家不论从国际战略格局上，还是从意识形态上，都不希望看到我们这样一个社会主义大国顺利实现和平发展。我们越是发展壮大，他们就会越焦虑，就越要加大对我国实施西化、分化战略的力度。对这一点，我们一定要做到心中有数。对于他们的政治图谋，我们决不能抱有任何幻想，必须保持高度警觉，充分认清国家安全形势的复杂性和严峻性，强化随时准备打仗的思想，保持战略清醒和战略定力，保持箭在弦上、引而待发的高度戒备态势。我们不希望打仗，但我们必须做好准备、有强大的军事力量，有打赢的能力，才能实现不战而屈人之兵，达到“以戈止武”的目的。

我们坚持走和平发展道路，决不干称王称霸的事，决不会搞侵略扩张，但如果有人要把战争强加到我们头上，我们必须能决战决胜。我们渴望和平，但决不会因此而放弃我们的正当权益，决不会拿国家的核心利益做交易。维护和平，遏制战争，保证社会主义现代化建设的顺利进行，必须具备制胜的力量，有强大的实力，能够威慑对手，使其不敢轻举妄动，才能有效地避免和制止战争。能战方能止战，准备打才可能不必打，越不能打越可能挨打，这就是战争与和平的辩证法。

空谈误国，实干兴邦。当前，世界新军事革命加速发展，对国际政治军事格局产生了重大影响。这场世界新军事革命既给我军提供了难得的历史机遇，也提出了严峻挑战。我军现代化水平与国家安全需求相比差距还很大，与世界先进军事水平相比差距还很大，我们一定要充分认识我国安全和发展面临新形势新挑战，充分认识国防和军队建设的重要地位和作用，自觉担当起维护国家主权、安全、发展利益的重大责任，增强忧患意识、危机意识、使命意识，以只争朝夕的精神，埋头苦干，抓紧快干，推动国防和军队现代化建设跨越式发展，为实现中国梦提供坚强的力量保证。

第一章

此消彼长，力量失衡

19世纪20世纪之交，世界进入帝国主义时代。一些新兴国家的崛起，打破了旧有的国际秩序，世界战略格局发生了重大变化。力量的失衡，导致旧的矛盾没有解决，新的矛盾又不断出现。各大国之间盘根错节的矛盾将大战的种子早已埋进历史的土壤里，事实最终证明，和平只不过是一种虚幻的梦想。

1

世界突然变换了模样

经济政治发展的不平衡是资本主义的绝对规律。到了帝国主义时期，由于生产的高度集中及科学技术的迅速发展应用，特别是垄断的确立，资本主义发展的不平衡性异常加剧了。后起的资本主义国家以跳跃的方式，在很短的时间就赶上或超过了老牌的帝国主义国家。德国、美国、日本等后起的帝国主义国家迅速发展，实力急速膨胀，而英国、法国、俄国等老牌殖民帝国却发展相对缓慢。

英法俄等大佬“Out”了

19世纪中叶，英国是资本主义世界最发达的国家，有“世界工场”之称，世界各地到处都有英国的商品，大英帝国成为世界经济市场的垄断者。直到19世纪70年代，英国的煤、铁、布匹等产品的产量均超过法、美、德三国的总和。但是，英国的工业生产设备比较陈旧，海外殖民地可以提供富足的超额利润又严重妨碍了国内资本家采用新技术改造旧设备的积极性，从而影响了英国经济的发展。例如，英国首先发明了连续炼钢法，但由于上述原因始终未能在国内推广采用，相反其他欧洲国家却大量采用了这一炼钢新技术，促进了钢铁工业的发展。与后起的资本主义大国相比，英国相对地落后了。1850 ~ 1870年，英国工业的年增长率为3.2%，1870 ~ 1913年下降为1.9%。19世纪80年代，英国的工业产值已被美国超过，20世纪初又被德国超过，退居世界第三位。英国的工业产值在世界工业总产值中的比重，也从1870年的32%下降到1910年的14%。到第一次世界大战爆发前夕，英国的钢产量为每年700余万吨，只有美国的1/4，不到德国的一半。这些说明，英国已丧失了世界工业的垄断地位。

19世纪中叶以前，法国的工业生产总值仅次于英国，居世界第二位。但从1870年开始，法国经济的发展速度已明显落后于其他资本主义强国。至19世纪末期，就法国的工业发展水平而言，只相当于一个中等程度的国家。法国工业发展缓慢，普法战争的失败对其经济发展带来了严重影响。在这次战争中，法国耗费了100亿法郎的巨额军费开支。战后，法国又被迫向德国支付了50亿法郎的战争赔款，致使工业生产资金短缺，阻碍了国内经济发展。法国两个重要的工业区阿尔萨斯和洛林割让给了德国，丧失了丰富的煤铁资源。法国还是一个充满着大量落后的小农经济的国家。19世纪末，农业人口占总人口的61%，拥有土地10公顷以下的小农户占农户总数的84%，但只占有全部耕地的25%左右。农民的贫困和农业经营的分散，造成了农业生产技术的落后和国内市场的狭窄。19 世纪 70 年代，在法国开始出现工业生产集中的趋势，到 19 世纪末 20 世纪初，发展到垄断资本主义阶段。从 1900 年至 1913 年，铁路长度、煤的开采量和钢产量都有了大幅度的增加，汽车产量占世界第二位。但是，工业生产速度和德国、美国相比仍然比较缓慢。重工业是一个比较落后的部门，机器制造业的发展更是停滞不前，大部分机床设备依靠从国外进口。1913 年，美国的生铁熔冶量比法国多 6 倍，德国比法国多 2 倍。因此，速度缓慢是法国经济发展的显著特点，其工业生产总值在世界工业生产总值中的比重从第二位下降到了第四位，法国的实力地位受到了严重的削弱。

德美等新贵后来居上

与英法两国形成鲜明对照的，是德美等后起的资本主义国家的崛起。从 1870 年至 1910 年，德国的工业生产总额从占世界总额的 13% 上升到 16%，美国则从 23% 上升到 35%，到了 20 世纪初，美国和德国分别成为世界上第一位和第二位的经济强国。

弗里德里希·阿尔弗雷德·克虏伯（1854 ~ 1902），德国制造业巨子，借德对外发动战争之机，使从父亲手中继承的钢铁企业得到快速发展。克虏伯由此几乎成为德国制造业的代名词。克虏伯公司以制造火炮闻名于世，其创始人老克虏伯即享有“火炮大王”之誉

经济政治发展的不平衡，导致各资本主义大国之间的实力对比发生重大变化。帝国主义大国争夺势力范围的斗争是以它们的资本和实力为基础的。随着实力发生变化，力量对比失去原有的平衡，国家之间的矛盾不断激化。各个强国为寻求新的平衡，在经济、外交、政

治等领域展开了激烈的竞争和较量。一旦非暴力手段不能解决矛盾，那么只有诉诸武力通过战争来解决问题了。

2 和平成为虚幻的梦想

当20世纪来临的钟声敲响时，生息在地球上的芸芸众生怀着对美好未来的憧憬和希望，挥手告别了身后那苦雨凄风的19世纪，踉踉跄跄地迈进了20世纪的门槛。爱好和平的人们，希望新的世纪不再充满战争的血腥。但是，“永久的和平只维持到第二年”，这句俄国的谚语不幸而准确地概括了人类长期而不间断的流血记录。

人类会走出历史的怪圈吗

据当时的西方学者统计，在大约3457年有记载的历史中，就有3230年有战争，和平只不过短短的227年。

英布战争期间，英国士兵争相传看战报

19世纪和20世纪之交的地球，也没有走出这个怪圈。19世纪的最后两年，战争连绵。1898年，美国和西班牙为了争夺对美洲的古巴和亚洲的菲律宾的控制权，大打出手。1899年，英国为了夺取在南非的控制权，发动了英布战争，对南非的两个布尔共和国大动干戈。

20世纪的第一年，就预示着这个新的世纪不会是一个平静的世纪。西方8个帝国主义强盗联手入侵中国。几年之后的1905年，为了争夺中国东北，日本和沙俄在中国的东北进行了一场狗咬狗的战争。

不过，这些战争只是局部的，可以说是小打小闹。从总体上来说，世界处在一种特殊的和平状态。这种和平，是刺刀下的和平，被称为“武装的和平”。这一时期，许多殖民地国家的命运，几乎都同中国一样，成了帝国主义列强的“和平晚餐”。和平只是对于强国而言的，对弱国和各个沦为殖民地的国家来说，其实没有和平，只有遭受列强入侵的悲惨与苦痛。

《大幻想》注定只是幻想

尽管如此，这种武装的和平仍使人们产生了一种幻想。1910年，一位名叫安吉尔的英国经济学家、和平主义者的一本新著《大幻想》，在出版后成了畅销书。

俄军队在中国东北进入野战防御阵地

安吉尔在这本书中，力图证明战争是不可能的。他的立论似乎无懈可击。他认为，在当时各国财政经济相互依存的情况下，胜者和败者同样遭殃，战争已成为无利可图的事情。所以，没有一个国家会愚蠢到发动一场战争。这本书被译成了11国文字，他本人则成了受人崇拜的偶像。

在英国的曼彻斯特、格拉斯哥以及其他工业城市的一些大学，安吉尔的忠实信徒组织了40多个研究小组，致力于宣传该书的教义。其中最为热忱、最为著名的一位粉丝是伊谢尔子爵，此人是一个对军事政策颇具影响的人物，他是英王的朋友和顾问，英国陆军委员会主席。陆军委员会受命对布尔战争后的英国陆军进行改造。这位位高权重的大人在剑桥大学和巴黎大学专门开设了讲座向大学生们讲授《大幻想》。他在课堂上阐明“新的经济因素一清二楚地证明侵略战争是荒唐愚蠢的”。他说，一场20世纪的战争，其规模之大当使“商业遭劫，财政崩溃，人民遭殃”。这些不可避免的后果，将“包含着克制力量”，使战争毫无可能。他在英军的三军俱乐部里，向听讲的军官们说，由于各国利害关系的相互交织，战争“已成为日益困难和不可能的了”。

这种理论，乍听上去似乎不无道理。的确，19世纪末20世纪初，世界的发展进入了一个新的阶段，即由资本主义进入帝国主义的阶段。由于19世纪50～60年代，欧洲、北美和日本的资产阶级性质的革命和改革不同程度地扫除了生产力进一步发展的障碍，世界资本主义经济得到了显著发展。1870～1900年，世界工业总产值翻了一番。重工业超过了轻工业占据了主导地位，化学、电力、石油、汽车等新的重工业部门也相继出现，资本主义迅速向世界扩展，资本主义的世界经济体系逐步形成。

生产和资本的不断集中，导致了垄断的产生和发展。由于金融资本统治的确立，资本输出对帝国主义具有十分重要的意义。1872年，英、法、德3国对外投资总额还只有250亿法郎，1902年即增加到1015亿法郎，而到一战前夕更增至1750亿法郎。2000亿法郎，在全世界布下了对金融资本依赖和联系的密网，使绝大多数国家特别是亚非拉广大地区成了他们的债务人和进贡者。世界似乎变成了一个不可分割的整体。

工业国家在19世纪和20世纪交替时期经济的高度发展、工业生产的增长和技术的进步，在20世纪初得到了迅猛的增长。钢铁生产工艺和化学工业取得很大成就，电工技术方面发明了直流发电机和电动机，通讯器材方面发明了电话和无线电报，内燃机制造出来了，由此便出现了汽车和飞机，铁路网大大扩展起来。现代交通的发展，尤其是电报和印刷机的出现，也似乎给天下一家、四海之内皆兄弟提供了某种可能。

然而，安吉尔及其信徒们只是看到了问题的一面，而没有看到另一面。正是在这个历史时期的阴暗土壤之中，孕育着第一次世界大战罪恶的种子。

3

大棋盘上的新老棋手

第一次世界大战是帝国主义时代的产物。世纪之交，西方国家先后由资本主义进入帝国主义阶段。自从帝国主义这个怪物出现后，1898年前那种“武装的和平”局面再也难以维持下去了，帝国主义开始“从和平扩张转到用武装斗争来重分殖民地和势力范围”。

德国人抑制不住“发财的欲望”

帝国主义就其经济实质来说是垄断资本主义。追求最大限度的利润是垄断资本主义的动力。在这种新的动力的驱使下，垄断资本主义更加贪婪，更富于掠夺性、侵略性和冒险性。垄断资本不仅在国内力图独占一切和掠夺一切，而且在国外也力图独占一切，掠夺一切。一战前夕，德国总参谋长毛奇供认，驱使德国竭力向外扩张的动力是“发财的欲望”。他露骨地叫嚷，德国“要赚钱，要修铁路，要开矿”，“在这方面我们一点也不比德兰士瓦的英国人好一些”。在攫取垄断利润这一经济规律的支配下，势必走上扩张与侵略、瓜分世界与发动战争的道路。

西奥多·罗斯福（右一）在美西战争中，后来他成为美国总统

帝国主义阶段，由于资本和生产的集中程度日益加剧，对于追逐高额利润的垄断资本家来说，资本输出和对原料、商品市场的控制更加重要了。殖民地和半殖民地国家丰富的自然资源、广阔的市场和廉价的劳动力成为他们拼命争夺的对象。垄断资本家为了获取高额垄断利润，总是力图夺取和独占原料来源地、商品销售市场和资本输出场所。殖民地是这种经济扩张的理想对象，是帝国主义赖以生存的重要基础。例如，印度是英国的重要殖民地，印度市场对英国至关重要，英国出口商品额的60%以上都要倾销到那里。殖民地还是帝国主义强国缓和国内矛盾的调节阀。因此，殖民地也自然成为帝国主义拼命争夺的对象。老牌殖民强国英、俄、法等继续加紧扩张，新的殖民强国德、美、日也挤入了争夺者的行列。殖民者的铁蹄东奔西突，所到之处冲突迭起。经过近30年的紧张争夺，到1900年世界基本已被瓜分完毕。世界领土被数个强国所瓜分，标志着世界殖民体系的最终形成。

世界殖民体系，实际上就是资本主义发展到帝国主义阶段后所建立的世界资本主义经济体系。它包括对立的两个方面，一方面是控制殖民地、附属国的帝国主义国家，另一方面是被控制的广大殖民地、半殖民地国家。

老牌强国不甘落后

在所有的殖民强国中，英国是占有殖民地最多的国家。英国垄断资本主义的形成和发展，是与不断侵占殖民地紧紧联系在一起的。1876 年，英国殖民地领土总面积为 2250 万平方千米，殖民地人口为 2.52 亿人，1900 年英国的殖民地扩大到 3271 万平方千米，殖民地人口达 3.67 亿人。第一次世界大战爆发前夕，英国的殖民地已达 3300 多万平方千米，比它本国的面积大 100 多倍，殖民地人口增加到将近 4 亿，等于本国人口的 9 倍。英国的殖民地遍布全世界，号称“日不落帝国”。辽阔的殖民地对于英国资本主义的空前繁荣有决定性的意义。海外殖民地是英帝国主义赖以生存和发展的基础。庞大的海外领地也是英国实力地位的象征。19 世纪中期，英国成为世界第一强国，强大的经济军事实力使英国在向海外扩张方面远远走在其他国家的前面。同时，英国是个岛国并拥有海上优势，不必担心本土的安全，用不着在国内部署重兵。这种与其他国家不同的特殊地位使英国获得了空前庞大的殖民地。可是，进入帝国主义阶段后，英国的经济虽然继续有所增长，但和后起的强国相比已相对落后了。实力地位与殖民地的数量是成正比的，英国实力地位的相对下降，其庞大的海外领地便成了列强觊觎的猎物。英国的殖民体系受到了越来越严重的挑战。

沙皇俄国是第二大殖民帝国。俄国帝国主义的一个突出特征，就是具有浓厚的军事封建性质，这决定了它对外侵略扩张的疯狂性。俄国庞大的军事官僚机器从 19 世纪 60 年代到 20 世纪初不断向中亚、巴尔干和中国扩张，仅在中国就割去了 150 多万平方千米的国土。到 1914 年，它霸占的殖民地面积达1740万平方千米，仅次于英国，居世界第二位。

法国是欧洲大陆上的另一个老牌殖民强国。早在19世纪中期，法国殖民者的足迹就已遍布世界各大洲了。到第一次世界大战爆发前夕，法国的海外领地已达1098万平方千米，相当于本国面积的20倍，比德、美、日三国所拥有的殖民地总和还要多，成为仅次于英、俄的第三大殖民强国。

可是，帝国主义之间的力量对比，同历史上形成的殖民地和势力范围的占有状况极不相称。英、法、俄3国占据了近6000万平方千米的殖民地，占世界殖民地总数的85%以上。德、美、日3个后起的帝国主义国家仅拥有殖民地360万平方千米，只占世界殖民地总数的5%。英、法、俄3个老牌殖民国家拥有的殖民地竟是德、美、日的17倍。

在列强分割世界领土的筵席上，老牌帝国主义国家已经肚皮饱饱，而一些后起的资本主义国家抢到的，只不过是它们留下的一点残羹剩饭。一些老牌殖民国家拼命扩大和巩固自己已有的地盘，而那些新近崛起的帝国则强烈要求按照新的实力地位重新瓜分世界。于是，一个“有更多的激荡、跳跃、灾难和冲突的时代”开始了。

德国是第一次强烈要求重新划分世界势力范围的国家。从19世纪80年代起，在资本主义列强抢占殖民地的高潮中，德国也开始了向海外扩张。形形色色的要求向外扩张的殖民组织纷纷出现。1884年，德国侵占了西南非洲（纳米比亚）、多哥和喀麦隆，并开始在东非坦噶尼喀地区建立殖民地。1884～1885年，德国还占领了南太平洋上的马绍尔群岛和几内亚东北部，1891年，德国成立了最大的殖民组织——泛德意志协会。该协会有27个分会，分布于欧洲、美洲、亚洲和大洋洲等地。尽管德国加快了扩张的步伐，但和英国相比，它仍然是一个殖民小国，是一个迟到者。19世纪90年代，德国的“大陆政策”开始为“世界政策”所取代，所谓“世界政策”就是向海外扩张领土、扩大势力范围的政策。德国统治者强调强大的德国领土太小，缺少生存和发展的空间，公开宣称德国人只满足于蓝色天空的时代已经过去了，叫嚣要为自己追逐阳光下的地盘。19 世纪末 20 世纪初，德国进一步向非洲、亚洲和巴尔干等地区扩张，并企图以“三 B”铁路计划破坏英国的“三 C”铁路计划。所谓“三 B”铁路，是指德国计划创建的柏林—拜占庭—巴格达铁路，这 3 个城市的英文名称第一个字母都是 B，故称“三 B”铁路。“三 C”铁路是指英国计划修建的开普敦—开罗—加尔各答铁路，这 3 个城市的英文名称第一个字母都是 C，因此叫“三 C”铁路，这样，德国就可以控制巴尔干、土耳其和波斯湾等地，从陆上威胁英国在印度和埃及等地的统治。“三 B”铁路计划和“三 C”铁路计划的冲突，实际上表明新老殖民强国之间的矛盾已到了不可调和的地步。

除了德国外，美国也迫切要求向外扩张，寻求新的国外市场。美国和德国一样，都是瓜分世界势力范围这场盛宴的迟到者，当它们加入分割世界领土的行列时，可供掠夺的土地已所剩无几了。因此，美国也强烈要求按照实力重新划分世界势力范围。美国扩张的第一步目标是把西半球划为自己的势力范围，并向亚洲太平洋地区渗透。随着实力的增长，美国的扩张范围越来越大，中美洲各国逐步变成了美国的半殖民地。美国向外扩张，善于玩弄武力与经济相互配合的两手政策，即武力征服与经济渗透相结合。至 20 世纪初，美国基本上已在西半球建立了自己的霸权。美国拥有比德国更强大的经济实力，对老牌殖民强国来说具有更大的挑战性，由于美国远离欧洲大陆，尚未对英法等国构成直接威胁，因此德国仍然是老牌殖民强国最主要的对手。

德、美、日等国的崛起对旧有的殖民体系构成了新的挑战。在世界尚未被瓜分完毕的时候，新老殖民国家之间还可以通过抢占和分配新的“自由的”土地来暂时缓和矛盾。当世界已被分割完毕的时候，后来者

德皇威廉二世（左二）与英王乔治五世（右）同为维多利亚女王的后裔，但血缘关系没有让他们成为亲密的朋友。英国悠久的历史和庞大的殖民帝国，总是让德皇羡慕嫉妒恨

只能诉诸武力从别国手中抢夺土地了，旧有的资本主义经济体系已不能适应新殖民强国的需要。一方面，英、法、俄等老牌帝国主义国家力图维护自己的既得利益，维持已有的世界经济体系；另一方面，德、美、日等新帝国主义越来越不满足于仅获得被老牌殖民强国所遗弃和未及侵占的“自由土地”，它们要求从英、俄、法那里夺占更多的殖民地。

19世纪末20世纪初，发生了为重新瓜分世界的最初的几场战争。经过1898年的美西战争，美国从西班牙手中夺走了它的殖民地古巴、波多黎各和菲律宾。继之而来的是1899～1902年的英布战争和1904～1905年的日俄战争。重新瓜分世界的斗争使帝国主义国家之间的矛盾不断扩大和尖锐化。这些矛盾已到了不可调和的地步，只有“通过世界大战”才能解决。

4

战争成为唯一的出路

在帝国主义阶段，社会化的大生产和生产资料私人占有这一基本矛盾更加突出，其必然结果就是世界性经济危机以前所未有的规模频繁出现。20 世纪头 10 年即爆发了两次世界性经济危机，给资本主义各国带来了沉重打击。

经济危机震撼世界

第一次世界性经济危机发生于 1900 ~ 1903 年，这次危机震撼了整个欧洲，并扩展到美、日等国。危机期间，各主要资本主义国家工业生产急剧下降，大批工人失业，银行纷纷倒闭，中、小企业成批破产。从 1900 ~ 1903 年，法国生铁产量下降了 12%，钢产量下降 9%；德国的生铁产量下降 7.5%，钢产量下降 3.8%，这次危机对美国的打击非常严重，危机初期，美国的经济生产尚未受到严重冲击，但到 1903 年整个美国经济却遭到了空前的破坏。这年 6 ~ 12 月，美国的钢产量下降了 51.1%；5 ~ 12 月，生铁产量下降了 50.6%。

第二次世界性经济危机发生于 1907 ~ 1908 年。这次危机的时间虽然不长，但同样给整个资本主义世界带来了严重打击。德国的制造业减产了 1/3 以上，失业的工人数和破产的企业均超过了第一次危机。美国的钢铁生产减产了 2/5，车厢制造业减产了 3/4。英国和日本是世界上造船工业最发达的国家，在这次危机中这两个国家的造船业各减产了 50% 左右。

这两次危机刚刚过去 ,1913 年又出现了爆发新危机的征兆。因此，第一次世界大战爆发前的十几年，是资本主义世界危机四起的年代，危机激化了各种矛盾。一些帝国主义国家便企图通过战争来寻找出路。

伴随着经济危机的是一系列的政治危机。各主要资本主义国家内部的矛盾进一步尖锐，罢工运动此起彼伏，其规模和数量都达到了空前的地步。在英国，1910 年参加罢工的有 50 多万工人，第二年增加到 100 万人左右，1912 年则猛增到 150 万人。德国在 1910 ~ 1913 年间共发生了 11533 次工潮。在第一次世界大战爆发前的 6 年中，法国发生了 7260 次罢工。到 1912 年德国、俄国的罢工人数也都超过了 100 万人，奥匈境内还发生了工人武装暴动。

经济危机、罢工运动和其他国内矛盾导致政局的严重不稳。1905 ~ 1907 年俄国爆发了第一次资产阶级民主革命，沉重打击了沙皇专制制度的统治。1905 年，德国工人支持俄国革命，在全国各地举行了游行示威。同年，德国最大的鲁尔煤矿爆发了大罢工，88% 的工人参加了罢工，使煤矿陷于停顿。工人们提出了反对延长工作时间、增加工资等一系列经济上的要求。1906 年德国的工人运动出现了持续高涨的形势，工人们不仅提出了经济上的要求，而且还提出了政治上的要求。1910 年，汉堡、巴伐利亚、巴登、符腾堡等地都发生了工人要求政治民主的运动和要求改善经济地位的罢工。柏林工人区的罢工工人还同警察发生了流血冲突，造成了首都的政治危机。英国国内除了工人运动外，爱尔兰还要求独

这幅意大利漫画，形象地表明德国皇帝胃口之大，竟然妄想吞食世界

立。1911年爱尔兰铁路员工发起了大罢工，并建立了国民自卫军武装队伍，为争取建立爱尔兰独立共和国展开了新的斗争。德国最主要的盟友奥匈帝国的日子更不好过，阶级矛盾和民族矛盾交织在一起，使政局更加动荡不安，各民族都展开了要求独立的斗争。意大利人要求罗尔自治，波兰人要求民族独立，波斯尼亚、黑塞哥维那、克罗地亚等南部斯拉夫人则强烈要求摆脱奥匈帝国的统治，建立以塞尔维亚为中心的南斯拉夫国家。

帝国主义各国的经济政治危机还加重了殖民地、半殖民地人民的灾难。帝国主义国家为了自身的利益，千方百计地向经济落后的国家“输出危机”，倾销过剩商品，进行不等价交换。印度是英国最主要的殖民地，英国出口商品大量输往印度市场，严重阻碍了印度民族工商业的发展。印度各大工厂的机器设备、技术和资金都依赖英国资本家，原料来源与销售市场也受到英方的控制。工人们的工资极其低廉，生活和劳动条件非常恶劣，每天工作达14～15个小时，即使童工也要工作9～14个小时，没有休息日，没有劳动保护。在纺织工业中还广泛使用女工和童工。恶劣的劳动条件严重损害了工人们的身心健康。中国、伊朗、土耳其等国的民族工商业也由于帝国主义国家“输出危机”而遭到严重破坏，伊朗的民族工业几乎只剩下了少数传统的织毯业。土耳其在工业和交通部门工作的工人只剩下4万～5万人。帝国主义的压迫引起了殖民地人民的不满，经济发达国家和落后国家之间的矛盾进一步激化了。

战争成为转嫁危机的唯一选项

为摆脱危机，帝国主义国家之间还相互“转嫁危机”，它们通过关税政策、降低商品的价格、低息贷款等方法，竭力挤压对方的势力范围，从而导致了保护关税和经济、政治、军事联盟的出现，加深了帝国主义国家之间的矛盾。帝国主义相互“转嫁危机”，是以实力为后盾的，较强资本主义国家总是要排挤较弱的资本主义国家。以资本输出为例，英、德、法等国的资本大量地流入了俄国和奥匈帝国。1914 年俄国工业股份资本中的外国资本占了 47%。采煤、石油、金属加工等主要工业部门大多为外国资本所控制：1903 年沙皇政府的外债已达 30 亿卢布，每年仅付利息就达 1.3 亿卢布。俄国成为西欧垄断资本获取利润的良好场所。西欧强国的资本还大量涌入经济落后的奥匈帝国。1905 年输入该国的外国资本达 98 亿克朗。德国的资本控制了奥匈帝国的冶金、电工器材、机器制造、煤矿和炼铁厂。帝国主义之间的弱肉强食，加剧了由发展不平衡而引起的矛盾，造成了国际局势的动荡不安。

20 世纪初的经济政治危机使资本主义各国内部的形势更加不稳，并引起了经济落后国家的日益不满。殖民地、半殖民地人民为了自己的民族利益，自发或有组织地展开了反对外来侵略势力的一系列斗争。帝国主义国家之间的各种经济政治摩擦，使列强之间的相互角逐更为激烈。面对不断激化的国内外矛盾，各国垄断资产阶级都逐步把国民经济纳入战争轨道，刺激军事工业及与其相联系的一些工业部门的发展，以造成暂时的繁荣。同时，企图利用战争来摆脱困境，用国际争端来缓冲国内矛盾，并借机加强对殖民地、半殖民地的控制，扩大自己的势力范围。帝国主义时代基本矛盾的尖锐化，发展到一定程度就只能通过战争来解决。

第二章

拉帮结伙，协约同盟

面对越来越严峻的战争形势，欧洲列强展开了纵横捭阖的外交活动，孤立和打击最主要的对手，争取更多的盟友，以形成对自己有利的战略态势。各列强从自身的利益出发，有的从过去勾结在一起的盟友变成了对手，有的则从对手转化为盟友。这种分化组合的结果，导致了协约、同盟两大侵略性军事集团的形成。

1

德国人要重摆座次

世纪之交，世界各帝国主义国家之间的矛盾错综复杂。其中，法德、英德、俄德之间的矛盾，尤其是德国与法国的矛盾，对于当时世界格局和大战的爆发起了举足轻重的作用。

铁血武士蠢蠢欲动

1870 年以后，一个新的、虎虎有生气的、野心勃勃的大国在欧洲的心脏地区日益壮大，并且向现有的国际秩序发出了挑战。这个国家，就

德国“铁血”首相不仅是德意志帝国的奠基者，也是德意志民族特性的塑造者

是德国。

德国的历史算不上悠久。13世纪中期起，这个分裂成众多小邦和公国的地区，就成了征服者的阅兵场。直到“铁血”首相俾斯麦通过铁和血的政策，加强了普鲁士的力量，并且通过一系列的政变和小规模的战争，把一群松散的、兄弟阋墙的、软弱无力的德意志小邦改造成了一个统一的德意志帝国，并使之成为欧洲最强大的国家。

德国这个后起的帝国主义国家，争夺世界霸权的野心表现得特别贪婪和露骨。在俾斯麦下台前，德国推行的外交政策，主要是巩固和扩大德国在欧洲大陆优势地位的所谓“大陆政策”，而对于殖民地的扩张，还没有置于主要地位。伴随着国力的强大，德国自然不会满足它那相形见绌的殖民帝国了。于是把外交政策的重点转向重新分割殖民地和势力范围。“德国人已经看够了别人在分食那个甜包子。”1897年12月，外交国务大臣毕洛在国会发表演说时声称：“德国人向自己的一个邻国让出陆地，向另一个让出海洋，而给自己留下一钱不值的天空，这样的时代一去不复返了……一言以蔽之，我们不愿把任何人挤到阴暗的角落，但我们也要给自己一块光明之地。”可是当德国走近“资本主义筵席的时候，席位已被占光了”，德国只能靠损害老牌殖民强国来建造和扩大自己的殖民帝国。

德皇威廉二世不满足于俾斯麦的“大陆政策”，抱怨他“对于欧洲大陆政治的相互作用太关心，而对于殖民地、对于海军、对于英国，却没有足够的注意”，因而提出了向全世界扩张的新的“世界政策”。1896 年 1 月 18 日，在庆祝德意志帝国成立 25 周年时，他向世界宣告，普鲁士创造的这个帝国从此已是“一个世界帝国”。1898 年，德国夺取了加罗林群岛，毕洛更是野心勃勃地宣称，德国要“沿着这条伟大的和无上光荣的道路获得世界的霸权”。他说：“如果英国人谈大不列颠，法国人谈新法兰西，俄国人侵占亚洲，那么我们也要求建立大德意志。”德国对外扩张的目标是：建立一个从北海、波罗的海到亚得里亚海，从柏林到巴格达的“大德意志帝国”或“中欧帝国”，另外还要在海上打垮英国的垄断地位，并在非洲、太平洋和南美从英、法等国手中夺取殖民地和势力范围。

德国的兴起意味着法国的衰落。在那以前，法国是这个欧洲大陆上的头号大国。早在 19 世纪中期，法国殖民者的足迹已遍布于世界各大洲了。到一战前夕，法国的海外领土已达 1098 万平方千米，相当于本国面积的 20 倍，比德、美、日三国所拥有的殖民地总和还要多，成为仅次于英、俄的第三大殖民强国。

法兰西复仇心切

一山难容二虎。德国和法国这对冤家邻居，注定成不了朋友，而只能成为对手。法国对德国的崛起不能容忍，它朝思暮想的就是将这个对手扼杀在摇篮之中。可是，法国人外强中干，在 1870 ~ 1871 年的普法战争中，遭受了惨重失败，拿破仑三世被推翻，法兰西帝国变成了共和国，它不得不将阿尔萨斯—洛林割让给德国，并付出了巨额赔款。从此种下了旷日持久的痛苦的种子。

德国统治集团意识到法国人不会善罢甘休，它一定会努力收复失去的阿尔萨斯和洛林，将想方设法报 1870 ~ 1871 年战争失败的一箭之仇。普法战争中使法国蒙受屈辱的老毛奇警告他的后代说：“我们在半年之

1872 年，俾斯麦（中）与俄、奥外长在一起

中用利剑赢得的东西，必须在今后半个世纪用它来捍卫。”因此，在法国人卧薪尝胆之时，德国人也一直在寻找机会和借口，打算给法国来一次新的更致命的打击，永远断绝法国收复阿尔萨斯和洛林的任何念头。

阿尔萨斯和洛林对德国的经济有着巨大的意义。德国要是没有阿尔萨斯和洛林，只好向全世界去乞求矿石。法国人从未放弃收复被夺走的这两个省的想法，第一次世界大战时担任法国总统的普恩加来就出生于沦陷的洛林，他说：“在我上学读书的年代，我那因战败而忧郁的思想时常越过法兰克福条约所强加于我们的边界，而当我从自己遐想的云端降落下来的时候，除了希望收回我们失去的两省而外，我看不到我们这一代人还有别的生活目标。”

法国在“复仇主义”口号下，不仅要收复失地，还要侵占德国煤铁丰富的萨尔矿区，进而恢复昔日的欧洲霸权，并且夺取德国在非洲的殖民地。法国总统声称，要建立一个“伟大的强有力的法兰西”。

英法俄逐渐靠近

法国与新兴的德国不共戴天，英国与德国的矛盾也日趋尖锐。老牌的英帝国虽然已经据有广阔无垠的殖民地，成了世界上最大的殖民帝国，但它并未感到满足。它不仅要保持世界霸主的地位，而且要建立“更大的不列颠”，特别是在中近东地区肢解奥斯曼土耳其帝国，夺取美索不达米亚和巴勒斯坦，同时还要夺取其他国家的殖民地，使全世界都处于自己的统治之下。德国疯狂地向外扩张，势必同第一大殖民帝国英国产生矛盾。英德两国的利益在世界许多地区、在陆地和海上都发生了冲突。两国在非洲、东亚和近东的矛盾尤其尖锐。英国人认为："德国对英国展开有意的殊死竞争，拼命要消除不列颠的优势。"德国的扩张引起了英国统治集团的严重不安。英国首相罗兹伯声称："威胁我们的是一个危险的敌人，它如同海浪冲击毫无遮拦的沙岸一样在排挤我们。"

沙皇俄国这个最落后、最反动的军事封建帝国主义国家，是欧洲和亚洲的野蛮、残暴、反动的主要堡垒。多少年来，它不仅是欧洲的宪兵，也是东方民族的恶魔。它抱着世界霸权这一从不改变、从不忽视的目的，野心勃勃地觊觎着欧洲和亚洲的大部分地区，梦想建立一个从易北河到中国、从亚得里亚海到北冰洋的庞大的"斯拉夫帝国"。在亚洲，它要夺取土耳其、波斯和阿富汗，以中亚为基地，叩开印度的大门，并且彻底瓜分中国，掠夺蒙古；在欧洲，夺取东普鲁士、加里西亚等地，特别是要控制黑海两海峡和整个巴尔干，并使黑海变成俄国的内陆湖，把争夺地中海作为实现世界霸权野心的重要步骤。德国向近东的迅猛渗透，使俄德之间的对抗急剧升温。尤其使俄国担心的是，德国可能攫取对俄国具有重大经济和战略意义的黑海海峡，德国正成为俄国通往君士坦丁堡和两个海峡的主要障碍。俄德矛盾加深的原因还在于，德国支持并怂恿奥匈在巴尔干的扩张。而长期以来，这一地区一直被俄国视为自己的势力范围。

奥匈帝国的计划是首先使塞尔维亚成为自己的附庸国，奴役巴尔干，并取得通向亚得里亚海和爱琴海的出海口，把奥匈二元帝国扩大为三元帝国。意大利的目标则是要瓜分北非沿岸的突尼斯、的黎波里和昔兰尼加，占领的里雅斯特和阿尔巴尼亚等地，在地中海建立霸权。美国则首先在

德皇威廉二世和奥皇约瑟(右)是发动一战的元凶。他们本想通过战争成为世界的主宰者，不曾想却成了自己帝国的掘墓人

西半球确立优势，并加紧向中国和东亚扩张。日本则以朝鲜为跳板，入侵中国，妄图在东亚和太平洋地区建立霸权。各国一个个都睁大了乌鸡眼，恨不得一口吃掉对方。

此外，英法、英俄、俄土、意土之间也有不少争执。但这一切与以德国为一方，以英、法、俄为另一方的矛盾相比，明显居于次要地位。这一主要矛盾决定了欧洲力量的分化与重新组合。

2

同盟集团新鲜出笼

为了争取盟友，孤立敌人，随着经济、军事力量的不断增强，德国在欧洲迅速崛起，开始着手拼凑军事同盟，企图称霸欧洲和世界。

盟友和敌人都只是暂时的

19 世纪初，法国在拿破仑的统治下成为欧洲最主要的军事强国，法国军队东征西战几乎席卷整个欧洲。拿破仑战争后，欧洲各国于 1814 ~ 1815 年召开了维也纳国际会议，企图就欧洲未来的政治格局作出安排，欧洲所有的国家都派代表参加了这次会议，但会议的各项议题实际上都操纵在俄、英、普、奥四大国手中。会后，俄、普、奥三国首脑于1815年9月在巴黎宣布成立"神圣同盟",同年11月英国参加,变成"四国同盟"，1818年法国加入后，又变成了"五国同盟"。"五国同盟"的成立，标志着欧洲大陆上形成了五强鼎立的均势局面，5个大国相互制约，谁也不能容忍别的国家更加强大。一旦其中一个强国企图使用武力向邻国扩张领土时，必然遭到其他国家的反对。均势格局的形成有助于欧洲大陆政治格局的稳定，但谋求均势并不是各个强国的最终目的，每个国家都企图利用均势局面造成于已有利的形势,为日后称霸创造条件。因此，这种势力均衡只是暂时的、相对的、不稳定的。一旦风吹草动，即有可能被打破。

均势格局是各个强国之间矛盾调和的产物，但是强国之间的根本矛盾并未消除，保持平衡是以各自国家根本利益不受损害为前提的。1855年任英国首相的帕麦斯顿曾经说过："我们没有永久的盟友和永久的敌人，我们只有经常的、永久的利益，我们应当以这种利益为指针。"国家利益是所有国家制定对外政策和国家政策的最终依据。但是，帝国主义的国家利益绝不仅仅是为了维护本国的独立、主权和安全，它还包括向外扩张、掠夺殖民地和维护殖民统治。各个国家对国家利益的解释与理解都是不完全相同的。英国的目的是维护和加强它的海上霸权，运用均势不断控制欧洲大陆。俄国的目的是利用欧洲均势独吞波兰，霸占巴尔干，取代法国的欧洲霸主地位。普鲁士的目的是和奥地利争夺对德意志的控制权并进一步扩大自己的版图。法国则企图利用战胜国之间的矛盾,改变战败国的地位,恢复往日的欧洲霸主地位。国家利益的不可调和,决定了均势局面保持到一定时期后必然要瓦解，大国之间在一定条件下形成的力量平衡将会被力量不平衡所破坏。

维也纳国际会议后形成的均势格局初次出现裂痕是在19世纪20年代。1820年1月和8月，西班牙和葡萄牙分别发生了革命。与此同时，西属美洲殖民地与葡属巴西也起来反抗殖民者的统治，要求独立。1822年10月，五国同盟召开维罗纳会议，讨论是否干涉西班牙、拉丁美洲各国要求独立及希腊独立的问题。法国外交大臣蒙特摩伦西、沙皇亚历山大一世、奥地利首相梅特涅和普鲁士代表贝恩斯托夫都一致赞成法国出兵干涉西班牙。唯独英国代表威灵顿公爵坚决反对。英国反对其他大国对西班牙，特别是对西属拉丁美洲的干涉，主要是因为英国企图单独扩大对拉丁美洲的投资和贸易。这样，在处理西班牙和拉丁美洲问题上，英国为了自身利益背离五强协议，自行其是，和其他国家分道扬镳了。

1828年爆发了俄土战争，进一步加剧了欧洲均势格局的危机。其焦点是如何瓜分土耳其的领土和属地，这个问题逐渐成为整个19世纪欧洲外交的主题之一，也是促成第一次世界大战爆发的重大原因。巴尔干半岛是各国争夺的目标，围绕这一问题，沙俄与西欧各国之间产生了一系列矛盾和斗争。1821年希腊爆发了反对土耳其苏丹统治的起义。起初，俄国拒绝援助希腊。后来，又想利用这次起义削弱宿敌土耳其。于是，俄国又转而与英国达成了协议，不久又与法国达成了协议支持希腊。英、法、俄联合反对土耳其，引起了奥地利的强烈不满，五国同盟几乎处于崩溃的边缘。1828年沙俄发动侵土战争，英、奥表面上中立，实际上

反映20世纪初欧洲形势的一幅漫画

对俄国加强在巴尔干的势力深为不满。奥地利首相梅特涅为了对付俄国的扩张，还曾要求英、法、普与其组成四国同盟一致反对俄国。梅特涅的计划没有实现，却进一步暴露了四国的矛盾，五国同盟变得名存实亡。

19世纪30年代，法国、比利时、波兰等地爆发了政治危机，此起彼伏的革命和起义有力地打击了维也纳体系，欧洲政治力量对比发生了新的变化。19世纪40年代是欧洲大动乱的年代，1848年爆发了欧洲革命，半数以上的欧洲国家首都均受到了这次革命的冲击，维也纳体系完全被打乱了。革命之后，欧洲政治形势发生了重大变化。东方三个君主国俄、奥、普的实力遭到了削弱，它们之间的关系开始恶化。英、法与俄国在东方问题上的矛盾更是不可调和。至此，维也纳体系完全破产，五国同盟土崩瓦解了。

欧洲的政治格局今非昔比

在19世纪的欧洲国际关系中，德意志的统一和崛起具有深远的历史影响，因为它改变了欧洲的政治格局，从此德国成为中欧强国，成为国际政治中举足轻重的力量。德意志的统一，主要是依靠普鲁士强大的军事力量来完成的。普鲁士是德意志诸国中的大国，拥有较强的经济军事实力。莱茵、西里西亚、柏林等先进的工业区都在它的控制之下。英国也希望普鲁士强大，以成为在欧洲大陆抗衡法、俄的力量。因此，当时的国内国际形势都比较有利于普鲁士的统一。德意志统一是通过一系列对外战争实现的。1864年，普鲁士联合奥地利发动了对丹麦的战争，击败丹麦，迫使丹麦将什列士维格公国割让给了普鲁士，把霍尔斯坦公国划给了奥地利。1866年普鲁士又发动了对奥地利的战争，在战胜奥地利后，于1867年成立了“北德意志联邦”，但是德意志南部诸邦仍置身于联邦之外。普鲁士统一南部诸邦的努力遭到了法国的阻挠。19世纪中叶，法国已从拿破仑战争中恢复过来，法国担心德国完成统一会妨碍其在欧洲大陆的主导地位，所以反对德国统一。这样，德、法矛盾尖锐起来。

1870 年，普法两国为西班牙王位问题发生争执。这年 7 月，法国首先向普鲁士宣战，普法战争爆发。装备精良、训练有素的普军很快就攻入法国境内，9 月在决定战争全局的色当会战中，法军战败，被迫投降。南德意志诸邦于 1870 年年底加入北德意志联邦，组成了德意志帝国，德国终于完成了统一。1871 年 1 月，普鲁士国王威廉一世在凡尔赛宫镜厅宣布为德意志皇帝。同年 3 月 1 日，德法两国签订凡尔赛临时和约。接着，5 月 10 日在美因河畔法兰克福签订了最后的和约。法国除了被迫支付 50 亿法郎战争赔款外，还把重要工业基地阿尔萨斯和洛林的大部分割让给了德国。

德国战胜法国，完成统一，几百年来第一次克服了它的分崩离析和小邦林立、各行其是的状态，摆脱了强邻的控制和影响，获得了足以使其他大国畏惧的实力。面对这一变化了的新形势，欧洲列强不得不重新调整各自的对外政策。英国下院在野党领袖迪斯累里在德意志帝国成立几个星期后就曾预言："法德战争意味着德国的革命，其政治影响大于上一世纪的法国大革命。我们面临一个新的世界，我们必须表明，我们能应付新的、尚难辨识的危险。我们习惯于在这座大厦里讨论欧洲平衡的问题。可是，已经发生了什么事情呢？力量的平衡已遭到彻底破坏，对这一重大变化的后果感觉最强烈的就是英国。"

普法战争后，欧洲大陆出现了德法争霸的新格局。法国时刻准备复仇，而德国则不满足于普法战争的胜利，为了进一步削弱和孤立法国，德国展开了一系列新的外交活动，德国首相俾斯麦认为，德国地处欧洲中部，东、南、西三面分别被俄国、奥匈帝国和法国所包围，因而有可能在三条战线上遭到强国的攻击。相比之下，法国只有一条东部边界，俄国只有一条西部边界和强国毗邻，处于比较有利的环境之中。德国最担心的是周边列强的结盟，因此总是千方百计地阻挠和破坏法国建立反德阵线。

为了达到孤立法国的目的，德国需要在欧洲列强中寻找能与之建立较密切关系的国家。由于英国坚持孤立主义的政策，只有俄国和奥地利能够认真对待德国提出的结盟计划。自从反拿破仑战争以来，俄国与普鲁士之间一直有着共同的利益并保持着良好的关系。普法战争期间，俄国对普鲁士保持友好的中立态度，并牵制奥地利不与法国结盟，有力地支持了德国的统一。俄德两国皇室之间还存在着血缘关系，沙皇亚历山大二世是德皇威廉一世的外甥。1871 年德国统一后，沙皇立刻访问了柏林，以示对德国的支持。至于奥匈帝国，并不愿意看到一个十分强大的德国，但大势所趋，不得不放弃了以奥地利为中心兼并整个德意志的政策。1871 年夏天，德皇威廉与奥皇约瑟在奥匈帝国境内会晤，加强了两国的友好关系。德国和俄国、奥匈帝国的接近，意味着德国孤立法国的政策取得了初步成功。

欧洲中部崛起的一个强国，从根本上改变了欧洲大陆的力量对比。俄国统治集团不能不考虑这一严峻的现实，即随着强大的日耳曼国家的形成，在俄国西部边界出现了一个危险的潜在的敌人，这吓坏了沙皇政府。于是，俄国开始寻求同奥匈合作，以便借此阻挠奥匈帝国同德国接近，保障自己在巴尔干的利益，同时仍奉行同德国合作的方针。对于俄国来说，它虽然不希望德国过分强大，但当时沙皇面临的最大麻烦是与英国在中亚和西亚地区争夺霸权，俄国有求于德国，希望借助德国牵制英国。奥匈帝国与俄国之间在争夺巴尔干地区的控制权上存在着深刻的矛盾，但是奥匈帝国单靠本身的实力，尚不足以与俄国对抗，因此它需要取得德国的支持。当德国表示要与俄国改善关系时，奥匈也就只好暂时缓和它与俄国之间的矛盾，以维持三国间的平衡。1872 年 9 月，三国皇帝在柏林举行会晤。这次会晤并没有订立任何协约，但会晤本身意味着德奥俄的亲近，德国达到了向法国示威的目的。1873 年，德皇威廉由首相俾斯麦和总长毛奇陪同访问俄国，并签订了一项秘密军事协定，规定："在任何一方受到欧洲某一国家攻击时，另一方就应该派遣援军 20 万人。"显然，这一秘密协定是针对法英两国的。不久，沙皇赴维也纳参观，和奥匈帝国皇帝约瑟签订了一个协定，并通知了德皇。1873 年 10 月 22 日威廉到维也纳，宣布加入这个协定，三皇同盟正式形成。

但是，三皇同盟的基础是不稳定的。在德奥俄这个三角关系中，只有德奥之间的双边关系比较密切，德俄和俄奥之间都存在着严重分歧。德俄之间的分歧集中表现在如何对待法国的问题上。1873 年 9 月，德国军队按照条约规定撤出了法国。法国被占领状态宣告结束，至 1875 年，法国已基本从战争中恢复过来，经济开始复兴，军队进行了改组，主张对德国复仇的保皇党掌握了政权，所有这些引起了俾斯麦的不安。他打算以武力威胁法国，并指使别人在报上发表了题为《战争在望》的文章。但是，俄国不愿看到法国被进一步削弱，因为法国的削弱势必使德国更加强大，从而对俄国构成威胁。因此，俄国政府明确反对德国对法采取所谓预防性战争。这样，法国问题动摇了三皇同盟的根基。

德国人拉帮结派

1875 年年初，德国公开谈论可能再次同法国发生战争。俾斯麦急于挑起军事冲突，他认为法国的力量在普法战争后恢复得太快了。德国政府迫不及待地要在这个西部邻国尚未完全恢复元气的时候再次摧毁它，德法战争因此一触即发。但是，沙皇俄国出面干涉，反对德国进一步削弱法国，使双方关系出现裂痕。1877 年 4 月，俄国趁列强瓜分土耳其奥斯曼帝国在欧洲的领土之机，发动俄土战争，夺取大片领土，引起了德国和奥匈帝国的不满。在 1878 年由俾斯麦主持的柏林会议上，英、俄、德、奥、意、土等国签订《柏林和约》，使俄国失去了在俄土战争中所得到的许多胜利果实，并使沙俄占领达达尼尔海峡和博斯普鲁斯海峡的企图化作泡影。德国在会议上采取的立场引起了俄国无法遏止的愤怒。一位俄国将军说：“这个可恶的柏林会议！首相犯了多么大的错误！他破坏了我们之间先前的友谊，在宫廷、在政府中散布不信任感，并使人确信俄国军队经过1877年浴血奋战之后所得到的只是极大的不公平。”“三皇同盟只不过是适合晴朗天气的一种体系，只要巴尔干风暴兴起，它就会被刮得荡然无存。”柏林会议引起了俄国对德国的不满，俄德关系迅速恶化，导致1878年“三皇同盟”条约到期后没有续签，三皇同盟从此便不复存在，从而使俾斯麦采取的孤立法国、怀柔俄国、阻止法俄联盟的方针破产。

德皇威廉二世（右）与奥匈皇帝约瑟检阅部队

三皇同盟瓦解后，德国在欧洲大陆上处于相对孤立之中，俾斯麦十分担心可能出现反德联盟，因此“一想到联合就做噩梦”的俾斯麦开始寻求新的联盟。俾斯麦在回顾这一阶段的形势时这样说道：“我们已对两个欧洲强国打了两次胜仗。那时最重要的是，和我们打过仗的两个强大对手当中，我们至少要使其中的一个不会受到可能的诱惑去和其他国家勾结在一起进行复仇，法国不可能是这一个，这对于任何一个了解历史及高卢民族的人来说都是一目了然的。”为了避免腹背受敌，俾斯麦决定与奥匈结成联盟。而奥匈所关心的也正是要有一个强大的对付俄国的盟友。俄奥之间的矛盾主要集中在东方问题上。两国都想在巴尔干半岛扩张自己的势力范围，从而造成两国之间紧张。1877 年夏，俄国对土耳其开战，获得了土耳其在亚洲的大块土地和巴尔干半岛上的比萨拉比亚。但是，奥匈帝国不能容忍俄国大肆扩张。因此，德奥双方一拍即合。1878 年，柏林会议刚结束，俾斯麦就和奥匈外交大臣安德拉希举行谈判，次年 10 月两国达成了秘密防御协定。1879 年 10 月 7 日，德奥签订秘密军事同盟条约。该条约的主要内容是针对俄国和法国的。它规定缔约一方受到俄国攻击时，另一方以“本国的全部武装力量”予以帮助，并不得单独媾和；在受到其他列强攻击时，双方保持“善意”中立。这个秘密协定主要是针对俄国的，而德皇威廉致力于保持德俄两国间的传统友谊，因此不大赞成这个协定，但俾斯麦以辞职相威胁，迫使威廉批准了这个协定。

与德国结成同盟的另一个国家是意大利。意大利是欧洲大陆上的一个中等国家，于 1861 年完成统一。为了跻身于大国之列，它一直在寻找联盟伙伴。法国是原来意大利的一个重要伙伴，但 1880 年法国占领突尼斯导致了两国关系的恶化。突尼斯原先是土耳其的属地，战略地位十分重要，英、法、意三国都企图将其据为己有。在柏林会议上，英法两国已经就划分北非势力范围的问题达成协议，埃及和苏伊士运河划归英国，突尼斯划归法国，意大利则一无所获。突尼斯境内法国侨民只有 200 人，而意大利侨民却有 1 万余人。意大利在突尼斯投入大量资金修筑铁路，早已将其视为自己的猎物。因此，法国占领突尼斯，迫使意大利调整其亲近法国的政策。为打破孤立处境，意大利开始靠拢中欧列强。意大利本来与奥匈帝国有领土争执，矛盾较深，但为了取得德国的支持，意大利不得不与奥匈妥协。尽管德国首相俾斯麦感到意大利作为盟国是不可靠的，但德国仍欢迎意大利加入德奥联盟，因为这样可以增加一支反法力量。1882年5月，《德奥意三国同盟条约》在维也纳签订。这样，两国同盟扩大成为三国同盟。三国同盟的建立，标志着一个以德国为盟主的帝国主义军事集团最终形成。这个同盟的核心是德奥同盟，德国是这一同盟的主角和操纵者，奥匈帝国是依附德国的小伙伴，意大利则是暂时的和动摇的同盟者，是三国同盟中最不稳定的因素。早在1902年，意大利就和法国达成秘密协定，相互保证在遭到第三国攻击时严守中立。随着德英关系的恶化，意大利越来越与三国同盟体系疏远。到第一次世界大战爆发前夕，意大利虽然仍留在三国同盟中，但实际上已是貌合神离，德国只余下奥匈帝国这样一个小伙伴。

根据三国同盟条约，假如缔约国遭到法、俄两国的联合进攻，盟约就适用于所有三国。如果法国进攻意大利，则其他两国必须给予援助。反之，如果德国遭到法国的进攻，则只能得到意大利的援助，而得不到奥匈帝国的支援。假如进攻来自俄、法以外的另一大国，则缔约国彼此有义务信守善意的中立。1883年，罗马尼亚通过一个秘密条约参加了三国同盟。这样，德国将中欧诸国拉到了自己一边，从而把法国联合欧洲大陆其他国家共同反德的可能性减小到了最低限度。

3

三国协约艰难面世

法国与德国关系持续恶化，特别是以德国为首的军事集团的形成，引起了法国的强烈不安。法国时刻准备报仇雪恨，因为德国在普法战争中强占了法国的阿尔萨斯和洛林地区，这就如同“把一个婴儿从母亲怀抱中抢走”，“在普法战争之后悲痛的年岁里，在欧洲列强中法国过着孤零零的日子，好像舞会中坐冷板凳的姑娘，看着德国与许多舞伴翩翩起舞”。对于遭到削弱又不愿放弃复仇的法国来说，假如同德国发生新的战争，单凭一己之力是不会取胜的，它需要可靠的盟友。法国认定位于欧洲东部的那个最大的国家俄国就是这样的同盟者。这种想法，自普法战争结束之后即已产生，但是法国将这一意图变成现实，却整整花了20年时间。与此同时，沙皇俄国也害怕在其西部强邻德国面前处境孤立，为了与三国同盟抗衡，也需要同法国结盟。于是，在共同的敌人面前，两国越走越近。

形单影只的法俄抱团取暖

三国同盟形成后，德俄矛盾继续恶化，经济利益冲突更为加剧。早在1878年，德国政府以检疫为借口，禁止从俄国进口牲畜，接着又实行粮食进口税，限制俄国的粮食进口，1887年年底再度提高粮食进口税，使俄国粮食对德出口迅速减少，大大损害了俄国的利益。在德国粮食进口总额中，俄国的比重从1891年的54.5%下降到1893年的13.9%。为了对德国采取反措施，俄国实行了新的增税法，严格限制从德国进口工业品。在俄国工业品进口总额中，德国的比重从1877年的46%下降到19世纪80年代末的27%。德国还采取了停止购买俄国有价证券和贷款等措施。因此，俄国不仅需要寻找新的政治同盟者以对付德奥，而且要得到新的财政支持以摆脱困境。1888年，法国向俄国提供了一笔为数5亿法郎的贷款，1889年又续订了两笔共达19亿法郎的借款合同。法国资

沙皇尼古拉二世

本源源不断地输入俄国，奠定了两国结盟的基础。

法俄合作显然是对三国同盟的一种对抗。俄法两国处于欧洲中部列强的翼侧，从战略上考虑，两国结盟自然有利于与三国同盟相抗衡。为了阻止俄国接近法国，德国首相俾斯麦企图对俄国施加影响以改变其对外政策，但是，俾斯麦对俄国采取的不是亲善的态度而是企图通过施加压力迫其就范。德国政府拒绝帮助俄国阻止保加利亚议会选举科堡的斐迪尔为国王，鼓励英、奥、意三国订立以反俄为主的《第二次地中海协定》，对进口粮食征收高额关税以打击俄国的地主贵族，下令禁止帝国银行接受俄国有价证券作为借款的抵押。这些高压手段适得其反，不仅没有迫使俄国俯首就范，反而促使它同法国日益接近。1891 年 7 月法国军舰访问了俄国，沙皇亚历山大三世出席了欢迎仪式，并亲自登上法国军舰和水兵交谈。本来巴黎的共和政体与圣彼得堡的专制政体是对立的，俄国当局不仅在公共场所严禁演奏法国国歌《马赛曲》，而且不允许私人钢琴弹奏这首被视为革命的歌曲。这次为了欢迎法国军舰的访问，俄国特意取消了这项禁令。沙皇的友好表示成为轰动一时的新闻，在法国人看来，这表明长期的孤立局面已经结束，预示着法国复兴的开始。

第一次世界大战爆发前夕，法国总统普恩加来结束对俄国的访问，在沙皇尼古拉的送行下离开圣彼得堡

法国政府不满足于法俄表面上

的亲近，它希望尽早签订一个针对德国的军事协定，以便在必要时能借助一部分俄国军队打击德国。1892 年 8 月 17 日，法军总参谋长波德非与俄军总参谋长阿布鲁契夫签订了俄法军事条约，主要内容有：如果德国或意大利在德国支持下进攻法国，俄国应使用它所有的军队进攻德国。如果德国或奥匈帝国在德国支持下进攻俄国，法国应用它所有的军队和德国作战；如果三国同盟或组成三国同盟的国家之一动员了它的军队，法国和俄国一得到此项消息，不需要任何事先的协议，应立即同时动员它们的全部军队并将这些军队调到尽可能靠近边界的地方；法国用于对付德国的军队为130万人，俄国用于对付德国的军队应为70万～80万人。这些军队应尽速全部参加战斗，使德国不得不在东西两线同时作战。俄国参加对德战争的军队人数少于法国，因为俄国还要留一部分兵力对付奥匈帝国。

军事协定签字后，俄国政府出于政治上的考虑没有立即批准。后来，由于德国政府对俄国发动关税战，并且通过了加强陆军的法案，才使发展缓慢的法俄关系有了进一步发展。1893 年，俄国舰队访问了土伦的法国海军。1893 年 12 月 27 日，俄国通知法国：沙皇已批准签订俄法军事协定。1894 年 1 月 4 日，法俄军事协定正式签字并生效。法俄结盟，标志着两大对立的军事集团正式形成。恩格斯用这样的话来概括当时的欧洲格局：“大陆上的大的军事强国分为相互威胁的两大军事阵营：一方是俄国和法国，另一方是德国和奥地利。较小的国家不得不集结在这一或那一阵营周围。”

英国无法再“光荣孤立”

法俄结盟后，欧洲的另一强国——英国仍然游离于两大军事阵营之外，继续推行所谓“光荣孤立”政策。英国统治集团长期以来习惯于利用欧洲大陆列强之间的矛盾，以达到自己坐收渔利、称霸世界的目的。

因此，英国奉行“光荣孤立”政策，不愿轻易加入任何一方。同时，当时英国在非洲与法国有矛盾，在中亚和巴尔干地区与俄有利害冲突，与德国在非洲的矛盾也不小。英国还认为，不加入军事集团，不但可以不受条约约束，而且还可以利用两大集团的对立，使其互相牵制，关键时候自己则可以充当“仲裁者”，维持其在欧洲大陆的影响。不过，这种坐山观虎斗的政策，随着德国的崛起越来越难以继续下去了。

三国同盟形成后，德国经济、军事发展速度加快，同时向外扩张的欲望也进一步增强。向海外扩张，离不开强大的海军。1890年俾斯麦辞职，其“以陆上力量为限”的主张被威廉二世谋取霸权、以武力夺取海外殖民地的新战略所取代。与此同时，“海军主义”成为新的军事战略的重心。这种以海军扩张为中心的战略有着十分明确的目标，就是以“最大的海军国家”英国为对手，从英国手中夺取“三叉戟”（海洋霸权的标志），从而夺取世界霸权。威廉二世说得很清楚：“现在英国的舰队可以不怕任何联盟，因为现在德国实际上还没有舰队……等到20年后，当舰队已建造完毕，那时我将用另一种语言讲话。”德皇威廉二世崇拜权力，傲慢自负，他感到自己不为人赏识，他的国家没有受到应有的尊重。他对意大利国王说：“我在位多少年以来，我的同僚们，欧洲的那些君主，总是把我的话当耳边风。要不了多久，有我伟大的海军做后盾，我的话就会有人洗耳恭听了。”

他的这种感受，代表了他统治下整个民族的情绪。他们同他们的皇上一样，全都迫切需要得到尊重。他们血气方刚，野心勃勃，他们认为自己实力强大，理应称王称霸。他们感到为人所负，世界没有承认他们为盟主。“我们必须在整个地球上为德国的民族性和德国的精神赢得崇敬，这是他们应得的。可是迄今未给他们。”为达到这个目的，只容许采用一种办法，那就是使用威胁和显示力量的办法来取得他们梦寐以求的尊敬。他们挥着“包着铁甲的拳头”，要求获得“阳光下的地盘”，他们歌颂“热血和钢铁”和“闪闪发光的甲胄”，宣扬刀剑的功德。他们跟邻国相处的格言是：“提高嗓门，挥舞大枪”，要求别国承认他们扩张的“合法目的”。而当别的国家以牙还牙结成同盟的时候，德国开始嚎叫这是包围，“全德国被包围啦”这句歌词于是被德国人咬牙切齿地整整唱了10年。

德国对自己地位的公开挑战迫使英国不得不开始调整自己的政策，英国名义上奉行“光荣孤立”政策明显是行不通了，但由于英国与俄法两国在争夺殖民地上的尖锐矛盾，以及俄法结盟后对英、德两国的共同威胁，英德关系曾一度十分接近。德皇曾这样对英王爱德华说：“没有我们的首肯，在欧洲一只耗子也不能乱动一下。”他就是这样设想英德同盟的。1899年和1901年，英国殖民大臣张伯伦建议英德缔结一份协约，这本是德国所希望的，但事到临头，德国人却改变了主意。他们怀疑英国人动机不正，其中定有阴谋诡计，担心在会议桌上为人所乘。他们将俾斯麦要以陆上力量为满足的告诫抛到九霄云外，他们对英国避而远之，宁愿凭借自己日益强大的海军来吓唬英国人就范。

德国扩建海军计划的咄咄逼人之势使英国意识到，德国已成为自己最危险的敌人。不论是从岛国的独特地理位置来说，还是从保卫庞大的海外殖民帝国来说，英国对于海上实力对比的任何变化都十分敏感。多少年来英国之所以一直坚持海军建设上的“双强标准”，就是为了保持大英帝国的海上优势，从而保证国家的安全。在局部的殖民地争夺上，英国可以对包括德国在内的任何国家做出一定程度的妥协，英国甚至对于德国“争夺阳光下的地盘”的要求还抱有一定程度上的同情，但是对于大英海军优势的挑战，即是对大英帝国本身和大英帝国世界霸权的全面挑战，这是万万不能允许的。为了应付德国的挑战，英国开始采取措施调整自己的战略。1902年，英国与日本签订了同盟协定，使英国在远东地区得到了日本的支持，从而减轻了英国在这一地区的压力。

英国的战略转变正是法国所迫切需要的。英法之间曾世代为仇，历史上有过长达百年的战争，两国还是争夺殖民地的宿敌。1899年，为争夺非洲的统治权，英、法军队从不同方向向尼罗河上游推进，在法索达遭遇。由于德、法军事对抗的存在，法国从来没有打算同英国进行一场真正的战争，法国的真正敌人是德国。在法国看来，德、法之间下一次战争的爆发只是时间问题。尽管法国与俄国建立了军事同盟，使法国的安全在一定程度上得到了保证，但法国十分清楚，俄国的军事实力决定了它并不是一个完全值得信赖的朋友，尤其是在日俄战争爆发之后，俄国的主要力量被用于对付东方的日本，使德国在欧洲大陆的军事力量对比中获得了明显的优势，法国再一次面临着受到德国进攻的威胁。而一旦法德发生冲突，法国是难以获得俄国的有效的军事援助的。在这种情况下，法国从国家安全的角度出发，需要获得英国的军事支持。

百年冤家握手言欢

各自的利益需求使英国和法国走到了一起。1903年，为了弥合跟法国的宿怨，英王爱德华七世前往法国。爱德华有着“欧洲之伯”的尊称，从欧洲统治家族这方面来看，这个头衔可说是名副其实的。他不仅是德皇威廉二世的舅父，而且还是沙皇尼古拉二世的姨父。他的侄女是沙皇的皇后，他的女儿是挪威的王后，另一个侄女是西班牙的王后，第三个侄女即将成为罗马尼亚的王后。他妻后的王族，除据有丹麦王位外，还为俄国生养了沙皇，为希腊和挪威提供了国王。其他的亲戚，也充斥于欧洲宫廷。

这位地位尊贵的国王对法国的访问，受到了法国人的冷遇。他的侍从忧心忡忡地嘟囔着：“法国人不喜欢我们。”这位国王倒是挺坦然：“凭

欧洲王室在温莎聚会

什么他们该喜欢我们！”他对法国人的冷淡甚至敌视毫不介意，他面带微笑，到处发表演说，谈论着对法国人、法国的光荣传统、法国美丽城市的情谊和仰慕，谈论他自己对这次访问的“由衷喜悦”，对法英共同繁荣、唇齿相依的深信不疑和深切希望，以及对两国友好在他心目中“常居首要地位”的信心。他的公关收效明显，当他离开巴黎时，法国民众转而欢呼“吾王万岁”了。一个比利时外交官说：“这个国家所出现的这种态度 180 度的转变是少见的，他赢得了所有法国人的心。”德国大使认为英王的访问是件“不可思议的事情”，英法的言归于好是出于一种“对德国的普遍反感”。

爱德华的法国之行，为法英结盟铺平了道路。不出一年，即 1904 年 4 月，英法之间达成了“衷心协商”，缔结了《英法协约》，这一协约平息了两国在埃及、摩洛哥、暹罗（即泰国）和世界其他地区的殖民纠纷。埃及全部划入英国的势力范围，摩洛哥划归法国。双方长期以来在殖民地问题上的争端得到解决，为两国的军事合作清除了障碍。

《英法协定》订立后，法国随即于 10 月 5 日同西班牙签订了在摩洛哥划分势力范围的协定。此后，法国加快了对摩洛哥的扩张步伐。法国的扩张遭到了德国的干涉，1905 年春天，德皇威廉二世访问摩洛哥，声称要维护该国的主权和独立。接着，德国首相毕洛和外长荷尔斯泰因建议把摩洛哥问题提交国际会议讨论。法国觉得尚未到同德国撕破脸的时候，作出让步同意参加国际会议。德国对法国被迫在摩洛哥问题上让步志得意满，在它的不断催逼下，1906 年 1 月在西班牙南阿尔赫西拉斯举行国际会议。没料到在会上，其他几个大国联手对付德国，甚至奥地利也劝德国作些让步，结果德国在这次会议上碰了壁。德国本以为可以利用这次会议动摇英法合作，不曾想适得其反，英国始终站在法国一边。针对德国的武力威胁，英法两国参谋部开始就军事合作进行秘密会谈，初步讨论了一旦发生对德国战争时，法军与英军共同作战的技术安排问题，作为两国战略计划的基础，在进行联合军事准备时，两国的参谋军官仔细考虑了两国军队将来在比利时和法国作战的阵地。

1911 年 5 月，第二次摩洛哥危机爆发。法国乘摩洛哥首都非斯发生人民起义之机，以保护法国侨民为借口，公开派兵占领了非斯。对此，德国针锋相对地派炮舰“豹”号驶进摩洛哥港口阿加迪尔。接着，德国的轻巡洋舰“柏林”号又开进了摩洛哥的领海，德法又处于一触即发的战争危机中。英国不能容忍德国在摩洛哥建立一个与英国的直布罗陀相对峙的海军基地，对德国发出战争威胁，并下令海军进入战备状态。英军总参谋长还亲自访问法国，视察德法边界。英国陆军作战处长威尔逊赶往巴黎，和法国的迪巴伊将军共同起草一份备忘录，详细规定了一旦对德战争爆发，英国应当派出的兵力、登陆和集结地点、投入战斗的时间等细节。这一次摩洛哥危机还促进了英法海军合作的进程，1913 年 2 月，双方缔结了《海军专约》，据此，英国承担起保卫法国大西洋沿岸地区的责任。

英法协约的签订，在法俄集团一边加上了一个举足轻重的砝码，引起了德国的惶恐。德国皇帝威廉怒不可遏，咒骂他的舅父英国国王："他是个魔王，你们想象不到他是怎样一个魔王！"德国急忙施展外交伎俩，利用俄在日俄战争中失败的窘境，企图将俄国拉向自己一边，但是他的阴谋未能得逞。

英法协约的成立为英俄接近创造了条件。俄国外交大臣宣称："我们的朋友的朋友就是我们的朋友。"不过，两国之间同样矛盾重重。英国的一些人认为，俄国是克里米亚战争中的宿敌，新近又对印度虎视眈眈；而在另一些人看来，俄国是鞭笞苛刑、屠杀犹太人和1905年大批屠杀革命党人之乡。至于沙皇，则是个"卑贱的杀人犯"。他们认为："同魔鬼共进晚餐，必须有长的羹匙。"这种厌恶是相互的。俄国人同样痛恨英国同日本结盟，憎恨它是阻挠俄国觊觎君士坦丁堡和海峡地区的元凶。尼古拉二世把他对英国的看法归结为一句话："英国人是犹太人。"但是，旧的敌对情绪毕竟没有新的压力那么强烈。同时法国也希望它的两个盟国能言归于好。面对着共同的越来越危险的敌人，英俄在双方的共同盟国法国的撮合下，于1907年签订了《英俄协定》，根据协定，英俄基本上解决了在殖民地问题上的争端。1908年，英王爱德华七世同沙皇尼古拉二世在雷维尔会面，就面临的共同对德战争问题交换了意见。关于

阿加迪尔城墙

他们会晤的情况，德国大使向国内写了报告，认为英王是真心希望和平。德皇阅后不禁怒气冲冲地在页边批注："这是谎言，他要的是战争。但是我得发动战争，好让他不致沾上臭名。"

《英俄协定》的签订，标志着协约国军事集团的形成。虽然《俄法同盟》《英法协约》都是双边的，并无三边的关系，但它们的宗旨都是联合起来对德作战，因此实际上是"三国协约"。

至此，以德国为首的同盟国和以英国为首的协约国这两大对立的军事集团最后形成了。欧洲的多极战略格局变成了两极，"肩并肩"变成了"面对面"。战线已经划定，不共戴天的死对头各就各位，双方都摆好了阵势。于是，为了加强自己，削弱对方，两大军事集团各自制订作战计划，磨刀霍霍，展开了激烈的军备竞赛，你追我赶，各不相让。

第三章

制订计划，纸上谈兵

战争自然少不了作战计划。在战争日益临近的时候，各国参谋部开始紧锣密鼓，秘密制订自己的作战计划。于是，各种名称不同的计划如同魔鬼出笼，一个个登台亮相。其中，德国的计划叫施利芬计划，法国的叫 17 号计划，而俄国的则叫 19 号计划……

1

完美无缺的计划

德国的胃口很大，既要击败东边的俄国，又要击败西边的法国，从而成为欧洲大陆的霸主。但德国地处欧洲中部，战略环境不利，实力也不能同时击败两国，避免同时在东西两条战线作战是德国总参谋部制订战争计划的重要前提。因此，帝国总参谋部总是把正确选择突击方向即先东后西还是先西后东作为战略的基本问题。普法战争后，法国经过十几年的努力，逐渐恢复了元气，实力大为增强，而俄国在 1877 ~ 1878 年的俄土战争中暴露出动员进展缓慢、战争机器运转不灵等弱点，遂使德国的战争计划制订者们倾向于首先进攻法国，趁俄国尚在进行动员时迅速将法击败，然后再借助奥匈帝国的力量打败俄国。但是，随着法国军事力量的不断增强，特别是法国在东部边境构筑大量坚固要塞，德国统帅部对首先进攻法国的计划产生了动摇。于是，德国的战争计划制订者们主张西守东攻，首先把主要突击方向指向东线的俄军，而在西线的德法边界设防固守，以对付法军可能发动的进攻。1879 年德奥两国结盟，大大增强了德国及其盟国在东线的实力，因此更加坚定了德军统帅部先进攻俄国的决心。但是，随着时间的推移，欧洲列强之间的实力对比进一步发生变化。法军不仅在数量上可以和德军相匹敌，而且，在质量上和武器装备上也足以与德军相对抗。德国统帅部判断，法军动员和展开的条件大为改善，速度大为提高，甚至可能超过德军。法军和俄军相比已变得更加危险。同时德国垄断资本家也强烈要求德国政府把重点放在西线，以保护在经济上具有重要意义的阿尔萨斯和洛林地区，以及易受攻击的萨尔煤矿和莱茵河工业区。因此，在德军统帅部中，把战略重点放在西线的意见又占了上风。

施利芬的完美构想

1891 年，施利芬就任德军总参谋长。两年以后，俄法结盟，德国两线作战的危险骤增。施利芬认为，要想取得未来战争的胜利，必须采取各个击破、速战速决的战略方针。他预言："假使两线成为僵局，而东线又发展成长期战争，结果将使英国成为欧洲的仲裁者。"为了克服长期战争的危险，德国必须首先对法国发动进攻。他认为，在两面作战的战争中，"整个德

施利芬

国必须扑在一个敌人身上，扑向最强大、最有力、最危险的那个敌人身上，而这个敌人只能是法国”。关于如何进攻法国，很让这位总参谋长伤了些脑筋。他曾考虑直接进攻法国，不过实施正面攻击成功的希望甚微。他还设想，当法军发动攻击时可以引其入伏而加以围歼，但这种可能性也不大。经过反复的考虑，直到 1897 年才形成从法国要塞防线（从贝尔福到凡尔登）一侧大举进攻的构想。此后，他成了一个除工作外什么都不感兴趣的“超人”，几乎花了 8 年的时间来修改和完善他的作战计划，并在其 1905 年撰写的《对法战争》备忘录中作了具体论述。

施利芬牢记着理论大师克劳塞维茨的一句名言：“法兰西王朝的心脏在巴黎和布鲁塞尔之间。”他和他的手下对此深信不疑。克劳塞维茨指明的这条直插法国心脏的道路，必须借道中立的比利时，施利芬认为，这不重要。只要“军事需要”，侵入中立的比利时算不了什么。施利芬将侵犯比利时列入他 1899 年制订的第一个计划。该计划要求横切马斯河以东的比利时一角。这个面积以后逐年扩大，及至 1905 年，已扩展成很大的一片右翼包抄区域，德军将经此穿越比利时，从列日奔向布鲁塞尔，然后挥戈南下，利用佛兰德旷野直捣法国。

施利芬计划分配动用 7/8 的兵力，以 6 周的时间击溃法国，而以 1/8 的兵力守卫东部边境抗击俄国，直至在西线消灭法国的大部分军队可以调过来迎击俄国这个居于第二位的敌人。他选择法国作为打击的第一个敌人，是由于俄国有广大的回旋余地，只要不断后撤，就会让德国人像拿破仑那样陷入一个漫无止境的战场，德国的速战速决的计划就会化作泡影。德国东部，是容克地主和霍亨索伦皇族的老巢，对于如此重要的地方，施利芬只打算用 9 个师的兵力来守卫，自然是一个十分大胆的举动。但是，只有在西线投入最大的兵力，才能使法国迅速完蛋。因此，冒这个风险是值得的。

施利芬准备用以进攻法国的兵力接近150万之众，如此庞大的部队，行动起来需要有回旋的余地。1870年以后，法国沿阿尔萨斯和洛林构筑起一道要塞，使德国越过边界正面进攻变得很是困难。只要法军通向后方的道路畅通无阻，就难以迅速将法军包围以致歼灭。只有采取包抄战略，才能从背后袭取法军，一举全歼。但施利芬没有足够的兵力用以对法国进行两面包抄。为此，他改用右翼重兵一侧包抄的战术，从马斯河两岸铺天盖地越过整个比利时，像一把可怕的大镰刀那样横扫比利时全境，尔后沿整个比法边界进入法国，再循瓦兹河流域直下巴黎。德国大军将插入首都与调回应战的法军之间。这些法军离开他们的防御工事，就会在决定性的歼灭战中被吃掉。

施利芬的具体计划是，德国陆军的基本兵力应经荷兰、比利时和卢森堡对法国实施进攻，仅留少量阻击部队对付俄国。德军在西线应以梅斯（位于德国、卢森堡和法国三国交界处）为中心分成左右两翼。主力集中在右翼（荷兰边境，梅斯一线），占总兵力的85%以上，担任主要突击任务。在实施深远的战略包围过程中进入法国北部，尽量向西延伸，“让右翼末梢袖拂海峡”，然后折向东南，绕过巴黎，将法军基本兵力压向法德、法瑞边界，然后再加以围歼。德军的左翼部队占总兵力的15%，任务是牵制尽可能多的法军。施利芬确信，德军左翼兵力虽少，但能够支持足够长的时间使右翼的突击产生决定性胜利。即使法军攻入洛林，迫使德军左翼后退，也无法阻挡德右翼的强大攻势，而且法军愈深入德军左翼，前途将愈危险。为了使这一计划达到“完美无缺”的境地，施利芬在1906年退休后仍在不断地修改他的杰作，直至1913年临终时还念念不忘地叮嘱他人：“必有一战，务使右翼强大！”

小毛奇的手术刀不停挥舞

施利芬退休后，接替他任总参谋长的小毛奇，既缺乏前任那样的能力，

小毛奇

也缺乏前任集中全力于一役那样的胆量和决心。他既忧虑西线左翼兵力单薄难以抗击法国人的进攻，又唯恐防守东普鲁士的兵力不足以抵御俄国人。他既不敢完全推翻其前任的计划，又无能拟定新的方案。唯一能做的就是对施利芬的计划修修改改。而这种修改，不是把它改好，而是越改越坏。于是，施里芬计划是保存下来了，但为了万无一失，他每年都要拿起手术刀，向施利芬的遗产开刀，从右翼借兵增强左翼。

施利芬主张，在东线普鲁士只部署20万守军，协同130万奥匈军队，去对付号称有300万～400万人的俄军。而在西线，则集中180万人，其中除留20万人防守左翼、20万人作为“转门的枢轴”外，其余140万军队全部用于右翼。小毛奇没有胆量像前任那样孤注一掷，他用削弱西线的办法来增强东线的防御力量，结果可用于西线的兵力只有140万人，在西线又用削弱右翼的办法来增强左翼，结果左翼增加到30万人，“枢轴”增加到40万人，而可用于右翼进攻的兵力只剩下了70万人。由于右翼兵力的削弱，施利芬原先设计的深远包围就无法实现，德军无力突进至英吉利海峡沿岸，并从西南和南面包围巴黎。由此可见，小毛奇在兵力部署上完全违背了施利芬一再要求加强右翼的原意，使施利芬计划变成了“一个没有灵魂的躯壳”。

小毛奇计划在左翼安排8个兵团，约32万人，守卫梅斯以南阿尔萨斯和洛林地区的阵地；中路安排11个兵团，约40万人，借道卢森堡和阿登山区入侵法国；右翼安排16个兵团，约70万人，借道比利时进攻，先粉碎扼守马斯河通道的著名的列日和那慕尔要塞，然后飞渡马斯河进入旷野地区，直抵边境的直线公路。进军的日程表要求动员第 12 日前打开列日通道，第 19 日拿下布鲁塞尔，第 22 日进入法境，第 31 日到达提翁维尔至圣康坦一线，第 39 日攻克巴黎，取得决定性的胜利。

在德国人看来，这一战争计划可谓是严格而完美至极。德国人谨慎备至，对可能发生的意外事项，均一一做了准备。他们的参谋人员，在野外演习中，在军校的课堂上，受过对特定情况作出正确决策的训练，他们对任何不测均可应付裕如。这个计划可谓是万全之策，但唯独缺乏一样东西，那就是战争中极为重要的灵活性。

1914 年，德国人已是摩拳擦掌，急不可待，准备大干一场。6 月 1 日，小毛奇说："我们已准备就绪，越快越好。"

法国人忘不掉色当的阴影

法国的作战计划与德军的作战计划针锋相对。1870 年普法战争以后，法国一直把德国视为最主要的敌人。到第一次世界大战爆发前，法国的军事战略曾经历过消极防御、攻势防御、进攻三个阶段。法军先后制订了 17 个战争计划。

1870 年以后的初期阶段，战败者的本能和孱弱的军力，迫使法国执行筑垒防御的战略。法兰西倚为屏障的是一个壕堑纵横、深沟壁垒的防御系统。从贝尔福到厄比纳尔和从土尔到凡尔登的两条防线护卫着东部边界，还有一条从莫伯日经瓦朗西安到里尔的防线保卫着比利时边界的西半段。这两条防线之间的缺口便是故意留给入侵者的通道。

生活在色当之耻阴影下的法兰西，随着精神和实力的恢复，对于年复一年的保持防备警戒，对于领导人年复一年的自救图存的告诫已经感到厌倦。随着新旧世纪的交替，法国人开始对这种 30 年来困处守势起而造反了。他们自知在实力上比德国略逊一筹，需要一种德国所缺少的武器，使自己有信心同德国人抗衡。这种信心，反映到军事上就是防御战略让位于攻势战略，对于比利时边界的注意也就相应的日趋减少，取代它的则是重心步步东移，一直移到法国可以发动进攻，实行突破，直趋莱茵河的地点为止。

这种头脑发昏的战略遭到了有识之士的质疑。1911年，当时担任最高军事会议副主席的米歇尔将军，在军事会议上做过最后的努力，要使法国遵循一种防御战略，他在一篇把施利芬意图反映得一清二楚的报告中，提出他对德军可能采取的进攻路线的估计，并且提出他的反击方案。由于德法共同边界的地形陡峭，加上法国在边界沿线修筑有防御工事，所以他坚定地认为，德国人如在洛林作战无法取得速战速决的胜利，取道卢森堡和马斯河以东贴近卢森堡的一小块比利时领土，也不能给他们的包抄战略提供充分的地盘。唯有借助比利时全境，德国人才能搞成一场决定性的进攻战，德国人必须赶在法国的盟军开始行动之前就发动那样一场攻势。因此，他建议在凡尔登—那慕尔—安特卫普一线布列百万法军迎击德军，法军的左翼跟施利芬的右翼一样，必须袖拂海峡。

显然，米歇尔的计划属于防御性质，他的计划遭到了人们的强烈反对。他的这份计划呈交之后，陆军部长梅西米把它当作“痴人说梦”。身为最高军事会议主席的陆军部长，不但将这份计划扔进废纸篓，而且将米歇尔撤职罢官。走马上任的霞飞将军，开始制订新的作战计划，以取代被认为已是陈旧过时的第16号计划。这份新的计划于1913年完成，成为大战初期法军行动的指导方针。

霞飞元帅像

绝对进攻和会战至上成为法国第17号计划的核心。17号计划把打败德国，夺回阿尔萨斯和洛林，占领莱茵河左岸地区，恢复法国在欧洲大陆的主导权作为战争的基本目标。17号计划基于这样的判断：开始之初，德军将集中主力在德法边境发起进攻；俄国将依照协定动员80万大军在东线展开，与德、奥作战，迫使德国不得不同时在两条战线上作战；英国远征军迅速在法国西北部登陆，保障法军主力翼侧的安全。基于此，17号计划规定，法军以全部5个集团军中的4个集团军，在法德边境孚日山脉和摩泽尔河之间向德军发起强大攻势，经过几次大规模会战打败德军，夺取战争胜利。

法国对德军取道比利时进攻法国的企图早有察觉，早年的几号作战计划就是针对这一情况制订的。但是，新上任的法军总参谋长霞飞认为，战时德军经过动员的兵力不会超过115万人，这些兵力难以从比利时方向作深远迂回。同时，英国历来把比利时看作它与欧洲大陆联系的重要门户，十分重视比利时的中立。德军进入比利时破坏其中立，必然引起英国的坚决反对，加速其参与对德国作战的进程，这对德国不利。因此，德军充其量只会以部分兵力从卢森堡交界的阿登山区实施进攻。即使德军果真绕道比利时向法国北部进攻，法军也可以借助英国远征军和比利时军队的力量，掩护法军主力从法德边界向法国北部转移。如果德军从阿登山区进攻，法军则可从提翁维尔和梅斯进攻德军的两翼。

法国的战争计划低估了德军经过比利时入侵法国的可能性，一直把主力兵力部署在紧靠阿尔萨斯和洛林的法德边界地区。更严重的是，法国的战争计划虽标榜进攻，但其实际兵力部署和行动方案又包含着坐等德军进攻的倾向。17号计划规定，法军统帅部只是在同敌人发生最初的冲突中判明敌人的行动性质后，才根据情况来实施法军的主要突击。法军的行动取决于德军的行动，这一规定，反映了法国战争计划的迟疑不决和消极被动。

17 号计划于 1913 年 4 月制订，未经讨论和征求意见，最高军事会议便于 5 月份通过。接下来的几个月，就是在这个计划的基础上改编陆军，准备与动员、运输、补给，以及部署集结地点和与时间表有关的全部指示和命令。到 1914 年 2 月，这个计划安排就绪。.

英国人的计划格外细致

英国和法国的联合军事计划开始于 1905 年。这一年，俄国在中国战场上惨败于日本人之手，它在军事上的积弱无能已暴露无遗，欧洲因此失去平衡。如果趁此时机开启战端，法国将在无一盟友的情况下单独作战。德国政府决定抓住这一时机来检验一番，于是挑起摩洛哥危机，德国的举动震动了欧洲各国，为应对挑战，英国决定由伊谢尔主持成立一个帝国国防委员会，负责有关方面的改革，同时与法国人开始非正式接触，制订一份联合军事计划。

但是，伊谢尔根本不赞同把英国的陆军作为法军的一支偏师使用，他们主张在比利时采取独立行动，不受法国总部的节制，认为掌握安特卫普及其附近一带海岸是英国的直接利益所在，而费希尔则强烈主张英国必须以海军作战为主。他信不过法国的军事能力，算准了德国人将在陆战中打败他们，所以认为把英国陆军送过海峡去一同吃败仗是无谓之举。由于他们的反对，英法联合作战计划的制订工作陷入停顿，迟迟未能取得进展。

1910 年 8 月，曾任过英国参谋学院院长的威尔逊被任命为作战处长。他认识到英法军事合作是一个生死攸关的重大问题，于是，两国的联合计划工作加快了步伐。1911 年 7 月，威尔逊来到巴黎，与法国总参谋长迪巴伊将军共同起草了一份备忘录。这份备忘录规定，英国一旦参战，出动的兵力将为 6 个步兵师和 1 个骑兵师，从动员的第 4 天至第 12 天，总数为 15 万人和 6.7 万匹马的兵力将在勒阿弗尔、布伦以及溯河而上的

战前参与制订英军作战计划的威尔逊，后来成为英军参谋长、陆军元帅

鲁昂登陆，改乘火车开赴莫伯日地区的指定地点集结，而在第13日即可投入战斗。这一协议就其实质而言，是在战争到来时英国陆军配属法国陆军作战，那时英军部署的地区将是法军防线的延伸地区，担负警戒法军翼侧的任务，防范敌方的包围。法国人已经说服威尔逊不要去另搞一个“次要战场”，而应在“主要战场，也就是在法国战场”上共同作战。

到1914年春天，法英两国总参谋部的联合计划大功告成，计划尽善尽美，每一个营最后的宿营地，甚至每一个营要上哪儿去喝咖啡都已计划得一清二楚。需要调拨的法国火车车厢的数目，翻译人员的指派，密码的准备，军马饲料的征集，这些事项均已安排妥当。只等大战的一声炮响，英国大兵就要奔赴前线了。

压路机的计划大而不当

在协约国军事计划的棋盘上，俄军的作用无可替代。无论是在盟友还是在敌人眼里，俄国巨人确实有一种神奇的魔力，这种魔力不仅迷惑了欧洲人，也迷惑了整个世界。许多年来，这个最落后、最反动的军事封建帝国主义国家，一直是欧洲和亚洲的野蛮、残暴、反动的主要堡垒。它不仅是欧洲的宪兵，也是东方民族的恶魔。虽然它的陆军积弊成堆，声名狼藉，虽然将拿破仑赶出莫斯科的是俄国的严冬而不是俄国的陆军，虽然在克里米亚战争中，俄国陆军曾在自家的土地上吃了英法两国的败仗，虽然土耳其在1877年的防御战中曾挫败俄军，虽然日本在中国打败了俄军，但是，俄军不可战胜的神话仍在欧洲广为流传。哥萨克骑兵冲锋陷阵，杀声震天，凶悍残忍，在欧洲已是尽人皆知。所以人们对俄国军队已形成这样一种观念，那就是哥萨克加上不虞耗尽的数以百万计的身强力壮、驯服听命、视死如归的庄稼汉，是不可战胜的。

俄国陆军为数之大，令人咋舌：平时兵力为140余万人，一经动员征召，便可增加到310余万人，此外还有一支260万人的地方军和可以征召入伍的后备力量，因此可供使用的兵员总额达650万人。在人们的脑海中，俄国军队是个庞然大物，开始时虽然臃肿迟钝，但是一旦充分动员起来投入行动，它一浪接一浪永无穷尽的人海波涛，不论伤亡多大，都会不屈不挠，前仆后继，滚滚向前。

法国人对俄国强大的实力，惊人的资源、潜力和财富，具有非同寻常的印象。英国人对此也抱有同感。第一次世界大战爆发时的英国外交大臣格雷对法国总统普恩加来说："俄国的资源非常富足，就是我们不去支援俄国，时间一长，德国人也要山穷水尽。"因此，只要一想起俄国"压路机"，法国和英国就感到心宽胆壮，而德国人却因害怕在他们背后的斯拉夫人而提心吊胆，寝食难安。

尼古拉二世和他的女人们

但实际上，俄国这个压路机却是一个纸老虎。其政体"是个愚不可及的政体"，"它是集怯懦、盲目、狡诈、愚蠢于一体的大杂烩"。这个政体的统治者尼古拉二世既无才智，又无品德。他唯皇后之命是从，而皇后又对活跃于宫廷中的一位骗子拉斯普京言听计从。在尼古拉二世的统治下，俄国国无宁日，灾祸频仍，屠戮不绝，出师屡败；民不聊生而相继起义。让人望而生畏的俄国，实际上已是日薄西山，气息奄奄，只等待最后的一击便寿终正寝了。

政府如此，军队的情况也好不到哪里去。由于耆龄老将如过江之鲫，军官团形成了头重脚轻的局面，他们的一项殚思竭虑的作业不是摆弄沙盘，而是玩纸牌。军官的任命和擢升，主要依仗的不是能力和战功，而是出身门第和后台靠山。备战工作是陆军部的主要任务。但是当时的陆军大臣苏克霍姆利诺夫却是只知沉湎酒色又极端抱残守缺的人物。陆军部在他主持下，战备工作的情况如何可想而知。在经受日俄战争失败的奇耻大辱之后开始的陆军改革．本来已经取得了一些进展，但他却立即让它草草收场。总参谋部本来已成独立建制，可是他又将其纳入自己的管辖之下。失去了自主权力的总参谋部，在 1914 年以前的 6 年时间内，你来我往，总共换了 6 个总参谋长。在这种情况下，作战计划也就休想系统周密了。

这就是英法寄予厚望的俄国，它在军事上的积弊可谓比比皆是。但是，它的盟国对此并不牵肠挂肚。他们关心的只是促使俄国巨人行动起来，而无需考虑它如何发挥作用。只要它答应在德国向法国发动进攻的同时，向东普鲁士猛扑过去，牵制德国的一部分兵力，使德国陷入两线作战的困境，就可造成举世震惊的效果。他们需要的就是这个。

最终，俄国总参谋部总算制订出了第 19 号作战计划。该计划分为两个方案，视德国如何行动而择定使用。如果德国以主力打击法国，俄国就用主力攻打奥地利。在这种情况下，俄国将把 4 个集团军投入奥地利战场，将 2 个集团军投入德国战场。

对德作战计划规定，将以俄第 1 和第 2 集团军向东普鲁士发动钳形攻势，第1集团军向北路进军，第2集团军向南路进军，从南面绕过马祖里湖泊一带的天然障碍。第1集团军的集结地区在维尔纽斯，所以又叫维尔纽斯军，维尔纽斯有一条直达的铁路可通，第1集团军可以首先出发。它将比第2集团军即华沙军先两天向德国前进，其任务是尽可能把德军的兵力吸引过来。与此同时，第2集团军将从南面绕过湖泊地带的障碍，插入德军的背后，切断其向维斯瓦河的退路。钳形攻势的成功取决于时间配合的准确，不使德军与任何一翼单独交锋。务必使敌军不论何时何地，一经遭遇，就要受到有力的、坚决的打击。一俟德军被围歼之后，第二步就是向距离维斯瓦河240千米的柏林进军。

俄国人的算盘打得很好，问题的关键是德国人会答应吗？

2

进攻的大旗高扬

各个国家的战争计划虽然不同，但有一根主线贯穿其中，那就是进攻和速战速决。各个国家都把进攻视为克敌制胜的唯一法宝，重视进攻而轻视防御。在一些国家中，军队甚至避免使用“防御”一词。如在法军中，“防御”一词在人们听来是如此刺耳，以至于在图上作业和野外学习中人们都避讳使用它。谁对防御的问题感兴趣，谁就有丢掉官职名声扫地的危险。

克劳塞维茨的幽灵不时出现

德国军事思想的先知克劳塞维茨指出，以决战迅速取胜是进攻战的要旨。占领敌人领土和掌握敌人资源均属次要，尽快早日决定战局至关重要。时间重于一切，拖延战争的任何举动都应遭到谴责。“逐步削弱”

敌人和消耗战，就是自己把自己投进地狱。他的论述被西方人奉为兵法上的《圣经》。

决战这个目标，是色当战役的产物。这个已成史迹的战役，像已逝的汉尼拔将军一样，死死地缠住了德国军人的头脑。德国人仿效汉尼拔将一切赌注都押在决战上。可是他们忘了，迦太基虽赢得了坎尼之战，但是最终赢得整个战争的却是罗马人。

速战速决，这是德国的传统观念。已经过世的克劳塞维茨，用他的这一观念束缚了德国人的思想。

德国人相信，在这场战争中，他们将赢得胜利。同时，他们还相信，这场战争不会也不能拖延太久。战争久拖不决是德国人想都不愿想的事情，长期战争的前景让德国人感到恐惧。因为德国国土狭小，既无足够的物力，又无足够的兵源来打持久战。在工业原料和粮食大量依靠进口的情况下，长期战争将拖垮整个国家。他们认识到，现代战争的巨大消耗将使长期战争难以为继。"当维持几百万军队需要几十亿开支的时候，消耗战略是不可能的。"维持庞大的军队所必需的巨大消耗，要求迅速解决并早日结束战争。为此，必须不顾一切地进行快速的进攻战，缩短战争进程，而决不能考虑长期的消耗战。

因此，德国总参谋部竭力主张快速的进攻战。毛奇承认："参谋总部曾多次研究这个问题，对我们来说，打防御战是否更好些？

听到宣战的消息，德国民众弹冠相庆，热烈欢呼

回答是否定的，因为在这种情况下就会失去把战争尽快转移到敌人领土上的可能性。”德国参谋总部不准备打长期战争，他们认定德国获胜的道路只有一条，那就是以迅速而坚决的进攻消灭敌人。

于是，闪击战成为德国人坚信不疑的制胜法宝。“进攻的优越性是众所公认的。进攻能支配敌人的行动方式，一切精神因素都证明进攻是正确的，它是有效战胜敌人的唯一手段。”“不顾一切代价冲向敌人”，成为一条对部队的绝对要求。进攻是防御的最好方法，而一切防御都是走向“末日的起点”。防御不仅与德国战争史的全部经验相抵触，而且与德国军队民族特性也是格格不入。相反，只有进攻才符合德意志民族性格。“进行战争就意味着进攻”。德军的士兵，特别是军官，一直被灌输着这种冒险主义思想，即所谓进攻的本身就孕育着快速取胜，无论在什么情况下，不管同什么样的敌人作战，即使对方在兵力占有相当大的优势并构筑有完善的防御阵地，也必须进攻。

为此，德国打算将所有公认的国际法准则、道义准则和历史上形成的战争惯例统统抛到一边，而借助普鲁士特有的野蛮方法来达到速战速决的目的。威廉二世直截了当地说：“一切都应当被淹没在火焰和血泊之中，必须把男女老幼都杀死，一所房子、一棵树都不能留下。这是唯一能使退化了的法国民族感到畏惧的恐怖手段，运用这种手段，战争不到两个月就会结束。而假如我以人道主义为怀的话，那么，战争必将延续好几年。”

德国大量的著作不仅赞成采取这种残酷的、惨无人道的方式进行战争，还专门从理论上对这种残酷的战争方式进行了论证。老毛奇宣称：“不仅应该全力以赴去削弱敌人的兵力，而且还要破坏敌人的一切辅助源泉，如财政、铁路、粮食，甚至威望。”他认为，破坏其他国家的中立也是完全许可的，“只要这种措施能为破坏中立的人带来十分肯定的好处，任何中立都是可以破坏的”。

德国官方的观点指出，任何作战手段都可以使用，只要能达到战争的目的；“现代技术所发明的一切兵器，甚至是大批杀伤敌人的最完善、破坏性最大的兵器，都允许使用。为了在最短期间内达到战争的目的，使用这种兵器是完全不可避免的。严格地说，应被认为是最人道的。”德国参谋总部建议采取各种野蛮手段来对付和平居民，如轰炸城市，禁止从被围的要塞中撤出和平居民，扣押人质，以及对反抗者采取各式各样的镇压手段。任何做法，哪怕是最残酷的做法，都可以用“军事上的需要”来进行辩解。只有这样，才能摧毁敌方的民心士气，迅速赢得战争的胜利。

德国总参谋部声称这是军事需要。至于它在政治外交上是否可取，它将带来的影响，都被视为不相干的问题，判断的唯一标准在于是否为德军的克敌制胜所需。德国人从普法战争中取得的经验是，武力和战争是使德国强大的唯一源泉。他们得到的教诲是：“我们是以我们刀剑的锐利，而不是以我们思想的锐利赢得我们的地位的。”

德国人十分乐观，他们坚信，他们一定会速战速决，很快赢得战争的胜利。“你们在叶落之前就会凯旋回家。”德皇在 1914 年 8 月的第一个星期就是这样对出征将士说的。

那天下午，一位德国伯爵说，战争不会打上 10 周之久，而另一位伯爵则更加乐观，认为只需 8 周，“你我将在英国聚首”。一名即将奔赴前线的德国军官说，他预计可于 9 月 2 日在巴黎和平咖啡馆吃早餐。

法国人对进攻的狂热叫人难解

克劳塞维茨的幽灵不仅缠绕着德国人，也缠绕着其他的欧洲国家。其中，最为孤注一掷的法国人，他们把全部希望寄托在速战速决上。正因为如此，他们才在制订作战计划时不派兵驻守大片边界地区，听任德军占领。他们的理论是，胜利之时，这个地方也就会自然收复。

法国人狂热的进攻思想，源出于一种意愿，这个意愿是因法国从色当之败的奇耻大辱中恢复元气而产生的。1871年，在普法战争中遭受惨重的失败的法国，在凡尔赛唯德国之命是从，订立了城下之盟。在被迫接受的条款中，法国人饱尝了国土肢解、赔偿军费以及敌军占领的苦楚。这个城下之盟甚至还规定了德军举行胜利进军的仪式，在巴黎爱丽舍田园大街雄视阔步、耀武扬威。德国人入城仪式进行之时，大街上观者绝迹，阒无声息，黑纱低垂。在波尔多，当法国国民议会批准和约之际，阿尔萨斯和洛林两省的议员们泪流满面，留下了他们庄严的声明："我们宣告，阿尔萨斯人和洛林人，千秋万代都要保留作为法兰西民族一分子的权利。我们为我们自己发誓，为我们的选民发誓，为我们的儿女发誓，也为我们的子子孙孙发誓，要采取一切手段在侵略者面前永远坚持这一权利。"吞并阿尔萨斯和洛林，是老毛奇和他的总参谋部的主意。他们相信，这两个边境省份，连同梅斯、斯特拉斯堡，以及孚日山脉的崇山峻岭，都必须从法国一刀砍掉，使法国在地理上永远只能处于守势。他们还进而要法国偿付一笔50亿法郎的赔款，其用心是要在一代人的时间里捆住法国的手脚，同时还要在法国驻扎一支占领军，直到赔款偿清为止。

一战中鼓励法国人冲锋陷阵的宣传画

法国人从未放弃收复被夺走的两个省的念头。法国人做出了惊人的努力，在3年之内筹足了赔款，然后开始恢复元气。然而，色当之败萦绕脑际，在法国人的心目中，它是一个永远难以消除的阴影。

“你们不要放在嘴边，而要铭记心间。”40多年来，防止这一悲剧重演成了法国政策中最根本的因素。作家雨果慷慨激昂的声音回荡在每一个法国人的耳边：“法兰西将万众一心，重建力量，养精蓄锐，勿忘国耻，唤起青年一代组成一支全民的军队，发愤图强，永不懈怠，研究敌国的方略技术，以便重整旗鼓，再成为伟大的法兰西，即1870年的法兰西，亦即胸怀理想、利剑在握的法兰西。到那时，它定会所向无敌，定会光复阿尔萨斯和洛林。”

民族复仇的火焰在法国人的心头愈烧愈烈。生存在色当阴影下的法兰西，尽管实力在不断恢复，但他们自知比德国仍然略逊一筹，他们需要一种德国所缺少的武器，才能同德国人抗衡。他们左右寻觅，终于找到了这件神奇无比的武器，那就是“胸怀理想，利剑在握”，也就是攻无不克、战无不胜的意志和蕴含于《马赛曲》中的精神。法国人笃信这种意志和精神法力无边，它足以使法兰西挫败强敌。依靠这种精神，法国复活了对自己的信心。就是这种精神，使法兰西军旗高高飘扬，使法兰西军号嘹亮，使法国士兵斗志昂扬。他们深信，如果另一个色当战役的日子来临，这股激情一定会指引法兰西走向胜利。

这种神奇的精神和意志，延伸到军事领域，便变成了进攻的理论，进攻派的学说源出于陆军大学。担任陆军大学校长的福煦将军是法国军事理论的一代宗师，他有两句名言：一是“克敌制胜的意志是胜利的首要条件”，即“胜利即意志”；另一句是“一场胜仗就是一次不服输的战斗”。他将这两句名言运用到实战中，就成了他日后在马恩河发出的那道蜚声一时的进攻令。当时的形势要求撤退，但他却振臂挥拳，咆哮如雷地吼叫：“进攻！进攻！”后来有人问他，为什么在按照陈规看来已吃败仗的时候还要向前进攻，他的回答是：“为什么？我也搞不清楚。

为的是我部下的士兵，为了我有一个意志，再加上还有一个上帝。”

福煦校长桃李满天下。他的学生醉心倾慕他的理论，不断探求他所启示的意志的奥秘。陆军部作战处长达朗松上校，尤其如痴如狂地信奉他的老师的那些原理。这位“心肠火热、才华出众”的军官，大谈特谈的是冲动，而对安全却只字不提。他在陆军大学作的两次演讲，把福煦的理论发挥到了极致。他的演讲好似电流，触动了听众的心弦，让他们激动，让他们倾倒。这位上校在如醉如痴的听众面前祭起了“胸怀理想，利剑在握”的法宝，向他们指明法兰西的制胜之道在于殊死进攻。唯有这样的进攻才能成为克劳塞维茨所说的决战，把决战“进行到底是战争的根本任务”。这样的决战，“一经交火，就不容三心二意，而必须全力以赴，死拼到底，把人的耐力发挥到极限”。夺取主动是必要的条件。要取得行动自由，全靠迫使敌人接受己方意图，而不必费心去对敌人的意图作出判断。

这套理论在法国总参谋部产生的影响非同凡响，法国总统宣布：“唯有进攻才与法国将士的气质相称……我们决心已定，要一往直前，迎战敌军，毫不犹豫。”于是，防御战略被忘怀，被放弃，被抛到九霄云外。

这套理论，体现在用作指导实战的《野战条例》之内。法国政府于1913年10月颁布的新的《野战条例》，是法国陆军训练和指挥的圭臬。这部条例一开头便是豪言壮语，气概不凡：“法国陆军，现已恢复其传统。自今以后，除进攻外，不知其他律令。”然后开列8条军令，刀光剑影，杀气腾腾：“决战”“锐意进攻，毫不犹豫”“勇猛凶狠，坚韧不拔”“摧垮敌方斗志”“无情追击，不顾疲劳”。

该条例把防御战踩在脚下，不屑一顾。它宣布，“唯有进攻战才能达到积极的战果”，“军心士气重于一切，一切战争都是军心士气的较量。一旦失去征服敌人的希望，失败便不可避免。胜利并不归于蒙受伤亡最少的一方，而是归于意志最坚强、士气最旺盛的一方”。整个条例一言以蔽之，就是法国军官团所津津乐道的一个词：勇敢，或者说是有种。第17号计划跟《野战条例》一样，开头是一句铿锵有力鼓舞人心的话：“在任何情况下，总司令都要求我全军将士奋勇前进，齐心协力，对德军发动攻击。”

法国人全神贯注于打进攻战。1914年的法国军队，就是在这面“勇敢进攻”的大旗下开赴战场的。

俄国人的雄心与实力不相匹配

法国人的激情和狂热感染了它的盟友。尽管俄国实际上是一个纸老虎，它的政府已是日薄西山，气息奄奄，它的军队也是弊端丛生，千疮百孔。但是，这并不妨碍它的军人热情似火。法军参谋长迪巴伊将军于1911年前往俄国，去给俄国总参谋部灌输必须夺取主动的作战思想。急于重振军威以洗刷日俄战争耻辱的俄国人也是雄心勃勃，跃跃欲试，同意跟法国人同时发动攻势。“我们应该对准德国的心脏进行打击。”沙皇在双方签订的协议上声言：“我们两国的共同目标必须是柏林。”俄国总参谋部因为领受了法国光华熠熠的殊死进攻的理论而神采飞扬，制订出了第19号作战计划。该计划雄心勃勃，预计有6个月的时间就可以进入柏林，赢得战争。在圣彼得堡，问题不在于俄军能否取胜，而是需要打两个月还是3个月，那些认为战争需要打6个月的人会被视为态度悲观的失败主义者。德皇“盘算错了，他是坚持不了的”，俄国司法大臣就是这样一本正经地预料战争的进程。

至于英国，则显得有些含糊。他们笼统地认为胜利只不过是几个月的事情。一名曾任驻比利时使馆武官并被认为是一名知情人士的英国军官，在重返他的团队时，有人问他对战争可能打多久的看法，他的回答是：“这我可不知道，我知道的是，由于财政上的原因，大国不可能把战争

士兵们愉快轻松地踏上征程，仿佛不是去打仗而是去联欢

拖长下去。这是我从首相那儿听来的。首相对我说，陆军大臣霍尔丹是这么对他说的。”

无论是毛奇执掌的德国还是霞飞执掌的法国参谋部或是其他国家的参谋部，没有任何人制订过 3 ~ 6 个月以上的计划。“战争开始后 6 周内把法国解决掉。”毛奇的乐观，感染了德国的政客，也感染了德国的民众和德国的士兵。正是怀着这种战争很快就会结束的乐观情绪，各国军队轻松愉快地踏上了充满血腥的战场。

然而，后来残酷的事实证明，他们的确乐观得有些离谱了。他们走向的，不是一段通向胜利的短暂旅途，而是踏入漫长黑暗的死亡之路，无数青年将不得不用自己的生命和鲜血来绘制一幅惨不忍睹又不知尽头的末日画卷。

3

多么天才的预见

与当时的普遍乐观不同，在当时举世喧嚣众人皆醉的形势下，有一些人却保持了清醒的头脑，对将要爆发的世界大战的不可避免、世界大战的历史进程、持续时间、世界大战的特点及世界大战的后果作出了准确的描述和判断。

大战打多久“只有鬼才知道”

在这些清醒者中，有几个人的预言让人感到匪夷所思。因为这几个人，都是战争的策划者和指挥者，从表面上看，他们都是速战速决的忠实信徒，其中有些人更是亲自制订了进攻速胜的战争计划，但矛盾的是，他们从内心里并不相信战争能够很快结束。

德国陆军元帅老毛奇在1890年曾预见下次战争有可能打7年乃至30年之久，因为现代国家资源巨大，绝不会由于仅仅一次军事上的失败就认输罢休。

小毛奇在1906年也向德皇坦言：“这场战争将是一场全国性的战争。这场战争不是跟一个国家通过一场决战可以解决的，必须同它进行长期艰苦的搏斗，而这个国家在其举国力量崩溃之前是征服不了的。这场战争且将是我们纵然胜利也将耗尽我国人民全部精力的一场战争。”

法国的霞飞在1912年也曾指出，法国初战告捷之时，将是德国举国抗战开始之日，反之亦然。且不论出现哪种情况，其他国家都将被卷入，结果会是一场“漫无限期”的战争。

英国的基钦纳，没有参与制订最初的作战计划。1914年8月4日，他正准备乘上一艘前往埃及的船只时，仓促奉召就任了陆军大臣。他在上任时就预言战争将延续3年。他对一位不敢苟同他的同僚说，时间甚至可能更长些。不过，“暂且说它3年是不会错的，像德国这样一个国家，既已逼得人家和它交手，那只有把它彻底打垮，它才会甘心认输。而这是需要很长时间的，但究竟要多久，只有鬼才知道”。

旁观者清，还有一些人的预测比他们更为准确。

在第一次世界大战爆发之前许多年，一位名叫布洛克的波兰银行家这样预测：“工业大国之间的战争不过是相互毁灭。大炮喷吐密集的铁雨，

这是一战中著名的征兵海报。英国陆军大臣基钦纳目光威严，伸手指着你："你的国家需要你！"口气坚定，不容拒绝

地球浸泡在血泊之中，屠杀将会有增无已。屠杀将以如此可怕的规模日益增加。在下一次战争中，人人都会置身于堑壕之中，它将是一场堑壕大战。对于一个士兵来说，铁锹将如同步枪一样不可或缺。未来战争，是许多国家的破产和整个社会组织的土崩瓦解。"

更加准确和科学的预见来自于科学共产主义的创始人马克思和恩格斯。特别是恩格斯，对大战的必将到来作出了最富有远见的深刻而准确的预言。他准确地判断未来世界大战持续的时间将是三四年，指出了其破坏性的后果和政治结局。

恩格斯的天才预见

早在 1887 年，即第一次世界大战前 27 年，恩格斯就指出："对于普鲁士德意志来说，现在除了世界战争以外已经不可能有任何别的战争了。"这种战争将是长期的、有千百万军队参加的战争。"这会是一场具有空前规模和空前剧烈的世界战争。那时会有 800 万～1000 万的士兵彼此残杀，同时把整个欧洲都吃得干干净净，比任何时候的蝗虫群还要吃得厉害。"他说，军国主义的强化，普法战争后兴起的军备竞赛，士兵"人数达数百万之众"的军队的过分扩大，更具威力的新式武器等，是"空前残酷而结局完全无法预料的世界战争"的前提。他指出："常备军制度在整个欧洲已发展到极端，只要常备军不及时改组为普遍武装人民为基础的民兵，那么，不是这种制度使各国人民担负不起军费而在经济上破产，就是它必然导致一场毁灭性的大战。”

恩格斯指出，在未来战争中，占领比利时“是进攻者必要的条件，无论是德国进攻法国或法国进攻德国都是这样”。恩格斯还预见到未来战争的破坏性及其给所有战胜国和战败国带来的沉重的经济后果和政治结局。他说：“30年战争所造成的大破坏集中在三四年里重演出来并遍及整个大陆；到处是饥荒、瘟疫，军队和人民群众极端困苦而普遍野蛮化；我们在商业、工业和信贷方面的人造机构陷于无法收拾的混乱状态，其结局是普遍的破产；旧的国家及其世代相因的治国才略一齐崩溃，以致王冠成打地滚在街上而无人拾取；绝对无法预料，这一切将怎样了结，谁会成为斗争中的胜利者；只有一个结果是绝对没有疑问的，那就是普遍的衰竭和为工人阶级的最后胜利造成条件。”他指出，可以预言，“如果这场战争爆发……它将是阶级国家在政治上、军事上、经济上（包括财政上）和道义上的彻底破产。它可能会引起这样的情况：军事机器起来造反，并拒绝继续……互相残杀。阶级国家的呼声是：我们死后，哪怕洪水滔天。但是，洪水之后，出来的就是我们，而且只有我们”。他警告说，如果帝国主义大国准备“开始跳一场最后的大战舞，那么，在悲剧结束时你们必将垮台，而无产阶级的胜利不是已经争得，就是终于不可避免”。

列宁对此由衷地赞叹：“这真是多么天才的预见！”大战的进程和结局完全证实了恩格斯的英明预见。野心勃勃的德意志帝国被推翻了，穷凶极恶的沙皇专制政权垮台了，奥匈帝国瓦解了，土耳其崩溃了。国王和君主的日子，除了礼仪性的国家元首外，已在第一次世界大战中宣告结束，变成了历史。

这场世纪大战使英国付出了昂贵的代价，它一度扩大了帝国的疆域，但却削弱了控制它的实力，它的殖民帝国已开始摇摇欲坠了。同样，它也无力保持它的海上优势了，美国和另一个潜在对手日本向它挑战，并且最终超过了它。对于疲惫不堪、惨遭破坏但仍沉浸在伟大和光荣的气氛中的法国，第一次世界大战只不过是第二次世界大战的序幕，是以最终失败之前的不牢靠的胜利宣告结束的一个篇章。

当其他国家在血泊中挣扎苦斗的时候，美国却利用战争大发横财。“他们把所有的国家，甚至最富有的国家，都变成了向自己进贡的国家。他们掠夺了数千亿美元……每一个美元都有血迹，都有一千万死者和二千万伤者……所洒下的鲜血。”对于牺牲很少而获益最大的美国来说，这次大战意味着它在全球势力和影响扩张的开端。

第一次世界大战是一场特大地震，它震撼了现代人类的历史，所造成的政治后果至今犹存。其中，最重要的就是从俄国的土地上长出了一个新生的政权，极大地改变了世界的政治版图。俄国革命的影响笼罩着全球，布尔什维克的胜利改变了一个世纪的历史。红色革命的浪潮汹涌澎湃，无产阶级革命和民族解放运动的新时代到来了。

第一次世界大战被认为是一场“结束战争的战争”，但是，这场惨烈无比的战争既没有结束战争，也没有带来“美好的世界”。1918 年失败的德国，不久就好了伤疤忘了疼，重新选择了战争。结果是重蹈覆辙，而且一次比一次输得更惨。

丘吉尔在他的《第一次世界大战回忆录》中这样写道：“整整 4 年，德国在陆地、海洋和空中同世界 5 大洲打仗，公然作对。它的军队支撑着它那摇摇欲坠的同盟，成功地介入每一个战区，驻守在被它征服的每一块领土上，并且使敌方遭到比己方大 1 倍以上的伤亡。为了打破德军的力量和科学，为了制止它的狂暴，必须动员世界上所有的大国到战场上来反对它。压倒多数的人口，无限的资源，难以估量的牺牲，海上封锁，在50个月中都未能战胜它。在这场斗争中小国被践踏，一个个庞大的帝国被打得支离破碎，面目全非，直到把刀剑从那可怕的手中夺取过来之前，近2000万人已被消灭或者流洒了他们的鲜血。肯定地说，德国人啊，历史已经受够了。”

饱受战争苦难的民众确实受够了。然而，一些执掌大权的人似乎并没有记取这次战争的惨痛教训，他们依旧高举着战争的大棒四处挥舞。于是，火种仍在地球上燃烧，战争的阴云仍然笼罩在世人的头上，了无止境，没有尽头，并且随着科技的进步、武器的发展而变得越来越残酷，越来越可怕。

第四章

军备竞赛，紧锣密鼓

计划只是蓝图，要让它变成现实，还需要庞大的军备。于是，随着协约国和同盟国两大军事集团的形成，各国政府开动战争机器，开始了疯狂的军备竞赛，打磨出锋利的宝剑，铸造出坚固的盾牌，厉兵秣马，其目的“当然不是为了闲谈，而是为了战争”。

1

军国主义成为时尚

新老帝国主义国家之间的矛盾，致使国际危机频频发生，世界大战的阴云越积越厚。各国垄断资本利用国际紧张局势，推动本国政府走上了扩军备战的道路。那些“制造死亡的商人”竭力宣传“大炮比面包重要”。他们知道。当锅里的肉抢完之后，再去抢夺碗里的肉，势必爆发一场恶战。于是，崇尚武力，推崇战争，成了列强一个强大的精神支柱，军国主义变成了当时一个很时髦的口号。

德国的战争狂迷

德国的李卜克内西在20世纪初撰写的《军国主义和反军国主义》一书中指出："军国主义！在我们的时代里，很少有其他口号使用得这样频繁。几乎没有任何一个别的口号表达出这样复杂、这样多方面、这样形象万千的事物；表达出从其起源与性质、方法与效果来看是如此有兴味、如此有意义的现象——这种现象是如此深深地植根于阶级社会的本质,但却可以在相同的社会制度之内,根据不同国家和地区所特有的自然、政治、社会和经济条件，采取如此异常多种多样的形式。"

尽管20世纪初的军国主义多种多样，但总的看不外两种，一种表现为制度、机构设置和特定社会力量的存在。军国主义"这个名词的意义。通常是很含糊的，不过一般说来，它至少包含有两个确定的意义：第一，是存在着一种充满危险性和负担沉重的机构,即庞大的常备陆军和海军，再加上间谍活动、猜疑、恐惧、仇恨等罪恶。第二，是存在着一个以参谋本部为首的有权势的海陆军军官的阶级，他们有凌驾于文官当局之上的倾向"。第二种表现形式为一种特别的军事观念，包括一部分民众对战争和暴力价值的推崇，对军事职业价值的崇尚，也就是人们常说的尚武主义，当然是打上时代烙印的尚武主义。严格说来，军国主义的实质性内容就在于这种特别的军事观念。

帝国主义国家统治集团在世界大战爆发之前便进行军国主义宣传，煽动沙文主义情绪。为这一目的运用了一切宣传手段：教会、学校、报刊、文学、艺术。

作为观念形态的军国主义在世纪之交的德国流传最广，也最具代表性。这种现象的根源在于德意志国家的历史遭遇。德国的统一不是经过民主革命，而是靠普鲁士进行的战争，在容克地主军国主义基础上得到统一的。在普法战争结束后用"铁和血"统一起来的德国，作为一个赤裸裸的军国主义国家出现在欧洲面前。普鲁士在统一后的德国中占统治地位，资产阶级和容克地主结成同盟，决定了德国军国主义具有特殊的侵略性和好战性。没有哪个国家像德国那样狂热而不顾一切地崇拜军国主义和黩武主义。

泛日耳曼同盟是德国容克地主资产阶级侵略意图的表达者。该同盟产生于 1891 年，它认为，建立一个政治经济上强大的、受德意志帝国保护的欧洲国家集团，是其建立"世界"德意志帝国的前提。它鼓吹说："对于全世界正在成为英国人、法国人、俄国人和日本人的领地这一状况，我们再也不能忍受下去了。我们同样不能相信，唯独我们才应当满足于 40 年前命运分给我们的那菲薄的一份。时代不同了，我们也不是过去那样了。只有获得归自己所有的殖民地，我们将来才能有保障。"泛日耳曼主义者要求侵占英国、法国、比利时、葡萄牙的殖民地，法国的铁矿区，整个比利时和荷兰，从俄国手中夺走波罗的海沿岸地区、波兰、乌克兰和高加索。

泛日耳曼同盟思想的基础是日耳曼民族优越论。对暴力的崇拜，对侵略和掠夺性战争的宣扬被广泛散布。他们认为，战争是"一种纯化，一种解放，一个巨大的希望。德国的胜利将是精神战胜数量的胜利"。"日耳曼精神是同和平主义者的文明理想对立的，难道和平不是社会腐化的一个因素吗？""战争使人高尚"这个概念，是德国军国主义的基本理论的写照，德国军国主义认为，德国人是全世界最有教养、最守法律、最爱和平的民族，理应成为最有权势的民族，理应统治世界，理应通过"德国的战争"建立一个"德意志和平"。一个德国科学家这样说："我们德国人是欧洲最勤劳、最诚挚、最有教养的民族。俄国代表反动，英国代表自私和背信弃义，法国代表堕落，只有德国代表进步。德国文化将照耀全球，战后不会再有其他文化了。"

德国军国主义者极力鼓吹唯武器论和唯战争论，美化战争。陆军元帅老毛奇说："人类最可尊敬的高尚品格是通过战争而揭示和显露出来的。没有战争，世界将陷入自私自利之中。"德国的将军们都对战争暴力的价值予以充分肯定。"永久和平是一个梦，并且还不是一个美梦，而战争是上帝安排的世界秩序的一部分。在战争中得到发展的是人类的最高贵的美德，包括勇敢、克己、忠于职责，以及甘冒生命危险的自我牺牲。如果没有战争，世界将沉沦在唯物主义中。"

军人崇拜战争，学者们也歌颂战争。德国的著名哲学家尼采更是从哲学的层面，指出战争是人类进化所必需的，因而极力主张战争。他认为，战争使人类进化，战争的最大意义就在于淘汰人类社会中的平庸分子，创造出充满力量、热情和快乐的生命。这种生命就是所谓的"超人"。假如世界和平，拙劣平庸分子便都有生存的机会，那么人类就会逐渐退化。他还认为，战争可以扫荡腐败堕落，消除积弊，实现民族和国家的复兴。在他看来，一个民族不进行战争，就必然走向没落，失去在世界上生存的资格。对于这样的民族，要想复兴，只有靠战争。所以，他说："我不劝你们去工作，我劝你们去战争。我不劝你们求和平，我劝你们求胜利。……将你们的城市建到维苏威火山脚下！将你们的船只派往从未探索过的海洋！在与旗鼓相当的敌手的战争中生存！只要你们还未能成为统治者和占有者，就去做强盗和征服者！"

1911年，即在安吉尔那本《大幻想》问世的第二年，一本名叫《德国人与下一次战争》的书出版了，该书与安吉尔的书具有同样巨大的影响，不过观点却完全相反。《发动战争的权利》《发动战争的义务》和《或为世界强权或是没落》，这3章的标题概括了全书的观点。

该书的作者是一位德国将军，名叫贝恩哈迪。这位1871年时21岁的骑兵军官，是在普法战争中第一个乘骑突入巴黎凯旋门的德国人。在这本倾注他心血的著作里，他告诉人们，战争是“生存的需要”，战争是“自然界一切法则所依存的自然法则亦即生存竞争法则”在人类社会的体现。各个国家，不是发展就是衰退，不可能有静止状态。德国必须作出选择，或为世界强权，或是没落。在各国之中，德国“在社会政治方面，是所有文明进步国家之冠”，但是，它却“被挤压在狭窄的、非自然的境域之内”。没有强大的政治权力，没有一个扩大的势力范围，没有新的领土，它就不可能达到它的“伟大的道义目的”。这种权力的增强“是同我们的重要性相称的”，“是我们有权要求的”，是一种“政治需要”和“国家的首要任务”。他宣称：“凡我们现在所希望达到的，均必须力争。”由此，他说：“征服遂成为一条需要的法则。”

“需要”，是德国军事思想家们爱用的一个词儿。既证明了“需要”，贝恩哈迪便进而谈论手段问题。他主张，一个国家必须在它自己选择的“最有利时刻”发动战争。“采取攻势和打出第一枪，这是我们义不容辞的责任。”他写道，以为德法总可以通过谈判解决它们之间问题的想法，是“不可思议的”。“法国必须化为齑粉，使它再也不能越我雷池一步”，“必须予以毁灭性的打击，使之永不复为列强”。

贝恩哈迪有这样一句名言：“不用剑去冲击，我们的政治任务是不能完成和无法解决的。”他说：“如果我们希望取得与我国人民的实力相称的地位，那就必须抛弃一切和平的想法，把希望寄托在我们的武器威力上，临危不惧。”

战争前夕，德国的军国主义宣传达到了狂热的程度。城市中心的广场上矗立着莫斯科克里姆林宫的模型，在几支乐队的吹奏声中，模型的四周被点上火焚烧起来。一位俄国目击者说：“我们面前是一场真正的大火的景象，浓烟滚滚，倒塌的墙垣发出轰隆隆的响声。教堂的钟楼和十字架歪歪斜斜跌落在地面上。可是德国的人群却在鼓掌，呐喊，狂喜

德国皇帝在检阅部队

地嚎叫，当最后一堵墙倒在我们宫殿和教堂的灰烬上，乐队立即伴着花炮的轰鸣奏起德国国歌时，人们的狂热已无法抑制了。”

一位在柏林的美国人说：“形势极不正常，军国主义猖獗。”德国上下对战争充满了自豪与渴望。德皇威廉二世踌躇满志：“火药是干的，剑是磨过的，目标明确，力量集中，悲观者已被赶走。我为我武装的人民干这一杯！”

军国主义的幽灵四处游荡

军国主义的幽灵也同样在英、法、俄等国游荡。

英国军国主义者鼓吹盎格鲁撒克逊民族是世界上的优秀民族，历史注定要由它来做世界的主宰。英国的军国主义多表现为“海军军国主义”和“殖民军国主义”。英国出现了鼓吹对德战争的狂潮。《星期六评论》发表文章说，过去，各国为争夺某一城市或某种遗产而厮杀若干年，难道现在不应该为每年50亿英镑的商业从事战争吗？海军参谋长费希尔公开表示，为了英国的安全，德国舰队应该“哥本哈根”，即像在哥本哈根消灭丹麦舰队那样，将之全部消灭干净。

法国的统治者则宣扬“拉丁种族”是优秀的种族，“高卢文化”是优秀的文化。法国的军国主义表现为普法战争后所掀起的“复仇军国主义”。在法国发行了大批军国主义者的书籍。军国主义宣传为普法战争的失败而报仇。整个一代法国人都被复仇思想所熏染。

俄国挥舞“泛斯拉夫主义”的破旗，说“俄罗斯是斯拉夫人统治的中心”，因此其军国主义多表现为斯拉夫主义和军事扩张主义，要求为保卫“兄弟的斯拉夫人”，为把全体斯拉夫民族统一在俄罗斯的保护之下而战。

在意大利，有人高唱：“我们赞美战争，战争是世界上唯一的护身术，它具有尚武精神，建立丰功伟绩，摧毁无政府主义的奇妙作用。”恢复昔日罗马帝国的威严与强盛，把意大利文明传播到全世界，成为意大利军国主义的口号之一。

总之，军国主义是当时西方各国具有普遍影响的一种思想观念，战争的情绪已达到了狂热的地步。新闻记者、政客、教授在报纸、教会、文学作品、艺术、演讲中到处发起战争的鼓动。“新近创办的受人欢迎的日报已经发现，它们刊登的新闻越是耸人听闻，报纸的销路就越好。于是，引起了恶性循环：灌输给欧洲青年的不是比较开明的政治，而是狭隘的民族主义，这就训练青年把充斥报刊上的毫无节制的仇恨宣传当作理所当然的事情接受了下来。”

战争的叫嚣最终压倒了和平的呼声，推动各国政府积极备战，从而加快了两大军事集团迈向大战的步伐。

2

疯狂的军备竞赛

同盟国和协约国两大军事集团形成后，双方剑拔弩张，怒目对峙，各自挥舞着拳头，战争迟早都会发生，已不可避免。为了在即将爆发的大战中占据上风，各帝国主义国家展开了疯狂的扩军备战，你追我赶，各不相让。

德国的军工厂生意兴隆

在这场军备竞赛中，后起的德国为了夺占军事优势，狂热地扩充军备。1893 年，德国国会通过了一项军事法案，使德国军队平时的编制增加到 58.9 万人。1896 年，德国首先用新式 77 毫米速射野炮装备陆军。1899 年，德国陆军再度增加 3 万人。海军军备竞赛是当时各国军备竞赛的一个重要组成部分。为了与英国争夺海上霸权，德国一度集中力量发展海军。威廉二世声嘶力竭地叫嚷："德国的殖民目的，只有在德国已经成为海上霸主的时候方能达到"，"是否合乎英国人的心意则毫无关系"。德国决心加紧发展自己的海军，国会于 1898 年 3 月通过的海军法规定要急速扩大海军，计划在 6 年（1898 ~ 1903 年）内建造 11 艘舰队装甲舰、5 艘大型装甲巡洋舰、17 艘有装甲甲板的巡洋舰和 63 艘驱逐舰。德国的造舰计划在 1900、1906、1908 年和 1912 年不断扩大。根据 1912 年的法令，德国海军预计要增加到 41 艘战列舰、20 艘装甲巡洋舰、40 艘轻巡洋舰、144 艘驱逐舰和 72 艘潜艇。自 1911 年起，德国又加速扩充陆军，每年都要通过新的军事法案，增加军事预算。1912 年，德国以法国实行 3 年兵役制与俄国军备增长为借口，拟定了扩编德军 13.6 万人和关于加强重炮部队的法案，并决定将原定在5年内（1912～1916年）完成的军备计划，提前到1914年春天完成。1913年，德国现役军人达76万，但仍不满足，通过了鲁登道夫提出的新的扩军方案，使常备军增加到87万人。由于扩军备战，德国军费开支骤然增加。1879年，德国军费开支是4.3亿马克，1913年猛增到21亿马克，占国家预算的50%，其增长比率大大超过了法国和俄国。为了加速战争准备，德国总参谋部要求军工生产部门加紧生产，为部队提供大量优质武器。战前，德国拥有近30家国营和私营军火工厂，在威廉港、基尔和但泽等重要港口城市，还有大规模的舰船制造工厂。最著名的克虏伯军火工厂，在1913年已拥有工人8万人。这些工厂开足马力，为德军提供了大量武器装备。舰船修理工程和大型军舰的建造也加快了步伐，并对基尔运河进行了改造。德国十分重视铁路运输在军事上的作用，至1914年1月已拥有长达6.37万千米的铁路线，居法、俄两国之前。此外还建立了各种战略物资的储备。德国的动员制度完善，组织计划严密，有发达的铁路和公路运送部队和物资，使其武装力量的动员、集中和展开的速度很快，明显优于其作战对手。

德军将领们对于即将到来的战争显得胸有成竹

德国的盟国奥匈帝国也不甘落后。1913年，奥匈正规部队从46.3万人扩大到56万人，并加强了炮兵。从1872年到1912年，奥匈的军费开支增加1.5倍还多，1913年达5. 83亿克朗。奥匈还制订了对付俄国和塞尔维亚的军事计划。大战前夕，德奥两国已拥有800万受过军事训练的人员。

协约国厉兵秣马毫不相让

在德奥集团紧张备战的同时，协约国也加紧厉兵秣马，不断强化战争机器。

法国为了加紧进行战争准备，采取了一系列措施。首先是扩充军队。法国早在普法战争失败后不久的1872年就大力扩充军队，开始实行普遍的义务兵制。由于法国的人口少于德国，出生率又低，人口增长不能满足扩充军备的需要。1913年8月7日法国议会通过新的军事法案，将法国陆军士兵的服役期从2年延长到3年，入伍最低年龄从21岁降至20岁，最高服役年限从45岁增至48岁，从而使法国常备军总数扩大了50%，由55万猛增到77万人，1914年7月底达到88万人，可动员的兵力达435万人。其次是大幅度增加军费。1913年，法国的军事预算从原来每年9亿法郎一跃上升到15亿法郎，占国家全部预算支出的38%。三是高速发展军火生产。战前法国的军事工业达到了很高水平，其规模仅次于德国。政府经营的军火工厂有23家，其中火药厂10家、枪炮厂3家、火炮厂4家、弹药厂5家、引信厂1家，还有为数众多的私营企业接受军事订货。最大的施奈德公司和圣夏蒙公司的军事装备生产能力，接近德国的克虏伯公司。全国直接从事军事大生产的工人有15万人。开战前3年，生产的飞机增加2倍，火炮增加1/3，到1914年还生产了137架作战飞机。根据1900年的海军扩充计划，法国海军在7年内增加6艘1.5万吨级战列舰和5艘1.25万吨装甲巡洋舰。四是改革陆军编制。战前法军最大的作战单位是集团军，辖3～6个兵团，不作固定编制。每个兵团为2个师，有28个步兵营、30个炮兵连、6个骑兵连、4个工兵连，约4.42万人，配备火炮120门、重机枪56挺、军马1.2万匹、马车2240辆。基本战术兵团是师，每个步兵师辖12个步兵营、3个炮兵营、9个大口径炮兵连

正在加紧生产大规模杀伤性武器的法国军工厂

和 1 个工兵连，兵力 1.59 万人。师以下编有团和营，每个营下辖 4 个连，约 1000 余人。

俄国是欧洲领土面积最大和人口最多的国家，但经济发展水平和科学技术落后，交通不发达，战争准备工作遇到了很大困难。为了增加后备兵员的储备，1906 年俄国缩短了陆军的服役年限。1913 年年底，俄国批准了“扩军大纲”，兵力不断扩充。俄国后备役分为两类：第一类后备役年龄较轻，战时可以直接补充到作战部队。第二类后备役年龄稍大，主要补充后方勤务部门。在居民中还编有民兵团，21 ~ 43 岁的男性除病残者外都应参加。大战前夕，俄军动员前兵力已达到 142 万人，可动员兵力达 700 万人。

俄国的军工生产和武器弹药储备与其他国家相比，明显薄弱。战前俄军主要武器装备技术水平接近英、法，但数量不足。俄国的军火工厂不少，仅国家经营的企业就有 20 多家，约 8 万多人，但大部分效率不高。俄国需从英国和德国购买大型军舰，从法国和德国购买轻武器和火炮，俄国海军在日俄战争中元气大伤，沙皇决定大规模重建海军。1909 年开始建造第一批 4 艘无畏级战列舰；1912 年开始建造一批诺维克级新式驱逐舰；1913 年建造斯维特拉娜级新型轻巡洋舰。但上述的造舰计划到战争爆发时，没有一项按期完成。由于生产能力低，从国外购买又受财力限制，俄国的战争储备与实战需要存在很大差距。战前，俄国陆军的主要兵种为步兵、骑兵、炮兵、工程兵和通信兵，少量的飞行部队和装甲部队（装甲汽车、装甲火车）属于工程兵序列。步兵占陆军总兵力的 95%。兵团为最大战术单位，每个兵团由 2 个步兵师组成，有 32 个步兵营、14 个炮兵连、6 个骑兵连、5 个工兵连，总兵力 4.87 万人，装备火炮 108 门、重机枪 64 挺。每个师编有 2 个旅，每个旅辖 2 个团，有 16 个步兵营，总兵力约 2.1 万人。俄军步兵武器除步枪外，只有少量重机枪，没有轻机枪。炮兵装备主要是 1902 式 76.2 毫米野战炮、1909 式 122 毫米榴弹炮、1910 式 152 毫米榴弹炮。

英国的扩军备战，主要侧重于海军。保持海上霸权，是关系英国生死存亡的命脉所在。英国是一个面积狭小的岛国，许多资源都要依赖从国外进口。它又是世界上最大的殖民帝国，殖民地遍布世界各地，面积是本土的 110 多倍。一旦丧失了海上霸权，其生存和发展就要受到很大的限制，对广大殖民地的控制随之将化为泡影。因此，英国向来十分重视海军建设。从 18 世纪中叶开始，英国就凭借其强大的海军成为世界海上第一强国。19 世纪末，新近崛起的德国向英国的霸权地位提出了挑战。英国认为，海军对于德国是“奢侈品”，对自己则是“必需品”，“德国的海上霸权是不能够与不列颠的存在并容的”。英国不愿失去它的海上优势，于是在 1889 年通过法令，这一法令依据的原则是：英国的海军必须超过其他两个最强国家的海军，即所谓两强标准。英国于 1905 年着手建造新型战列舰无畏舰，这种战舰在机器功率、航速、主炮和装甲方面，都比过去的战舰优越得多。英国企图通过建造这种战舰使其海军实力有一个新的飞跃，以保持自己海上霸主的地位。然而，德国不仅竭力要在舰只数量上同英国较量，而且还要在质量上不亚于英国，它“建造军舰的基点是，一旦发生冲突，战舰的战斗威力至少要同敌舰相当”。因此，英国的第一艘无畏舰刚一建成，德国就开始建造同类战舰。鉴于来自德国的威胁越来越大，英国于1909年作出决定，德国每造1艘大型军舰，英国将有2艘军舰下水。到第一次世界大战爆发前，英国海军对德国海军占有很大优势。

德国与英国展开海上军备竞赛，竞相制造无畏级战舰

疯狂的备战造成了巨大的开支，使军费成几何级数增长。欧洲6强在战前30年中直接用于军事方面的经费，总共为1250亿马克。斯大林指出：“各资产阶级国家在疯狂地扩充军备和重整军备。为了什么呢？当然不是为了闲谈，而是为了战争。”

和平裁军成了骗人的把戏

帝国主义国家在起劲地进行军备竞赛的同时，却玩起了和平裁军的把戏。1898年，沙皇尼古拉二世打出“裁减军备”和“保障和平”的旗号，倡议召开国际和平会议。

沙皇此举，有其自身的目的。一方面，是因为俄国财政困难，想争取时间，尽可能地限制对手，减慢扩军速度。另一方面企图以高唱和平的口号来缓和同英、日在远东的紧张关系。沙皇企图抛出一个关于各国“渐进地按比例裁减军队数量的协定”的建议，把裁军作为使俄国军队在数量上取得优势的缓兵之计。

1898 年 8 月 24 日，沙皇政府向各国发出照会，煞有介事地呼吁“维持普遍和平和适当裁减压在各民族身上的过多的军备”，要求“制止不断进行的军备扩张，寻求防止威胁整个世界的灾难的途径”。对于沙皇的所谓“和平建议”，各帝国主义国家深感怀疑。德皇威廉二世认为，这是一出“谁要拒绝邀请，谁就破坏和平”的“鬼把戏”，就连俄国的盟友法国也不感兴趣，怀疑会议对法国不利。但是心怀鬼胎的各国政府谁也不愿公开拒绝，都假惺惺地表示同意。

1899 年 5 月 18 日～7 月 29 日，第一次和平会议终于在荷兰海牙开场，有 26 个国家参加。但帝国主义不可能有真正的裁军，他们只不过是利用这次会议进行投机。就连发起会议的沙皇政府也承认，绝不能期望这次和会“有什么实际的结果”，俄外交大臣干脆认为裁军是“乌托邦”。因此，这次会议虽然名为和平会议，但却对限制军备问题毫无兴趣，仅表示希望各国政府考虑限制陆海军军力及军事预算。会议仅签订了关于和平解决国际争端、陆战法规等 3 项公约。结果，这次会议不仅没有使帝国主义国家裁减一兵一卒，更没有带来和平，相反，战争危机不断加深。

1904 年，美国总统西奥多·罗斯福又提出召开第二次海牙会议。1907 年 6 月 15 日～10 月 18 日，历时达 4 个月之久的第二次海牙会议召开，参加会议的国家有 44 个。

这次会议干脆把限制军备放在一边，把大量时间浪费在制定陆海战的种种具体法规上。与第一次海牙会议一样，这次会议虽然签署了不少

第二次海牙会议会场

文件，但都是一纸空文，丝毫也没有限制正在进行的大规模扩军活动，也没有给世界带来和平与安宁。会议之后，危机迭起，干戈不息。

随后，英德之间又开始了裁军问题的谈判。英国为了束缚德国的手脚，自1905年起，就不断提出缓和与裁减海军军备的建议，暗示恢复英德友好关系的最好办法是推迟德国的海军计划或使英德双方的海军达成某种适当的比例。但是，德皇不予理睬，他声称："牺牲德国的海军建设来改善与英国的关系"，乃是"荒唐无礼"的举动，并命令海军法案要"一字不漏地加以执行"。但当时，德国对同英国开战尚感无胜利把握，因此在1909年6月由首相毕洛召开的秘密会议上，决定要"造成一种缓和的气氛"来麻痹英国，争取加紧做好战争部署。于是两国使节往来穿梭，裁军的骗局又继续下去。英国坚持英德海军比例为2∶1，德国却要求10∶16，直到1913年10月，英国海军大臣丘吉尔提出关于"海军休假"即各国军舰停止建造1年的建议，英德双方进行了最后一次海军谈判。由于彼此互不相让，这场裁军计划以失败而告终。

第一次世界大战前的事实证明，帝国主义决不会有什么和平与真正的裁军，他们裁军是假，扩军是真；和平是假，备战是真。裁军谈判不仅没有延缓第一次世界大战的爆发，反而加速了战争的到来。

3

沙场秋点兵

德意志军队兵强马壮

第一次世界大战爆发时，德国陆军共有8个集团军，具体的部署是：

德国陆军用于西欧战区的兵力为7个集团军和4个骑兵兵团，沿比利时和德国边界展开，从北面的克雷费尔德至南面的米尔豪森，正面宽约380千米。除了一线作战部队外，后方在8月20日前集中了6个半准预备队师和少数由后备军组成的其他部队。德军在法国和比利时边境地区共展开22个兵团、12个预备队兵团，计68个步兵师；4个骑兵兵团计10个师，3个预备队师，6个兰准预备队师和17个半后备旅，共160万人，火炮达5000门，其中重炮为500余门。

德军第1集团军由克卢克将军指挥，司令部设在格雷芬布罗伊希，下辖第2、第3、第4兵团，预备队第3、第4兵团和3个后备旅，计有兵力21万人，配备有火炮796门，主力展开在克雷费尔德、埃尔克伦茨、于利希和贝尔海姆地域。当前任务是攻占布鲁塞尔和安特卫普等地，尔后任务是向阿腊斯方向发展进攻，从巴黎以西迂回法军。

德军第2集团军由比洛将军指挥，司令部设在蒙绍，辖1个近卫兵团、第7、第9、第10兵团和2个后备旅，总兵力26万人，配备火炮848门，主力展开在亚琛、欧本、马尔梅迪、奥伊斯基尔亨、布兰肯海因地域，当前任务是攻占列日、那慕尔等要塞，尔后任务是向莫伯日方向发展进攻，迅速攻入法国境内。在第2集团军地带内还驻有直接隶属于统帅部的骑兵第2兵团军，下辖第2、第4、第9师，约1.25万人，配备火炮36门。

德军第3集团军由豪森任司令官，司令部设在普吕姆，辖第11、第12、第19兵团，预备队第12兵团和1个后备旅，总兵力16万人，配备火炮602门，主力展开在圣维特、诺伊厄布克、维特利赫地域。当前任务是攻占迪南等地，前出到法比边界，尔后任务是向兰斯方向发展进攻。在该集团军地带内还驻扎着骑兵第1兵团，下辖1个近卫师和第5师，约8500人，配备火炮24门，直属统帅部指挥。

装备精良的德国陆军

德军第4集团军由符腾堡公爵阿尔勃莱希特任司令官，司令部设在特里夫斯，辖第6、第8、第18兵团，预备队第8、第18兵团和1个后备旅，总兵力18万人，配备火炮646门，主力展开在迪基尔赫、卢森堡、特里尔、瓦登地域。当前任务是突破法比边界，攻占法国边境重镇色当等地，尔后任务是向埃纳河畔雷代耳和马恩河畔蒂佩尔内方向发展进攻。

德军第5集团军由德国皇太子威廉指挥，司令部设在萨尔布吕肯，下辖第5、第13、第16兵团，预备队第5、第6兵团，5个后备旅和2个预备队师，总兵力23万人，配备火炮698门，主力展开在贝腾堡、迪丁霍芬、梅斯、莱巴赫、萨尔布吕肯地域。当前任务是突破德法边界北段，迅速攻入法境，尔后任务是向凡尔登方向发展进攻。在第5集团军地带内还驻有直属德军统帅部指挥的骑兵第4兵团，下辖第3、第6师，约8500人，配备火炮24门。

德军第6集团军司令官为巴伐利亚王储鲁普雷希特，司令部设在圣阿福尔德，下辖巴伐利亚第1、第2、第3、第21兵团，巴伐利亚预备队第1兵团和1个后备旅，总兵力20万人；配备火炮746门，主力展开在库尔塞耳，萨兰堡、萨尔黑蒙德、萨尔布克地域。当前任务是在洛林地区阻击法军的进攻，坚守莫朗日—萨尔布尔—孚日山脉一线，吸引法军主力，诱敌深入，尔后任务是协同第7集团军对进入德境对法军实施反击，配合德军右翼突击集团围歼法军主力。在该集团军地带内还驻有骑兵第3兵团，辖第7、第6师和巴伐利亚师，约1.25万人，配备火炮36门，直接隶属于德军统帅部。

德军第7集团军由黑林根将军指挥，司令部设在斯特拉斯堡，下辖第14、第16兵团，预备队第14兵团，1个预备队师和1个后备旅，总兵力14万人，配备火炮468门，主力集中在察本、希尔梅克、米耳海姆、斯特拉斯堡、弗赖堡地域。当前任务是在阿尔萨斯地区抵御法军可能的进攻，吸引法军主力，尔后任务是反击侵入德境的法军，协同第6集团军和德军右翼围歼法军主力。在上莱茵河地区，从施莱特塔特至瑞士边界地段，由德军阿尔萨斯支队驻防，下辖3个后备旅和1个后备团，约2万人，配备火炮58门，该支队也由黑林根将军负责指挥。

德军400毫米的铁路炮

德军部署在东欧战区的基本兵力为第8集团军，由普里特维茨上将任司令官，辖第1、第17、第20兵团，预备队第1兵团，1个骑兵师、1个预备队师、1个后备师和数个后备旅，总兵力20万人，配备火炮1044门，主力展开在多伊奇—艾劳、奥尔特尔斯堡、马祖里湖地区—安格堡、诺尔登堡、戈乌达普和古姆宾年地域，德军计划在东欧战区暂取守势，因此第8集团军的主要任务是守卫东普鲁士，同时做好在那累夫方向进攻的准备，以便在必要时支援从加里西亚出击的奥军。

德国的海军由公海舰队、波罗的海舰队、太平洋分舰队及驻泊在各个海洋的中队与舰艇组成。公海舰队是德国海军的主力，计划用于对英国海军作战；波罗的海舰队主要用于对付俄国海军。公海舰队包括5个战列舰分舰队、1个岸防装甲舰分舰队、5个巡洋舰中队（共48艘战列舰：15艘无畏舰、8艘岸防装甲舰和25艘巡洋舰）、8个舰队驱逐舰区舰队、两个潜艇区舰队、1个布雷舰中队和3个扫雷舰大队。公海舰队是德国海军最大的联合编队，威廉港是主要基地，海防坚固，有赫耳果兰要塞和其他工事。赫耳果兰岛有驱逐舰和潜艇基地。

法兰西骑士阵容齐整

大战爆发时，法国陆军共编成5个集团军，21个兵团，86个师。经过动员后兵力达到170万人，有火炮4000余门，其中重炮270门。具体部署是：

一战中常见的75毫米火炮

法国第1集团军由迪巴伊将军指挥，司令部设在艾皮纳尔，下辖第7、第8、第13、第14、第21兵团，骑兵第6、第8师，总兵力近27万人，配备火炮684门，主力展开在贝耳福、厄比纳尔地域，主要任务是在图尔和贝耳福向东攻入德国境内，占领阿尔萨斯地区，并牵制德军在其他方向上的进攻。

法军第2集团军由卡斯特尔诺将军指挥，司令部设在纳夫夏托，下辖第9、第15、第16、第18、第20兵团，预备队第59、第68、第70师，骑兵第2、第10师，总兵力32.35万人，配备火炮800门，主力展开在图尔地域，主要任务是在第1集团军的协同下，向图尔以南孚日山脉的森林地带和摩泽尔河之间进攻，占领洛林地区。

法军第3集团军由吕夫将军任司令官，司令部设在凡尔登，下辖第4、第5、第6兵团，预备队第54、第55、第56师，骑兵第7师，总兵力近24万人，配备火炮588门，主力展开在凡尔登地域，主要任务是协同左右两翼作战。

法军第4集团军由朗格尔·德·卡里将军指挥，司令部设在圣迪齐埃，下辖第12、第17和殖民地兵团，骑兵第9师，总兵力近16万人，配备火炮384门，主力展开在圣迪齐埃、巴勒杜克地域，任务根据具体情况而定。

法军第5集团军由朗勒扎克将军任司令官，司令部设在雷代尔，下辖第1、第2、第3、第10、第11兵团，预备队第52、第60师，骑兵第4师，总兵力近30万人，配备火炮780门，主力展开在蒙梅迪、梅济埃尔地域，其任务视德军的行动而定，如果德军经比利时入侵，则向比利时进攻，如果德军不破坏比利时的中立，则向迪丁霍芬和卢森堡进攻。

除上述5个集团军外，法军还有1个骑兵兵团（1.57万人）和4个地方师（6万人），在莫伯日、敦刻尔克地域展开。最高统帅部直接掌握13个师的预备队，其中3个步兵师驻扎在贝耳福，3个预备队师驻守维祖尔，3个预备队师驻守凡尔登和苏瓦松，4个预备队师驻扎在法意边界。陆军部长还掌握3个预备队师，其中2个师驻巴黎，1个师驻马伊。另有4个预备队师担任要塞总预备队，配置在贝耳福、厄比纳尔、图尔和凡尔登等地。

法国海军以地中海为主要展开水域。地中海舰队是法国海军最大的联合舰队，该舰队的主要基地在土伦。地中海舰队计有战列舰 19 艘，巡洋舰包括装甲巡洋舰 15 艘、舰队驱逐舰 41 艘、潜艇 15 艘，编成 1 个特种舰群、2 个战列舰分舰队、1 个战列舰支队、2 个装甲巡洋舰支队、1 个特别支队、1 个舰队驱逐舰区舰队和 1 个潜艇区舰队。

海峡海军是法国海军的另一支联合编队，主要部署在英吉利海峡，编有 1 个巡洋舰支队、1 个舰队驱逐舰区舰队和 1 个潜艇区舰队，计有 8 艘巡洋舰、28 艘舰队驱逐舰和 19 艘潜艇。

哥萨克大兵外强中干

第一次世界大战爆发时，俄国大部分部署在西部地区。俄军共有 74 个师，其中欧洲地区 54 个师、高加索 6 个师、土耳其斯坦 4 个师、西伯利亚 10 个师。1914 年 7 月，沙皇批准了新的统帅条例，设立统管陆海军的最高统帅一职，由尼古拉耶维奇大公任最高统帅，直属沙皇，战时不仅握有作战指挥权，而且对作战区域内的民事行政也拥有全权。最高统帅下设大本营参谋部，参谋长为最高统帅的最直接助手，由亚努什克维奇担任。新统帅条例正式确定在重要战略方向上建立方面军指挥部，作为最高统帅部与集团军之间的中间指挥机构。

根据第 19 号计划方案，俄军在东欧战区建立了两个方面军：西北方面军（2 个集团军）和西南方面军 (4 个集团军)。具体的部署是：

西北方面军由吉林斯基将军任司令官，其任务是夺取东普鲁士，歼灭该地德军，消除对波兰突出部北侧的威胁，为俄军向德国纵深进军创造有利条件。该方面军下辖第 1、第 2 集团军。第 1 集团军司令官为莱宁坎普将军，配署在涅曼河中游地区，所以又称为“涅曼河集团军”。该集团军下辖第 3、第 4、第 20 兵团，1 个步兵旅，1 个骑兵旅，5 个骑兵师，共6.5个步兵师和5.5个骑兵师，配备火炮402门，主力部署在科夫诺、奥利塔、麦烈奇地域。该集团军的任务是由北向马祖尔湖实施突击。集团军的右翼由第1骑兵兵团负责掩护，掩护部队主要部署在维尔科维什基、马里安波尔地域。集团军的南翼有1个骑兵师和1个步兵旅负责掩护，部署在苏瓦乌基地域。第2集团军司令官为萨姆索诺夫，展开在那累夫河地区，故又称“那累夫河集团军”，下辖第1、第2、第6、第13、第15和第23兵团，共计11个步兵师和3个骑兵师，配备火炮702门，主力部署在格罗德诺、奥索维茨、沃斯特罗涅卡地域。其任务是从西面向马祖里湖地区实施突击。集团军的前方和翼侧有独立支队和骑兵部队负责掩护。但大战爆发时，西北方面军的集中和展开并未完全按计划实施。原计划部署39个师，实际只有26个师，比原计划数少13个师，实有兵力约25万人，在第1、第2集团军之间，面对德军莱特岑筑垒地域出现了宽约45千米的间隙地。整个西北方面军的正面约280千米，其中第2集团军的正面过于宽大，达200千米，第1集团军正面约80余千米。

俄军西南方面军由伊万诺夫将军任司令官，其当前任务是歼灭加里西亚地区的奥匈军队。该方面军下辖第4、第5、第2、第8集团军。第4集团军由扎利茨将军指挥，下辖第16、第14兵团和1个精兵兵团，共计6.5个步兵师和3.5个骑兵师。第5集团军由普列韦将军指挥，下辖第25、第19、第5和第17兵团，共计8个步兵师和3个骑兵师。第2集团军由鲁斯基将军指挥，下辖第21、第11、第9和第10兵团，共计12个步兵师和3个骑兵师。第8集团军由布鲁西洛夫将军指

机枪是一战血流成河的重要原因

挥，下辖第7、第8和第12兵团，共计8个步兵师和3个骑兵师。西南方面军正面全长约400余千米，部署在从卢布林至普罗斯库罗夫的弧形战线上。该方面军原计划部署65个师，实际上只部署了47个师，实有兵力约60余万人，配备火炮2099门。西南方面军的集中地域和展开地域，由平时部署在这里的军队予以掩护。在边境附近驻有边防警卫部队，在罗兹、琴希托霍瓦和基埃尔策等地驻有野战守备部队。

整个东欧战区，俄军总兵力达73个师，德奥军共64.5个师，俄军在兵力对比上略占优势。但俄军兵力部署失当，在主攻方向的西南战线上，没有集中强大的兵力集团，而在次要方向的西北战线上，却部署了大量的兵力。此外，两个方面军邻接的翼侧之间有一个约200千米宽的间隙。

俄国海军部署在波罗的海、黑海等海战区。俄国海军的海上兵力，分为作战舰队和预备队。波罗的海舰队的编成是：1个战列舰支队、1个巡洋舰支队、2个水雷总队、1个潜艇支队，1个布雷舰中队，1个扫雷队和1个炮舰中队。作战舰队的战役编队是分舰队，包括战列舰支队、巡洋舰支队和第1水雷总队。第1预备队由老式巡洋舰支队担任，第2预备队由1个驱逐舰混合大队和一些舰艇教导队组成。俄国海军的舰艇数量在波罗的海占有绝对优势，大小舰艇达100余艘，而德国海军仅有30余艘军舰。俄黑海舰队包括：战列舰支队、潜艇大队、水雷总队和扫雷队。

维护英国的海上霸权，保卫英国海运安全，支援法国等盟国海军作战，是英国海军的任务。为此，战前英国海军编成4个舰队。第1舰队（开战后改称主力舰队）是规模最大、实力最强的舰队，上将杰利科任司令，下辖4个战列舰分舰队、1个战列巡洋舰分舰队、4个巡洋舰分舰队，有无畏级战列舰20艘、旧式战列巡洋舰4艘、装甲巡洋舰和轻巡洋舰24艘，其主要任务是歼灭德国海军的公海舰队。第2舰队和第3舰队开战后很

战舰成为英国实力的象征

快合并成海峡（英吉利海峡）舰队，拥有旧式战列舰 29 艘、战列巡洋舰 1 艘、巡洋舰 43 艘，遂行对德近海封锁和保障海峡航运的任务。第 4 舰队为地中海舰队，下辖 1 个战列舰分舰队、1 个巡洋舰分舰队，负责地中海海战区作战。

英国陆军的大陆作战计划规定，在正式开始动员后的 13 天内，英国远征军展开行动。远征军的兵力预计为 16 万人，下辖 6 个步兵师、1 个骑兵师、1 个骑兵旅和后方勤务部队。大战爆发后，英国远征军的先头部队于 8 月上旬在法国西北的勒阿弗尔、鲁昂、布从等港口登陆。到 8 月下旬，英国到达法国前线的兵力只有 8 万人，为原计划的 50%。

第五章

战火初燃，势成燎原

乌云在翻滚，矛盾在激化，一个个危机变成了一座座通向战争的路标，最后指向了巴尔干火药桶。只要一颗星星之火，就会闯下滔天大祸。两声枪响，不仅让斐迪南大公夫妇魂归西天，同时也点燃了第一次世界大战的焚天烈火，拉开了人类世纪浩劫的帷幕。

1

战争火药桶

20 世纪初，欧洲的天空布满了乌云，等待着一道闪电引发震耳的惊雷；欧洲的大陆布满了干柴，等待着星星之火去点燃焚天的烈焰。而这闪电，这星火，很快便来了。

早在 1908 年，列宁就指出："目前公开和秘密的条约、协议等非常之多，只要稍微触动一下某个'强国'，'星星之火就会燃成熊熊之焰'。"

"巴尔干国家的混账事"会点燃大战的烈火

地中海沿岸和巴尔干，恰恰就是这样一个触动众多强国神经的地区。

普鲁士强人俾斯麦早就这样说过：“巴尔干国家里的一些混账事儿”，会点燃下次大战的战火。事实证明，他的话言之有据。

地中海位于欧亚非三洲之间，战略地位极为重要。直布罗陀海峡是地中海通向大西洋的唯一孔道，苏伊士运河是地中海通往印度洋及太平洋的最近航道，达达尼尔海峡和博斯普鲁斯海峡是黑海进入地中海的咽喉。谁掌握着这两个海峡，谁就可以随意开放和封锁通向地中海的道路。此外，摩洛哥的丹吉尔港、土耳其的君士坦丁堡、埃及的亚历山大港和塞得港，以及马耳他、克里特、塞浦路斯等岛屿，都是地中海区域的重要战略据点，因而成了帝国主义大国垂涎已久的争夺目标。

巴尔干半岛为欧洲东南的门户，紧连着小亚细亚，是欧洲大陆通往中近东的必经之地。这里山多林密，地势险要。巴尔干及地中海地区有丰富的煤、铁、石油、棉花等资源，是帝国主义竞相掠取的战略物资。因此，这一地区长期以来一直是帝国主义剧烈争夺的场所。这里多民族聚居，语言、宗教信仰、风俗习惯各不相同，经常发生纠纷。长期以来，又受土耳其的统治和奴役，特别是由于帝国主义国家的侵略和干涉，成了各种矛盾的集合点。

正因为如此，帝国主义国家为了实现它们争夺欧洲及世界霸权的野心，都力图插足地中海及巴尔干地区，它们在这里制造了一系列的国际危机和局部战争，使两大集团的矛盾越来越尖锐，战争的危险日益增加。用列宁的话来说，这一系列国际危机是准备世界战争的路标。

威廉二世抛出“战争手套”

世纪之初，在这一地区的第一次危机发生在摩洛哥。摩洛哥位于非洲西北端，北临地中海，西接大西洋，它的重要港口丹吉尔扼守着大西洋进入地中海的门户直布罗陀海峡。摩洛哥交通便利，商业发达，矿藏丰富，早已成为欧洲各国掠夺的对象。法国在占领突尼斯和阿尔及利亚之后，在摩洛哥的势力迅速扩大。1905 年 1 月，法国提出，由法国“协助”摩洛哥对其行政、军事、财政等进行全面改革，企图完全控制摩洛哥的内政和经济，把摩洛哥变成自己的保护国。德国意识到，法国力量的日益增强和在地中海的势力不断扩大，必然威胁到自己的称霸计划。为了试探英法协约的牢靠性并遏制法国的扩张，德国决定在摩洛哥采取行动，对法国施加压力。

1905 年，英法尚未制订联合军事计划，法国的盟友俄国在遥远的中国战场上败于日本人之手，它在军事上的积弱无能已公诸天下，欧洲大陆因之失衡。如果此时开启战端，法国势必孤军奋战。德国政府决定抓住这个时机检验一番。1905 年 3 月 31 日，德皇在首相毕洛的陪同下突然来到丹吉尔港。威廉二世声称，摩洛哥苏丹是独立国家的君主，并在维护摩洛哥主权的幌子下要求各国在摩洛哥的地位“绝对平等”。他要求召开国际会议讨论摩洛哥问题。他还对法国进行战争威胁，狂妄地宣称：“我向法国抛出了手套，而法国人不敢把它俯拾起来。”在西方，有这样一种传统，把手套抛在对方面前，是提出决斗的一种挑战表示，对方拾起手套就是表示接受挑战。

德皇的丹吉尔之行，引起了举世震动，此行不啻给法国下了一纸战书。在法国人看来，这等于是德国在窥测时机，以便让色当的悲剧重演。对于德国的挑衅，法国开始时持坚决抵抗的态度。法国外长德尔卡塞认为，英法协约签订后，英国将支持法国的立场，意大利和西班牙同法国订有密约，也将会守中立。所以他主张对德国予以回击。这年 6 月，法国派军舰去丹吉尔进行恫吓。英国统治集团中的一部分人也积极主张一旦发生战争，要给法国以军事援助，以便打击还不很强大的德国海军。德法关系一时非常紧张，战争大有一触即发之势。

但是，法国总理卢维尔及大部分内阁成员认为，英法协约还不稳固，法国的可靠盟友俄国因在日俄战争中失败和国内爆发了1905年革命，还没有完全从困境中脱身。如果法德开战，势必不能全力支援法国。卢维尔说："英国的海军没有轮子，不能代替俄国的炮兵，也不能保卫巴黎。"因此，当德国关于"如果法国越过摩洛哥边界，德军就立刻越过法国边界"的警告传来后，卢维尔立即召开内阁会议，指责德尔卡塞的强硬政策，德尔卡塞不得不辞去外长职务。同时，法国表示同意召开国际会议，协商解决摩洛哥问题。

1906年1月14日，关于摩洛哥的国际会议在西班牙的阿耳黑西拉斯召开。参加会议的有13个国家。这次会议，实际上是欧洲几个帝国主义大国以牺牲摩洛哥主权为代价，推行强权政治的一次交易，也是两大集团间的一次政治较量。双方都想通过会议把大多数国家拉到自己方面来。德国想借此在外交上战胜法国，削弱英法协约的效力。英法则力图孤立德国，削弱三国同盟的联系。会上，英国和俄国积极支持法国，美国也倾向法国一方。意大利经过1900年和1902年与法国两次订立协定，也支持法国而不支持德国。西班牙也与法国采取一致立场，奥匈虽然支持德国，但因摩洛哥与自己没有直接利害关系，所以态度也不积极。这样，德国在会议中便孤掌难鸣，不得不在讨论摩洛哥具体问题时对法国做出让步。

这次危机的结果，德国不仅没有达到打击法国、削弱英法协约的目的，反而促使英法关系进一步加强，法俄联盟也进一步巩固，法国与西班牙和意大利的关系也有了改善。德国偷鸡不成蚀把米，只好暂时放下对摩洛哥事务的干涉。第一次摩洛哥危机就这样结束了。但问题并没有解决，暂时的缓和隐藏着更大的危机。

德国皇帝找到了"对俄国算账的最好时机"

1908 ~ 1909年，巴尔干地区又发生了波斯尼亚危机。这次危机是由于奥匈帝国对波斯尼亚和黑塞哥维那的吞并引起的。这次危机使俄、奥、德的关系十分紧张，差一点导致战争的爆发。

1908 年 7 月，青年土耳其党人推翻了哈米德二世的独裁统治，宣布实行君主立宪。土耳其发生的这场资产阶级革命，使奥匈帝国认为这是正式吞并土耳其波斯尼亚和黑塞哥维那两个省份的一个好机会。同时，它认为土耳其资产阶级革命的成功，可能改变土耳其的亲德政策，而使俄国在巴尔干和土耳其的影响加强。为此，奥匈想拉拢俄国，乘土耳其国内局势未定之机，共同瓜分奥斯曼帝国的属地。俄国也认为这是分割其领土和染指黑海海峡的有利时机。于是，两国外交大臣于 9 月 16 日在布赫劳举行会谈，达成秘密协议：俄国同意奥匈兼并波斯尼亚和黑塞哥维那，奥匈则同意达达尼尔和博斯普鲁斯海峡对俄国开放。两国商定关于执行上述协议的详细办法，应召开一次国际会议来决定。

领导“青年土耳其”运动的恩维尔帕夏

这次会谈后，为了征得盟国的同意，俄国外交大臣伊兹沃尔斯基前往英法等国，探询对这一秘密协议的意见。法国出于自己的利益，对于向俄国军舰开放海峡问题没有明确表示支持，而英国不仅对俄国背着自己同奥匈作秘密交易表示不满，而且也不同意单独对俄国军舰开放海峡。它提出如果开放两海峡，那就应使各大国享有同等的权利，这意味着允许各大国军舰进入黑海，而这又是俄国所绝对不能同意的。正当俄国人在西欧游说时，奥匈帝国迅速采取了行动。1908 年 10 月 6 日，奥匈宣布正式将波斯尼亚和黑塞哥维那并入自己的版图。早在 1878 年，根据柏林条约，奥匈帝国有权暂时占领这两个省份。俄国由于目的还未达到，国际会议没有召开，海峡问题也没有解决，奥匈便先行动，因此向奥匈提出抗议。俄奥两国开始了狗咬狗的斗争，关系顿趋紧张。

波斯尼亚和黑塞哥维那的大部分居民是塞尔维亚人和克罗地亚人。长期以来，他们为了摆脱土耳其的统治和俄奥的奴役，进行了不屈的斗争，要求建立统一的民族国家。奥匈的扩张激起了南部斯拉夫人民的极大愤慨。塞尔维亚国内的民族主义情绪十分高涨，强烈反对奥匈吞并波、黑两地，要求以武力抵抗奥匈的侵略。塞尔维亚一向把这两个地区看作是它未来建立一个统一的南斯拉夫国家的一部分，因此，也向奥匈提出抗议。俄国为了达到自己不可告人的目的，企图在南部斯拉夫人民中煽动对奥战争，奥匈力图用武力压服塞尔维亚。11 月，奥匈帝国宣布局部动员，向塞尔维亚边境集结军队，进行威胁，企图以此打击南部斯拉夫各族人民对哈布斯堡王朝统治和民族压迫的反抗情绪，同时削弱俄国在巴尔干的势力。德国认为波斯尼亚危机造成的形势，正好可以用来阻止俄国向巴尔干和土耳其的扩张，因而积极支持奥匈，以实现其向中近东扩张的计划。12 月 8 日，德国首相毕洛公开声明，德国无条件支持奥匈。德皇在德国驻彼得堡武官的报告上批示："这正是对俄国算账的最好时机。"毕洛还指示德国总参谋部与奥匈总参谋部接触，讨论和制定对俄国和塞尔维亚的具体作战方案。

土耳其政府对奥匈吞并波、黑两省，开始时提出强烈抗议，但由于得不到任何一个大国的支持，只好暂时保持沉默。1909 年 2 月，亲德的土耳其政府在德国的影响下与奥匈签订协定，以 250 万英镑的代价放弃了自己对波斯尼亚与黑塞哥维那两省名义上的主权。这样，德奥对俄国和塞尔维亚的态度更强硬了。俄国建议召开国际会议解决争端，被德国断然拒绝。

1909 年 3 月 21 日，德国向俄国建议，用各国换文方式进行磋商解决争端，要求俄国同意波、黑两省并入奥匈，还要求俄国敦促塞尔维亚承认奥匈吞并波、黑两省的既成事实。德国还声明，如果沙皇政府继续支持塞尔维亚，俄国“将不仅要同奥匈作战，而且将同德国作战”。英法两国对俄国同奥匈勾结企图扩大自己在巴尔干的势力和单方面开放两海峡持有戒心，采取观望态度。沙皇政府认为自己对德奥开战的准备和力量不足，同时又没有得到盟国英法的有力支持，只好对德奥让步。3 月 22 日，沙皇尼古拉二世复电德皇，表示接受德国的要求，同时又对塞尔维亚施加压力，强迫塞尔维亚放弃反抗奥匈侵略的战争准备和停止一切反奥举动。俄国还威胁塞尔维亚说：“现在不要发动任何战争，不然你们就等于自杀。”塞尔维亚被迫屈服。

波斯尼亚危机的结局，暴露了沙俄利用巴尔干人民的愿望和斗争，实现其侵略目的的险恶用心，完全戳穿了沙皇俄国所谓“支持斯拉夫人民解放斗争”的假面目，这是沙皇俄国对巴尔干斯拉夫人民的出卖。在 1905 年的日俄战争中，俄军在对马海峡惨遭失败。因此，俄国的这次让步被看作是“外交上的对马海峡”。

波斯尼亚危机加深了各国在巴尔干的矛盾，促使俄国和德奥加快进行战争准备。俄国对德奥十分愤恨，而奥匈与塞尔维亚的敌对情绪也更趋尖锐，从而埋下了后来萨拉热窝事件的火种。

“德国成了不列颠政治的唯一靶标”

波斯尼亚危机平息不久，德法在摩洛哥的冲突又尖锐起来。

1911 年春，摩洛哥首都非斯附近发生了反对国王和帝国主义侵略的人民武装暴动，起义群众包围了首都。法国以恢复“秩序”和保护侨民为借口，派兵镇压，于 5 月占领了非斯，摩洛哥完全落入法国的统治之下。

德国不甘心让法国独占摩洛哥，德国外交大臣认为：“非斯的被占领，可能就是法国吞并摩洛哥的先声。我们如果用抗议的方法，不会获得什么东西。”因此他建议派军舰去阿加迪尔港。1911 年 7 月 1 日，德国驻巴黎大使交给法国外长一份备忘录，佯称因摩洛哥某些地区的“混乱”使在阿加迪尔及其附近的德国侨民感到不安，德国政府决定派一艘军舰到阿加迪尔，以便在必要时救助侨民和保护德国在该地的利益。这一天，德国的“豹”号炮舰抵达阿加迪尔并将炮口对准该港进行威胁，这实际上是对法国的挑战。这一事件被称为“豹的跳跃”。德法关系顿时紧张起来。两国开始互相指责，充满浓烈的火药味。

法国大使会见德国外交大臣，开始就这一问题展开交涉。起初，法国态度强硬：“假如你想在摩洛哥分得一杯羹，那么还是不谈为妙，法国舆论是不会同意和你们瓜分摩洛哥的，你们可以去别处寻找嘛。”后来，德国提出割让全部法属刚果作为补偿，遭到法国拒绝。德国威胁说：“那么，我们就要打了。”法国回答：“我们早有准备。”谈判陷入僵局，德国又派“柏林”号巡洋舰去摩洛哥，进行恫吓，战争气氛越来越浓。

危急关头，英国认为德国占据阿加迪尔港将会在大西洋沿岸建立海军基地，从而威胁英国从欧洲南下好望角的航线，因此，坚决反对德国军舰在摩洛哥西海岸出现，并积极支持法国。英国外交大臣格雷表示，如果德国向法国开战，英国将履行自己对英法协约的义务，表示英国决心“冒一切危险以保持它在世界列强中的威信和地位”，并准备“付出很大的代价以维护自己的利益”。俄国因感到自己力量不够，建议法国不要扩大事态。

在英法的强大压力下，德国不得不降低嗓门。最后，德法双方都做了一些让步，于 11 月 4 日达成协议。德国声明只在摩洛哥谋求经济利益，承认法国在摩洛哥的一切特权；法国则声明将法属刚果的一部分转让给德国，德国军舰撤离阿加迪尔。就这样，几个大国的肮脏交易，以牺牲摩洛哥利益渡过了危机。不过，德国对英国干预摩洛哥问题深为嫉恨，英德矛盾进一步激化。《汉堡晚报》发表文章说："这种尖锐化是国际地平线上最阴暗的雷电乌云，也是未来最危险的兆头，因为德国成了不列颠政治的唯一靶标。"

土耳其成了人人垂涎的猎物

就在第二次摩洛哥危机最紧张的时刻，意大利为夺取土耳其北非属地的黎波里，突然发动了对土耳其的战争。

的黎波里位于地中海南岸，具有重要的战略地位，控制的黎波里便可以和西西里岛遥相呼应，监视地中海最狭窄处的海面。因此，意大利把占领的黎波里看作是争夺地中海霸权和向北非扩张的一个重要步骤。

意大利侵占的黎波里和昔兰尼加（今利比亚）的野心蓄谋已久。由于意大利在两大军事集团的争夺中采取左右逢源、两面得利的政策，通过加入德奥同盟和同法国、俄国签订协定，分别取得它们对它在的黎波里进行扩张的认可。第二次摩洛哥危机爆发后，意大利认为吞并的黎波里的时机成熟，于是在1911年9月28日向土耳其发出最后通牒，借口土耳其纵容在的黎波里和昔兰尼加的"不安宁"状况和反对意侨的行动，蛮横地声称："为了保护其尊严，不得不用武力占据的黎波里。"还要求土耳其防止对于意大利军队的任何抵抗行动。在这一要求被拒绝后，意大利便对土开战，意军很快打败了土耳其在的黎波里的警备部队。意大利还从海上炮击贝鲁特和其他土耳其港口。此时，俄国也想趁火打劫，表示愿意给土耳其以支持，条件是将达达尼尔和博斯普鲁斯海峡单方面向俄国军舰开放。由于英法的反对，土耳其拒绝了这一要求，俄国独霸海峡的阴谋再一次遭到失败。

意土战争一直延续到1912年巴尔干战争开始时才结束。由于巴尔干各国对土耳其的战争已迫在眉睫，土耳其感到处境危急，只好对意大

意大利军队进入利比亚

利让步，被迫将的黎波里和昔兰尼加割让给意大利。

意土战争结束之时，在巴尔干半岛上又爆发了新的战争。

自14世纪土耳其入侵巴尔干地区以来，巴尔干各民族受土耳其统治达500年之久。经过长期的斗争，在19世纪巴尔干大部分地区获得了解放，希腊、塞尔维亚、罗马尼亚和保加利亚先后摆脱土耳其统治获得独立或自治。但是，直到20世纪初，巴尔干还有一部分土地和人民仍遭受着土耳其和奥匈帝国的统治与压迫。巴尔干半岛各国，早就有联合起来反对土耳其、建立统一民族国家的愿望。但是，这种愿望被掺杂进了各大国的因素，各大国竭力影响和控制巴尔干国家，尤其是沙俄，它在1887年俄土战争后把侵略的魔爪更加深入地伸向巴尔干，竭力笼络和控制巴尔干各国统治者，从而使问题变得十分微妙和复杂。

意土战争加速了巴尔干各国反对土耳其力量的结合。1912年3月13日，保加利亚和塞尔维亚经过多次谈判签订了一项反土防奥的军事同盟条约。5月，保加利亚又和希腊签订了同盟条约。8月，门的内哥罗也加入了这个同盟，于是形成了4个巴尔干国家的同盟。但是，这个同盟内的各国却各有自己的打算，存在着不少分歧。塞尔维亚自波斯尼亚危机后，一直把奥匈看作主要的敌人，它在俄国的支持下，力求使同盟以反对奥匈为主，夺取波斯尼亚和黑塞哥维那，并进一步占领阿尔巴尼亚，以取得向亚得里亚海的出海口。保加利亚和希腊则主张以反对土耳其为主，以图夺取马其顿，分割巴尔干南部的土耳其属地。巴尔干各国的分歧，主要是由于列强的挑唆和离间产生的。列强千方百计地插手巴尔干事务，企图利用巴尔干各国为自己的争霸目的服务。特别是沙皇俄国，力图控制四国同盟，使它成为自己在巴尔干扩大势力、反对德奥、打击土耳其、夺取海峡的工具。为此，俄国力求使巴尔干各国服从于沙皇政府的政策，它反对巴尔干各国过早对土耳其发动战争，而主张等待俄国对德奥的战争准备完成时，使巴尔干各国充当自己的附庸。德国为了维护自己在土耳其的特权利益，同奥匈帝国一起竭力支持土耳其，阻挠巴尔干各国的斗争。英法为了自己的利益，既不愿意让德奥势力在巴尔干扩张，也反对俄国夺取海峡。各国为了便于推行其掠夺政策，竭力在巴尔干挑起民族仇恨，使巴尔干各国难以团结起来。

巴尔干四国同盟建立后，积极准备对土耳其的战争。1912 年 9 月，四国同盟宣布动员，并开始向土耳其边境集结兵力。10 月初，同盟各国向土耳其政府提出照会，要求给予受土耳其统治的巴尔干居民以自治权。在照会被拒绝后，10 月 9 日，门的内哥罗首先向土耳其开战。10 月 17 日，塞尔维亚和保加利亚对土宣战。18 日，希腊也向土宣战。第一次巴尔干战争爆发了。

在同盟军队的猛烈进攻下，土军节节败退。希腊军队开进了马其顿占领了萨洛尼卡，塞尔维亚占领了亚得里亚海沿岸地区和马其顿的大部分地区，保加利亚占领了马其顿东部并迅速向土耳其首都君士坦丁堡推进。1912 年 11 月，阿尔巴尼亚举行起义，推翻了土耳其当地政权，并宣布独

希腊军队占领萨洛尼卡

立。土耳其失去了在欧洲的绝大部分土地，面临着军事上的全面崩溃。

1912年11月3日，土耳其政府吁请各国进行调解，几个大国便乘机干预巴尔干战争。塞尔维亚力图占据阿尔巴尼亚北部和沿海地区，得到了俄国的支持，俄国的目的是使塞尔维亚变成对抗奥匈和意大利的桥头堡。奥匈和意大利则坚决反对塞尔维亚把领土扩大到亚得里亚海岸，因为这两个国家都想侵占沿海地区并控制阿尔巴尼亚。因此，当塞尔维亚军队向亚得里亚海岸推进时，奥匈帝国动员了大部分军队，向塞尔维亚边境集结，同时还在加里西亚东部部署了3个集团军以对付俄国，要求塞军撤离北部阿尔巴尼亚和沿海地区。俄国在法国的支持下，也开始局部动员。俄国政府中的一些泛斯拉夫主义和军国主义者竭力鼓动对奥战争，建议在必要时为塞尔维亚作战。德国则积极支持奥匈帝国，威廉二世声明坚决支持奥匈，宣称“在必要的时候，德国不惜进行欧洲大战”。

一时间，巴尔干战争大有变为帝国主义欧洲大战的危险。危急关头，俄国再次退却了。沙皇尼古拉二世对派往巴尔干的公使说：“在这个时机，比任何别的时候更应注意，我们必须避免任何可能引起战争的事件，我们要等五六年之后，实在说，就是要等到1917年才能应付战争。在绝对必要时，在1915年应战，但不能再早。”于是，俄国向塞尔维亚施加影响，要求塞不要同奥匈发生军事冲突，放弃占领亚得里亚海岸地区的意图。法国建议将巴尔干问题提交国际会议解决。英国支持法国建议，并向德国表示，如果事情演变成有法国和德国参加的欧洲战争，那么英国可能不保持中立。英国的态度使德国不得不改变立场并说服奥匈同意召开国际会议，以解决大国间的紧张局势和巴尔干战争问题。

1912年12月，巴尔干的4个同盟国对土耳其的谈判和英、法、俄、德、奥、意欧洲6大国的会谈同时在伦敦举行。在会议中，俄法支持巴尔干同盟，而德奥在背后给土耳其撑腰。正当双方争吵不休时，1913年1月土耳其国内发生政变，青年土耳其党内的亲德派得势，新政府在德国的支持下态度强硬，和谈遂告破裂。1913年2月，巴尔干同盟再度向土军进攻，节节胜利，土耳其不得不再次求和。

经过讨价还价和大国之间的背后交易，5月30日，交战双方签订了和约，土耳其将其君士坦丁堡以北，从马里查河口至米迪亚一线以西的土地及爱琴海上的大部分岛屿，都交给巴尔干同盟国家。马其顿由保、塞、希分割；土耳其在欧洲只保留了君士坦丁堡和海峡沿岸地区；阿尔巴尼亚虽然获得独立，但却被交给了6大国监督，成了奥意争夺的对象。

巴尔干各国虽然取得了对土耳其战争的胜利，但在分配战果时，由于各大国的挑拨，四国同盟内部又产生了严重分歧。塞尔维亚对保加利亚获得马其顿和色雷斯的大部分地区非常不满，要求保加利亚分给它一部分；希腊也企图从保加利亚所得的马其顿和色雷斯分割一部分作为补偿。于是，塞希两国秘密谈判，准备联合反对保加利亚。就在伦敦和约签订后的第二天，即6月1日，塞尔维亚和希腊签订了反对保加利亚的协定。保加利亚原答应将南部多布罗加让给罗马尼亚，以使它在反土战争中保持中立。但是，由于俄国的干预，保加利亚又反悔，而罗马尼亚只得到了西利斯特拉城。罗马尼亚对保加利亚拒不履行诺言甚为不满，因此加入了塞希缔结的反保同盟。

俄国想维系巴尔干同盟，以对抗德奥，便支持塞希，迫使保加利亚让步。奥匈为了挖俄国的墙脚，破坏巴尔干同盟，支持保加利亚。于是，保加利亚倒向奥匈。6月29日，保加利亚在奥匈的怂恿下，先发制人，向塞希两国发动进攻，开始了第二次巴尔干战争。罗马尼亚和门的内哥罗参加到塞希一边作战，保加利亚几面受敌，节节败退。土耳其看到有机可乘，于7月16日参加反保战争，企图捞回一些失地。塞希军队占领了马其顿，土耳其又夺回了亚得里雅那堡。7月29日，保加利亚战败求和。

8 月 10 日，交战双方签订了布加勒斯特和约。保加利亚将它在第一次巴尔干战争中夺得的马其顿大部分地区划归塞尔维亚，而马其顿南部包括萨洛尼卡和色雷斯西部及克里特岛划归希腊，将南部多布罗加及西利斯特拉城割让给罗马尼亚，土耳其又重占了包括亚得里雅那堡在内的色雷斯东部地区。这样，保加利亚不仅损失了第一次巴尔干战争中从土耳其得到的大部分土地，而且还丧失了一部分原有的土地。

第二次巴尔干战争与第一次不同，它完全是巴尔干各国争夺领土的战争，没有正义与非正义可言。交战各国的背后是德奥和俄英法两大对立的集团。因此，这次战争实际上反映了帝国主义之间的矛盾和斗争。战争的结果，巴尔干问题不但没有解决，反而孕育着新的矛盾，加剧了巴尔干各国的分裂和对立，为帝国主义大国干预和控制巴尔干各国事务造成了可乘之机。从此，巴尔干国家发生了新的组合，塞尔维亚和希腊加强了同协约国的联系，罗马尼亚开始倾向于协约国，保加利亚则转向德奥集团方面。这样，两大集团对巴尔干的争夺和巴尔干各国的矛盾更加剧烈和复杂化了。各大国不断在这一地区挑拨离间，制造事端，炫耀武力，巴尔干各国之间也视若仇敌，严阵以待，从而使这里成为最敏感、最易爆发战争的地区，巴尔干变成了第一次世界大战的火药桶。

2

导火索点燃

1914 年夏初，在欧洲的美国总统顾问豪斯上校这样说道：只要一颗星星之火，就会闯下滔天大祸。因为这个时候的世界天空已经是山雨欲来，黑云压城了。大战的干柴已经架起，就差点火了。果然，这位先生讲出这番话之后不过几天，萨拉热窝暗杀事件的一颗火星，引燃了一场熊熊大火，将世界带入前所未有的世纪浩劫之中。

一次走向末路的巡视

原来，经过两次巴尔干战争，大大鼓舞了奥匈帝国统治下的民族主义情绪。尤其是波斯尼亚和黑塞哥维那两地的斯拉夫人强烈要求摆脱奥匈的统治，与塞尔维亚合并，建立统一的国家。反奥的青年组织和秘密团体不断出现。在塞尔维亚，要求实现南部斯拉夫民族的统一，建立“大塞尔维亚国”的民族运动也不断高涨。由于在巴尔干战争中的胜利，塞尔维亚被看作南部斯拉夫人反对外国统治、争取民族统一的核心。这就使得摇摇欲坠的奥匈帝国哈布斯堡王朝的统治者极为不安。奥匈帝国的皇位继承人弗兰茨·斐迪南和奥国军队总参谋长康拉德，就是其中积极主张对塞尔维亚发动战争的军国主义的代表人物。斐迪南是奥皇约瑟兄弟卡尔·卢威格大公的长子。奥国皇太子死后，约瑟断了直系后嗣，于1896年选定斐迪南作为皇位继承人。

奥匈帝国的野心，得到了德国的大力支持。德国希望通过奥匈打击塞尔维亚，以削弱俄国在巴尔干的势力。1914年5月，德奥两国总参谋长举行会谈。6月12日，威廉二世又同斐迪南举行了会谈。讨论了关于在巴尔干纠集旨在反对塞尔维亚的联盟问题。德皇表示，一旦奥塞发生战争，如果俄国站在塞尔维亚方面进行干预，德国将支持奥匈。

奥匈为了威胁和恫吓塞尔维亚，决定在邻近塞尔维亚边境的波斯尼亚举行军事演习，把塞尔维亚作为假想敌。狂热的军国主义分子斐迪南决定亲自检阅这次演习，并选择在塞尔维亚每年都要纪念的“维多夫丹”国耻日，到波斯尼亚首府萨拉热窝去巡视。“维多夫丹”指的是6月28日，按宗教习惯称圣维多日。1389年的这一天，塞尔维亚和波斯尼亚联军在科索沃战役中被入侵的土耳其军队击败，从此塞尔维亚沦入土耳其之手，被其奴役统治几百年之久。因此，这一天成为塞尔维亚的国耻日。斐迪南此行的目的不仅是要显示奥匈帝国自 1908 年吞并波斯尼亚和黑塞哥维那以来对这两地的统治，更主要的是为了向塞尔维亚示威，打击塞尔维亚人民的反奥情绪。

暗杀者成为民族英雄

奥匈的蓄意挑衅，激起了塞尔维亚民族主义者的极大愤怒。一个名为“不统一毋宁死”（通常称为“黑手党”）的塞尔维亚民族主义军人团体决定刺杀斐迪南，以打击奥匈侵略者的气焰。刺杀计划是在塞尔维亚准备的，“黑手党”决定在斐迪南去萨拉热窝巡视访问时动手。几个在贝尔格莱德学习、受“黑手党”影响的波斯尼亚塞族青年接受了这一任务。在“黑手党”成员的协助下，他们潜回波斯尼亚，并组织了几名具有反奥民族主义思想的伙伴，作了精心布置。

6 月 28 日，在检阅完军事演习后，斐迪南偕同妻子，乘坐敞篷汽车，在总督和市长的陪同下，傲然自得地前往萨拉热窝市政厅，街道两旁站满了观看的人群。

当车队行驶到闹市中心时，事先埋伏在路旁的一名波斯尼亚青年冲上前去，向斐迪南乘坐的汽车投掷了一枚炸弹，但没有命中，炸弹在车的后面爆炸，只炸伤了一名随从军官。斐迪南故作镇静，命令车队继续前进，开往市政厅。当斐迪南夫妇参加完市政厅举行的欢迎仪式，乘车返回经过一座桥的弯处时，隐蔽在路旁的塞尔维亚青年普林西波急步上前，对准斐迪南夫妇连发两枪。这个狂妄、傲慢的皇储连同他的妻子被当场击毙。

普林西波在刺杀成功后企图自杀，但被警察活捉。他于 1918 年 4 月 28 日死于监狱。后来，他被奉为塞尔维亚的民族英雄。1920 年，他的遗骸从监狱墓地移葬于萨拉热窝的荣誉冢。在他开枪射击的那座桥上，刻

走出市政厅的大公夫妇

Následník trůnu
arcikníže František Ferdinand
a jeho choť Žofie
obětí atentátu.

Ze Sarajeva, 28. června. (Zvl. telegr. „Národních Listů“.) Při návratu z návštěvy na radnici byl na následníka trůnu arciknížete Františka Ferdinanda a jeho choť Žofii učiněn atentát. Útočník vypálil z browningu dvě rány na následníka a jeho choť a smrtelně je zranil. Arcikníže František Ferdinand a jeho choť Žofie zranění záhy podlehli.

斐迪南夫妇被暗杀的新闻上了捷克报纸

嵌着他开枪时站立的足迹，这座桥即以他的名字命名。

斐迪南是一个臭名昭著的军国主义者，他的被刺，被许多人视为是对战争狂人的一个惩罚。但是，人们没有想到，这两声枪响，不仅把奥匈皇储夫妇送入了地狱，而且把世界5大洲30多个国家拖进了血与火的海洋。

萨拉热窝事件不是引起第一次世界大战的真正原因，但它却是点燃这次世界大战的导火索。

3

通牒、动员、宣战

大战前夜，紧张忙碌。战争准备紧锣密鼓，通牒威胁你来我往。动员令一经发出，各国的军事机器便开始隆隆运转，犹如一列失去控制的火车，驶上了战争的不归路。不论结局如何，1914年8月1日，将是历史永远铭记的日子。这一天，欧洲希望的灯光正在熄灭，一场将要决定今后历史进程的战争开始了。

“千载难逢的机会”

萨拉热窝暗杀事件使早已渴望战争的军国主义者兴奋异常。德皇疯狂叫嚷：“这是千载难逢的机会！”6月30日，德国驻维也纳大使向本国报告了奥匈对塞尔维亚进行彻底“清算”的意图。威廉二世当即在报告上批示：“要么立即清算，要么永远不。”“必须消灭塞尔维亚人，就在现在。”

奥匈帝国出于那种老大帝国的好战本性，决定抓住这个机会吞并塞尔维亚，就像它当年吞并波斯尼亚和黑塞哥维那一样。就在斐迪南被刺后的第二天，帝国陆军总参谋长康拉德就声称，必须开始军事动员。外交大臣也叫嚣：“现在是到了解决塞尔维亚问题的时候了。”

奥匈将领视察部队

但由于担心俄国会进行军事干预，7月4日，奥皇写信给威廉二世，探询德国的态度。德皇希望奥匈对塞尔维亚采取坚决行动，“不必踟蹰”，极力怂恿发动进攻。同时声称，如果奥俄之间发生战争，德国将履行自己对同盟条约的义务。德国的许诺成为事态发展洪流决堤的信号。按照丘吉尔的说法，威廉二世拿德国的全部资源作抵押，给维也纳开了一张随意使用的空头支票。

接着，威廉二世召开首相、外交大臣和陆海军统帅会议，向大臣们预告战争可能爆发。他问国防大臣：“帝国的军队是否已经准备好应付一切事变？”回答是：“一切准备停当。”

在协约国方面，俄、法表示支持塞尔维亚。沙皇政府的头面人物大都主张不要向德奥让步。法国拍着胸脯向俄国保证，如果俄国与德国发生战争，法国一定履行自己的同盟义务，并鼓励俄国“必须坚定”。英国则一如既往，一面向德国表示要尽一切可能防止大国间的战争，并信誓旦旦地表示尽一切努力，不使自己卷入战争而保守中立；一面又私下鼓励俄国备战。

德国人上当了，它认为俄法对战争准备不足，只要英国暂时不卷入，德国就可能以闪击战迅速打败俄、法。因此，德国竭力鼓励奥匈把暗杀事件引起的奥塞冲突推向全面的欧洲大战。有了德国的全力支持，奥匈帝国的胆气大壮。7 月中旬，老皇帝约瑟用了这样几个字表示赞成对塞尔维亚开战：“那就打吧。”

“最可怕的文件”

7 月 23 日晚 6 时，奥匈帝国向塞尔维亚发出最后通牒，提出了极为苛刻的条件，要求塞尔维亚严厉取缔一切反奥组织，禁止一切反奥宣传，按照奥匈政府提供的名单从军队和政府中肃清反奥的文武官员，由奥方派代表到塞尔维亚境内会同追捕和审判与暗杀有关的“凶手”等，并限令 48 小时之内答复。德皇在得知最后通牒的内容时表示：“好极了！老实说，没有料到维也纳人竟能这样。”而英国外交大臣格雷认为，这是“他从来没有见到过的一个国家向另一个独立国家提出的最可怕的文件”。

这样的通牒是任何一个独立国家所绝不能接受的。如果接受这些条件，就意味着丧失主权。奥匈帝国的最后通牒，使塞尔维亚意识到战争已不可避免。它一面要求俄国给予帮助，一面调集兵力并开始疏散贝尔格莱德的居民。

俄国外交大臣萨佐诺夫得知最后通牒的消息后惊呼：“这是欧洲大

奥正式宣战

战！”当天，沙皇政府召开各部大臣会议，讨论对策。会议认为，法国虽然表示支持俄国，而英国态度尚不明朗，俄国自己的力量不足以与德奥抗衡。因此，俄国人再次退却了。他们劝告塞尔维亚把军队调开，放弃抵抗，并要求塞尔维亚在答复奥匈最后通牒时尽量委曲求全。

由于俄国的背叛，塞尔维亚政府不得不忍辱求全，于25日下午5时50分，即在限期内将答复通牒的照会送到了奥国驻塞大使馆。塞尔维亚表示接受最后通牒中的大部分要求，仅对奥方派代表参与追捕所谓暗杀罪犯一条有所保留。就连德皇也承认，塞尔维亚的复文“把发动战争的每一条理由都驳斥得体无完肤”，但是，奥匈已决心对塞开战，因此仍借口没有得到满意的答复，当即断绝了两国之间的外交关系。28日中午，奥匈帝国正式对塞尔维亚宣战。这天午夜，奥匈军队开始炮击贝尔格莱德。

事情发展至此，已没有回旋的余地了，这场冲突再也不可能通过调停解决，也不可能局限在一定范围之内了。无数的人和物都卷进了这一

塞尔维亚军队开赴前线

历史洪流，一往无前，向着无法改变的劫难迈进。

俄国原想以牺牲塞尔维亚来暂时避免与德奥开战，不料奥匈仍对塞宣战，俄国已没有退路。7 月 30 日，俄国宣布总动员。次日，德皇威廉二世宣称“德国已处于战争威胁状态”，并以此为借口，当晚向俄国发出最后通牒，要求俄国在 12 小时内取消总动员令，并“向我们明白宣布业已照办”。

此时，边界上大军云集，黑云压境，各国政府惊恐不已。各国总参谋部都为它们自己制定的无情的时间表所驱使，拍着桌子要求及早发出调兵遣将命令，生怕对手取得提早 1 小时行动的便宜。各国首脑尽管对战争早有准备，但当战争真的临头时又不免临渊畏惧，因为毕竟是要他们来承担国家命运的责任。他们想要退缩规避，已经来不及了，军事行动的时间表推动他们不断前行。

“全世界将咒骂你们”

1914 年 8 月 1 日，星期六，这个历史应该永远铭记的日子来到了。

这一天，柏林街头人群扰攘，皇宫前汇聚了成千上万的人，他们情绪激动，跃跃欲试。头一天晚上德皇在阳台宣布面临战争危险的演说已告诉他们“被迫拿起武器”，不过他们仍抱着最后一线希望，等待俄国的答复。

正午，德国给俄国的最后通牒限期截止，俄国没有答复。不到 1 小时，一份电报发给了驻圣彼得堡的德国大使，令他于当天下午 5 时向俄宣战。

5 时整，德皇颁发了总动员令。一名警察出现在皇宫门口，向聚集在那里的人群宣读了动员令，人们便开始恭敬地唱起了国歌，高呼着“动员起来！”

动员的电钮一经按动，征召、装备和运送200万人员的庞大机器便整个自动地运转起来了。后备役军人按动员令到指定的兵站集中，领取军装、装备和武器，先编成连，再编成营，然后加上骑兵、摩托兵、炮兵、医疗队、炊事车、修理车以及邮车，按预定的铁路时刻表，被送到邻近国境的集结地点。在那里，他们再编成师，再由师编成兵团，由兵团而集团军，待命出征。从命令下达那一刻起，一切都按预定时间表的规定运行，时间表订得非常精细，甚至对于多少对火车将在什么时候通过什么桥梁，都作了具体的规定。德军副总参谋长瓦尔德泽对他这宏伟不凡的组织系统满怀信心：“我们的总参谋部一切都已准备就绪，现时我们在那里将无所事事。”

听到宣战的消息，德国慕尼黑市民聚集到巴伐利亚国王的王宫前。在欢天喜地的人群中，有一位名叫希特勒的小人物，他后来发动了另一次世界大战

但是，尽管德参谋部保证俄国的全面动员至少需要6周时间，可是两面作战不再是幽灵般地使人忧惧，而已成为现实。德皇一心想要的是更大的权力，更高的声望，尤其是德国在国际事务中具有更多的权威。可是，当战争一触即发的时刻，他却有些畏缩了，他陷入了歇斯底里："全世界将卷入极为可怕的战争漩涡，这些战争的最终目的是想毁灭德国。英国法国和俄国狼狈为奸，图谋消灭我们……这就是爱德华七世慢条斯理、踏踏实实一手造成的局面……包围德国终于成为事实。我们已把脑袋伸进绞索……爱德华已死，但比我这个活人还强！"

一想到死去的爱德华的影子，任何可以摆脱与俄法两线作战的出路，都应该是受到德国欢迎的。然而，德国政府不但没有诱使法国中立，反而在向俄国递交最后通牒的同时也向法国递交了最后通牒。他们要求法国在18个小时内答复它在俄德战争中是否保持中立，并说如果法国保持中立的话，德国"要求将土尔和凡尔登两地要塞交由我们占领作为保持中立的保证，待战争结束后归还"。换言之，就是要法国把大门的钥匙交出来。8月1日上午11时，法国的答复来了：法国将按自身利益行事。

这天下午5时刚过，德国驻伦敦大使的电报汇报了英国的建议。据大使理解，英国外交大臣格雷的建议，"如果我们不进攻法国，英国将保持中立，并保证法国也保持中立"。但事实上，格雷根本没有那么说。格雷的意思是：如果德国答应对法国和俄国保持中立，就是说对两国都不发动战争，静待各方为解决塞尔维亚事件努力的结果，英国将答应使法国保持中立。

德皇认为，这是通向一面作战的通行证。但当时，大军正在无情地开赴法国边境。这必须停止，必须立即停止。于是，他找来了毛奇，给毛奇念了电报，并且得意洋洋地说："现在我们可以只同俄国作战了，我们干脆全军挥戈东进！"毛奇想到他神奇的动员机器将要掉头向东，不禁愕然失色。在开拔的关键时刻，把部署到西线的百万大军调过头来运到东线，需要更大的、远非他力所能及的铁的毅力。他脑海中浮起一个幻影：整个部署垮了，一片混乱，这里是军需给养，那里是士兵，中间是丢失的弹药，连队没有军官，师部没有参谋，那些都作了精确安排在某条指定铁轨的每隔10分钟将飞驰而过的军用列车，则是紊乱不堪，有史以来计划最完善的军事行动将就此毁于一旦。毛奇断然抗旨了："陛下，这不可能办到，成百万大军的调动部署是不可能临时急就的。如果陛下坚持要把全军带往东线，那这支军队将不再是一支枕戈待旦的军队，而将是一群带枪而没有给养供应的乌合之众。单单安排他们的那些给养，就花了整整一年艰巨复杂的劳动才完成的。"毛奇死死抱住既定计划不放。最终，他说服了德皇，动员计划不能变动。

7时整，德国部队按预定时间在这次战争中首次越过国境。与此同时，德国大使在圣彼得堡向俄国外交大臣萨佐诺夫递交了德国的宣战书。

"全世界将咒骂你们！"萨佐诺夫大声嚷道。"我们是为了维护我们的荣誉。"德国大使回答说。"这与荣誉无关。上天自有公道。"德国大使喃喃自语："是呀，上天自有公道，上天自有公道。"走到门口的时候，他低声说道："再见，再见。"

7月29日，法国总统和总理刚从俄国进行国事访问归来。奥匈是等到他们两人行舟海上时才向塞尔维亚发出最后通牒的。他们得到这个消息，立即匆匆回归。他们得知德国边防部队已在离边境几百米处集结，但通过谈判解决问题的希望还是存在的。同时也为了万一战争爆发可以完全免沾侵略之嫌，于是在7月30日采取了一个大胆而异乎寻常的举动，下令在瑞士和卢森堡之间沿德法边境的所有部队后撤10千米。此举的用意是让德国人承担侵略者的罪名，以保证英国盟邦的合作与支援。

法军总司令除了进攻不知有它，现在要他撤退，诚是让人痛心疾首之举。从总统和总理返抵国门时起，霞飞便催促政府下令动员。他告诉政府，若不授命他集结部队前去边境，德国人便会不费一枪一弹进入法国。同时，俄国也在逼他们表态。按照俄法军事同盟条文，德国或在德国支持下的奥匈帝国进攻俄国时，法国将竭尽全力进攻德国。不论德国或奥匈帝国，一经动员，法国和俄国，应立即同时动员它们的全部军队，并将各自的军队调往尽可能靠近边界之处，两国军队应火速开始全力作战，迫使德国在东线和西线同时应战。

8 月 1 日上午，霞飞来到内阁，提出他自己的最后申述：要是再耽误总动员，那每耽搁 1 天就等于失去 15 ~ 20 千米的国土，作为总司令，他将拒绝承担这个责任。内阁终于同意动员，命令签署好后交给陆军部长梅西米。

下午 3 时 30 分，霞飞的部下埃贝尔将军由两名军官陪同来到陆军部领取动员令。梅西米默默地把动员令递给他们。“我们 4 个人意识到，这张小小的纸条将产生何等巨大的、何等不可估量的后果，因而我们的心弦都绷得紧紧的。”

4 时，第一张布告出现在巴黎的街头，它在协和广场和皇家路的转角，时至今日作为文物仍保存在那里的玻璃框里。街道上，车辆已经绝迹，都给陆军部征集去了。一队队的后备役军人，带着包裹和送别的花束前往车站，市民沿途挥手欢呼。一群人在协和广场停下来，把他们的花束放在披着 1870 年的斯特拉斯堡雕像脚下，高呼“阿尔萨斯万岁”，并且拉下从 1870 年以来一直披在雕像身上的丧装。在所有的饭店，乐队都高奏着法、俄、英的国歌。

英国终于宣战了

在伦敦，法国大使康邦与英国外交大臣格雷相对而坐。格雷告诉客人，必须等待局势出现某种新的发展，因为俄奥德 3 国的争执所涉及的

法国骑兵开赴前线

问题与英国无关。格雷口中这样说，其实他却同法国人一样忧心如焚，他有一句名言：“倘若德国主宰了大陆，那我们就会和别的国家一样不舒服，因为我们势必会被孤立起来。”他相信，出于英国的自身利益，需要援助法国。他已拿定主意，如果英国不予援助，他便辞职。但目前，他只能告诉法国人：“比利时的中立也许会成为一个关键因素。”但是，英国内阁和议会中的一些人却与格雷的看法不同。8月1日，18个内阁成员中，有12人声明他们反对英国保证在战争中给予法国支持。下午，下院自由党决策委员会以19票对4票通过一项动议：“不论比利时或其他地方发生什么事情”，英国都应保持中立。

7月31日的内阁会议上，格雷开门见山地说，德国的政策“是跟拿破仑一样凶恶的欧洲侵略者的政策”，他告诉内阁作出决定的时刻已经到来，是支持协约国，还是保持中立，不容再拖延下去了。他说，如果内阁选择中立，他绝不是执行这种政策的人。言外之意是，他将辞去外交大臣的职务。一位在场的人写道，“内阁好像发出了一声浩叹”，好长一阵子，举座鸦雀无声。大臣们面面相觑，顿感他们这个政府的继续存在已成问题，他们没有作出任何决定就休会了。

康邦在与格雷会见之后，再去拜会反对党领袖。他说：“我们所有的计划都是双方共同拟订的。我们两国的总参谋部曾进行过磋商。你们已经看到了我们的全部计划和准备工作。请看我们的舰队！由于我们和你们所作的安排，我们的整个舰队都在地中海，因而我们的海岸对敌人敞开着。你们把我们搞得门户洞开！”他告诉他们，如果英国袖手旁观，法国永远不会原谅它的。

这天下午，格雷给法、德两国政府发电，要求它们正式保证尊重比利时的中立。法国在接到电报1个小时内就回电表示同意，德国则未做答复。8月1日，英国内阁讨论了这个问题，但仍未做出决定。

8月2日晚8时，德国的最后通牒递交给了比利时政府。通牒一开始说，德国收到可靠情报，法军拟将沿着吉韦至那慕尔一线推进，所以法国欲通过比利时国境进犯德国的意图已不容置疑。不能指望比利时军队可以阻止法军推进，因此根据自卫之需，有必要先发制人，以阻止这种敌对性质的进攻。如果比利时人把德国进入比利时国土的行为视为针对它本身的一种敌对行动，德国将深感遗憾。如果比利时能够保持善意的中立，则德国将保证一俟缔结和约即撤出其领土。通牒最后说，如果比利时反对德国通过其领土，则将被视作敌国，今后与它的关系则将听由“枪炮决定”。通牒要求比利时12小时内必须做出“明确无误的答复”。

比利时人认识到，如果他们拒绝德国人的要求，他们的国家将受到强大敌人的攻击，他们的家园将遭毁灭。如果屈服于德国的要求，那将等于听任德国占领比利时。不仅如此，德国人还将使比利时成为进攻法国的帮凶，成为自身中立的破坏者。不论选择哪条道路，他们都要被占领。但如屈服，还得丧尽荣誉和尊严。8月2日上午9时，阿尔贝国王主持国务会议，他说道：“不论后果如何，我们的回答必须是‘不’。我们的责任是捍卫我们的领土完整。对此，我们必须坚定不移。”他要求每一位与会者都不应抱有任何幻想，后果必将是严重的、可怕的，敌人必将是残酷无情的。首相也警告那些动摇不定的人切莫相信德国保证在战后恢复比利时完整的诺言：“德国一旦战胜，比利时不论持何种态度，都将被并入德意志帝国。”

8月3日2时30分，比利时国务会议通过了对德复照。复照申言，比利时政府如果接受德国的建议，它“将牺牲其民族尊严，背叛其对欧洲的义务”。比利时政府宣布，它“坚决以其权力范围以内的一切手段抵抗对其权利的每一进犯”。

8月3日11时，英国内阁得到消息，比利时决定将其仅有的6个师投入战斗，抗击德国。这使迟疑不决的英国人感到脸红。半小时后，内阁收到保守党领袖的声明，声明指出，对法国和俄国的援助如果犹豫不决，就会“使联合王国的信誉和安全化为泡影”。

下午3时，格雷准备就这次危机向议会宣布政府式公开声明。整个英国，乃至整个欧洲，都在引颈以待。下院开会时，议员无一缺席。外交使团席上，除了德、奥大使缺席留下两个空位外，也是座无虚席。会场一片紧张的沉寂，没有通常的走动，没有人传递纸条，也没有人窃窃私语。

格雷的演讲从容不迫，但却富有感情。他要求下院能从“英国的利益、英国的荣誉和英国的责任”出发来看待这次危机。他介绍了与法国军事会谈的经过，透露了法国海军的安排。他告诉下院，根据与英国的协议，法国舰队都集结到地中海，以致法国北海岸和西海岸毫无防御。他感到：“如果德国舰队开进海峡，轰击法国未加防御的海岸地区，我们不能视若无睹，袖手旁观，无动于衷，不采取任何行动！”格雷接着谈起了“英国的利益”和英国在地中海的贸易通道。他说：“我要求下院能从英国利益出发，考虑这个存亡攸关的问题。如果法国战败投降……如果比利时落入同一统治势力之下，继而荷兰，继而丹麦……如果在这样一场危机之中，我们逃避根据比利时条约所承担的事关荣誉和利益的义务……我简直不能相信，在战争结束时，即使我们持旁观态度，能够把战争已经发生改变过来，防止我们对面的整个西欧陷于独一无二的大国统治之下……我相信，我们也将在全世界面前丧失别人对我们的尊敬，丧失我们的名誉和声望，我们将无法逃脱最严重和最严酷的经济后果。”他把问题和抉择摊到下院的面前。下院“沉痛而专心地”聆听了75分钟，最后爆发出一片掌声，表示响应。

就在格雷在下院演说结束后两小时，德国向法国宣战了。法国是在6时得到开战信号的。德国大使舍恩将文件送到法国总理维维亚尼的办公室。文件说，鉴于法国“有组织的敌对”行动，“德意志帝国认为自己已处于与法国的交战状态”。

8月4日8时刚过，身穿土灰色军装的德国兵如浪涛一般越过比利时边境，第一次世界大战正式爆发了。

年轻的母亲带着孩子观看催促英国远征军到欧洲大陆战斗的海报

这一天，在议院的联席会议上，法国总理维维亚尼心力交瘁，但他的演说却热情洋溢。这篇演说被誉为他一生事业中最伟大的一次演说。法国总统普恩加来没有到会。在维维亚尼演说之后，由人代为宣读了他的演说词。就在宣读总统演说之时，霞飞将军镇定自若、信心十足地来到总统府，向他辞行，然后奔赴前线。

与此同时，德国国会议员聚集一堂，准备聆听德皇圣谕。当时，窗外大雨滂沱。室内，议员们神情肃穆，聆听着德皇的演说。德皇宣称：“我们拔剑出鞘，问心无愧，双手清白。”他历数了俄国的罪行，激起了一片“可耻”的喊叫声。最后，他提高嗓门宣布：“从今日起，我不承认党派，只承认德国人！”然后要求各党派领袖，如果同意他的意见，就上前跟他握手。在“狂热的激动”中，所有领袖都俯首从命。下午3时，国会议员两次集中到国会大厦，屏气凝神地聆听首相贝特曼的讲话：“我们的军队，已经占领卢森堡，并且或许已经在比利时境内。”这一消息引起一阵巨大的骚动。虽然，德国曾再三表示尊重比利时的中立。但是，他说，“我们知道，法国是时刻准备入侵比利时的”，所以，“我们不能等待”。这是出于军事上的需要，而“需要是不懂得法律的”。贝特曼最后说，不论是谁，若是也像德国这样受到如此严重的威胁，他所考虑的也只能是如何“杀出一条血路”。贝特曼在宣布结束会议议程时满怀信心地说：“不论我们的命运会怎样，1914年8月4日将永远成为德意志最伟大的日子之一。”他的话博得了满堂喝彩。

同一天上午，英国政府终于鼓足勇气，决定发出早就答应盟国对德的最后通牒。不过，这份通牒是分两步走的。第一步，格雷要求德国做出对比利时的要求的保证，并要求对此“立即回答”。等到获悉德军已入侵比利时之后才发出第二份照会，宣布英国有义务“维护比利时的中立和坚持遵守德国与我们同样是签字国的条约”。照会要求午夜之前必须做出“满意的答复”。英国大使戈申向贝特曼递交了最后通牒，贝特曼“非常激动”：“促使英国参战的并不是比利时问题，可却伪善地在这个问题上大做文章，诚使我热血沸腾。”他对英国人的举动大为恼怒，他声称，英国竟对一个“联姻国家”宣战，这种行为简直不可思议。这“等于在一个人为了自己的生命与两个来犯的人搏斗时，从他背后猛击一下”。英国要对“这一致命的严重步骤”可能产生的所有可怕事件负责，而“这一切都仅仅是为了一个词——中立——仅仅是为了一张废纸”。把保证

伦敦民众欢呼对德宣战

比利时中立的协定看作是一张废纸，这句话竟成了名言，响彻全球。

这天下午，大约在贝特曼向德国国会、维维亚尼向法国众议院发表讲话的同时，英国首相阿斯奎斯向下院宣读了一份由“陛下钦签的上谕”，并宣读了刚向德国发出的最后通牒，要求在“午夜之前得到满意答复”。随后，英国内阁成员开始了漫长而艰难的等待。每双眼睛都盯着时钟，最后通牒规定的时限在嘀嗒声中慢慢临近。议院塔上的大钟终于响起了沉重的报时声。此时“铛，铛”的钟声在他们听来仿佛在说着“完蛋，完蛋，完蛋！”20分钟之后，英国发出了开战令：“战争，德国，行动。”当普通民众进入梦乡时，英国已是一个参战国了。

日本人临阵倒戈

英国人的宣战在德国人看来完全是一种“背叛”行为，使得他们怒不可遏。一夜之间，英国成了最可恨的敌人。同时，英国人的反目也让德国人倍感孤独。“我们的国家到处不太受人爱戴，而且确实经常遭人怨恨。”就连德国王储本人也认识到这一点。

当普通民众在大街上高叫着向英国人复仇的时候，垂头丧气的德国议员们聚集在咖啡馆里，同声哀叹：“全世界都在起而反对我们。”其中一个议员说道：“日耳曼主义在世界上有3个敌人——拉丁人、斯拉夫人和盎格鲁—撒克逊人。而现在他们已联合起来反对我们。”“我们的外交已使我们只剩下奥地利这一个朋友，而这个朋友还非得靠我们撑持不可。”另一个说。“大家指望着土耳其人和日本人。”另一位提醒说。

事实上，前一天晚上，当咖啡馆里的顾客听到街上阵阵欢呼的时候，一个谣言就已传遍了柏林。当时，欢呼声回荡在波茨坦广场上空，势如狂风骤雨。人们全都拥上街头，听到了这样的消息：“日本对俄国宣战啦！”“好哇！好哇！”欢呼声响彻云霄，人们互相拥抱着：“日本万岁！好哇，好哇！”人群把日本使馆围得水泄不通。“日本万岁，日本万岁！”人们激动地呼喊着。日本大使惶然不知所措，他不得不出面，支支吾吾对这突如其来并受之有愧的敬意表示感谢。第二天真相大白，这个谣言全属子虚乌有。

德国人空喜欢一场。日本终于宣战了。但这不是德国希望得到的好消息，而是德国人没有想到的坏消息。日本人不是向俄国人宣战，而是向德国宣战。日本对欧洲的战争不感兴趣。它的目标是在太平洋，是在中国。它看到，欧洲诸强忙于欧洲内部的纷争而无暇他顾，这给它实现由来已久的侵略中国的野心提供了天赐良机。同时，它还企图同美国争夺在太平洋地区的霸权。

8 月 5 日，日本向德国提出最后通牒，要求撤退在日本和中国海上的所有德国军舰，否则将以武力解除其武装：将德国在中国胶州湾的租借地于 9 月 15 日前无条件交给日本。通牒限德国在 8 小时内答复，德国对此未予理睬。于是，日本于 8 月 23 日对德宣战，并立即派海军封锁了胶州湾。与此同时，日本既已参战，协约国便要求日本派兵去欧洲战场，但日本政府以“日本人不习惯欧洲气候条件”为借口，予以拒绝。日本参战的真实意图和狼子野心，昭然若揭。

第一次世界大战刚开始之时，战争主要是在欧洲帝国主义国家之间进行，战火一时尚未烧到远东地区。大战爆发后，中国政府于 8 月 6 日宣布中立。日本政府完全无视国际法关于不得侵犯中立国的规定，事先也不通知中国政府，便于 9 月 2 日下令日军第 18 师团等部共 7000 余人，在中国胶东半岛北面的龙口登陆，相继攻占了莱州、平度、潍县等地，横穿整个胶州半岛直抵胶州。日军沿途烧杀奸淫无恶不作，激起了中国人民的强烈愤慨，纷纷集会抗议，要求政府采取紧急措施。但袁世凯根本不顾国家民族利益，竟将莱州、龙口及胶州湾各地划为交战区，并以潍县东站以东为界。日军根本不理睬袁世凯关于交战区的划分，于 9 月 23 日占领潍县车站，接着进兵济南，至 10 月 6 日占领胶济铁路全线。10 月 10 日，日军又增派混成旅团到山东。这时，日陆海军兵力已达 2 万余人，开始进攻青岛。英国不愿日本独占山东，也派出 1 艘战列舰和 1 艘驱逐舰以及 1500 余名官兵从崂山登陆，参与进攻青岛的军事行动。10 月 31 日，日英联军向青岛发起总攻，青岛德军仅有 5000 人，军舰 6 艘，寡不敌众，于 11 月 7 日 5 时向守备部队下达了投降命令。日军在夺占青岛的同时，以寻找德国在东方的主力舰队为借口，向南太平洋出击，相继占领了马绍尔、加罗林、马里亚纳等德属诸群岛，前后仅两个月，日本以死亡 200 多人的微小代价，取得了巨大的战果。

土耳其被迫入盟

德国对日本人伸以援手的希望破灭了。那么土耳其又如何呢？

当萨拉热窝事件发生时，土耳其有着许多敌人，而无一个盟友，因为列强只是看中它的地盘，却谁都不屑于同它结盟。100 年来，被称作欧洲“病夫”的奥斯曼帝国，一直被窥视左右的欧洲列强看作是日薄西山，只等它死后对其下手。可是年复一年，这个病人却一直不甘死亡，衰弱的双手仍然牢牢抓住巨大的家当不放。1908 年青年土耳其党革命推翻老苏丹建立了由“统一与进步委员会”主持的政府以来，土耳其似乎开始

这幅漫画讽刺了列强企图瓜分奥斯曼帝国的情景

返老还童。这个委员会，在他们的“小拿破仑”恩维尔贝伊领导下，决心重振雄风，恢复奥斯曼极盛时期的泛伊斯兰统治。这一进程很不合俄、法、英的脾胃，因为三国对这一地区觊觎已久，自然不希望一个强大的国家在这里崛起。

在英国的对外扩张计划中，有着一个以印度洋为中心，建立横跨亚非的庞大殖民帝国的妄想。这就是：在陆上，以开罗为中心，修筑一条南到开普敦、东经巴格达到加尔各答的铁路；在海上，把苏伊士、新加坡和中国的上海3点联结起来。而占领中近东，就是实现这一野心的关键。英国驻印度总督曾公开叫嚣，这些地区是“争夺世界霸权的棋盘上的棋子”，英国的前途“决定于这片广大的地区”。与英国一样，法国与俄国对这里也是垂涎已久。

德国是登上这个帝国舞台的后来者，也有一个从柏林通往巴格达的梦想。为了挫败英国的计划，德国在“向东方推进”的口号下，也竭力插足中近东，加紧对奥斯曼帝国在政治、经济、军事方面的控制。德国认为：“小亚细亚作为德国的工业品市场、投资场所和德国需要进口的粮食产地，对于德国至关重要。”德国人叫嚷要“打开东南欧的大门”，土耳其的“全部领土要向德国开放”。为此，从19世纪90年代中期起，德国加紧向土耳其渗透，势力不断增强。德国力图把土耳其置于自己的卵翼之下，它采取的最有力的手段，就是修建具有战略意义的巴格达铁路。一家报纸声称：“开足马力到幼发拉底河、底格里斯河和波斯湾去吧。

从陆上到印度的道路已落入理当据有这条铁路的人掌中，已落入喜欢战斗喜欢劳动的德国掌中了。”1898 年，德皇再次亲自出马，重访土耳其，并以保护者的姿态宣布他是世界上 3 亿回教徒的教主——土耳其苏丹的朋友。1903 年，德国终于取得了修筑巴格达铁路的特权。这条铁路从君士坦丁堡穿过小亚细亚、美索不达米亚直达波斯湾。铁路一旦筑成，便可以从汉堡经柏林、维也纳、君士坦丁堡到巴格达，直通巴士拉。这是德国“向东方推进”的重要工具，将拦腰切断英国从陆上通向印度的道路，把整个中近东地区都囊括进德国的势力范围，从而严重威胁英国在北非、西亚和印度的殖民利益，也将妨碍英国对波斯湾地区丰富的石油资源的独占。德国军国主义者直言不讳地鼓吹：“巴格达铁路将替我们开辟到伊朗、阿富汗的道路，而成为架在英属印度上面的一把利剑。”这把利剑不仅等于在英国的要害部位上刺了一刀，而且也严重威胁俄国在黑海两海峡和小亚细亚的巨大利益，对土耳其的最大债权国法国的利益也是一个妨碍。

德国不顾英、法、俄的重重阻挠，决定充当青年土耳其党人的保护者。1913 年派去一个由赞德尔斯将军率领的军事代表团，前往整编和训练土耳其军队。土耳其任命这个德国将军为驻守君士坦丁堡的第 1 军军长，将土耳其首都卫戍部队的指挥权交给了他。此举激起了俄国人的强烈不满，最后由列强出面调停，土耳其破例授予这位德国将军以土耳其军队元帅军衔，解除了他的第 1 军军长职务，并任命他为土耳其军队总监。但是，这丝毫没有改变德国的计划，他们派军事使团的任务就是完全控制土耳其的武装力量。战争爆发前夕，德国驻土耳其军事使团的人数达 70 余人，把持了土耳其军队的许多重要部位，从而为大战爆发后将土耳其拉向自己一边打下了基础。

随着大战的日益临近，土耳其人不得不选定站在哪一边的日子悄然迫近，这让他们很是为难。他们既怕俄国，又恨英国，也不信任德国。他们对于土耳其在一场列强大战中保持中立而幸存下去的机会毫无信心，如果协约国得胜，奥斯曼就会在它们的压力下化为乌有；如果同盟国得胜，土耳其也将成为德国的仆从。土耳其国内一些人认为德国是未来的方向，要求与德国结盟；而另一些人则倾向与协约国结成同盟，向俄国靠拢。俄国是土耳其的世仇，它觊觎君士坦丁堡已达千年之久，还把位于黑海口的城市干脆称为“沙皇格勒”。那条叫作达达尼尔海峡的著名出海通道，长仅 50 英里，最宽处不过 3 英里，是俄国终年可用以通向世界各地的唯一出口，俄国人做梦都在想着它。

土耳其有一个无价之宝，那就是它的地理位置正好处于各条权力之路的会合处。土耳其位于亚洲西部，地跨亚、欧两洲，控制着沟通地中海和黑海的达达尼尔海峡和博斯普鲁斯海峡，战略地位极为重要。正是因为这个缘故，各个列强才竞相对它施加影响。

100 年来，英国充当了土耳其的传统保护人。但是，英国左右土耳其政府的权势，在新的世纪来临之时减弱了。1909 年，丘吉尔访问君士坦丁堡，他提醒土耳其，还是不要疏远同英国的友谊为好，只要英国仍是“欧洲唯一保持制海权的国家”，那么英国的友谊将会大有用处。可是，对于如何保持这一友谊，英国人考虑得并不多。

大战前夕，土耳其一下子变得炙手可热。协约国和同盟国竞相对土耳其施加影响，企图将其拉入自己的阵营之内。德国希望土耳其站在他的一边，向俄发动进攻，以牵制俄军，削弱俄国在欧洲战区的兵力，并封锁黑海海峡。英国和法国竭力把土耳其拉向自己，或者至少推迟其加入德方，不让其在南高加索的军事行动将俄军从欧洲战场引开。

1914 年 7 月，德国人鉴于两线作战的局面已成定局，加大了推动这个可以封锁黑海出口的国家成为自己的盟国的努力，以切断俄国及其盟友的联系以及从盟友那里得到补给的线路。德皇声称："现在该做的事是让巴尔干各国的枪炮全都做好准备对准斯拉夫人。"土耳其一开始在条款上讨价还价，并且装出倒向协约国的样子，德皇更加惊慌，指示大使在答复土耳其的建议时"要毫不含糊，直截了当地顺从……在任何情况下，我们无论如何不能打发他们走"。

土耳其对参战一事举棋不定。7月28日，奥地利对塞尔维亚宣战那天，土耳其正式要求德国缔结秘密攻守同盟，而在任何一方和俄国交战时生效。就在当天，柏林收到这项建议，当即接受，并用电报发回一份由首相签署的草约。但是在最后关头，土耳其人还是难以下手给扣紧的绳子打上结，把自己的命运和德国人拴在一起。因为他们拿不准德国人是否会获得胜利。就在他们犹豫不决的时候，英国没收了他们两艘根据合同正在英国船坞建造的军舰，这一举动促使他们作出了决定。这两艘军舰都是第一流的主力舰，和英国最好的军舰不相上下。7月28日，英国海军大臣丘吉尔"征用"了土耳其的军舰，其中的一艘已于5月完工，第一期款子已经付清。可是当土耳其人想把船接回国去的时候，英国人一再拖延交货。到7月份，另一艘完工后，英国人又制造借口不让离开。这两艘军舰花了土耳其3000万美元，这在当时是一笔巨款。这笔钱是土耳其在巴尔干战争的败北唤醒了国内民众，深知必须加强自己的武装力量之后，由民众捐款筹措起来的，甚至就连土耳其农民都人人捐了几文钱。没收这两艘军舰的消息，引起土耳其政府"精神上极度的痛苦"。

英国不愿花费任何力气去安抚土耳其人。英国外交大臣格雷正式通知土耳其这一强盗行径时，蛮有把握地认为，土耳其人会理解英国出于"自己在这场危机中的需要"而接收这两艘军舰的。至于对土耳其的损失，除了"真诚地感到遗憾"外，赔偿两字根本不提。格雷表示遗憾的电报是在8月3日发出的，这一天，土耳其和德国签署了盟约。该条约规定：

如果俄国干涉奥塞冲突，德国又站在奥地利一边，那么土耳其有义务对俄宣战。同时规定，土耳其军队将交由德国全权指挥。德国政府答应协助土耳其强占南高加索部分地区、爱琴海诸岛和其他某些领土，并给予军事援助。

土耳其算不上很正规的军队

然而土耳其并未践约向俄国宣战，也没有封锁黑海，没有公开采取任何危害严格中立的行动。在按照自己的条件同一个大国结盟以后，土耳其的种种表现说明它并不急于帮助新盟友。土耳其那些举棋不定的大臣们宁愿再观望一下，等看清战争的最初几仗的结果如何再说。德国远处天涯，而俄国和英国人却是近在咫尺经常存在的威胁。如今，英国参战已成定局，这就需要认真考虑了。德国人就怕事态这样发展下去，于是下令大使，争取使土耳其“就在今天”对俄宣战，因为“防止奥斯曼帝国在英国行动影响下脱离我们，事属至关重要”。可是，奥斯曼帝国并未照办。

8 月 4 日临近拂晓时分，德国海军部给地中海德国司令祖雄发来一份无线电报：“8 月 3 日已与土耳其结盟，立即向君士坦丁堡进发。”德国人的目的是派军舰前去给土耳其施加压力，催促它对俄宣战。祖雄立即启程，统率他手下的战列巡洋舰“格本”号和轻型巡洋舰“布雷斯劳”号向土耳其进发。8 月 10 日，德国军舰“格本”号和“布雷斯劳”号进入达达尼尔海峡。几天以后，这两艘军舰升起了土耳其国旗，“格本”号舰舰长被任命为土耳其海军司令。土耳其政府内部各派系争吵不断，摇摆不定，差不多有 3 个月之久。在这期间，协约国时而威胁，时而利诱，而德国人在那里的影响却与日俱增，为了从南面封锁俄国，德国人不愿意让土耳其人无限期地拖延下去。10 月 29 日，挂着土耳其旗号的原“格本”号与“布雷斯劳”号在祖雄的指挥下，突然炮击俄国黑海沿岸塞瓦斯托波尔、敖德萨、费奥多西亚和诺沃罗西斯克等要塞。当天，11 月 2 日，俄国对土耳其宣战。11 月 5 日和 6 日，英法分别对土耳其宣战。11 月 12 日，土耳其政府宣布“圣战”。于是，战争的血刃便伸展到另半个世界。在随后的岁月里，土耳其的邻国保加利亚、罗马尼亚、意大利和希腊等国，也被卷了进来。

各国在宣战的同时，为了向民众表明它们的国家参加战争是无可非议的，百般歪曲战争的真正原因，掩饰本国政府的真实目的。

各国政府广泛利用学校、报刊、教堂等工具进行“爱国主义”宣传，使民众相信自己的国家正遭到武装到牙齿的敌人的威胁，因此必须给予

停泊在君士坦丁堡的两艘德国军舰

回击。列宁在揭露各国政府的欺骗性宣传时指出：“每个交战国的政府和资产阶级都拿出数百万卢布来出版书籍和报纸，把罪过推到对方身上，激起人民对敌国的切齿痛恨，而且极尽撒谎之能事，把自己描绘成遭到不正义的进攻的自卫的一方。”

随着战争的爆发，有关国家的政府纷纷发表告人民书和声明，强调自己爱好和平，极不希望战争，强调自己是不得已而进行自卫，声称自己将为正义和保卫弱小民族的权利而斗争，号召维持国内和平，劝说民众支持政府。军国主义猖狂到了极点的德国自不必说，俄国对德战争宣言也写得冠冕堂皇。沙皇声称自己是不得已而“采取必要的预防措施”使陆海军处于战争状态的，他竭力使他的臣民相信，他“已竭尽全力使业已开始的谈判取得和平的结局”，但是由于德国“突然对俄宣战”，他不得不为维护俄国的荣誉、尊严和完整而战。他号召：“在这严峻的考验时刻，让我们忘掉内部的一切纠纷，愿沙皇和人民精诚团结，愿俄国万众一心奋起打退敌人的狂妄的进攻。”宣战那天，俄保皇协会和保皇组织领导了爱国示威游行，人们高唱着国歌，高呼“打倒德国”，挥舞旗帜，在通过宫廷广场时举行“跪拜”，报纸杂志也充斥着各种组织致沙皇的效忠电。

法国总统普恩加来和政府全体人员发表了告法国人民书，结尾时这样写道：“此时此刻不再有党派，只有一个永恒的法兰西，一个爱好和平与充满决心的法兰西，一个有权力和正义，整个地团结在安宁、警惕和尊严中的祖国。”8 月 4 日，他就宣战一事给国会的咨文中说，法国遭到德国蓄谋已久的粗暴的进攻，强调法国人对和平的热爱和政府对防止战争的渴望，号召法国人发扬爱国主义传统，全民族团结一致，准备保卫祖国。

这些宣言，词句漂亮动人，“双方叫喊的保卫祖国、抵御外侮、进行防御战等，完全是欺骗人民的谎言”。不管它怎样歪曲事实，推卸责任，也不管究竟是谁首先开了第一枪，这场战争，正如列宁指出的：“1914 ~ 1918 年的战争，从双方来说，都是帝国主义的（即侵略的、掠夺的、强盗的）战争。”

第一次世界大战从一开始就是在各主要帝国主义大国之间进行的，各帝国主义为了实现自己的侵略野心和掠夺计划而进行着的血腥的搏斗。毛泽东在 1937 年指出：“二十年前的欧洲大战，就是一个非正义的帝国主义性质的战争。”

8 月 5 日，随着比利时的列日受到德国攻击，这场非正义的大战的第一个战役打响了。那天，毛奇在给康拉德的信中写道，欧洲在进入“一场将要决定今后数百年历史进程的战斗”。

第六章
棋逢对手，势均力敌

1914年7月28日，奥匈在德国怂恿下向塞尔维亚宣战，并炮击塞尔维亚首都贝尔格莱德，第一次世界大战开启了战端。随后，德、法、俄、英等国的先后参战，在欧洲战场上形成了3条战线：西线，东线和南线。西线，从北海延伸瑞士边境，全长700余里，在这条战线上，英、法、比三国军队对德军作战。东线，从波罗的海延伸到罗马尼亚边境，长约900千米。在这条战线上，主要是俄军同德军、奥匈军队作战。南线，即巴尔干战线，沿多瑙河和萨瓦河形成的战线上，主要是塞尔维亚军队与奥匈军作战。土耳其和日本参战后，又形成了近东和远东战场。另外，在海上，交战双方在北海、地中海、波罗的海、黑海海域以及围绕海洋交通线展开了角逐。第一次世界大战整整打了四年。交战的双方在战争开始之时，都是满怀着速战速决的信念投入战场的。但是，事实证明，速决战略不过是交战双方虚幻的梦想，战争进程很快就表明速战速决战略的破产，德国战略重心在东线、西线之间不停摇摆，交战双方陷入僵持混战的泥潭，打得难分难解，直至精疲力竭。

1

梦幻破灭

第一次世界大战首先是在西线打响，而西线的军事行动又是从德军入侵卢森堡和比利时开始的。

“巧克力士兵”奋起抵抗

1914年8月2日，德国对中立国卢森堡不宣而战，德军在清晨占领了该国的首都卢森堡市，迅速控制了这个国家的铁路交通，保证了在西线兵力的调动和给养运输，并为入侵比利时创造了条件。

8月2日19时，即在德军占领卢森堡的当天下午，德国驻布鲁塞尔公使向比利时外交大臣递交了最后通牒，以法国企图经比利时进攻德国为借口，要求比利时政府允许德军开入该国，遭到比利时拒绝。

8月4日凌晨，德军的先头部队越过比利时国界，向掩护马斯河渡口的列日要塞推进。列日是把比利时、德国与法国北部连接起来的4条铁路的枢纽，是保障德国部队后勤供应的必经之地。如果不占领列日，德军右翼部队将无法按计划展开行动。为了打通经过列日的这条道路，德国人特别从第2集团军抽调了6个旅编成一支“马斯河部队”，由埃

比利时士兵

姆米希将军指挥。同时，第2集团军副参谋长鲁登道夫被派到这支部队，任务是负责突击部队与军部的联络。

比利时军队在勒芒将军的指挥下，奋起抵抗。

埃姆米希指挥的各旅德军从东南北3个方向向列日进逼。当他们到达马斯河时发觉该市上下游的桥梁已被破坏。他们试图架设浮桥渡河，比利时步兵开火了。德国人想不到竟真的打起来了，在真枪实弹中他们开始伤的伤，死的死。凭借着人数上的优势，黄昏时德军在列日北面的维塞河渡河成功。而从南方发动攻击的各旅受阻，中路突破马斯河向内弯曲处的各旅，已进抵筑垒地带。德国在第一次世界大战中遭受的头一棒的过程从此开始。

这一天，当德军的皮靴、车轮和马蹄蹂躏比利时农村，践踏已成熟的庄稼时，他们受到的狙击越来越厉害。原来以为比利时人不过是“巧克力士兵”，因此在遭到抵抗后，既措手不及又气恼万分。于是，对各地老百姓进行的恣意报复开始了。“我们在比利时的进军肯定是残酷的。”8月5日，毛奇这样写道：“但对我们来说，这是一场求生存的搏斗，任何妨碍我们前进的人必须承担一切由此产生的后果。”

8月5日，埃姆米希的各旅兵力开始攻击列日东端的4座堡垒。德军先以野战炮进行持续轰击，接着是步兵冲击，落在堡垒上的轻磅炮弹起不了什么作用，而比利时人对德军倾泻的炮弹却消灭了他们位于前沿的士兵。德军不惜伤亡，一连一连的德军成波次投入战斗。列日之战爆发的第二天，交战国不计伤亡的情况就开始了。这种情况在以后的岁月里越来越严重，直至把士兵的生命视若草芥。德国遭受第一次挫折后恼羞成怒，不顾一切地投入大量兵力对付堡垒，需要多少就投入多少，以便按期攻克目标。进攻中，位于德军中路的第14旅旅长被击毙。鲁登道夫当机立断，接管了该旅的指挥权，并立即部署发动新的攻击。到6日下午2时，终于突破堡垒圈，进抵马斯河右岸一些制高点。

8月7日，鲁登道夫率德军第14旅攻入列日市，市长被俘。但列日要塞其余的堡垒和大部分渡口尚在比军手中。到16日下午，德军利用重炮攻陷最后一座堡垒，勒芒将军被俘。列日之役，德军付出了伤亡2.5万人的代价，终于打开了通向比利时的道路。

8月17日，德军的两个集团军立即向前推进，从而把德军右翼的全部兵力投入行动，开始其横越比利时的进军。按照原定的时间表，这次进军本应在8月15日开始。因此，列日之战把德军的攻势拖迟了两天。德军第1集团军在司令官克卢克指挥下，向布鲁塞尔方向进攻，掩护德军整个正面的右翼；第2集团军在司令官比洛的指挥下，以右翼进攻瓦弗，以左翼进攻那慕尔以北地区。

德军进入布鲁塞尔

8月19日，德军第2集团军向西进抵那慕尔要塞以东地区。那慕尔四周的堡垒群，其构造与列日相同，它是进入法国的最后一道关口，比军在那里部署有2.6万余人、300门火炮，企图依托环布的9个堡垒，阻止德军西进。8月21日，德军发起猛攻，摧毁了比军半数堡垒。比军不顾伤亡，继续抵抗。23日黄昏，比军在要塞以东的防守部队损失惨重，基本上已失去战斗力，幸存的兵力于24日奉命撤退至要塞西南的堡垒内继续抵抗。德军步步紧逼，于25日占领了那慕尔要塞。此战，德比双方伤亡均在1.4万人以上。

德军第1集团军进展顺利，8月20日，当德军到达比利时首都布鲁塞尔时，比军未进行有力抵抗即撤退至安特卫普及其海岸地区。德军第1集团军以1个兵团的兵力监视安特卫普的比军，主力继续向西南进击。

德军逼近安特卫普，比利时民众惶恐逃亡

边境战役中法军溃不成军

德军入侵比利时后，在德法边境上便展开了一系列旨在粉碎对方主力的激战，史称边境战役，到1914年8月24日止，双方约有350万的军队参加，共进行了4次战役。战役开始于8月14日的洛林战役，这次战役波及整个战线，影响着阿登战役，阿登战役影响着桑布尔河—马斯河战役（习称沙勒罗瓦战役），而沙勒罗瓦战役又影响着蒙斯战役。

大战开始后，德、法两国的大军尚在集结之时，各自的先遣部队便已经在向前推进，准备发起进攻。德军来自东方，法军则从西方来。对峙的双方都在从各自阵地的右翼一端率先行动，两军相距300英里。不管法军采取什么行动，德军将袭击列日，为其右路大军打通横贯比利时的道路。法军亦将不顾敌方作何行动，准备一举突入阿尔萨斯，把法军推进到莱茵河右岸固守。

法国5个集团军的实力和德国部署在西线的70个师相仿。它们的部署是：由第1集团军居右依次到第5集团军居左，并以凡尔登到土尔的防线为界分别集结成两支大军，在人数上和德军以梅斯至提翁维尔一线为分界线的两个集团军相埒。在阿尔萨斯和洛林，第1、第2集团军面对德国的第7、第6集团军，组成法军右翼，其任务为发动强力攻势，把与之对峙的德军赶回莱茵河一线，同时在德军左翼与中路之间打入一枚坚实的楔子。驻守在右翼末端的是一支特种攻击部队，其任务与德军埃姆米希部队在列日的任务相似，要首先突入阿尔萨斯，它由第7兵团和第8骑兵师组成，不受第1集团军的节制。与这支部队为邻的是迪巴伊将军指挥的第1集团军。在他的左侧，是德卡斯特尔诺的第2集团军，据守南锡周围至关重要的防线。第3、第4、第5集团军集结在凡尔登的另一面，准备按照17号作战计划的部署，发动突破德军中路的大攻势。它们的兵力从凡尔登展开至伊尔松。据守左端的由朗勒扎克率领的第5集团军面向东北方，准备发动通过阿登山区的攻势。

8月7日凌晨5时，博诺任司令的法第7兵团从孚日山峰上倾泻而下，越过边境，突然猛袭阿尔特基希。这个城镇位于通向牟罗兹的大道上。该兵团奋战6小时，攻占了该镇。8月8日，第7兵团占领牟罗兹。当法国人欢庆这一胜利时，德国的增援部队已在该市四周展开。8月9日晨，战斗打响，经过24小时的激战，法军受挫后撤。霞飞大为恼怒，将博诺和另两名师长撤职。但是，他仍热衷于原来的计划：解放阿尔萨斯并将德军牵制在那条战线上。为此，他动用了1个正规师和3个后备师，将它们并入第7兵团，专门组建一个阿尔萨斯军，召回已退休的波将军指挥这支队伍。

8 月 15 日，在西线战场上，调集军队和前哨战阶段宣告结束，进攻战阶段开始。法军右翼向德国占领的洛林地区发动进攻。正当波将军所部在阿尔萨斯再次发动攻势的时候，迪巴伊的第 1 集团军和德卡斯特尔诺的第 2 集团军正分别穿越洛林地区的两条天然通道。这两条通道，一条通往迪巴伊部队出击的目标萨尔布尔，一条从环绕南锡的大库隆山区迂回而下，经过萨兰堡进入一个山谷，山谷的尽头就是德卡斯特尔诺部队出击的目标莫朗日天然要塞。

德国人早已估计到法国的进攻，早就在这一带设置了铁丝网，挖掘了战壕，建筑了炮台，严阵以待。德军在洛林阵地的守军，是巴伐利亚王储鲁普雷希特的第 6 集团军，以及归他指挥的黑林根将军的第 7 集团军。他们的任务，是把尽可能多的法军牵制在他的战线上，使它去不了面对德军右翼的法军主力阵地。按照施里芬计划，他要完成这项任务，必须先进行退却，将法军引入口袋，拉长法军的交通线，然后把它咬住。而这时候，决战就在别处打响了。这项计划的精髓所在，就是让这个战区

法国士兵越过密密麻麻的铁丝网

的敌人取得战术上的胜利，而使之遭受战略上的失败。

在法国人进攻的头几天，德军按照计划往后徐徐退却。蓝衣红裤的法国军队从梧桐夹道的宽阔笔直的公路上源源而来，开进了一度是他们的国土。自从法军在洛林发动进攻的那时起，毛奇执行施利芬完全依靠右翼这一计划的决心就开始动摇了。他和他的参谋人员指望法军会调集其左翼主力前来迎击德军右翼的威胁。哪知法国人却迟迟没有动静。同时，看到其他部队在昂首阔步地前进，而自己却在退却，使鲁普雷希特感到很不是滋味。他强烈要求进行反攻。这使德国统帅部很是难办。另外，俄国“压路机”在东线的作战，更使德国人心烦意乱。于是，口袋战略被放弃了，命令下达给第 6、第 7 集团军，掉转身来准备反攻。

8 月 18 日这一天，霞飞发布命令，要求部队做好大举进攻突破德军中路的准备，一举突破德军中路则是法国人全部希望所系。此项命令是发给第 3、第 4 和第 5 集团军的，同时通知了比、英两军。命令指示吕夫将军的第 3 集团军和德卡里将军的第 4 集团军准备进攻阿登山区，同时饬令第 5 集团军向桑布尔河北面进攻。桑布尔河发源于法国北部，朝东北流入比利时，经过博里纳日山麓矿区而下，在那慕尔与马斯河汇合。沿河两岸，从沙勒罗瓦起航的运煤船只络绎不绝。沙勒罗瓦这座以查理王命名的城市，1914 年以后将使法国人听来像色当一样感到哀痛。

霞飞之所以发出这道命令，是出于执行第 17 号计划的坚定不移的决心，把速战制胜的全部希望寄托在这一计划上。法军总司令部坚信，无论德军右翼多么强大，法军如果发动进攻，破其中路，就可使其陷于孤立，一举歼灭之。“如果德国人胆敢轻举妄动从比利时北部策划包抄，那就太好了！他们在右翼的人马越多，我们从他们中路突破就越加容易。”

8 月 20 日，朗勒扎克到达桑布尔河，英军也赶到一条线上。讵料，洛林传来了噩耗，鲁普雷希特已以雷霆万钧之势开始反攻。法军第 2 集团军正在退却，迪巴伊集团军也遭到猛烈攻击。由于朗勒扎克部开往桑布尔河，霞飞不得不命令波将军放弃已夺回的牟罗兹及其周围地区，前去接管朗勒扎克空下的阵地。波将军在给刚刚解放的人民的一份公告中写道："在北方，大战开始了。这一仗决定法国的命运，同时也将决定阿尔萨斯的命运。为了这场具有决定意义的进攻，总司令在那里集中了全国的兵力。但我们深感遗憾的是，为确保阿尔萨斯的最后解放，我们不得不暂时撤离阿尔萨斯。这是出于委曲求全的需要，是阿尔萨斯部队及其司令所不得不服从的，是他们非至最后万不得已决不会这样做的。"

在洛林，8 月 20 日上午，法第 1 集团军和第 2 集团军在萨尔布尔和莫朗日两地德军严阵以待的防线中，被打得焦头烂额，头破血流，吃尽了苦头，对配有重炮、铁丝网及隐蔽掩体的机枪防御阵地，法军殊死进攻的严重后果立即暴露无遗。法军野战条例的突击战术，是依据步兵部队向前冲刺 20 秒、推进 50 米，而敌人来不及端枪、瞄准、射击这一估计制定的。但是，在演习时苦苦操练的科目，在战场上被证明是件愚不可及的蠢事。德军机枪只需 8 秒就可以射击。尽管受挫，两位法国将军仍命令部队向前挺进。德军的反攻开始了，凌厉的炮火，打得法军支离破碎。第 2 集团军被迫撤退，第 1 集团军右翼因此失去掩护。霞飞不得已命令第 1 集团军跟友邻部队一致行动，一并撤退。

进攻主义的火焰熄灭了

莫朗日的这场大屠杀扑灭了进攻主义灿烂的火焰，进攻主义在洛林战场已宣告寿终正寝。日暮时分，只见尸横遍野，一排排，一行行，四肢伸开，脸面朝地，暴死的景象，让人惨不忍睹。防御战使战争初期的运动战变为以后 4 年的阵地战，并吞噬了欧洲一代人的生命，它的巨大威力在莫朗日战役中就已完全显示。在 4 年多残酷无情、毫无裨益的杀戮中，交战国都在这威力面前撞得头破血流。

8 月 21 日，德卡斯特尔诺得知自己儿子战死沙场，沉默片刻之后对部下说：“先生们，我们还要继续下去。”这句话成了后来法国的一句口号。

端着刺刀冲锋的法军在机枪扫射下成片成片地倒下

次日，鲁普雷希特的重炮轰鸣，犹如万马奔腾，越来越近，日夜不停。炮击长达 75 小时，4000 发炮弹倾泻到诺梅尼附近的圣热纳维埃夫。福煦率领法军 20 兵团后撤至法国土尔防区和厄比纳尔防区之间的夏尔姆峡口。23 日，德军第 6、第 7 集团军向这里发起了气势磅礴的进攻。以后几天里，德军陷入了同法国第 1、第 2 集团军的鏖战中。就在他们苦战时，别的战役也打响了。

在洛林进攻失利并没有使霞飞气馁。相反地，他看到鲁普雷希特的猛烈反攻已使德军这一左翼深陷鏖战的泥潭，认为此刻正是放手进攻德国中路的大好时机。于是在 8 月 20 日夜发出在阿登地区进攻的号令。从这里进攻是第 17 号计划的核心和基本战略。在第 3、第 4 集团军进入山区的同时，他又令第 5 集团军越过桑布尔河进攻敌人的右翼。

阿登山区的地形不宜于进攻：树林茂密，丘陵起伏，地形复杂。坡势从法国方面起全面逐渐升高，山与山之间，溪涧纵横。尽管如此，法军仍将此地选为突破点，因为这里地居中段，据说敌人的兵力最为薄弱。阿登山区南端和法国洛林北端接壤，布里埃铁矿区就在洛林北端地区。1870 年，这个矿区曾被普鲁士军队占领。铁矿的中心是希埃尔河畔的隆维。守卫这里的，是德国威廉王储率领的第 5 集团军和符腾堡公爵率领的第 4 集团军。按计划，第 4 集团军将通过阿登山区北部进攻讷夫夏托，第 5

集团军将通过山区南部进攻维尔通以及法国的两个要塞隆维和蒙梅迪。王储的司令部设在提翁维尔。

与德国王储对峙的是吕夫统率的法国第3集团军。他的司令部设在凡尔登，任务是把敌人赶回梅斯至提翁维尔一带，并把他们包围在那里，同时在前进过程中收复布里埃地区。在他包围住德军中路右翼的时候，友邻部队第4集团军将包围中路的左翼敌军。这两支法国军队将从中路杀出，将德军右翼的这支臂膀从肩部砍掉。

8月22日，大规模的战斗开始了。在维尔通和坦蒂尼，在罗西尼奥尔和讷夫夏托，在各个战场上，炮声隆隆，炮火熊熊。双方士兵向前猛扑，负伤了，倒下来了，尸体枕藉。在罗西尼奥尔，法国第3殖民师被德国第5集团军的第6兵团包围，打了6个小时，残存无几，师长阵亡。在维尔通，“过后的战场是一片难以置信的景象，成千上万的死人还是站着，靠在像是由成批成批尸体垒成的60° 斜坡的拱扶垛上”。

8月23日，战斗继续进行。不待日落，法军败象已现。法国在阿登山区的两支部队都在撤退，第3集团军向凡尔登退却，第4集团军撤往斯特内和色当。布里埃的铁矿没有夺回来，它在以后4年里将给德军用来铸造军火弹药，进行长期战争，德国没有这些矿石是无法长期打下去的。

在此期间，在桑布尔河畔的法第5集团军已奉命渡河进攻，以“那慕尔要塞为砥柱”，由其左翼绕过沙勒罗瓦前进，而以敌人右翼为目标。同时，第5集团军的一个兵团将驻守在两河之间的夹角地带，保卫马斯河防线，防范德军从东面进攻。霞飞要求英国人配合这次行动，渡过蒙斯运河。蒙斯运河是桑布尔河的一条支流，通埃斯考河，使航运从那慕尔经桑布尔河而下，在沙勒罗瓦转入运河，东与埃斯考河相接，直通海峡。因此，蒙斯运河是这一连续航道的重要组成部分，横切着德军右翼的通道。

德国比洛集团军的先头部队于8月21日冲到桑布尔河，并在那慕尔和沙勒罗瓦之间的两处地方进行强渡。驻守在这一地区的法国第5集团军第10兵团，在南岸既没有挖掘战壕，也没有架设铁丝网或构筑别的防御工事，只是等着用肉体去猛冲敌人。法军就这样勇敢地冲向前去，打得很是猛烈，但最终被德国人赶了回来。

8月22日，比洛对桑布尔一线投入3个兵团，发动了猛烈进攻，同朗勒扎克在沙勒罗瓦战役中鏖战不舍。第一天日暮时，豪森的部队加入战斗。朗勒扎克的第10兵团损失惨重，被迫退却；第3兵团在苦战，军官伤亡巨大；左边的第18兵团虽完整无损，可左端的骑兵兵团已精疲力竭，也被迫退却。

8月23日，朗勒扎克下令第5军团撤退。

远在左边，英军和克卢克所部自清晨起就在60英尺宽的蒙斯运河展开了争夺战，打得难解难分。英军在蒙斯两边都建立了阵地，多林将军的第2兵团在蒙斯西面沿着蒙斯到孔代15英里长的一段运河布下了防线，黑格将军的第1兵团守着第2兵团右面从蒙斯到朗勒扎克左翼之间的一条斜形阵地；而艾伦比将军指挥的骑兵师则留作预备队。黑格对面是克卢克和比洛两集团军的接合部。

8月23日上午9时，德军向英军阵地发射了第一批炮弹，随后，德军以密集队形冲将过来，给掘壕坚守有方、训练有素的英国步兵提供了再好不过的目标，他们打得又快又准。德军在一浪接一浪的冲杀被击退以后，调来更多的兵力，并改用了疏散队形冲击。下午3时，英军后撤至第二道防线。但朗勒扎

英国远征军在撤退

克的撤退使英国远征军失去掩护，英国人立即撤出部队。蒙斯战役就这样结束了。

在整个边境战役中，法军70个师，约125万人，在不同的时间、不同的地方打了4天。在这4天里，法军伤亡达14万多人。结果是，边境已被敌人突破，法国的大门已经敞开，法军各路都在撤退，敌军则以长驱直入之势向前推进，直指法国首都巴黎。

历史在马恩河拐了一个弯

边境战役失利后，法军总参谋部在极其危急的情况下，在8月24日晨重新制订了作战计划。霞飞已认识到，只有在法军摆脱德军的追击，并得到休整和补充后，才能转入全线进攻，因此决定各部队继续向后方撤退，并于8月25日发出总退却命令，各集团军于9月4日撤到马恩河一带，第3、第4、第5集团军撤到索姆河至凡尔登一线；从东部撤出的部分部队和几个后备师组成第6集团军，由莫努里将军任司令，集中在巴黎以加强西部力量，新建的一支由费迪南·福煦指挥的部队（后编为第9集团军）来支撑第5集团军的右翼，指令加利埃尼为巴黎总督，并指挥第6集团军。这样，法军左据巴黎坚城，右依凡尔登要塞，主力集中于巴黎至凡尔登200余千米的战线上，按第6集团军，英国远征军，第5、第4、第3集团军依次排列，准备对远道而来的德军伺机发动反攻。

德军统帅被边境战役的胜利和法军的节节败退冲昏了头脑，他们认为西线的决定性胜利就在眼前，再加上对东线局势的担忧，因此，决定将2个兵团和1个骑兵师调往东线，前去增援在东普鲁士与俄军作战的德军第8集团军，另又调出2个兵团占领比利时的安特卫普，派1个兵团(3个旅)去占领莫伯日。8月27日，德军统帅部命令西线德军全线进攻，右翼几个集团军迅速向巴黎推进。第1、第2集团军改变原计划，从巴黎西北转而向南，折向东南。原计划进行防御的第5、第6集团军对法军坚固设防的凡尔登和南锡地区实施攻击。这样，德军便由一路迂回改成了两路同时进击。

为抢得头功，德军第1集团军在追击过程中马不停蹄，9月3日黄昏抵达马恩河北岸的蒂埃里堡，将第2集团军远远地抛在后面。为避免孤军深入，毛奇命令第1集团军停止追击，转为第2集团军的第2梯队。第1集团军司令官克卢克拒不执行命令，他留下1个兵团在马恩河北岸以防巴黎方向的威胁，下令主力渡过马恩河，继续南下追击。9月4日，德军统帅部得知法军重新部署的情报后，发现德军第1、第2集团军已处于严重威胁中。为此，德军统帅部于9月5日下令第1、第2集团军从蒂埃里堡以西的瓦兹河到塞纳河面对巴黎向西南展开，并积极部署进行防御；第3、第4、第5集团军向南和东南继续进攻，协同第6集团军合围凡尔登以南的法军。但第1集团军司令官克卢克仍拒不执行命令，继续孤军南下，将其左翼侧完全暴露给法军。

镇守巴黎的老将加利埃尼最先发现这一有利战机，并说服了举棋不定的霞飞。9月5日夜，霞飞发出全线反攻的命令。第6集团军由巴黎西北驻地出发，渡过乌克尔河，沿马恩河向东攻击德军翼侧，第9、第4、第1、第2集团军在各自战线上实施反攻；第3集团军沿马斯河左岸向下游攻击前进；第5集团军掉头回击追赶之敌。同时，霞飞亲自出马，说服了英国远征军指挥官弗伦奇元帅，让后者答应配合法军行动。

9月5日，法军第6集团军向东开进，先头部队在乌尔克河西岸与德军第1集团军的预备队第4兵团的警戒部队遭遇，揭开了马恩河战役的序幕。法军第6集团军主力随即加入了战斗，德军寡不敌众，撤回原出发位置。克卢克将军从这一天的小规模战斗中已预感到来自巴黎方向的威胁，决定从9月6日晨将德军第2兵团从马恩河调往乌尔克河以西的交战地点，加强其右翼，第4兵团也于当日晚奉命开往该处，此举使德第1集团军和第2集团军之间出现了宽达50千米的间隙。

9月6日，法军开始大规模进攻。第6集团军在不断粉碎德军的抵抗后，在乌尔克河以西地域推进。第5集团军行动缓慢，进展不大。在其他地段上进攻的第9、第4、第3集团军以及协同法军作战的英国远征军也未取得明显的进展。但到了第二天，战况发生了很大变化。德军集中3个兵团的兵力进攻乌尔克河以西的法国第6集团军，危急关头，加利埃尼在巴黎征集了1200辆出租汽车，星夜将增援部队送往前线支援第6集团军。德第1集团军司令官克卢克发现法军已转入总攻，企图包围德军右翼，遂决定将第3、第9两个兵团从正面南段撤回乌尔克河对岸。此举使德第2集团军的右翼更为暴露，更加扩大了第1和第2集团军之间的缺口。法军第5集团军和英国远征军紧跟撤退的德军后面向前推进，当晚与法军第6集团军的翼侧紧密衔接，使法军战线连成一线。

9月8日，法第5集团军进入蒙米雷伊以北和以西德军第2集团军右翼的后方，迫使比洛再次撤走其右翼，从而使德军两个集团军之间的缺口又扩大了15千米。当日午夜，英军和法国第5集团军楔入了德军这一缺口。与此同时，法军第9集团军钳制住德军第2集团军的左翼和第3集团军，这就使德军两个集团军三面受敌，处境危险。英军攻击前进至马恩河畔，德军的骑兵部队企图负隅顽抗。此时，英军见其左右邻友军进展顺利，德军败局已定，遂集中3

法国军队越过马恩河向敌人进攻

个兵团的主力向德军发起猛攻，福煦指挥的法第9集团军左翼2个兵团也向德军的骑兵部队压来，德军骑兵处境危险，被迫放弃河畔阵地，向北撤退。英法联军乘胜分路越过马恩河，追击撤退的敌军。同时，德军第3、第4集团军在圣贡德沼泽地以北遭到了英军的痛击，第5、第6集团军在进攻凡尔登和土尔要塞时伤亡惨重，被迫停止前进。

小毛奇得知前线战况失利的消息后，即命令各军协同撤退，以消除彼此间的空隙。同时，决定从第6、第7集团军各抽1～2个师组成新1兵团，并令第6、第7集团军强渡摩泽尔河。9月9日，克卢克决定先攻后撤，下令第1集团军的右翼猛攻法军第6集团军左翼，企图迫使其退向巴黎以北阵地。德法两集团军激战正酣时，巴黎的援军主力赶到并投入战斗，克卢克的企图未能得逞。这一天，德军第2、第3集团军司令官也都作出了退却的决定。第4、第5集团军仍在继续进攻，但战果甚微。面对这种情况，小毛奇只好于9月10日下令第1、第2、第3集团军撤退，其他集团军一律停止进攻。11日，小毛奇命令西线德军撤至努瓦荣—凡尔登以北一线防御。在德法边境上几乎一直处于进攻的第6、第7集团军，除第7集团军被调往埃纳去堵塞德军第1和第2集团军之间那个长期使德军受到严重威胁的缺口外，第6集团军并未渡过摩泽尔河，被迫撤回德国边境。

马恩河战役结束了，此战是第一次世界大战中英法联军与德军之间在马恩河地区进行的一次大规模遭遇战，有人甚至将它称为“一次大规模的总决战”。交战双方投入的兵力，德国方面为5个集团军，英法方面为6个集团军，共约200万人，直接参加作战的部队共150多万人，在180千米宽的地带内，交战双方展开了激烈厮杀，前后持续了8天时间，法军死亡2万余人，受伤12万余人；德军死亡17万余人，受伤4万余人。从伤亡人数和持续时间来看，这次战役的规模不算大，但它的影响却是深远的。它宣告了交战双方速决战略的破产，而这一结果对于德国更是致命的，因此，战役刚一结束，小毛奇就心情低落地向德皇报告："陛下，我们输掉了这场战争！"

悲观的小毛奇被解除了职务，他的位置被法尔肯海因秘密取代。不过他说的是对的。这场战争对德国人来说已经是输定了，尽管还需要4年多的血雨腥风来加以证实。

马恩河战役预示着西线运动战的结束和阵地战的开始。马恩河战役标志着法国第17号计划的失败和施利芬计划的破产，两者合在一起导致了西线僵持局面的出现。西线的战事，每天都在吞噬着几千人甚至几万人的生命，消耗着大量的军火、能源、金钱、物资和人员。这种由于第一个月的错误而造成的相持局面，决定了以后战争的进程，结果也决定了战后和约的条款和两次世界大战间歇时期的世界局势以及第二次世界大战的情况。

如果不是人们怀着某种希望，就不能忍受这样一场规模巨大而痛苦的战争。他们希望这场战争的浩劫今后将永远不再发生，他们希望通过这场战争，将为未来的美好世界奠定基础。正是这个美好的幻影，使残酷无情的进攻具有了价值和意义，为此不惜付出成千上万的生命，来夺取10码之宽的阵地或夺回一段潮湿的战壕。每当秋天来临，人们总是说，战争不会打过冬天，然而到了春天，人们仍看不到战争的结束。

马恩河战役之所以成为影响全世界的决定性战役，并不是因为它决定了德国的最终失败或协约国的最后胜利，而是因为它决定了战争还须继续打下去。交战各国被困在一个陷阱里，这是一个在战争头30天里没有打出结局而形成的陷阱，这个陷阱在当时看来似乎找不到出路，唯一的出路就是只能这样打下去！

西线头几个月的战争进程决定了最后的结局

马恩河战役之后，在西线，交战双方发生了一系列战事，德军向埃纳河撤退。9 月 13 日，英法联军渡过埃纳河，并于次日发动强大攻势。德军凭借战前良好的防御战术训练和野战工事，守住了自己的阵地。英法联军连续作战，疲惫不堪，进攻收效甚微，霞飞于 18 日下令停止进攻。

第一次埃纳河战役以后，从瓦兹河至瑞士边界一线的军事行动呈胶着状态，并开始具有阵地战性质。无力突破对方野战工事的敌对双方，都把自己的希望寄托在迂回对方暴露的翼侧。德军新上台的参谋总长法尔肯海因开始重新捡起施利芬计划，企图占领比利时和法国的海岸，恢复对巴黎的进攻。霞飞则竭力阻止德军实现这一意图，想方设法击破德军的右翼，迫使其离开法国和比利时。

从 9 月 16 日到 10 月 15 日，交战双方都放弃了正面进攻，力图包围对方的暴露翼侧。德军攻打英法联军的左翼，英法联军则想攻打其右翼，双方都派出了庞大的兵力。这种对称运动的结果，使交战双方的战线愈拉愈长，直至北海沿岸地带，长达 180 千米，史称“奔向大海”。

“奔向大海”作战结束后，德国统帅部为了控制加来海峡，摧毁英军的补给基地，破坏敌方的交通线，迫使英国退出战争，决定在佛兰德平原发动一次新进攻。这次交战在两个方向进行，德军在伊普雷附近对英军实施主要突击，同时在伊泽尔河对比军实施辅助攻击。参加战斗的是德军第 4 集团军和第 6 集团军的右翼 3 个兵团，德军从新港到拉巴塞 70 千米宽的正面上展开了 17 个步兵师和 8 个骑兵师。与德军对垒的英法联军有 15.5 个步兵师和 11 个骑兵师。伊普雷战役从 10 月 20 日开始至 11 月 15 日结束，历时 25 天，德虽然把近 30 个师的兵力投入战斗，但未达到预定的目的。英法联军也投入了 29 个师，经过艰苦的战斗，只是保住自己的阵地。

伊普雷是比利时佛兰德省的一座古老小镇，但战火将这座历史名城化为废墟

泥泞、鲜血和恐怖相结合的伊普雷战役，是1914年西线的最后一场大战役。由于几个月激烈而连续的战斗，喘不过气来的、疲惫不堪的交战双方都在挖掘堑壕，设置带刺铁丝网，构筑固定阵地。在随后的3年多时间，双方阵地进退都不超过10英里。机关枪占据着统治地位，战争残酷地逐步陷入阵地战的对峙阶段。这条战壕，从瑞士边境横贯法兰西和比利时，一直延伸到海峡，它决定了要打一场阵地战和消耗战，这是人所共知的历时4年之久的西线战事。

1914年西线战事，在表面上德军看来取得了很大的胜利，它歼灭了近100万法军（其中亡38万人，受伤、被俘和失踪的约60万人）和40%的比利时陆军，并使英国远征军遭受重大伤亡。它还占领了比利时的大部分国土和法国最重要的工矿区，法国50%的国土和90%的铁矿、80%的钢铁制造业、70%的煤矿落入德国人手中，德国军队的损失也略小于法军。但是，这种暂时的胜利却隐伏着最终失败的危机。马恩河一战使德国的速决战略化为泡影，战争由速决变成了持久，俄国的参战使德国陷于两线作战的泥潭。这对资源贫乏、人口不多、战争潜力有限的德国而言，是致命的。应该说，战争头几个月的进程，已经决定了德国最终失败的结局。

俄军在坦南堡的失利赢得了盟国的赞赏

“就其范围、屠戮、交战者之尽心竭力和军情之变化万千而言，东线远远超过所有类似的人间悲剧的规模和紧张程度……残酷而凄惨的战争，凛冽的冬天，惨淡而荒凉的大地，身负重荷、时而向前时而向后的长途行军，套着缰绳而死的战马，在自己流出的鲜血中冻僵的伤者，不计其数的、暴尸千里的死者，被赶进肉磨子的生者……在这里，整个中欧把自己撕成碎块，在痛苦中奄奄一息，等到重新站起来，已是面目全非。”丘吉尔用自己的笔，真切地描绘了整个第一次世界大战中东线所展示出的广袤无垠的空间、深重的苦难和万般的恐怖。正如有人指出的，西线是军队太多而战场太小，而东线却是战场太大而军队太少。1914 年，正当西线的棋盘上决定着各国命运的时候，在东线的森林湖泊中，也正在进行着另一场决定性的战役。

第一次世界大战爆发后，德奥与俄国之间从波罗的海沿岸到罗马尼亚边境形成了另一个大战场——东线战场。

俄国的西部如同一个“漏斗”，漏斗的尖端部分为俄属波兰省，离德国的柏林不到 320 千米。“漏斗”的北部为德国的东普鲁士，南为奥匈帝国的加里西亚。根据战前法俄签订的军事协定，一旦德国进攻法国，俄国就应立即同德宣战，攻打德国的东普鲁士。因此，为了实现吞并东普鲁士的夙愿，并履行自己的诺言，牵制德军在西线的进攻，俄国准备分兵西北、西南两路进攻。

在西北方面上实施进攻的是俄西北方面军，战役的目的是歼灭德军第 8 集团军和攻占东普鲁士。该方面军的司令官是吉林斯基将军，下辖两个集团军。第 1 集团军司令官为莱宁坎普将军，下辖 6.5 个步兵师和 5.5 个骑兵师，装备有 492 门火炮，配置在涅曼河中游地区，其任务是由北向马祖里湖地区实施迂回突击；第 2 集团军司令官为萨姆索诺夫将军，下辖 11.5 个步兵师和 3 个骑兵师，装备 720 门火炮，配置在那累夫河地区，其任务是从西面向马祖里湖地区实施迂回突击。战役总的企图是从两翼包围德第 8 集团军。

这幅漫画反映了法国人的一个美好愿望，在俄国巨人面前，瘦小的德国应该束手就擒

在东普鲁士担任防御的德军为第 8 集团军，由普里特维茨任司令官，下辖 15 个步兵师、1 个骑兵师，装备有 1044 门火炮，配置在多伊奇—艾劳、奥尔特尔斯堡、马祖里湖地区、安格堡、诺尔登堡、戈乌达普和古姆宾年等地域。德军统帅部鉴于俄军在兵力上占有明显优势，俄军可能在两个方向上发动进攻，便决定在东普鲁士进行积极防御，用掩护部队交替对付俄军两个集团军，然后以主力各个击破，分别击败俄两个集团军。

8 月 17 日，战幕拉开，俄军第 1 集团军以 3 个步兵兵团的兵力向德军发起了进攻。20 日，在因斯特尔堡以东古姆宾年与德军 3 个兵团激战，德军人数上处于劣势，伤亡1万余人，被迫后撤。与此同时，俄军第 2 集团军越过东普鲁士南部边界，向马祖里湖以西推进。俄军判断错误，认为德军已被打败，战役已基本结束，因此，第 1 集团军没有乘胜追击，部队于 8 月 21 ~ 22 日进行休整，从而贻误了战机。第 2 集团军在初战小胜后，贸然西进。结果俄军的两个集团军之间隔着马祖里湖，出现了一条宽 100 余千米的缺口，从而使战前预定的密切协同变成了彼此孤立，各自为战。

德第 8 集团军司令官普里特维茨胆小怯懦，没有按德军统帅部的企图行事。他深恐第 8 集团军被围歼，主张退守维斯瓦河下游，放弃东普鲁士。关键时刻，德军统帅部撤销了他的职务，任命67岁的退休军官兴登堡为第8集团军司令官，选用在列日战役中立下战功的鲁登道夫担任集团军参谋长。同时，还决定从法国战场抽调两个兵团到东线增援。

8月24日，两位新任指挥官到达第8集团军司令部，在听取有关情况和情报汇报后，决定利用俄军的失误，以小部兵力迷惑和阻击俄军第1集团军，利用铁路迅速将主力集中在战线右翼，首先歼灭俄第2集团军，然后腾出手再消灭俄第1集团军。8月26日，德军主力首先在俄军第2集团军的两翼展开攻势。德军以其第17兵团和预备队第1兵团的优势兵力，击退了俄第2集团军右翼第6兵团。第二天，德国人又以俄军第1兵团司令的名义，给该部俄军下达了一道撤退的假命令，致使在第2集团军右翼作战的俄第1兵团撤退。此时，俄军第2集团军的中路第13、第14两个兵团对友邻部队的情况一无所知，仍向西进攻阿伦施泰因，结果落入德军的包围圈中。萨姆索诺夫感到局势严重，于28日晚下令退却，但为时已晚，俄军被团团包围，俄军突围不成，绝望的萨姆索诺夫于8月29日晚自杀身亡，他手下的5个兵团司令，2名被俘，3名被撤职。第二天，代任第2集团军司令的克留切夫率领残部投降。德军仅以伤亡1.2万人的代价，就歼灭了俄军第2集团军主力，毙伤、俘虏俄军12万余人。德国上下认为他们取得了“历史上的一大胜仗”，于是此役定名为“坦南堡战役”，1410年，条顿骑士团曾在坦南堡被波兰、立陶宛和俄国联军击败。德国人认为这次胜利，算是报了“九世之仇”，一雪当年失败之耻。

担任狙击俄军第1集团军的德军，采用疑兵之计，白天以大队人马反复向阵地推进，夜间又悄悄将部队撤回，使俄军误认为当面之敌强大而不敢轻举妄动。当得知其友邻第2集团军被围时，莱宁坎普畏缩不前，并继续在自己的阵地上加固防御工事，再次丧失了与德军决战的时机。8

月30日，德军在歼灭俄军第2集团军后，主力迅速转向东北，对付俄第1集团军。9月初，德军从西线调来增援的两个兵团到达东线，德军实力大增。9月7日，德集中力量向俄军第1集团军的左翼发动进攻。经过两天激战，德军主力对马祖里湖地区俄军左翼实施包围。9日夜，俄军被迫开始撤退。11日，德军攻占了俄第1集团军所在地因斯特尔堡，将其赶出了东普鲁士。德军仅以伤亡1万余人的代价取得了歼灭俄军第1集团军11万余人的胜利，并把战线推向俄国边境。无能的西北方面军司令吉林斯基和第1集团军司令莱宁坎普，被俄统帅部撤职。

这次战役，是第一次世界大战中在东线进行的一次重大战役。德军以伤亡2万余人的代价，取得了歼灭俄军近25万人的巨大胜利。德国为了抵消马恩河战役失利的影响，对这次胜利大肆渲染，把它说成是“战争史上无与伦比”的胜利，兴登堡成了这个“狂欢国家”崇拜的偶像。然而，这一胜利仅仅是局部性的和暂时的。这次战役并没有把德国从两线作战的战略困境中解脱出来。如果说，德国输掉马恩河战役最终导致了输掉这场大战，那么它在坦南堡的胜利却延长了这场大战。俄国人以自己的失败，成全了盟友在西线的胜利。法国历史学家伯纳·拉维尔涅指出：“俄军在远离我国战线的地方以大胆的进攻遏制住德军12个师以上的兵力，如果不是这样，那么使法国免于崩溃的马恩河会战一定会失败。”同时，在俄国，这次失败并不是致命

被俘的俄军

性的，它给同一时期在加利西亚战线击败奥军的巨大胜利冲淡和部分抵消了。

1914年8月中旬，应盟国的要求，俄军在东普鲁士发动进攻的同时，还进行了加利西亚战役，以从战略上配合英法联军在西线的军事行动，并企图夺取加利西亚，实现其称霸巴尔干的梦想。

俄西南方面军总司令伊万诺夫受命率部围歼奥匈在加利西亚的主力，阻止他们向南撤过德涅斯特河和向西撤往克拉科夫一带。该方面军沿加利西亚东部及东北边境，由南至北部署了第8、第3、第5和第4共4个集团军，计125万余人，准备以第3、第8集团军向加利奇和莱姆堡（今利沃夫）方向进攻，以第4、第5集团军向莱姆堡和普热米什尔方向实施突击。

在德国的催促下，奥匈帝国也决定发动大规模进攻。奥匈总参谋长康拉德为决定在进攻塞尔维亚的同时，将4个集团军约75万人部署在加利西亚一线，以第1、第4两个集团军担任主攻，从维斯瓦河至普热米什尔间向北突击，在卢布林、赫尔姆地区消灭俄军第4、第5集团军，然后进攻谢德耳策，实现战前和德国商定的南北夹击波兰地区俄军主力的计划；第3集团军和即将从塞尔维亚调来的第2集团军保障战线右翼安全。

俄奥双方都力图以进攻来达成战役目的，但双方对当面敌情都作了错误的判断。俄军误认为奥匈军的主力展开在莱姆堡地区，但实际上奥匈军却在该地区以西约100千米处；奥匈军未发现俄军西南方面军左翼第8集团军的集结，结果一场遭遇战变成了大规模的混战。

这次战役，是第一次世界大战中的重大战役之一。这次战役在维斯瓦河与德涅斯特河之间宽达320～400千米的正面上展开，双方参加作战的兵力达9个多集团军，100多步兵师和骑兵师，共约200万人和近5000门火炮，从8月18日开始至9月21日结束，历时一个多月。双方损失惨重，但都没有达成歼灭对方主力的目的。俄军损失约23万人，其

德奥联军向俄军进攻

中被俘4万余人。奥匈军损失约40万人，其中被俘10余万人。俄军取得了战役的胜利，占领了加利西亚以及奥地利占领的波兰部分领土，迫使敌人连续后退150英里，完全肢解了奥匈联军，严重削弱了奥匈帝国的军事力量，使奥匈联军从此一蹶不振。俄国的胜利危及德国富饶的西里西亚省，迫使德国从西线抽调兵力加强东线，从而配合支援了英法军队在西线的行动。

1914年的战局宣告速战速决战略的破产

随着1914年的结束，千千万万的人沿着从瑞士到大海的350英里长的战线，像蜘蛛一样编织着错综复杂的带刺铁丝网，西线陷入了堑壕战。在东线，沿着1150英里长的战线，严冬把大地冻成冰块，精疲力竭、气喘吁吁的格斗者在等待机会。这场战争的头几场战役已经结束了。赢得决定性胜利的机会错过了，交战双方不得不用岁月和生命去弥补。

在战争爆发后5个月的时间里，协约国已伤亡了150万人，这是前所未有的血的代价，而同盟国的损失也同样巨大。欧洲深深地陷入你死我活的大搏斗之中。

这场战争已席卷全球。在爆发后的5个月中，已有德国、奥匈帝国、英国、法国、俄国、比利时、塞尔维亚和黑山等8个国家参战，日本、土耳其两个亚洲国家也先后卷入战争。无论是以德国为首的同盟国，还是英、法、俄等协约国，由于其参战的目的都是损人利己，企图建立自己的霸权，因而不可能建立起牢固的政治与军事同盟，协调一致地对敌作战。一心想称霸欧洲的德国，原指望得到意大利的支持，但见风使舵的意大利政府拒绝加入德方作战，德军统帅部只得向阿尔萨斯增兵，占领原指望由意军把守的防线。德国本想借助奥匈牵制俄军，但奥匈热衷于扩大在巴尔干的势力，对德国的协助和支持显得软弱无力。奥匈军队不仅未能牵制住俄军，反而在加里西亚惨遭失败。德军不得不从西线抽调兵力去挽救濒于灭亡的奥匈，从而影响其在西线达成战争目的。

协约国内部各盟国也是同床异梦，各有各的打算。英法两国都力求把战争的重担转嫁给俄国，强求俄军在未完成战争动员的情况下，迅速实施大规模进攻。一心想大举南下，瓦解奥匈帝国、扩大自己在巴尔干势力的俄国，在对德国和奥匈作战时却以奥匈为主攻方向。英、法之间也存在着矛盾。英国把陆上作战的重担推给盟国，只派出为数不多的远征军配合法军作战。联军的司令官们，在马恩河战役的退却阶段，只考虑本军的安全，各行其是，难以密切协同。

血水、汗水、雨水浇灌而成的战壕，反映了战争的残酷与胶着

1914 年的战局宣告了速决战战略的破产。战前各主要参战国战略方针的共同特点是：片面强调战略进攻，轻视防御，企图依靠一两次总决战决定胜负；立足于战前建立的军队和物资储备打短期战争。但是，战争的进程表明，由于作战规模空前、人员物资消耗巨大，无论哪一方都无力保持持续的、高速的进攻能力，

都缺乏战略预备队和必要的物资储备。进攻的一方往往一下子把军队全部投入战斗，待到力量消耗殆尽时进攻也就随之停止。同盟国一开始在西线取得了一定的胜利，占领了比利时和法国北部，但在马恩河交战中惨遭失败，德国陷入两线作战的困境，并受到海上封锁困扰。协约国在东线先败于坦南堡，后胜于加里西亚，但其企图乘胜攻入德国腹地的计划没有实现。在巴尔干战场，奥匈军对塞尔维亚的多次进攻遭到塞尔维亚和门的内哥罗军队的英勇抗击。在近东战区，土耳其参加德奥一方作战，对协约国构成新的威胁，但在远东战区，由于日本站在协约国一方对德作战，使德国几乎失去了在太平洋上的全部殖民地。在非洲，德国也失去了大片殖民地。

概括 1914 年的战局，交战双方互有胜负，但任何一方都未取得决定性胜利。作战的主要样式由开始的运动战转为阵地战，战前那种企图通过短期战争和毕其功于一役的计划已化为泡影。

头 5 个月的战争实践表明，战争对经济的依赖程度显著增大，战争潜力决定着战争的进程和胜负。上百万大军在辽阔的战场上持久作战，需要消耗大量的粮食、弹药和各种物资。单靠和平时期的储备远不能满足战时的需要。例如，法国在马恩河战役中每天要消耗 24 万发炮弹，而按战前的计算标准仅为 1.3 万发。75 毫米的火炮炮弹的储备只够用到 9 月份。俄国的步枪储备量在战争爆发后 2 ~ 3 个月即已告罄。为了支撑战争，各参战国都把国民经济纳入战时轨道，全力保障战争的需要。随着人员的伤亡越来越大，兵员的征集成为一项迫在眉睫的任务，各国普遍开始改革兵役制度，扩充兵员。总之，交战双方都千方百计，动员全国的人力物力，积聚力量，准备在新的一年中进行一场决定胜负的厮杀。

2

胶着僵持

东线？西线？德国人举棋不定，争论的结果，德皇决定“设法在对东方巨人的战争中达到预期的最终结局”。于是，俄国人迎来了糟糕的1915年。在西线，堑壕如同绞不断的绳索，捆住了各国的手脚，交战双方陷入了可怕的相持和僵局。历次战役都是以大屠杀而不是以胜利著称。机枪称雄，毒气逞威，无数青年的鲜血喷涌而出，汇成了河，通过漫长的堑壕，一直从瑞士流向大海。为了摆脱带刺的铁丝网，英国人想出了“外围战略”的高招，将视线转向了达达尼尔海峡。结果，不仅没能赢得世界上的最高奖赏，反而使加里波利变成了英国人的滑铁卢。

德国将视线转到了东线

1915年年初，俄国在沿喀尔巴阡山脉的广阔战线上，控制着每一条通向匈牙利的公路，而且占领了普热米什尔设防城市，威胁着奥地利的后方。奥匈帝国参谋长康拉德认识到，单靠他的军队，是难以对付俄国军队的。此外，南面酝酿着的危机，使奥地利处于危险之中。意大利尽管宣布中立，但正在开始摆脱柏林和维也纳。因此，奥匈帝国强烈要求自己的盟友将目光集中到东线。

德国人在东线的胜利，为兴登堡赢得了陆军元帅的军衔，并使他成为统帅东线全部军队的最高指挥官。他和他的参谋长鲁登道夫两人都认为，只有他们采取的战略——在东线进攻才能获得最后的胜利。他们要求摧毁俄国，结束东线的战争。他们考虑到，俄国军队由于1914年的伤亡而遭到削弱，又缺乏武器弹药，不可能像据守牢固阵地的英法军队那样成为可畏的对手。东线尚存在进行运动战的可能性，那里的战斗行动无需从突破阵地防御开始。对俄国实施突击，将防止俄军可能对东普鲁士和奥匈的入侵，能巩固哈布斯堡王朝的地位，对于争取摇摆不定的巴尔干国家成为德国极需要的新盟友，将起到有力的推动作用。同时，攫取俄国西部地区来扩大德国的资源，可以满足德国战争的需要。

但帝国的参谋总长法尔肯海因是一个西线派。这就是说，他相信大战只能在西线取得胜利，因此他仍抱着实施突破的幻想不放。虽然他也认为必须在 1915 年使法国或俄国退出战争，但对能够做到结束东线的战争以及即使迫使俄国退出战争，能否获得法国和英国的让步方面表示怀疑。

德皇于 1 月中旬裁决了这场争端。1914 年圣诞节时，德皇威廉二世回顾全年战事，深感前途黯淡。西线进攻受挫，来自东线俄国的威胁日益增大；人力物力均逊于敌人的德国，又受到海上封锁；旷日持久的消耗战只能对敌方有利。很明显，要想在东西两线同时发动进攻以赢得胜利，那是根本不可能的。最佳的选择，是采取各个击破的方针，先打败一个敌人，然后腾出手来再打败另一个敌人。那么，究竟应该先打倒哪一个呢？对这个问题，德国统治集团内部展开了激烈争论。

总参谋长法尔肯海因等认为，俄国幅员辽阔，人力资源丰富，不可能全面战胜它，1812 年拿破仑征俄失败便是一个很好的例证。同时，若在东线发动强大攻势，至少要从西线抽调 20 万兵力。这样便会削弱在西线对付英、法所必不可少的兵力，那就太冒险了。因而他主张西攻东守。其理由是，法国在以往的交战中已被大大削弱，英国尚未充分展开兵力，所以在西线发动强大攻势仍有成功的希望。法尔肯海因之所以坚持西攻东守，还有他自己的小算盘。因为在东线发动大规模进攻，势必要由累建战功并已晋升为元帅的兴登堡来指挥，假如他这一次又赢得胜利，则他不久也就必然会取代自己成为参谋总长。所以法尔肯海因要想尽一切办法来阻止将战略重心东移的任何企图。法尔肯海因为此甚至还想把兴登堡调离东线，由于兴登堡的坚决反对，并直接向德皇提出抗议，才迫使法尔肯海因收回成命。

德国首相贝特曼、东线军事首脑兴登堡、鲁登道夫，奥匈帝国总参谋长康拉德等都主张在东线决战。他们认为，西线已陷于僵局，难以突破，而东线则仍有进行运动战的可能。俄国的力量比英、法薄弱，军工生产落后，武器弹药缺乏，其国外补给几乎完全断绝。同时俄军在以往的战斗中已大大削弱，在1914年的战事中，即使是在1：2的劣势下，德军都能击败俄军，1915年如能集中兵力，便可在东线获胜。对俄国的一次决定性的胜利，还可以对意大利和罗马尼亚这两个中立国产生影响，使他们不至于投入对手怀抱而与德国为敌。同时能够坚定已发生动摇的奥匈帝国的信心。从经济方面来看，攻占俄国西部不仅可以扩大德国的地盘，还可以大幅增加德国的资源，提高德国的战争潜力。因此，德国资产阶级和容克地主竭力施压，逼使当局将战略重心移到东线。

奥匈帝国参谋长康拉德

1915年1月底，德奥通过了战争计划，决定在西线从瑞士边境全长700千米的正面上采取积极防御；在东线分南北两面发动攻势：北面由德军从东普鲁士向布列斯特方向进攻；西南面由奥匈联军向莱姆堡方向进攻，最后两面合围，歼灭在“波兰口袋”内的俄军，迫使俄国投降，或接受有利于德奥的媾和。然后，从东线的约100个师的德、奥兵力调往西线，歼灭英法军队。为了配合陆上作战，在海上进行潜艇战，破坏协约国的海上交通线。

德奥1915年的这一作战计划，标志着德国已彻底抛弃了施利芬计划。到1915年9月，德军在东线的兵力已增至107个师，其中德国65个师，奥匈军42个师，占当时德奥总兵力的50%以上，战争的重心移到了东线。但由于“东线派”和“西线派”的矛盾没有彻底解决，在统治集团内部仍存在着严重分歧，因而在执行战略重心东移的过程时，施利芬计划的幽灵仍不时出现，从而干扰了决战东线计划的实施。

俄国人实施了一系列进攻

1915年，协约国依然没有制订统一的作战计划，各盟国之间仍是各打各的仗。不过，有一点自开战以来英、法两国的做法是一致的，那就是力图借助俄国的力量来达成自己的目的。

英、法两国在拟定1915年的战争计划时都认为，只有在兵力兵器上形成对德国的绝对优势，才能打破僵局，赢得战争的胜利。1915年2月，英国的财政大臣劳合·乔治在一份备忘录中指出，协约国最大的希望是寄托在资源优势之上。假如对于这种资源能加以充分的利用，并对协约国的军事势力能予以有效的协调，那么就有确实的把握赢得战争的胜利。因此，两国总的计划，是在战略上进行防御，以争取时间，进一步动员军事经济潜力。在西线，除在阿杜瓦和香槟地区进行一些局部的进攻外，主要是依托这条漫长的防线粉碎德国可能发动的新攻势。英、法两国决定在西线实施战略防御，并要求俄国在东线实施进攻。他们希望通过俄军的进攻吸引大量德军，使之无力在西线发动强大攻势，从而为英、法动员人力物力，增强军事实力创造有利的条件。

沙皇俄国，经济落后，政治腐败、装备陈旧、军官素质低下，但其野心不小。它欣然同意英、法的建议，准备在1915年实施大规模的进攻。

最高统帅部军需官达尼洛夫拟订定了一个作战计划，准备在西南方向进行战略防御；在西北方向实施战略进攻，突入东普鲁士，进击柏林。在讨论作战方案的过程中发生了严重争执：西南方面军司令伊万诺夫将军认为，首先应击败奥军，使奥匈帝国退出战争，然后集中兵力对付德军，即从维也纳，而不是从东普鲁士向柏林挺进。因而他主张西北方向应实施战略防御，西南方向实施战略进攻。与他的主张相反，西北方面军总司令鲁兹斯基将军则支持达尼洛夫的计划，主张在自己的战略方向上实施进攻，在西南方向上进行战略防御。最后，最高统帅部采取了一个折中的办法，一方面对计划草案的基本部分不做修改，另一方面又同意西南方面军攻打奥匈。这就使俄军在 1915 年必须同时对东普鲁士的德军和西南方向上的奥军实施进攻。这种在同一时间在两个方向上实施进攻的战略计划，需要足够的兵力和兵器，俄军两个拳头同时出击，埋下了失败的祸根。

1915 年，第一次世界大战的重心东移，东线成了主战场。2 月，俄国西北方面军同当面德军在东普鲁士进行了大规模的战役，俄军惨败。1 ~ 3 月，俄军西南方面军同当面奥匈联军进行喀尔巴阡战役，俄军进入匈牙利。德军为了稳住奥匈，于 5 月初在俄国战线中部发动了戈尔利采战役，德军取得巨大胜利，但未能迫使俄国退出战争。

沙皇（左坐）和俄军总司令尼古拉大公在研究军情

1915 年 1 月初，德俄双方在东普鲁士集结大量军队，伺机发动进攻。俄军西北方面军根据1915年作战计划，准备以方面军右翼第10集团军和新编第12集团军发动攻势，占领东普鲁士。德军统帅部计划以第10和第8集团军抢先发动攻势，将俄军驱逐出东普鲁士。

德军统帅部对这次进攻战役作了周密的准备。为了保证东线军事行动突然性，德军散布不久将在西线转入攻势的谣言，并于1月12日以3个师的兵力向色当附近的法军实施突然攻击。德皇威廉还亲自视察西线战场，以麻痹俄军，掩护德军在东线的行动。

1月底，德军作战部署就绪。艾布霍恩指挥的第10集团军已在蒂尔西特到因斯特堡一线展开。冯·贝格指挥的第8集团军配置在南面，该集团军以一部分兵力防守马祖里湖一线，同时，在其右翼施皮尔丁格湖和国境线之间配置了1个突击群。在索尔达乌地域建立了加尔维茨的集团军群，其任务是保障第10和第8集团军后方的安全。根据德军统帅部1月28日和2月5日发出的训令，兴登堡计划以第10和第8集团军共计15个步兵师和1.8个骑兵师的兵力向俄军西北方面军的右侧实施纵深迂回，从北面和西面两个方向实施两面包抄，围歼展开在希莱嫩西南170千米长正面上的拥有1.5个步兵师和2.5个骑兵师的俄第10集团军。预定发起进攻的时间为2月7日。

2月7日，德军第8集团军按预定计划在奥古斯图夫方向，对俄军左翼（南翼）发起进攻，在雷克、赖哥罗德地区受到俄军的顽强抵抗，虽进展不大，但从东北方向对俄军的交通线构成了严重威胁，迫使俄军撤往博布尔河一带的阵地上。8日，德军第10集团军向韦尔日博洛沃和苏瓦乌基方向上的俄军右翼（北翼）实施迂回突击。时值严冬降雪时节，德军在深雪中行动困难，进展缓慢。恶劣的天气也麻痹了俄军，没有料到在这大雪纷飞的湖沼水网地带敌军将会发起进攻。

2月14日，德军第10集团军的突击集团迂回至俄军第10集团军的

严寒的天气使许多士兵冻死在东线的战场上

右侧，迫使其第3和第20兵团向东撤退。当俄军第10集团军实施总撤退时，第20兵团处境尤为困难，它既要应付德军第8集团军的正面进攻，又要击退包围其翼侧的德军第10集团军的突击。2月15日，已经几昼夜未得到休息的俄第20兵团前出至奥古斯图夫森林，在极度疲劳的情况下与德军的7个步兵师和2个骑兵师进行激战，歼灭了德军步兵第42师，俘敌1000余人，但是很快被德军巨大的优势兵力包围。俄第20兵团被围后仍坚持战斗达5天之久，多次企图突围未获成功，于21日被歼灭。退往博布尔河一线的俄军第10集团军的部队，经过补充新锐兵力后，在2月21日转入进攻，企图解第20兵团之围，但为时已晚，最后退守本土格罗德诺、奥索维茨、科夫诺要塞的三角地带。此役，德军虽将俄军逐出东普鲁士，但未实现向俄军西北方面军实施纵深迂回，全歼俄第10集团军的企图。

几乎是在奥古斯图夫战役刚刚进入尾声之时，俄军西南方面军发起了喀尔巴阡战役，目的是攻入匈牙利，迫使奥匈帝国退出战争。

俄军最高统帅部在制订1915年作战计划时，准备于年初由西北方面军担任主攻，经东普鲁士对柏林实施主要突击，西南方面军不是主要突击力量，其任务是进行防御。但西南方面军司令伊万诺夫坚持要在西南方向实施主要突击，经维也纳进击柏林，并制订了一个旨在强行通过喀尔巴阡山的战役计划，得到最高统帅部的批准。

1915 年 1 月初，俄军西南方面军右翼各集团军占领沿喀尔巴阡山脉一线，与掩护通往匈牙利平原通道的奥军对峙。担任这次进攻战役主要任务的是由布鲁西洛夫将军指挥的俄军第 8 集团军，该集团军计划以 4 个兵团的兵力，集结在杜克亚—巴利格鲁德地段，向胡门涅方向发起进攻，第 3 集团军左翼的部队从右面保障这次战役的实施。

德军统帅部得知俄军将在喀尔巴阡山发动进攻的情报后，决定对奥提供支援，并准备从喀尔巴阡山向利沃夫和从东普鲁士向南实施向心突击，围歼在波兰的俄军。新成立的南方集团军由 6 个步兵师（其中 3 个德国师）组成，在蒙卡奇、乌日哥罗德地域展开，准备向斯特雷、利沃夫（伦贝格）方向突击。奥军计划以第 5 和第 8 两个集团军的兵力在普热米什尔方向进攻，以解除俄军对该要塞的封锁。德、奥军共集中了 53.5 个步兵师、9.5 个骑兵师、2440 门火炮来对付俄军的 40 个步兵师、8.5 个骑兵师、2980 门火炮。

1 月 22 ~ 24 日，德、奥军转入进攻。一路从乌日哥罗德向桑博尔方向突击，另一路从蒙卡奇向斯特雷方向进攻。与此同时，俄军第 8 集团军也发动了进攻。双方在喀尔巴阡山区发生了多次遭遇战斗。德、奥军队为了实现其包围第 8 集团军左翼，解救被围困在普热米什尔要塞的守军，一次又一次地发动攻势，迫使俄军撤离喀尔巴阡山山前地带，向普鲁特河和德涅斯特河撤退。为了挽回局势，伊万诺夫在 2 月下旬从战线的右翼调来了几个兵团，组成了新的第 9 集团军，阻止了德、奥军队的向前推进。

奥军赶赴前线

3 月中旬，俄军最高统帅部调整了 1915 年作战计划，西北方面军的任务是实施防御，西南方面军的任务是向布达佩斯方向进攻。整个 3 月，在西南方向上战斗频繁。3 月 22 日，俄军集中第 11 集团军的兵力攻克了已被围困达 6 个月之久的普热米什尔，12 万奥匈守军宣布投降，900 门火炮及一大批武器装备落入俄军手中。这一胜利，不仅使奥匈军为解救普热米什尔被围守军而发动的进攻失去意义，而且使俄军能把腾出的第 11 集团军配置在第 8 和第 3 集团军之间，从而改善了这两个集团军的态势。当时，第 8 集团军的主要任务是突破德奥军队的中央防线，粉碎与第 9 集团军作战的敌左翼部队，前出到匈牙利平原。第 3 集团军则以其左翼部队实施进攻，协助第 8 集团军。在对德军南方集团军和奥匈第 3 集团军作战过程中，俄军遇到了激烈的抵抗，只推进了 20 千米，占领了贝斯基迪山脉。为了击退俄军的进攻，德军在 3 月底调来 3 个师，增强了抵抗力量。在喀尔巴阡山的血战中，双方损失巨大。伊万诺夫鉴于俄军在战斗中遭到重大伤亡且又严重缺乏弹药，加之春季道路泥泞、交通阻塞，于4月11日下令停止进攻，转入防御。

喀尔巴阡战役自1月22日至4月24日历时91天，战线长达200千米。交战双方在这次战役中都付出了巨大代价，俄军损失约100万人，德奥军损失约80万人，但都未达成预定的战役目的。德、奥军队企图包围俄军左翼和打破普热米什尔封锁的计划破产，俄军企图入侵匈牙利进逼柏林的计划也成了泡影。对协约国一方来说，喀尔巴阡战役的意义在于把大量的德、奥军吸引到俄国战场，使英、法两国能够在巴尔干半岛和其他地区更加积极地展开军事行动。

喀尔巴阡战役结束不久，在1915年5月2日~6月23日期间，德奥军队为击溃俄军西南方面军和占领加利西亚，又发动了戈尔利采战役。

至1915年4月，德奥军在东线的战略企图未能得逞：在战线的北翼，德军虽在奥古斯图夫战役中击败了俄军，并将其赶出了东普鲁士，但在格罗德诺一线受阻，无法推进；在战线的南翼，俄军攻占了普热米什尔和塔尔诺夫，占领了喀尔巴阡山的许多重要隘口，对匈牙利平原形成了严重威胁。国际局势对德奥日益不利，意大利和罗马尼亚即将倒向协约国一边。正在与协约国作战的土耳其需要德国援助。奥匈军队则强烈要求德军从西线抽调更多的兵力予以支援，否则它将难于支持下去。面对这一严峻的局势，德国决定利用西线较为平稳的局势，加大支援盟国的力度。鉴于以往对俄实施南北两翼包抄的战略未能达成目标，法尔肯海因认为必须改变过去的做法，选择一个决定性的突击方向，发动一次旨在突破俄国战线的正面进攻。

德军统帅部在选择主要突击方向时考虑了3个方案：一是从喀尔巴阡山对俄国战线的南翼实施主要突击，但该处的山地机动困难，难以进行大兵团作战；二是从东普鲁士对俄国战线的北翼实施主要突击，但该处离奥匈帝国较远，无助于解除俄对匈牙利的威胁；三是在俄国战线的中央，即在维斯瓦河和喀尔巴阡山之间实施主要突击，震撼整个俄国军队。在这个方向上如能获胜，不仅可以从根本上缓和奥匈的处境，还可以对意大利和罗马尼亚施加压力，推迟它们参加协约国一边作战的时间，也能声援处境不利的土耳其。同时从军事上看，这一地区北有维斯瓦河、南有别斯基迪河作为天然屏障，德军进攻集团两翼可得到较好的保障。所以德军统帅部经过权衡利弊得失，决定采用这一方案。

战前，德军进行了周密的准备，从西线秘密地调来了 4 个兵团的精锐部队组成第 11 集团军，下辖 10 个步兵师和 1 个骑兵师，由马肯森任司令。约瑟夫·斐迪南大公指挥的奥匈军第 4 集团军下辖 6 个步兵师和 1 个骑兵师，也归马肯森统一指挥。这个强大的兵力集团将担负这次战役的主要任务。奥匈第 3 集团军和沃伊尔什将军指挥的德军集群分别从南面和西北面保障这次战役。德奥军队的任务是：在戈尔利采和格罗姆克地段突破俄军西南方面军的阵地，在萨诺夫以西围歼俄军第 3 集团军，尔后向普热米什尔和利沃夫发展进攻。如进展顺利，则奥匈第 1 集团军向伊万哥罗德进攻，奥匈第 2、第 5 集团军向利沃夫进攻。德奥联军在 35 千米宽的突破地段上集中了 12.6 万步兵和骑兵、457 门轻炮、159 门重炮、260 挺机枪、96 门迫击炮。俄军为 6 万人，141 门轻炮、4 门重炮、100 挺机枪，没有迫击炮。在兵力兵器的对比上，德奥联军占有明显的优势。

为达成战役的突然性，进一步迷惑敌方，德军军官都穿上了奥匈军的制服，德军在伊普雷发动佯攻，装出一副要在西线发动大规模进攻的样子。4 月下旬，又在波罗的海沿岸实施佯攻，企图把俄军统帅部的注意力从加利西亚引向战线的北翼。

5 月 2 日，德军发动了闪电式的进攻，几乎动用了 1000 门火炮，前沿阵地平均每 50 码 1 门，以空前猛烈的轰击，摧毁着喀尔巴阡山到维斯瓦河一线的俄军阵地。德军第 11 集团军主力在左右两翼奥匈军的配合下，在13小时的炮火准备后，开始在戈尔利采和格罗姆克之间实施突破。俄国人对这场突如其来的打击缺乏准备，敌人强大炮火摧毁了俄军的防御设施，并于当日突破了对方的防线。俄国第3集团军是这次突然打击的重点对象。到5月4日，该集团军几乎被歼灭，德国的突破取得成功，俄军在优势敌人的攻击下被迫后撤。德军乘胜前进，马肯森在随后的两周内向前推进了约100英里，成千上万名俄国俘虏被赶进了俘虏营。整个俄国战线土崩瓦解，俄军被迫放弃了费尽九牛二虎之力才得以攻克并且只坚守了很短时间的喀尔巴阡山脊，加里西亚大部分地区被德奥军队占领。

到6月底，经过奥古斯图夫战役、喀尔巴阡战役和戈尔利采战役，交战双方形成了一条从波罗的海沿岸，沿涅曼河、维斯瓦河、德涅斯特河，一直延伸到罗马尼亚边境的战线。战线中段面向德奥军呈弧形，在弧形区域内包括中部地区驻有俄重兵集团。为了完全消灭这个波兰突出部，马肯森从南面，兴登堡所属的第20集团军从北面发起一场夹攻，俄军的退却在8月份加速进行，大群大群的受惊难民逃跑于前，拖着沉重步伐的士兵紧跟于后。8月4日，华沙落入德军之手，月底布列斯特—里托夫斯克要塞落入德军之手。北面的兴登堡攻占维尔纳，挺进到里加郊区。到9月底，当同盟国停下来准备过冬时，波兰突出部已被完全拔除，加里西亚已经被德军占领，俄军对匈牙利平原的

德国民众迫切地阅读来自前线的战报

威胁不复存在。东线大体上成了一条600英里长的直线：南起德涅斯特河和罗马尼亚边境，北边穿过普里皮亚特沼泽直到德维纳河。

这是一场大失败，几十万俄军遭到伤亡，或被囚于德国或奥匈的俘虏营。东线俄军最高统帅尼古拉大公被撤职，沙皇亲自担任最高统帅，以阿列克塞耶夫为参谋长。但是，这位沙皇对军务感到厌烦，把处理军务的时间限制在每天1小时。俄国仍在战斗，但沙皇来日已经不多了。

1915年德国将战略重心转到东线，导致这一年成为俄国在第一次世界大战中损失最为惨重的一年。俄军全部损失超过200万人，比德奥两军损失的总数多出1倍。战线大幅度东移，普热米什尔、莱姆堡、伊万哥罗德、华沙、布列斯特、格罗德诺和维尔诺相继沦陷，波兰、立陶宛、里加以西的土地和沃伦地区先后落入敌手。俄军失败的原因，首先是由于沙俄政治制度及其政治体制的腐败。厌烦军务的沙皇尼古拉二世，听命于皇后，而皇后则受制于企图与德国媾和的权奸、酒徒和色鬼拉斯普庭。陆军大臣苏霍林诺夫甚至和德国间谍勾结，破坏前线的弹药供应。这些亲德分子还把军事秘密泄露给德军，使其能及时掌握俄军动向，并采取相应措施。俄国工业落后，军工生产远远不能满足前线作战的需要。弹药匮乏。1915年炮弹的年产量为1220万发，而按要求，每月须消耗近300万发，这导致一些作战部队每门火炮每天只分配到1～2发炮弹。前线每月需要补充步枪6万支，但各兵工厂只能供给4万支，大量士兵没有步枪，只能依靠用从阵亡者身上取下来的武器进行战斗。服装与药品严重缺乏，士兵负伤三五天后还得简单的包扎。这样的情况，要求前线的部队打胜仗是不可能的。

对于同盟国来说，1915年东线历次战役取得的胜利并未决定大局。德国人挽救了他们的奥匈盟友，赢得了多次辉煌的胜利，但是德国人迫使俄国退出战争或求和的目的没有达到，尽管法尔肯海因一再吹嘘德国已经实现自己的战略意图，俄国已遭到“足够”的损失，可实际上并非如此，他们仍然陷于两线作战的困境之中而难以自拔。

毫无意义的屠杀

在西线，1915 年是相持不下和陷于僵局的一年，也是对不断加强的堑壕体系、铁丝网和野战工事进行猛烈而无效冲击的一年。处于战略防御态势的德国人，在从瑞士到大海一线的堑壕里，部署了 100 个师近 200 万军队，面对着英国 37 个师、法国 107 个师约达 300 万人的协约国士兵。双方的基本兵力部署在佛兰德及香槟、阿尔贡和圣米耶尔突出部地域。

在从佛兰德至瑞士边境建立起漫长而绵亘的阵地战线以后，交战双方都在为巩固防御阵地而努力。双方都着重构筑第一阵地，它的构成为 2~3 条彼此间隔为 100 ~ 150 米的堑壕线，其正面，有时甚至翼侧都围有铁丝网。阵地上构筑有避弹所、掩蔽部、机枪和火炮发射点。掩体之间由纵横密布的交通壕相连接。阵地的个别地段筑成环形防御。在可能遭到敌人攻击的主要方向上构筑了第二阵地。在深远后方构筑了筑垒兵营。筑垒兵营设置在巴黎、亚眠以及其他一些城市和要塞周围，后方防御地带则构筑在瓦兹河、乌尔克河、埃纳河、索姆河和其他一些河流的沿岸。

协约国没有最高统帅，也没有协调一致的战略。经过商议，协约国确定的作战计划是：在 1915 年春天对德军突出部实施两个有力突击，一个是法国第 4 集团军对香槟突击，一个是法国第 10 集团军和英国第 1 集团军对阿图瓦的突击。突击的目的在于突破德军的阵地防御并为协约国的总进攻创造条件。为了协助主要方向上各集团军取得胜利，应进行引诱突击，第 1 集团军在圣米耶尔地域，第 3 集团军在阿尔贡地域，第 5 集团军在兰斯地域，英国第 2 集团军在伊普雷附近。后因兵力和弹药不足，决定推迟对阿图瓦的突击，改为先以法第 4 和第 1 集团军在香槟和韦夫尔谷地发起进攻。

1915年2月16日～3月16日，法军发起香槟战役。这次战役的目的，是以新锐兵力突破德军防御，迫使德军向德法边境退却。为此，法军抽调了第4集团军4个兵团以及3个预备队兵团，共16.3万名步兵和骑兵、轻型火炮879门、重型火炮110门，用于实施这次战役。当面的德军为第3集团军，共8.5万名步兵和骑兵，轻型火炮384门、重型火炮76门。

2月16日，法军以10个师的兵力对香槟德守军4个师实施猛烈攻击，突破了德军宽12千米、深约1千米的防线，当继续向纵深发展进攻时，遭到德军第二阵地部队的反击，前进受阻。至2月底，德军又调来了几个师，双方兵力势均力敌。法军进攻部队精疲力竭，被迫停止进攻。此战，法国人损失了9万余人，德军同样是尸横遍野。在法国人发动进攻时，英国第1集团军于3月10～13日在内夫一夏佩尔实施了一次有限的突袭，在3个小时内向前推进了1000码，代价是损失了1.3万人。

接下来是4月6～24日的韦夫尔会战。这是法国第1集团军对凡尔登以东圣米耶尔突出部实施的一次攻击。结果同样甚微，而损失巨大，法军共伤亡6.5万人。

4月22日～5月25日，德军为报复英法联军在香槟地区的进攻，并掩护部分军队调往东线，在低洼的佛兰德平原突然发动了第二次伊普雷战役，首次在战争中大规模使用毒气，结果导致英法联军1.5万人中毒，其中5000人死亡，5000人被俘。英法联军防线上出现了一条宽10千米、纵深7千米无人防守的地带。但是，由于天色漆黑，德军对自己使用毒气也怀有某种恐惧，因而没有乘虚而入，这个缺口被英军预备队填补。到25日会战结束时，英军伤亡6万人，法军伤亡1万人，德军的损失为英法联军的一半。

5月9～26日、5月9日～6月30日，英军和法军分别在费斯蒂贝尔和苏谢实施局部进攻战役。在战役中，英军没有吸取血的教训，还是跳出堑壕，以整齐而密集的队形投入进攻，并以同样的方式战死，就像长柄镰刀割草那样被子弹扫倒。最后英军取得的战果为零，而伤亡是10万人。法军在苏谢的进攻同样未能达到预期的目的。

德军化学师在制造毒气

协约国军经过夏季休整，于9月25日从阿图瓦和香槟同起攻击。法国第2、第4集团军在香槟攻击，法国第10集团军和英国第1集团军在阿图瓦攻击，其目的是突破敌人的防御，为协约国在总攻过程中合围和歼灭法国北部各省的德军创造条件。

在香槟方向上，法军以第4、第2集团军共32个步兵师和5个骑兵师，在正面约40千米的地段上担任主攻，以第3集团军在马恩河右岸策应。9月22～25日，协约国进行了长达3天的炮火准备，发射约300万发炮弹，连续不断的炮击，摧毁了铁丝网障碍，破坏了掩体、交通壕。德国第3集团军的第一阵地遭到严重破坏。在火炮对第一道和第二道掩体进行猛烈射击之后，法国两个集团军于25日9时15分发起攻击，第一梯队18个师，第2梯队8个师，担任预备队的是几个骑兵兵团。开头几小时的战果似乎很大，突破了几道堑壕，但第2梯队行动迟缓，法军未能保持连续进攻势头。当天夜晚，德军第3集团军得到加强，并于第二天击退了法军的进攻。9月28日和29日，法军继续向敌人第二阵地发起攻击，但未获效果，伤亡很大。到10月7日，法军的进攻停止了。法军这次进攻，伤亡达15万人。

在阿图瓦方向，法军第10集团军和英军第1集团军共27个步兵师，

3 个骑兵师。它的对手是德军第 6 集团军，辖有 13.5 个步兵师。英法联军从 9 月 20 日起向阿图瓦地区实施了为时 5 天的炮火准备，9 月 25 日 6 时 30 分，英军第 1 集团军发起攻击。在进攻前 40 分钟施放了毒气和烟幕。法军第 10 集团军于同日 12 时 25 分开始进攻。联军乘德军混乱之际，突破并占领正面为 72 千米，纵深约 6 千米的地域。但联军未能利用这一有利时机扩大战果，德守军很快由原来的 13 个师增至 25 个师，并夺回失去的阵地。联军损兵 10 万，被迫于 10 月 15 日停止战斗。

在香槟和阿图瓦战役中，英法联军伤亡惨重，损失 25 万人，德军损失 14 万人。这次战役结束后，西线战场逐渐平静下来。

综观 1915 年的战况，交战双方在西线的损失都很巨大：英法联军损失近 160 万人，德军损失为 60 余万人。双方付出如此巨大的代价，但却几乎没有改变从北海到瑞士的这条战线。因此，一些人认为，这是一场毫无意义的“屠杀”，是一种“最残忍的愚行”。但霞飞和弗伦奇则认为，战争也只能是这样一种打法。协约国军队的损失虽然远远超过了德军，但却赢得了时间，而时间的因素对协约国是有利的，战争拖得愈久，他们的优势资源也就愈能发挥作用。

丘吉尔“外围战略”算盘打错

1915 年 1 月初，英、法两国要求俄国在东线采取更加积极的行动，以缓解德军在西线给两国带来的沉重压力。俄国答应了他们的要求，但提出了一个附加条件，即英、法必须在达达尼尔海峡采取大规模的军事行动，以便将土耳其的一部分兵力从高加索战线引开。俄国的这一要求与英国某些人的主张不谋而合，他们早就想抢在俄国人之先夺占达达尼尔海峡和君士坦丁堡。

当西线陷入僵局，指挥官束手无策的时候，一些人对西线的阵地战提出了质疑。英国的海军大臣丘吉尔在 1914 年圣诞节前夕就提出自己的

协约国军队在加里波利登陆

困惑："难道除了把我们的军队送去啃佛兰德的带刺铁丝网以外，就没有其他办法吗？"火性子的海军参谋长费希尔也认为不能死守着这条战线不放，应该采取一种"外围战略"。于是，动用强大的海军，突破达达尼尔海峡，另辟新的战场的想法在许多人的头脑中滋长蔓延，海军大臣丘吉尔是这一想法的最一贯也是最有名气的倡导者。对于协约国而言，占领达达尼尔海峡，将是世界上最高的奖赏。就连德国海军大臣也承认："如果达达尼尔海峡失守，那么我们就在这次世界大战中输定了。"

如果攻克达达尼尔海峡，协约国将处于迂回包围德奥的内线地位，建立一条巴尔干战线，援助塞尔维亚，奥匈帝国或许会崩溃。也就是说，"只有对中欧的软下腹部作这样的攻击，才能决定战争的胜负"。持这种想法的人还认为，要想打赢这场战争，关键还在于能对俄国提供足够的装备。

占领达达尼尔海峡，就可以建立一条经由黑海到俄国的可靠的补给线，并最终迫使土耳其退出战争；由黑海运往俄国。此外，如果能控制达达尼尔海峡，占领君士坦丁堡，就可以将中东拉入英国的势力范围。在丘吉尔提出这一想法之初，赞成的人并不是很多。英国外交大臣害怕这样做会使当时尚处于中立的土耳其倒向德国，因而强烈表示反对。费希尔虽然主张"外围战略"，但他的主张是从波罗的海沿岸登陆去支援俄军，因而也不同意丘吉尔大胆的设想。陆军大臣基钦纳在开始也全力反对，他认为不应当把英法的兵力分散到其他战场，而应全力扼守西线，防止德国发动新的进攻。直到 1915 年 1 月上旬，英国驻俄大使转来尼古拉大公的请求，并说明高加索的俄军已处于危急状态时，费希尔等人才开始支持丘吉尔的意见。1 月 13 日，丘吉尔在内阁会议上正式提出了他的计划，并指出，进攻若无进展，则炮击可以停止，舰队也可以撤回。丘吉尔的计划终于获得了通过。

该战役计划规定，英法联合舰队强行通过达达尼尔海峡，然后突击君士坦丁堡。英国和法国认为土耳其的防御不堪一击，根本不需动用陆军，只要一支船队就能达成战役目的。英、法两国计划参战的兵力有战列舰 11 艘、战列巡洋舰 1 艘、轻巡洋舰 4 艘、驱逐舰以及其他的一些舰艇共 62 艘，由卡登将军担任指挥。2 月中旬，德、土指挥部在发现英法联军的企图后，将第 1、第 2 集团军约 20 万人的部队调集到海峡地区，加强了该地区的防御。

从该战役的过程看，可分两个阶段：从 1915 年 2 月 19 日至 3 月 18 日为第一阶段。在这一阶段，英、法舰队在没有陆军的参加下，力图强行通过达达尼尔海峡；从 1915 年 4 月 25 日至 1916 年 1 月 9 日，为第二阶段，登陆部队在加利波利半岛作战，企图从陆上占领海峡两岸的土军防御工事，保障舰队进入马尔马拉海。

1915年2月19日晨，英、法军舰驶进达达尼尔海峡的入口处，炮击海峡的炮台。但一天的盲目的射击，只摧毁了两门守军火炮。随后恶劣的天气，迫使英法联军进攻中断。25日，天气好转，英法联军恢复炮击，压制住了守军火力。但当联军开始登陆时，遭到了隐蔽在悬崖后面防御阵地内的土耳其军队的猛烈反击，登陆部队死伤惨重，登陆被击退。3月11日，英法联军指挥官卡登患病，将指挥权交给了他的助手罗比克海军中将。3月18日，16艘英法军舰发起总攻，企图强行通过达达尼尔海峡，遭到土耳其海岸炮兵猛烈轰击，联军3艘战舰误入雷区被炸沉，3艘受重创，罗比克见势头不对，只得下令撤退。

英法联军不甘心失败，决心将达达尼尔海峡战役继续进行下去。他们决定派陆军在加利波利半岛登陆，从背后肃清海峡的守军，使海军能够顺利通过海峡，进入马尔马拉海。担负这次登陆作战任务的是一支临时拼凑的部队，其中，英军1个步兵师、法军1个步兵师，澳大利亚和新西兰1个兵团，英国陆战队3个旅和希腊的一些志愿军，共计8.1万人，由英国的伊恩·汉密尔顿将军指挥，预定在几个地域同时登陆，由舰队进行火力支援。

土耳其军队在击退英、法海军对达达尼尔海峡的进攻后，就预料到英国和法国人将会使用陆军部队在加利波利半岛登陆。指挥土军实施防御的德国将军赞德尔斯将第5集团军的2个师约2万人配置在土耳其的亚洲部分，集团军的其余兵力4万人配置在土耳其的欧洲部分。同时，在敌军可能登陆的滩头构筑各种防御工事。

4月25日晨，联军的登陆部队在强大的炮火支援下开始登陆，占领了加利波利半岛上的一些滩头阵地。土军进行了顽强抵抗，仅头两天的战斗就使登陆部队付出了伤亡1.8万人的代价。至5月20日，双方进行了多次激战，死伤惨重，联军一方损失将近30%的参战兵力，不得不暂时停止进攻。5月中、下旬，英国3艘战列舰相继被击沉，为避免更大的损失，英国舰队撤离战场，留下了一支没有海军支援的登陆部队在那里苦战。

加利波利作战的一再失利，导致费希尔海军上将辞去了海军参谋长的职务。这次战役的始作俑者丘吉尔也被免职，不再参与军事工作，英国政府骑虎难下，如果从加利波利撤退，大英帝国的声望将遭到打击，因此，虽然这次战役的发起者丘吉尔已经挂冠而去，但仍决定将这场战役继续进行下去。

8月6日夜，联军开始在苏夫拉湾登陆，两天以后已有1万人上岸，后续部队也相继登陆。土军第5集团军不断实施反击，阻止联军进攻，联军进展缓慢。10月，汉密尔顿被召回国，门罗将军接过他的指挥棒。由于敌人火力和恶劣的自然条件造成的伤亡不断增加，此战在英国内部引起了争论。在陆军大臣基钦纳视察加利波利后，英国人决定撤退。从12月开始，联军分阶段撤退。具有讽刺意味的是，英国人进行的这次撤退，比战役的其他任何阶段都更为出色，到1916年1月9日，撤退顺利完成，撤退过程中没有造成一人伤亡，堪称完美。因此，英国评论家认为，这是“整个战役中唯一的一次成功行动”。

无论怎么说，此战是一场大失败。协约国方面有近50万人参战，伤亡达25万余人。在约50万人的土耳其军队中，有25万人阵亡、负伤、失踪、病死。作为第一次世界大战中规模最大的一次陆海军联合作战，协约国方面失利的主要原因，是由于轻敌和准备不足。英国过高估计自已舰队的力量，而对土耳其的防御能力不屑一顾，以为只要英、法舰队一出现，土耳其军队就会望风而逃，“海峡的炮台将会像耶利哥城墙一样，随着最后审判日的口号而坍塌”。因此，在战役的第一阶段，没组织强大的陆军配合作战，以为只要海军出动，就会马到成功。在战役的第二阶段，

保加利亚人在战斗

虽然动用了陆军，但缺乏周密的准备，既没有完整的作战计划，联军之间又缺乏统一的指挥，其最终失败乃势所必然。

综观1915年的战局，战争范围进一步扩大，意大利加入协约国一方，出兵进攻奥匈帝国，开辟了意奥战场。保加利亚加入同盟国一方，协同德奥攻占塞尔维亚，英法联军在萨洛尼卡登陆，企图援助塞尔维亚。不仅参战的国家增多，投入战场的军队也数量剧增，战线拉得更长。主要战场仍在东线和西线，战争的重心由西线移到了东线。在德军的进攻面前，俄国的战线向后推移了200～300千米，失去了加利西亚、波兰、立陶宛大片土地，但德国彻底击败俄国或迫使其议和的企图未能实现，仍不得不在两条战线上作战。

由于战争重心的东移，英、法两国压力顿减，得到了难得的喘息机会。它们进一步动员了本国的经济潜力，征召了数百万军队，并在香槟、韦夫尔谷地、阿图瓦等地发动了局部进攻，但未取得明显战果，西线仍陷于阵地战的僵局之中，日复一日地消耗着无尽的物资和生命。

3

血沃荒原

1916年，战争的钟摆又从东线摆回到了西线。

协约国计划协同

在过去的1915年，虽然战争一如既往的惨烈，但并没有给任何一方带来真正的胜利。协约国集团在西线调整部署，进行局部进攻，屡次突击，付出了巨大牺牲，却进展不大，最多是把某些地区的战壕向前推进了几百米，或夺取几个高地。由于这些无谓的战斗，缠住了英法等协约国的几百万军队，妨碍了其他行动，致使英国远征达达尼尔海峡的行动也遭到失败，被迫撤退。在战争的头两年里，协约国之间几乎没有战略协同，它们之间尽管结成了联盟，但彼此之间长期存在着利益冲突和猜疑，因而难以真正同舟共济、齐心协力地对付德奥同盟国。无数的鲜血使协约国感到，这种状况迫切需要改变，必须用协调一致的战略计划和统一领导来对付德奥，否则扭转不了战局。

1915年12月6～9日，协约国在尚蒂伊召开了各国参加的军事会议，法国、英国、比利时、意大利、俄国以及日本等国的军事代表首次会聚一堂，共同讨论1916年的战略行动计划。

作为东道主的霞飞主持了会议，他认为，实力是行动的基础。经过一年的努力，协约国在技术兵器的生产和人力资源的动员方面已大大向前迈进了一步。他们的重炮和机枪生产已与德国持平，而且很快就要超过德国；在兵员上，各国的总数将达到1800万人，而德奥最多达到900万人。所以，他认为，在下一年，协约国的方针应该是进攻！具体来说，应该由俄国和意大利首先在东线和南线发动攻势，在战略上牵制德奥军队，然后由英法军队在西线大规模出击，一举歼灭西线的德军，从而彻底改变战局。

与会代表讨论了霞飞代表法国所提出的作战计划，研究了关于盟军态势问题和向本国政府提出有关进行联盟战争的经济与政治措施建议等问题。会上通过了协约国1916年作战计划，决定在俄、法、意三个主要战区内展开军事行动，盟军各部队应协调一致，通过各自的努力钳制敌军，并以本国的兵力阻止德军前进。法国代表霞飞曾提议在法军大本营下设盟军军事行动指挥机构，但没有被通过。俄国代表团团长吉林斯基也曾提出一个较为具体的统一行动计划，主张俄、英、法、意的军队应对同盟国最薄弱的环节巴尔干的保加利亚和奥匈实施突击，向布达佩斯方向推进，促使中立国希腊和罗马尼亚倒向己方，最后将德军压挤和合围在欧洲战区。但是，英、法认为法国战区具有头等重要意义，不同意任何分散该地区兵力的做法，因此吉林斯基的计划没有被接受。

这次会议以后，法军统帅部在1916年2月15日的两份备忘录中对协约国军发动进攻战役的时间作了说明，主张7月1日以前在不同时间内开始进攻。俄军和意军应先开始行动，将尽可能多的德军从法国战场引开，然后英、法军队发起进攻，歼灭法国战场上的德军。俄军统帅部不同意把进攻的时间拖延到1916年夏季和按不同时间发起战役，它建议于1916年春季在各国军队做好充分准备后即开始实施，但这一建议未被采纳。由于在何时开始进攻问题上未能达成一致意见，大家决定于3月在这里再召开一次会议，具体确定各国发起进攻的时间。

1916年3月20日，在尚蒂伊召开了第三次军事会议，经过充分协商，最终通过了1916年作战计划，决定从6月15日起，俄军应在西南战线，意军在伦巴第发起进攻，英、法军则从7月1日起在索姆河地区发起进攻。

法尔肯海因妄图在凡尔登碾碎敌人

当协约国在紧锣密鼓制订1916年的作战计划时，德国人也没有闲着。

德军新任总参谋长法尔肯海因对西线的僵局早就苦恼万分。在德国高层决策者中，他被人们称作是“眼睛一直盯着西线的人”。过去的1915年，德军在西线采取守势，本想趁机在东线一举击败俄军，迫使其单独媾和，然后再挥师西线，集中力量击败英法军队。但是，英法军队在西线的局部进攻虽然效果不大，却大大牵制了德军的力量，使德军在东线始终无法得到足够的兵力给俄军以致命打击。而且俄国幅员广大，气候寒冷，交通不便，进攻俄国很可能重蹈当年拿破仑的覆辙。东线与西线，只能选其一。

就在这时，他得到了情报，协约国将于1916年同时在西线、东线、南线对德军发动大规模攻势。这使他更加坚定了在西线首先打败英法的决心，而且必须抢在协约国的前面，先下手为强。

1915年圣诞节，德军参谋总长法尔肯海因给德皇威廉二世呈交了一份全年战况报告。他在这份报告中指出："俄国的攻击力量已经崩溃，塞尔维亚陆军已被歼灭，意大利人已经自知不能达到他们的目的。"在盘点了德国现有兵力后，估计德国尚有26个师可供自由运用。在兵力兵器有限的形势下，如果继续驱军深入幅员辽阔、交通不发达的俄国，将大量的军队放在东线，就无法抵挡西线英、法军队可能发动的大规模进攻。因此，他极力主张将战争的重心重新转移到西线，在东线只要保持一定数量的兵力就行了，因为俄国"政局不稳"、俄军已受重创，很难在短期内发动攻势。

法尔肯海因早就认定英国是主要敌人。英国凭着丰富的资源，迫使德国进行消耗战，并以强大的海军实施海上封锁，使德国经济遭遇巨大困难。但要打垮英国，没有强大的海军是不可能的，就是要打败在法国领土的英军也有很大困难。因为英军防守的法国西部沼泽地区春季不可能进行大规模进攻战役，而等到夏季来临，就意味着把主动权让给英、法军队。法国是英国的主要盟友，是英国人手中的一把"利剑"，然而它所集中的兵力已达极限，如果乘德军统帅部尚有26个预备队师可供集中使用时对法国进行一次强有力的攻击，就可使它"因流血过多"而瘫痪。法国一屈服，英国也就容易对付了。法尔肯海因认为，要在整个法国战线上大举进攻，兵力是不够的，必须选择一个能置法国于死地的进攻目标。这样的目标有两个，即贝耳福和凡尔登。

在经过左右权衡后，他将目光放在了凡尔登，因为这个地方是德国在西线的突出部，距离支援德军的主要铁路线只有 20 千米，对德军有很大的威胁。凡尔登是法国东北部的军事重镇和最大的要塞，是法国战线东翼的支点，对于法国具有重要的政治意义和军事意义。巴黎的西北入口，有“巴黎锁钥”“法国东方的门户”之称。如果德军攻占这座著名的要塞，不仅会破坏法国的防御体系，打开通向法国巴黎和法军主要有生力量集团的大门，而且将给法国以沉重打击，其民心士气将一落千丈。所以法国不会轻易放弃这座要塞，必将投入全部力量加以固守。这样，德军就可以把凡尔登作为“磨盘”，把法军“碾碎”。至于是否必须攻占凡尔登，这在法尔肯海因看来并不太重要，关键在于利用这个“磨盘”，让“法国由于流血过多而死亡”。

在德军的作战会议上，一些德军将领对选择凡尔登要塞作为攻击目标表示反对。他们认为，凡尔登要塞依山而建，俯瞰马斯河上游，炮台环列，防御工事复杂而坚固，居高临下，易守难攻。而法军为保卫它，肯定会投入全部力量，德军取得胜利的把握不大。法尔肯海因对这种意见不以为然，他自信地叫道：“我们的方针就是要以猛烈的火力进攻凡尔登，把法军的精锐部队全部吸引过来，这样才能给他们以歼灭性的打击。我要使凡尔登成为碾碎法军的磨盘，这样才能争取西线的胜利。”1915 年年底，德皇批准了法尔肯海因的作战计划。

在拟订 1916 年作战计划时，奥军总参谋部曾提议德奥共同进攻意大利，并希望德国派出 9 个师的兵力，以实施一次强大的进攻，把伊松河地区的意军一网打尽。法尔肯海因认为，要发动一次能够打败意大利的进攻战，德国投入 9 个师的兵力是不够的，需要 25 个师。投入这么多的兵力用于对付意大利，即使最后击败了意大利，也是得不偿失，这样的事德国不能干，因为这与德国在西线进行战略决战的目标背道而驰。因此，德国不仅没有答应奥匈帝国的请求，反而要求自己的盟友从战争全局需要出发，守住自己的防区，尽可能多地牵制俄国。奥匈也有自己的小算盘，在得不到德国支持的情况下，打算单独对意大利实施进攻战役。

为了进攻凡尔登，德军从 1915 年冬就开始着手准备，抽调了西线战场上装备最好、久经沙场的 10 个师共 27 万人。法尔肯海因还准备采用新的战术，即以强大的炮火摧毁敌人的阵地和绝大部分人员装备，然后以步兵实行占领。他从俄国前线、巴尔干半岛和克虏伯兵工厂调集了大量的火炮运到凡尔登前线。这些火炮有 1400 门，其中有 600 余门重炮，包括 420 毫米的榴弹炮。此外，德国还摆放了 542 个掷雷器，它发射装有 100 多磅高爆炸药和金属碎片的榴霰弹，对人员杀伤效果明显。另一种可怕的武器是 130 毫米的高速炮，它能以步枪子弹的速度发射同口径的榴霰弹。法尔肯海因打算以战争史上前所未有的炮击，彻底摧毁法军

德军向凡尔登发起攻击

的防御体系，粉碎法军的反攻。德国总参谋部在一份报告中预言："单是火炮就可以夺取地面，在狭窄的地面实施进攻的步兵不过是巩固和占领而已，进攻和迅速夺取凡尔登的决策是基于重炮和特大火炮的已被证明的威力。"

在进攻部署上，法尔肯海因任命皇储威廉皇太子指挥的第5集团军担负主要突击任务，并由他亲自检查德军的战役准备。这项任命，实际上表现出德军对此役的盲目乐观。因为此役获胜，则皇太子将会一战成名，不但德皇脸上有光，而且法尔肯海因也会得到奖赏，这对于巩固他的地位并得到进一步的重用无疑是大有好处的。

1916年1月，德军进入了紧张的战前准备阶段。为了保证战役的胜利，法尔肯海因又将另外3个兵团的兵力转交给皇太子指挥。到2月中旬，一切准备就绪。为了达成战役的突然性，实现一举歼灭大量法军的战略目标，德军统帅部命令西线部队全部处于戒备状态，并用相当多的兵力进行佯动，以转移法军的注意力。德军的参战部队、炮兵的集中与展开、工程作业都是隐蔽地进行的。在主要突击方向上共有火炮850门，平均每1千米的突破正面有62门火炮和15门迫击炮，另有168架作战飞机。德军在主要突击方向上的兵力，比敌人多3倍，火炮也多出3倍以上。

磨盘成了"绞肉机"

凡尔登战役从1916年2月21日开始至12月18日结束，历时近10个月。大致可分为两个阶段，由于判断失误，没有料到德军在这一方向发动大规模进攻，因此，战役初始，在突然而巨大的打击面前，法军举止失措，德军取得了一些进展。在震惊过后，法国人表现出了顽强的斗志和毅力，顶住了德国人疯狂而猛烈的进攻。到4月初，经过70余天的激战，德军总共才前进了1～6千米，而且越往后来，受到的阻力越大。同时，战役发起之初他们在兵力上的优势，随着时间的流逝已荡然无存。

与之相反，协约国方面逐渐在力量上占了上风。法国有英国大兵的支持，有俄军在东线的配合，而德军连续作战，难以替补，疲惫不堪。无情的现实已证明德国人企图用速决战夺取凡尔登的计划破产了，但法尔肯海因无视这个残酷的事实，他如同输红了眼的赌徒，固执地决定用逐步进攻的方法继续打下去。他说："为了威望，必须拿下凡尔登。"此时，德军情报部门已经获悉，英法军队将在索姆河地区发动攻势，这对于在凡尔登苦战数月而战果甚微的德军来说，更是雪上加霜。唯一的办法，就是拼尽全力，尽快结束凡尔登战役。同时，通过加紧进攻凡尔登，最大限度地消耗和牵制协约国的兵力，拖延英法军队发动新战役的时间。但是，法尔肯海因的希望落空了，到 6 月底，德军无力再向前推进，根本无法完成德皇在 6 月 15 日之前占领凡尔登的命令。

7 月 1 日，凡尔登战役进入新阶段。英法军队在索姆河发起进攻，俄国也在西南战线发起大规模战役。协约国的联合军事行动，顿时让德军兵力捉襟见肘，顾此失彼，不得不从凡尔登前线抽调兵力，一部分调往俄国前线，一部分调往索姆河。仅从 7 月 2 ~ 12 日，就有 2 个步兵师和 52 个重炮连及 9 个轻炮连从凡尔登调往索姆河。这样，德军再也无力在凡尔登地区发动任何攻势了。德军攻占凡尔登，并在此歼灭法军主力的企图彻底破产了。恼怒的德皇撤掉了法尔肯海因的职务，由兴登堡接任德军总参谋长。从 8 月开始，轮到法军大干了。9 月 2 日，德军统帅部正式下令停止在凡尔登地区的进攻，从一些付出了巨大代价占领的要塞中撤出。法军乘机发动反攻，夺回了大部分失地。12 月 18 日，法军停止进攻，历时 10 个月之久的凡尔登战役正式结束。

凡尔登战役是第一次世界大战中历时时间最长、规模最大的战役，有"大战中之大战"之称。双方投入了近 120 个师的兵力，消耗了大量物资，仅枪弹一项，双方就消耗了 4000 万发。德军在战役发起的第一天，就消耗了 2000 万发炮弹，平均每小时 10 万发。法军仅从 2 月 25 日至 6 月 15 日，共消耗 1450 万发炮弹。这场战役是一场典型的阵地战、消耗战。双方参战兵力众多，伤亡十分惨重。在正面为 15 ～ 30 千米、纵深只有 7 ～ 10 千米的战场上，双方投入了 150 万的军队，其中法军 69 个师，德军 50 个师，厮杀的结果，经过 10 个月的厮杀，近 100 万人在这里阵亡、负伤、被俘和失踪。因此，这个战场被法尔肯海因称为“绞肉机”和“磨坊”，可谓是实至名归，当之无愧。从一定意义上说，法尔肯海因达到了目的，因为凡尔登战役吸引了法军的绝大部分力量，消耗掉了法国陆军中最优秀的士兵，但德军的代价更大，付出了近 60 万人的伤亡，而且他们损失的精锐部队是无法补充的。

协约国军队的伤兵救助站

德军在此役中的失败，主要是由于协约国军队在兵力方面占有总体优势，因此德军虽然在进攻开始阶段取得了一定进展，但随着时间的推移，德军在兵力上的劣势越来越明显。凡尔登战役是第一次世界大战中最有决定性的一次战役，德军遭到无法弥补的人力和物力的巨大损失，在多条战线上作战的困境日益加重。同时，德军的士气也从此大为低落，战斗力日益下降，国内反战浪潮开始出现，统治阶级内部矛盾加剧，逐渐滑入内外交困的泥潭之中，协约国逐渐掌握了战争的主动权。因此，凡尔登战役成为第一次世界大战的转折点。正如毛泽东所指出的那样，“在 1916 年，德军曾向法国要塞凡尔登举行数度的进攻。当时德军的战役统帅是德国皇太子，投入战斗的力量是德军的最精锐部分。当时的战斗是带决战性的。德军猛攻不克，整个德奥土保阵线再也找不到出路，从此日益困难，众叛亲离，土崩瓦解，走到了最后的崩溃”。

索姆河成为恐怖、流血、死亡的代名词

有些人认为，法国在凡尔登的胜利是被索姆河战役拯救的。从某种意义上讲，这种说法有其一定的道理。

1916 年 7 月，就在凡尔登城下的浴血厮杀进入白热化的时候，巴黎西北的索姆河两岸又燃起战火，英法军队向德军发动了大规模进攻，这就是持续 4 个月之久、惨烈程度甚于凡尔登的索姆河战役。

在索姆河发动大规模攻势，是协约国集团预定的 1916 年战略进攻计划的一部分。在 1915 年 12 月的尚蒂伊会议上，霞飞就与英军指挥官黑格爵士商定，由法国的 3 个集团军和英国的 2 个集团军在索姆河两岸实施大规模的战略进攻，力争打破西线的僵持局面，为日后转入运动战创造条件。他们最初制订的索姆河战役计划，目标是彻底突破德军的防线，取得在西线的决定性胜利。但他们没有料到，德军也有相似的企图，而且动作更快，所不同的是德军的突破点选在了凡尔登。德军突如其来的进攻，打乱了英法军队的部署，大量的法军预备队被用到了凡尔登方向，惨重的伤亡和德军一天紧似一天的进攻使法军疲于奔命，根本无法进行索姆河战役的准备。

在这种情况下，英法两国不得不对原定的索姆河战役计划进行修改，将原计划中的突破正面由 70 千米缩小为 40 千米，参战兵力由 64 个师减少到 39 个师，其中法军的兵力减少了 64%，突破地段压缩为 15 千米。他们最后确定的进攻阵容是：英军方面由第 3、第 4 集团军参战，共 25 个步兵师；法军方面是第 6 集团军共 14 个步兵师。战役的主要突击力量也由法军改为英军第 4 集团军担任，其所辖的 5 个兵团成一线展开，主

英国榴弹炮厂的女工正在加班加点地工作

要任务是突破德军索姆河以北的第4和第6集团军的防御，预备队由2个步兵师和3个骑兵师组成；法军共分两个梯队，主要任务是沿索姆河以南向东突破，然后向北协助英军第4集团军行动，向康布雷方向发展。战役的总预备队是英国的2个集团军和法军的第10集团军。这样，在将要发起的索姆河战役中唱主角的将是英国远征军及其附属的加拿大远征军。

协约国方面之所以没有放弃索姆河战役计划，一方面是企图通过这次战役打破西线的僵局，更主要的，是德军在凡尔登方向的进攻给法军造成了相当大的压力，法国已经倾注了几乎全部的力量。因此，必须在其他方向打出去，以进攻来牵制德军，才能减轻凡尔登的压力。但是，他们把反攻的地点选在索姆河，如同德国的法尔肯海因一样，都没有充分估计到敌方防御的强度，最终使索姆河战役也变成了一场无法达到预期目的、空前规模的消耗战。

德军在索姆河防线最前沿的是第2集团军。自西线陷入堑壕战僵局以来，在这一方向上没有爆发过大规模的战斗，因此德军利用充裕的时间加强防御，精心选择地形，构筑了一套比较完善的防御体系。这一体系由3个阵地组成，第一阵地纵深约1000米，包括3条堑壕以及支撑点、交通壕和混凝土掩蔽部。第二阵地在第一阵地后3~4千米，有2条堑壕和支撑点。第一、第二阵地之间有1个中间阵地。第二阵地后面3千米处是第三阵地，整个防御体系纵深7~8千米。德军还构筑了深达40英尺的地下坑道网，其地下工事的出入口都隐蔽在村庄和附近的树林中，难以发现。德军的整个阵地从低到高修筑在山坡上，对英法军队的行动一览无余。工事内配备完善，有野战厨房、洗衣房、战地医院等，储备了充足的弹药和食品。坑道内采用电灯照明，由专用的发电机提供电力，而电灯是当时不多见的奢侈品，在平民中尚未普遍使用。“德国人已不辞劳苦地把这些防御工事变成坚不可摧的堡垒”，设防的村庄，石灰岩下深深的地下掩蔽部，纵横交错的铁桩和带刺铁丝网组成的障碍、地下室、地下单人掩体和通道，这一切使索姆河地段成为“世界上最坚固和最完备的防御工事”之一。

在德军防御阵地对面，英法军队秘密进行了5个多月的战役准备。他们的进攻出发阵地虽然也非常坚固，但与德军相比，就简陋得多了，特别是地形不利，不利于进攻。

索姆河战役自1916年7月1日开始，至11月18日结束，历时140天。它是1916年西线乃至第一次世界大战中规模最大的战役之一，同时也是第一次世界大战中典型的阵地消耗战，成千上万的士兵被屠杀，数不胜数的财物被浪费，在这场战役中，交战双方投入的兵力共153个师，约1万门火炮、1000架飞机。投入交战的英军为54个师、法军32个师，德军为67个师。英法联军伤亡79.4万人（其中法军为34万人、英军为45.4万人），仅推进5～12千米，未能达成战役目的。德军损失53.8万人，失去240平方千米的阵地，但却打破了英法联军的计划。这次战役，英法的损失虽远远超过德国，但因其实力雄厚，经得起消耗，而人力物力相对薄弱的德国，遭此损失后再也无法恢复过去的战斗力了。

有些评论家认为，索姆河战役“除了恐怖、死亡、愚蠢等等以外，似乎就再也没有什么事情值得一谈”。实际上，有些东西还是值得一提的，比如在索姆河战役中，坦克初登战争舞台，就显露出峥嵘，虽然由于数量太少和技术上的不够完善而没有成为战场的主角，但其强大的战斗威力，显示出其光明的发展前景。

索姆河战役持续4个月之久，它与凡尔登战役互相联系，又互相牵制。就像凡尔登战役中的德军一样，英法军队作为进攻的一方，没有达到自己的目的。德军以凡尔登战役牵制了英法军队在索姆河战役的力量，而英法军队则以索姆河战役牵制了德军在凡尔登战役中的力量。由于战术的教条和堑壕阵地防线在当时无法克服的缘故，这两个战役最后都变成了消耗战。索姆河战役结束后，英国和法国 1916 年在西线的损失达 120 万人，德国达到 80 万人。但索姆河战役显示了协约国在军事和经济方面的优势，从协约国与德国的经济潜力和兵员后备力量的对比来看，协约国的损失显然是值得的。相反，由于英法军队在索姆河战役中牵制了德军的力量，使德国发动的凡尔登战役以失败而告终，大大影响了德军的士气，德国损失的大量精锐部队无法补充，这对德军以后的行动产生了巨大的影响。

英国在举行阵亡将士安葬仪式

人是俄国“唯一过剩的东西”

在西线激战正酣之时，在其他战线上的交战各方也是打得不亦乐乎！

在东线，俄国虽在过去的一年里屡战屡败，但其恢复能力总是让人刮目相看。沙皇俄国幅员辽阔、人口众多，拥有取之不尽、用之不竭的兵源。只要经过一番动员，很快就可以重振旗鼓，卷土重来。到 1916 年，俄国已经征召了 1300 万人入伍，还有同样多的人在兵营外排着队等着召唤。

当一位英国驻彼得堡的外交官对俄国上一年遭到如此重大的损失表示哀悼和同情时，俄国陆军部长的回答是："不要因此而感到难过，人是我们唯一过剩的东西！"

1916年春，俄国在西部1200千米的战线上，部署了北方、西方和西南方面军共3个方面军计173万的大军，俄军在数量上占有明显优势。根据尚蒂伊会议的精神，为了牵制德国在西线的攻势和支援意大利，俄军最高统帅部打算提前发动进攻。

德军发起凡尔登战役不久，法国的霞飞即向沙皇尼古拉二世求救，恳请他发动一次牵制性的攻击，以减轻法国人在西线的压力。虽然当时俄军尚未准备就绪，但一贯喜欢当老大的俄国人当即满口答应，决定在英法军队实施反攻之前，在3月份就在东线发动攻势。俄军统帅部计划在德文斯克（陶格夫匹尔斯）和纳罗奇湖（位于明斯克西北）地区实施一次进攻战役，目的是粉碎德军第8和第10集团军，并尽可能多地把德军从西线战场吸引过来。俄国人打算在两个方向上实施主要突击：北方方面军第5集团军从德文斯克以北地区向波涅韦日突击，西方方面军第2集团军从纳罗奇湖南面和北面向斯文齐亚内、维尔科米尔突击。同时，北方方面军第12集团军向包斯克、申别尔格方向，西方方面军第10集团军向维尔诺实施辅助突击。为了实施这次战役，俄方调集了12个兵团的兵力。其中北方方面军近4个兵团，西方方面军8个兵团，共约60万人。与其对峙的敌人为6个多兵团，约50万人。预定西方方面军于3月18日、北方方面军于3月19日发起进攻。

在发动进攻前，俄军进行了长达两天的炮火准备，结果对德军坚固的防线没有造成太大的破坏，反而让德军判明俄军即将发动攻势，提前做好迎战准备，严阵以待俄军的进攻。因此，当俄进攻部队冲入其火网时，德军依托工事，充分发挥各种武器，特别是机枪的威力，迅速击溃进攻的俄军。俄军死伤累累，尸横遍野。这次纳罗奇湖战役从 1916 年 3 月 18 日至 29 日，历时 12 天，俄军损失 11 万人，其中约 1 万人被俘，德军损失约 2 万人。尽管这次战役战果有限，但却对西线产生了一定影响。它在东线牵制了约 50 万德军，迫使德军统帅部把 4 个多师的预备队调到东线，这对英法联军无疑是一个有力的支援。

纳罗奇湖战役的失利没有打击俄军在东线发动攻势的积极性。根据协约国尚蒂伊会议关于 1916 年夏季盟军发动总攻的决定，4 月 14 日，俄皇尼古拉二世召开大本营会议，批准了总参谋长阿列克谢耶夫提出的作战计划。5 月 31 日，俄军统帅部下达了俄军转入进攻的命令。该命令规定：俄军西方方面军向维尔诺方向实施主攻；北方方面军从德文斯克地域向西南实施佯攻；西南方面军从罗夫诺地域向卢茨克实施辅助突击，支援西方方面军在主要方向上的进攻。

俄军统帅部原计划在 5 月底由西方方面军在中央地区发动主要攻势，由于该方面军尚未完成准备，西南方面军便慨然接过重任，时年 64 岁的布鲁西洛夫于 1916 年 3 月 17 日就任西南方面军司令。俄皇素无知人之明，但这次他派布鲁西洛夫来代替犹豫不决的伊万诺夫统领西南方面军，可以算是他一生当中所做的一次难得一见的英明决定。布鲁西洛夫因为成功地指挥了这次大规模进攻战役，一举成名，这次进攻因此被称为“布鲁西洛夫攻势”。以一个指挥官的姓名命名一个战役的名称，这在第一次世界大战中可谓独此一役，可见布鲁西洛夫一时风光无二。

布鲁西洛夫认为，随着绵亘漫长的正面阵地的形成，企图通过采用迂回敌军翼侧的办法来取得胜利已不可能，必须集中大量兵力兵器通过正面突击来突破强大的筑垒阵地，不过这样做又很难隐蔽自己的战役企图，达成战役的突然性，敌军可以利用空中侦察正确无误地判明预定的突击地段，因此可以有针对性地将预备队和炮兵集中到受威胁的方向，

布鲁西洛夫将军

并采取各种措施来粉碎敌军的突击。为了解决这一难题，他下令所属方面军的 4 个集团军及其所属部队，各选定一个突破地段，在 20 ~ 30 千米地段上同时发起攻击，使敌军无法判明主突方向，并及时调来预备队。4 月 20 日，布鲁西洛夫下达训令，规定西南方面军各集团军转入有力的进攻，其任务是支援西方方面军。主要突击由最靠近西方方面军的第 8 集团军实施，其他各个集团军的任务是攻击当面之敌，按各集团军选定的方向实施突击。西南方面军指挥部进行全面而周全的进攻准备，在后方构筑了与德奥军阵地类似的地段，供部队进行临战训练，还进行了炮兵和步兵协同动作演练。对敌防御进行了周密的侦察，绘制并向全体指战员下发了标有敌军阵地的平面图；在宽大的正面上进行工程保障作业，在敌阵地前隐蔽地挖掘了掩体。

在俄军进行战役准备的期间，意大利战线形势紧张。5 月 12 日，意大利请求俄国提前对奥战线上发动进攻，把敌军从意大利战线引开。意大利国王亲自致电尼古拉二世，请求以西南方面军的进攻来援助意军。阿列克谢耶夫不同意俄军立即转入尚未准备就绪的进攻，以免打乱协约国在尚蒂伊会议上共同制订的行动计划，但俄军统帅部决定答应意大利的要求，下令各集团军提前发动进攻。西南方面军应于 6 月 4 日开始攻击，西方方面军在一周以后，即在 6 月 10 日或 11 日发起攻击。随后，俄国以大本营的名义要求其盟国履行自己的义务，在俄军发动战役以后，英、法军队也应迅速开始进攻。

6 月 4 日拂晓，俄军西南方面军 4 个集团军在 350 千米的正面上发起进攻。由于是全线同时开始攻击，奥匈军一时无法判定俄军的主攻方向，未能适时动用后备力量。当晚，俄军突击集团就突破了敌军第一防御地带，并在随后的两天内转入追击。卡列金将军指挥的第8集团军取得的战果最大，到6月7日已将突破正面扩大到70～80千米，纵深扩大到25～35千米，并攻占了卢茨克。第11、第7和第9集团军也取得了很大进展。战役头3天，俄西南方面军就俘虏了7万名敌军。在俄军的打击下，奥军闻风而逃，出现了土崩瓦解之势。

6月13日，布鲁西洛夫下令各集团军继续进攻，彻底粉碎德、奥军队。6月15日，担任进攻主要任务的第8集团军，歼灭了奥匈第4集团军，并向纵深推进65～67千米。关键时刻，俄西方方面军借口天气原因，将进攻日期推迟到6月17日，由于得不到有效的配合，加上敌军的顽强抵抗，第8集团军被迫停止前进。

奥匈军队的失利使德奥大为震惊。6月8日，德奥在柏林召开两国总参谋长会议，商讨对策，最后决定从国内和其他战线抽调兵力，增援东线。德奥军在科韦利附近紧急集中了一个突击集团，由林津根将军统一指挥，其任务是从俄军手中夺取主动权。6月16日，德、奥部队向卢茨克方向实施反突击，企图将俄军击退到原出发位置。俄军第8集团军和第11集团军的右翼部队进行了顽强抵抗，敌军的企图没有实现。随后，德奥军又多次从科韦利、弗拉基米尔—沃伦斯基出击，都未能夺回失地。在此期间，俄军西南方面军的左翼部队仍在不断向前推进。第9集团军的部队于6月17日强渡普鲁特河，18日占领切尔诺夫策。可是，俄军西方方面军和北方方面军的进攻都进展甚微，7月9日俄军统帅部决定将主要突击方向由西方转到西南方向，但为时太晚，德奥已在这一方向调集了大量援兵。7月间，俄西南方面军向科韦利实施两次进攻，均未达到目的，不得不在斯托霍德河与敌军展开持久血战。西南方面军的中央和左翼取得一些战果，第 11 集团军攻占了布罗德，第 9 集团军肃清了整个布科维纳和南加里西亚的敌军。至 8 月初，由于人员的损失和补给不济，布鲁西洛夫攻势减缓，交战在斯托霍德河、基谢林、佐洛切夫、别列扎内、如利奇、斯坦尼斯拉夫、杰利亚京一线稳定下来。

俄军自 1916 年 6 月 4 日至 8 月初发动的这次布鲁西洛夫攻势，是一次大规模的战役，在整个战争进程中具有重要意义。在这次战役中，俄军损失 50 万人，而被击毙、负伤、被俘的德奥军达 150 万人，俄军取得了巨大胜利，攻占加里西亚的大部分和布科维纳，重返喀尔巴阡山隘口，迫使德从西线和意大利战线抽出 30 多个步兵师和 3 个骑兵师的兵力，从而大大减轻了英法军队在凡尔登战役所承受的压力；阻止了奥匈军队从特兰提诺向威尼斯平原的进攻，使意大利免于溃败，促使罗马尼亚站在协约国一边，于 1916 年 8 月 26 日向奥匈正式宣战。因此，布鲁西洛夫攻势尽管没有将战役胜利发展成具有决定性的战略性胜利，所取得的大部分战果，“很快就昙花一现地消失了”，但是，其意义仍然是显而易见的，尤其是在战役进程中，开创了突破筑垒正面的新样式。这种在漫长战线上以一点为主、多点突破的作战样式，在第一次世界大战的后期曾得到广泛运用。

罗马尼亚不甘寂寞来参战

罗马尼亚参战，是 1916 年的一个大事件。

罗马尼亚早在 1893 年就与奥匈签订秘密条约，追随奥德集团，但由于同匈牙利存在领土纠纷，罗与奥德的同盟关系并不紧密。第一次世界大战爆发后，罗马尼亚政府经过权衡利弊，决定保持中立，待价而沽，准备在最适当的时机倒向某一联盟，以获得最大的利益。

罗马尼亚是一个资源丰富的国家，拥有石油、铝等重要战略资源和大量兵源，战略地位也很重要，东临黑海，南界保加利亚，西部和西北部与奥匈帝国接壤。如果它加入同盟国，德奥就可以沟通与土耳其的直接联系；如果加入协约国集团，便能够截断德奥与土耳其的联系。因此，交战双方都想把罗马尼亚拉入自己的联盟。当时，从感情上讲，罗马尼亚人对匈牙利十分痛恨，因为约有生活在特兰西瓦尼亚的300多万罗马尼亚人生活在匈牙利的专制统治下，罗国内强烈要求统一被匈侵占的特兰西瓦尼亚。另外，协约国对罗马尼亚提出优厚的承诺，意大利参战反对同盟国，俄军在东欧战线上的胜利和德军在凡尔登的失败等因素叠加在一起，导致罗马尼亚最终倒向协约国。1916年8月27日，经过两年多的中立和观望之后，罗马尼亚正式对奥匈宣战。接着，奥匈的盟国德国、土耳其、保加利亚对罗马尼亚宣战。

罗马尼亚力量弱小，但却自不量力，在宣战之后，即准备向特兰西瓦尼亚发起进攻。开战前，罗军的总兵力为60万人左右，编成4个集团军。北方集团军与俄军西南方面军第9集团军相衔接，在多尔内一伐特腊到奥伊托斯山口展开，第2和第1集团军在奥伊托斯至奥尔肖瓦之间展开，第3集团军从奥尔肖瓦沿多瑙河展开，掩护正南面边界。罗军的行动计划是，在毗邻特兰西瓦尼亚的边界上展开3个集团军，向奥匈帝国的重镇布达佩斯方向实施主要突击，以1个集团军掩护南部边境，防御保、德、土军队的进犯。

罗马尼亚军队在小提琴的伴奏声中开往前线

当罗马尼亚宣战的消息传到德国时，正在玩纸牌的德皇威廉二世当即下令免去法尔肯海因的职务，由兴登堡担任参谋总长，鲁登道夫任副手。

同时赋予他们的第一个任务就是立即击溃罗马尼亚。他们的打算是，先由保加利亚和土耳其几个师在少量德军的支援下，在多布罗加实施进攻，然后从特兰西瓦尼亚和多瑙河实施突击，打败罗马尼亚的军队，并占领其领土。

具体部署是，马肯森指挥的多瑙河集团军，辖德、保、土军的9个步兵师和2个骑兵师，沿保加利亚境内的多瑙河展开，其任务是突击多布罗加的罗军，迫使其向北退却，然后从南面攻入瓦拉几亚并协同从特兰西瓦尼亚进攻的部队击溃罗军主力；新近被解除总长职务而出任第9集团军司令官的法尔肯海因指挥所部集中在卡尔斯堡、米尔巴赫地域，阿茨指挥的奥地利第1集团军在马罗什—瓦沙尔杰利地域展开。这两个集团军组成法尔肯海因集群，共26个步兵师和7.5个骑兵师，其任务是强行通过特兰西瓦尼亚阿尔卑斯山山路和隘口，并从北面攻入瓦拉几亚，协同多瑙河集团军击败罗军。

8月28日，罗马尼亚军队沿着从摩尔达维亚北部到多瑙河为止的喀尔巴阡山一线发起攻势，进入特兰西瓦尼亚，占领了布拉索夫、圣格奥尔基、格奥尔基尼、奥尔绍瓦等重要据点。但是罗军行动缓慢，未能发挥比奥军兵力多达1倍的优势，德奥军指挥部迅速调来了5个德国师和2个奥地利师。根据作战计划，德多瑙河集团军于9月1日越过罗、保国界，侵入罗马尼亚南部的多布罗加省。马肯森将集团军分成左右两路，左路沿多瑙河，右路沿黑海附近向北推进。在头两天的战斗中，集团军以优势兵力攻占了图尔图卡伊，肃清了该地附近的罗军，并迫使罗军第17师放下了武器，从而保障其左翼部队顺利地向多布罗加挺进。

9月中旬，马肯森的部队已接近从康斯坦察到布加勒斯特的铁路线。德国空军对毫无防空能力的布加勒斯特实施空袭，罗首都人心惶惶。但罗军统帅部仍自不量力，一方面命令部队越过多瑙河向南和向东进攻马肯森的背部，同时坚持继续向特兰西瓦尼亚进攻。德多瑙河集团军在得到土耳其军队两个师的增援后，于10月19日再次发动进攻，攻城拔寨，并准备强渡多瑙河，进攻布加勒斯特，以便与西面和北面前来的法尔肯海因集群形成钳形攻势。10月中旬，法尔肯海因集群前进至特兰西瓦尼亚阿尔卑斯山山路附近。

德军下一步的打算是：法尔肯海因的部队通过特兰西瓦尼亚阿尔卑斯山山路，向东南方向进攻，马肯森的部队强渡多瑙河，向北方方向进攻，这两支部队从两面围歼罗军主力，占领罗马尼亚全境。11月，德军越过柴尔达克隘道，迫使罗军退出奥尔特河上的防御阵地，马肯森的部队也在锡斯托沃渡过多瑙河，开始向北进攻，目标直指罗马尼亚首都布加勒斯特。12月4日，法尔肯海因所部进入已被罗军放弃的布加勒斯特。12月底，罗军在得到俄军第9和第8集团军的支援的情况下，将德军阻止在多瑙河下游、布勒伊拉、福克夏尼、沃克纳、多尔内一伐特腊一线。此后，作战双方都转入了阵地战。

罗马尼亚参战，本来想借机捞到一点油水，谁知事与愿违，偷鸡不成蚀把米，经过4个多月的苦战，不仅没有达成战役目标，反而丢掉了全国大部分国土。罗军60万人损失了31万，其中半数当了俘虏。罗马尼亚的失败，算得上英法战略上的成功，由于一个新战场的开辟，消耗了同盟国特别是奥匈帝国的实力。而对俄国而言，却不见得是什么好事。为了援助罗马尼亚，俄国原答应派出5万人到多布罗加，

炮击过后尸横遍野

结果没有兑现。直到 11 月份，才派出第 9 集团军南下，在塞列特河中游右岸一带向德奥军发动了进攻。俄军此次取得了一些胜利，却未挽救罗军的失败。同时，由于罗马尼亚的失利，俄军不得不派出 35 个步兵师和 11 个骑兵师的兵力，承担起防守罗马尼亚战线的任务，从而使俄军的战线延长了 500 千米。对德国而言，击败罗马尼亚，在军事上获得了一定的好处，使自己东线右翼可以依托黑海沿岸而得到安全的保障，同时由于打通了从柏林到巴格达的交通线，使德国在巴尔干的地位得到了巩固，在经济上获得不小的收益，可以利用罗马尼亚的石油、粮食和牲口，弥补资源的不足，缓解物资供应上的压力。不过，德军的战线也因此大大延长，这对兵力匮乏的德国来说，不是一个好消息。就连鲁登道夫也承认："虽然我们在罗马尼亚获得胜利，而在总体作战上是更为薄弱了。"

4

海上较量

当各个战线打得热火朝天之时，在海战场，德国与英国也展开了一场史无前例的较量。

英国海军是"必需品"

第一次世界大战爆发后，海战作为重要的战场，主要是在北海、地中海、波罗的海、黑海和海上交通线上展开。在海上争斗中，英国和德国海军充当了主要角色。

英国皇家海军是世界上历史最悠久的海军，这支海军在长达 300 年的时期无人能与之匹敌。英国海军的大炮把世界大片的土地、无数的居民变成英国的属地和英王的臣民，成为罪恶殖民制度的开路先锋。早在

1799 年，一名美国人在谈及英国力量的源泉时就这样说：“英国何以能够保持自己的实力，雄踞各国之上并进入现在举足轻重的地位呢？是海军，是海军保护的商业给它提供了源源不断的财富，这使它能够光荣地支持不对等的竞争，能够支援日耳曼国家，从而能建立对法国的实力均势。”这位名叫马汉的现代海权理论之父在他的名著《海权力对历史的影响》一书中，进一步解开了英国强大的奥秘：英国占有海洋是使本国在对付各大陆强国方面始终保持不败地位的主要、决定性的因素。“伟大和强盛是由于掌握财富的结果，财富来源于商业，而商业又得到海军的保护。”法国海军部长德拉纳桑在 1901 年这样说：“自路易十六统治末期以来，英国成为世界上最大的商业国，我们的殖民地都落入它的手中，它的数以千计的商船航行在全球各地，它的舰队如果不是弄得我们经受血的洗礼和灾难性失败，就是把我们封锁在自己的港内。这一切都是由于法国不去掌握海上的命运，只按照统治者心中再次燃起的个人野心、特权阶层的利益和祖传的激情去进行灾难性的大陆冒险活动。我们如果想成为民主的商业国，就需要大量发展我们的商船队，并在我们的殖民帝国内取得重大进展。我们必须有强大的海军，使其他任何强国都不能以优势力量对我国港口所在的欧洲水域或我国商船经常航行的海洋造成危害。”

对于英国来讲，强大的海军是生存的必需。海军打了败仗，或是失去海军优势，英国便活不下去。一旦大战爆发，海军将身负重任，它必须捍卫不列颠诸岛免受入侵，它必须护送英国远征军平安抵达欧洲大陆，更重要的是，它必须确保海上贸易在全世界大洋上通行无阻。

英国帝国国防委员会宣布，其他国家入侵英国是“办不到的”，因此外敌入侵并不是主要危险，“贸易被迫中断，商船濒于毁灭”才是主要危险。英国有 2/3 的粮食是进口的，它的生计依靠由英国货船所承运

英国舰队

的对外贸易。英国商船在世界总吨位中占 43%，而且承运了世界海运总额的半数以上的商品，相当于世界其他国家承运量的总和。为了免遭挑战者损害英国珍贵的海上贸易，英国皇家海军不得不向四面八方铺开，保卫通向波斯、印度以及苏伊士的航线，保卫通向非洲好望角的航线，保卫前往美国和加拿大的北大西洋航线，保卫通向西印度群岛的加勒比海航线以及南美洲和澳大利亚的南大西洋和南太平洋航线。因此，战前制订的作战计划规定，英国海军的主要任务是对德国进行深远封锁，切断德奥的海上通道，保证通向海外各殖民地的航线和英国沿岸的安全，护送赴法的英国远征军和战略物资。

公海舰队是“奢侈品”

德国皇帝对马汉的著作奉若圣经。谁控制海上交通，谁就掌握自己的命运，马汉的这一观点让德皇豁然开朗。他被马汉所惑，他对独步海上的英国怀着倾慕和怀恨交加的妒火，为此，他费了九牛二虎之力，将德军海军打造成世界排名第二的强大部队。但是，关键时刻，他又对自己的海军缺乏信心。因为德国海军没有英国海军那样悠久的传统，历史上不曾有过纳尔逊那样的杰出海军将领，所以他从内心里不相信德国海军能击败英国海军。他不忍想象他花费巨资建造而成的宝贵的战列舰被炮火打得粉身碎骨，或受到重创。因此，当战争爆发时，德皇谕示：“我命令公海舰队现时采取守势。”德皇对他手中这一锐利武器采取的战略，是将它作为一支“存在的舰队”而发挥其作用。让它待在固若金汤的筑垒阵地内，它对敌就会成为一个经常存在的潜在危险，迫使敌人得时刻保持警戒，不让它有出击的可能，以此消耗敌人的海军资源，并使对手的部分兵力不能从事其他活动。两支舰队，处于劣势的一方如此行事是普遍认可的，也是马汉所赞成的。不过，马汉后来的结论是：一支“存在的舰队”的作用“被过分夸大了”，因为一支甘心雌伏、不去作战的海军，其影响力是势必日趋削弱的。德皇一开始就不相信英国是一个真正想认真打仗的对手，德国还希望把它的舰队保持完整无损，作为迫使英国就范的讨价还价的条件和筹码。

大战爆发的 8 月份，德国海上的主要敌人似乎是俄国而不是英国，因而德国舰队的首要任务是控制波罗的海。他们认为，德国舰队应防范俄国干扰来自斯堪的纳维亚的海上供应，应防范俄国可能袭击德国的海岸。他们担心对英国采取行动会削弱德国舰队对波罗的海的控制，从而让俄国登陆，导致德国在陆上战败。同时，德国人相信仅靠陆军就能获得决定性的胜利，根本用不着动用心爱的海军。

德国人没有预料到战争会打得长久，对英国的封锁战重视不够，没有认识到一场海军封锁战，“即使仅仅延续一年，也将使德国的贸易遭到破坏，给德国带来灾难”。因此，对于德皇将海军放在一边的做法，德国海军之父蒂尔皮茨痛心疾首而又无可奈何。战争开始后，他和其他几位大臣一起被拉到统帅部，在德国陆军胜利的气氛中忍受痛苦，当时“陆军在各方面都得到胜利而海军却一无所获，积 20 年之努力，而今我的处境如此糟糕，谁也不会理解”。

及至 1914 年 8 月底，英国海军已在实际上取得了大西洋上的控制权，并成功地实现了对德国的海上封锁。德国海军没有作战，它被“存在舰队”的理论和德国会在陆上早日胜利的信念锁住而没有让它冒险执行海军的

英舰“伊丽莎白女王”号上的巨炮

职责——保持本国海上贸易航路的畅通。虽然德国的工业依靠进口原料，德国的农业依靠进口饲料，但德国海军并没有企图保护这些供应源源而来。8 月份仅有的一次海战也是出于无心，其作用也只不过证实了德皇不愿让他的宠儿去冒险。那次海战发生在 8 月 28 日。英国英吉利海峡舰队的潜艇和驱逐舰队，在战列巡洋舰的支持下驶入了赫耳果兰湾德国海军的基地，对德实施突然袭击。德国猝不及防，只下令出动几艘轻巡洋舰应战，并且没有较重型的战舰支援。结果，德国 3 艘轻巡洋舰以及 1 艘驱逐舰被打得粉身碎骨，沉入海底，另有 3 艘受到重创，1000 余名船员，包括 1 名海军上将和 1 名海军准将，在炮火中丧命或落水溺毙，另有 200 多人，包括海军大元帅蒂尔皮茨的儿子，当了俘虏。英国战舰无损失，伤亡约 75 人。如此巨创，使德皇丧胆，从而更是死心塌地再也不敢跟英国人较量了。因此，下令海军不得再冒险行事，“务使军舰免遭损失”。德国北海舰队司令的权力进一步受到限制，事先如无德皇的批准，不得进行重大调动。

此后，当英国海军在德国周围建起海军封锁线时，德国海军只是在一边消极地看着。蒂尔皮茨难过地写道：“随着时间的流逝，我们胜利的机会将是更少而不是更多。”那是因为英国舰队“发挥了存在舰队的全部作用，对中立国在日益增加非同一般的压力，完全摧毁了德国的海运贸易，实行了最彻底的封锁”。

这位失宠的元帅说得没错。由于公海被英国舰队所控制，美国的贸易不得不越来越多地转向协约国，而同德国等同盟国的贸易额从1914年的1.69亿美元下降到1916年的100万美元。这样，德国海军最后不得不进行水下活动的政策，为突破封锁而使用潜艇。而大量潜艇的出现，又引起了美国人的不满，并送给了美国人参加对德国战争的借口。

英国海军始终牢牢掌握着制海权，切断了德国及其盟国的海外贸易和海外联系，对敌国进行严密的海上封锁。德国人的生活水平急剧下降，落到食谱上只有萝卜的地步。饿极了的德国人打破英国海军封锁以摆脱困境的愿望越来越迫切。1916年1月19日，以好斗著称的德国海军上将舍尔取代了不称职的波尔，就任海军司令。他雄心勃勃，决心与英国海军来一场真正的会战，彻底扭转无所作为的难堪局面。

日德兰海战没有赢家

舍尔制订的计划是，派出小规模舰队到英国海岸及港口骚扰，打了就跑，英国海军如果不追击，就搅得英国海岸永无宁日，一旦出港追击，就把它诱至德国海军预设的战场，由德国海军主力突然出现，打敌人一个措手不及。1916年5月30日，舍尔开始行动了。他派出由施佩尔海军上将率领的一个海军舰队作为诱饵，沿挪威海岸活动。按照计划，施佩尔的诱饵舰队在与敌军遭遇之后，稍事抵抗，就佯装不敌，把追击他们的英国舰队引入德国主力舰队火力射程之内，聚而歼之。

英国人事先掌握了德国海军的通信密码，对德国海军的动向一清二楚。他们发现德国最近将有大的行动，虽然不知具体行动细节，但认为这是歼灭德国舰队的有利时机，如果能做到这一点，英国海军就能彻底腾出手来对付令他们头痛的德国潜艇。英国人制订的作战计划与德国人的异曲同工：派出一支诱敌舰队，佯败诱敌深入，把整个舰队的主力埋伏在伏击圈内，像一把重锤一样砸烂敌人。于是，世界上最强大的两支海军的大会战开始了。

1916年5月31日～6月1日在日德兰附近进行的这场海战，是第一次世界大战中规模最大的海战，也是世界海战史上最后一次战列舰大编队交战。在这次海战中，英国出动各种舰只151艘，德国出动101艘。这场海战，严格地说，双方只是“擦肩而过，互相打了一个招呼而已”。日德兰海面的硝烟散尽后，交战双方都宣称自己是这场海战的胜利者。单从舰艇和人员的伤亡看，德国人似乎占了一些便宜。英国海军在这次海战中，共损失3艘主力战列巡洋舰，3艘巡洋舰和8艘驱逐舰，6艘其他舰只受到重创，伤亡6945人。而德国海军损失1艘老式战列舰，1艘主力巡洋舰，3艘巡洋舰和5艘驱逐舰，其他4艘舰只受到重创，伤亡3058人。但是，从战略上看，德国人并未达到目的，德国人尽管取得了日德兰海战的胜利，却认识到，自己的海军实力仍无法与英国匹敌。而英国却达到了封锁和围困德国主力舰队的目的，在全球的海洋中，除了少数德国海上袭击舰和潜艇外，全都是英国皇家海军的天下。德国舰队被困在海港中毫无作为，只不过是说明自己仍然“存在”而已。德国战败后，为了不让舰队落入敌手，德国人将全部战舰凿沉。在日德兰海战中幸存下来的这些巨舰，最终没能摆脱覆灭的命运。

当时海战的场面

这场海战像110年前的特拉法加海战一样，从某种程度上决定了第一次世界大战的结局。20年后，历史再度重演，规模更大、战况更加惨烈的第二次世界大战爆发了。面对强大的英国海军，战争狂人希特勒在其空军在不列颠之役中碰了一鼻子灰后，再也没敢想过入侵英国。英国皇家海军不仅又成了震慑希特勒不敢染指英伦的盾牌，也成了英国人反攻的利器和基础。不过，日德兰海战中英国皇家海军表现不佳，遭到了比德国更为严重的损失，皇家海军的"七海雄风在全世界的心目中多少显得黯然失色"，其海上霸主地位开始动摇了。

概括1916年的战况，对交战双方来说都是灾难性的一年，是采取了重大行动却没有取得任何显著战果的一年，是机关枪和堑壕战使得交战双方制定的战略归于无效的一年。这场战争的胃口越来越大，导致各国不得不改变兵役制度，将更多的人送上前线。德国通过了强制服役的法律，将17～60岁的所有男性征召入伍。英国这位海上霸主，这个靠大海生活达千年之久的国家，如今也开始靠大陆生活了。1916年1月，它破天荒地实行了征兵制，投身于组建大规模陆军的行列。

1916年的军语中出现了一个新的名词——工业动员，它把各交战国的工厂引向战争的无底洞，无数的弹药和装备从各种机器中倾泻出来。这场战争在西线进入大屠杀的消耗阶段；而在东线，俄国发动的一次大规模攻势宣告了两个落后而腐朽的君主国——俄国和奥匈帝国覆灭的开始。这场

工人们正在给即将出厂的炮弹进行最后的一道工序——油漆

战争中最大的海战以不分胜负结束，但是，封锁把同盟国周围的包围圈缩得更紧了。这一年，大人物纷纷倒下，先是法国的霞飞和英国的陆军大臣基钦纳、德国的蒂尔皮茨和法尔肯海因，到年底，则轮到英国首相阿斯奎斯了。这一年，从俄罗斯空旷的草原到英国的陋室，许多家庭的男人只存在于家人们的回忆之中，交战国的仇恨更加深了。

第七章
僵局打破，天平倾斜

1917年是历史永志不忘的一年。在俄国发生的一场革命，导致俄国退出了战争，不仅其后果在半个多世纪以后仍影响着世界，而且使德国终于摆脱了两线作战的局面，从而使战争的天平看上去似乎倾向德国。但是，美国人参加了一场“结束战争的战争”，又将战争的天平压向了协约国一方。战争的范围不仅扩大了，战争的规模也扩大了。

1

各线有战事

1917年，第一次世界大战已进入第四个年头。旷日持久的战争，使交战双方都面临着不断加重的困难，不断滑入各种危机之中。

寻找破局良方

作为同盟国盟主的德国，曾企图在上一年的凡尔登战役中使法国“流尽最后一滴血”，结果不仅未达到目的，反而使自己失血过多，变得衰弱无力。再加上协约国的封锁，国内各种战略资源储备下降，物资供应

兴登堡和鲁登道夫

严重不足，大量青壮年上了战场，导致劳动力严重不足，生产不断下降，处境日益困难。新上任的德军总参谋长兴登堡及其副手鲁登道夫，为了尽快摆脱战场困境，缓和国内矛盾，在政治、经济、军事等各领域进行了一系列政策调整，在反对与协约国媾和，力主在战场上打赢战争的同时，德军由主动进攻改为防御，以便争取时间，调整部署，等待有利时机再进行最后决战。同盟国的其他国家日子更不好过。奥匈帝国已经处于崩溃的边沿，奥军主要是依靠德国的援助才得以苟延残喘。土耳其和保加利亚的经济困难，军队的最低供应都难以保证，如果离开德国的支援，这些盟友可能一天也支撑不下去。物资匮乏的盟友，更加拖累了本身都很困难的德国。

协约国的情况也好不到哪里去，各国都是带着重重困难和危机进入1917年的。其中，最为严重的当数俄国。战争使俄国经济濒于崩溃，饥饿席卷全国。沙皇政府曾试图通过强制收购和定量分配来缓和粮食危机，结果使黑市和投机商更加猖獗。人民怨声载道，陆海军不断发生骚动。在布尔什维克党的领导下，俄国处于革命的前夜。法国置身于西线主要战场，北方大片国土被德军占领，物资和人力损失巨大。英国因受德国潜艇战的威胁，从国外进口物资困难，供应紧张。这些国家国内的反战运动不断高涨。统治集团希望尽快摆脱持久战争的僵局。不过，从总的力量对比上，协约国已占有明显优势。到1917年年初，协约国兵力为425个师，同盟国则为331个师。在具有决定意义的西线，协约国约有

400 万的兵力，而德国只有约 250 万人。战争的天平在悄然逆转，协约国面前的曙光已隐约可见。

1916 年 11 月 15 ~ 16 日，协约国在法军大本营所在地尚蒂伊召开了第四次军事会议，研究协约国 1917 年作战计划。会上达成的协议是：在 1917 年春季，协约国军队在各个战场发动进攻，以便在 1917 年决定战局；以西线为主要战场，其他战场积极配合；协约国各国军队在 2 月上半月前完成进攻准备。1917 年 1 月，协约国又在彼得堡召开军事会议，进一步明确了春季攻势的时间，要求各战场在 4 月 1 日 ~ 5 月 1 日之间发动进攻。

德军在 1916 年西线进攻失利之后，鉴于后备不足，兵员损失巨大和战争物资很难及时补充，军队需要休整，部署需要调整，暂时无力在陆战场采取主动行动，遂决定 1917 年在东西两线转入战略防御。在西线依托新建的“兴登堡防线”，阻止协约国进攻，巩固原有阵地；在东线实行机动防御，挫败俄军的任何进攻企图，并支援奥匈、保、土军作战。在东线、巴尔干、中近东战场，奥匈、土耳其、保加利亚各军采取守势。在制订作战计划时，德国海军参谋长提出，如恢复无限制潜艇战，德海军可以保证每月击沉敌国和中立国船只 60 万吨。这样在 5 个月内，即最迟到 1917 年 7 月 1 日，就可以迫使英国退出战争。海军大臣卡佩勒上将还指出，即使由此导致美国参战，美国军队也会因德国潜艇的攻击葬身海底，而不能到达欧洲大陆。于是，德军统帅部决心冒与美国一战的风险，重新恢复无限制潜艇战，试图从海上挽回陆地的损失。

根据协约国 1917 年的作战计划，法英军从 4 月开始在西线战场实施了多次大规模进攻战役，其中包括尼维尔攻势、伊普雷战役、康布雷战役等。

尼维尔妄想“结束战争”

尼维尔攻势是法英联军为彻底扭转西线局势，于1917年4月9日～5月5日实施的进攻战役。战役是由法军统帅尼维尔将军组织指挥的，因此被称为尼维尔攻势。

尼维尔将军

1916年12月，原法军第2集团军司令尼维尔接替霞飞出任法军总司令。尼维尔被任命为法国陆军总司令时，年已60。他出生于军事世家，进过骑兵学校，后来改学炮兵，成绩优良。大战开始时，他的军衔只是一个中校。在马恩河战役中，他的大口径火炮知识找到了用武之地。1916年凡尔登战役中，这位炮兵专家和他的主要助手芒让将军指挥部队夺回了被德军占领的都蒙炮台。法国人渴望有一位英雄，而尼维尔正是在法国人需要的时候成为了这样一位英雄。因此，尼维尔在担任法国陆军最高统帅时，充满了信心：“这个经验是确定了的。我们的战法已经经过试验。我可以向你们保证，一定胜利。”人们相信他，对他的所谓“凡尔登战法”坚信不疑。

尼维尔负责的是一个复杂的三头指挥部。他的两边，一边是达朗松上校，他连着政府，一边是芒让将军，他连着部队。达朗松身患绝症来日无多，但他被炽热的信念所驱使，那就是要拯救法国：“在我死之前必须赢得胜利，而我活着的时间为时不多了。”因此他极力主张发动进攻。芒让将军是法国陆军中最顽强的指挥官，他的绰号是“吃人的人”和“屠夫”。他藐视生命，甚至是他自己的生命。49岁的他是为战争而活的，从青年时起，他就把他的时间消磨在海外殖民地，不断地镇压反抗法殖民统治的土著居民。从他回国率领1个旅对付德国人时起，他几乎总是睡在沙漠帐篷里，他可以毫不迟疑地命令他的部队冲向猛烈的机枪火力。

尼维尔在这两位先生的帮助下，以其在凡尔登战役后期指挥集团成功空袭德军防线的战法为模式，制订了他的西线进攻战役计划：法军第5、第6（为第一梯队）、第10、第1集团军，在兰斯和苏瓦松之间宽40千米的正面上，向伊尔松方向实施主要突击；英军第3、第1和第5集团军各一部，由20千米宽的阿拉斯地域向瓦朗谢纳实施辅助突击；法军第4、第3集团军负责战役保障。尼维尔企图以优势兵力兵器，通过一次大规模的“巨人般的拳击”，一举摧毁德军西部防线，围歼努瓦荣突出部的德军，从根本上转变战场形势。

尼维尔的计划一提出，就受到法英两国政界、军方许多人的怀疑和反对。但是，尼维尔以其雄辩的口才和坚定的决心，利用协约国各国领导人急切渴望胜利的心情，先后说服了英国和法国政府，同意他的计划。

1917年1月15日，尼维尔谒见英国首相，提出他的计划。这一计划与他在凡尔登战役后期的作战计划相似。英国人对这位英俊的将军印象良好，尽管英国总参谋部的有些成员对他的计划不以为然，但最后，还是尼维尔获胜了。英国首相深信尼维尔大胆的想象力，因此下令黑格及其在法国的部队，对法国总司令要“遵从其意见”，“执行所有与作战实施有关的命令”。

然而，事情从一开始就不太妙。许多年来最寒冷的冬天降临西欧，士兵冻伤情况十分普遍，部队中的不满情绪在不断滋长。“士兵不再知道他为什么在打仗，他们对自己防区以外发生的任何事情都不了解，他们已经丧失信心和热情。他们把他们的生活和犯人的生活相比拟。他们机械地执行任务，他们会变成最沮丧的受害者。”但是尼维尔对这些有

严寒的天气使很多士兵冻伤四肢，反战情绪开始在法国军队中涌动

关军心士气的情报熟视无睹。在达朗松的催促下，他加快了准备进攻的步伐。命令不断下发到各部队，他在命令中明确写道："我坚持，暴力、残忍和迅速的标志必须成为你们攻势的特征。尤其是，第一步的突破，必须一举夺取敌人阵地和靠他们的炮兵占领的所有地区。"

尼维尔的计划，包括由法军与英军对一个巨大的、无掩护的德军突出部进行双管齐下的强击。这个计划要求英军先于法军几天向前猛冲，以吸引德军防守者向北移动。那时在南面，即无掩护的德军的侧翼，将受到法军的冲击，预期他们将冲过去，在德军的堑壕体系中打开一个70英里的缺口，然后以决定性的胜利结束战役。

闪电速度是尼维尔夺取胜利的基础，要在德国炮台被利用来对付进攻的法军之前，就把它们碾碎。指挥官要计算出他们部队随着徐进弹幕射击前进的速度，芒让夸口说，他的部队能以1分钟30码以上的速度跑步前进，并且能在至少几英里的距离内持续保持这种速度。尼维尔于是把这种速度定为标准，任何对此表示怀疑的军官都受到了压制。为此，"不断前进"这个口号没完没了地灌输到部队当中，部队进行了不断的训练，尼维尔指望在攻击开始后7小时，部队就能够渗入德军的后方阵地。

尼维尔发起的进攻比以前规模更大，组织得也更好。但是，好大喜功的尼维尔，却忘记了保密这项至关重要的工作。在凡尔登，尼维尔是靠对进攻计划进行充分的说明来鼓动部队投入战场的。这一次，尼维尔又将凡尔登的经验用上了，他下令进行堪与好莱坞报刊宣传员相比的宣传运动，作战计划都发给了士兵，目的是引导他们对决定性的胜利充满信心。同时，为了赢得对该计划的支持，他广泛地散发进攻计划和指令，甚至在伦敦的宴会上对女士们公开谈论即将来临的交战。没多久，德国人对即将发生的事情的了解就同尼维尔一样多了。

德国人事先得到有关尼维尔攻势的情报，他们知道经受不住庞大对手对自己毫无掩护的突出部的钳形攻势。为了缩短战线，防止被法英联军合围，德皇于 2 月 4 日下令努瓦荣突出部的德军后撤 40 千米，把战线拉直。从 2 月 25 日到 4 月 5 日，德军在鲁登道夫巧妙的指挥下，实施分阶段从努瓦荣撤退，退到一系列正面狭窄的预设阵地上，这些阵地史称兴登堡防线，而德国人自己把它称为齐格菲防线。兴登堡上台后，于 1916 年开始修筑一个坚固的防御体系，这一体系是以鲁登道夫的“弹性防御”思想建立起来的。防线沿着称为谢曼—德—达姆的山脊修筑，防御纵深由传统的不足 2 千米扩大到 15 千米，主要防御地带前面有警戒阵地，警戒阵地与主要防御地带间设置了许多机枪火力点。主要防御地带由 2 ~ 3 条堑壕组成，相隔 200 ~ 300 米，堑壕线上筑有大量永备火力点和掩蔽部，每条堑壕前设有一道 30 米宽的铁丝网障碍。在主要防御地带之后，还设有中间防御地带和后方防御地带。德军的这次撤退，是 3 年来在西线最大的一次运动。新的阵地与纵深野战工事相结合，极其坚固，德军缩短了的防线使用不到 13 个师的兵力即可防守。因此，这次撤退不仅避免了敌人来自两边猛插的危险，而且多出来的部队还可以满足德军最大的需要——充当后备队。在德军放弃了那个曾经长期固守的突出部之时，他们留下了一片焦土。水井撒了毒药，建筑物残骸上埋有地雷，村庄、公路、树木和铁路都被彻底破坏。

但是，尼维尔无视德国人的撤退。因为如果他正视现实，他几个月来精心制定的方案将成为废纸。当法国部队进入这块烧焦了的突出部时，尼维尔博得了他的国人的欢呼。在各种集会上，平民们都为国家有这样一位杰出的战略家来担任总司令而庆幸。尼维尔深受鼓舞，决定继续前进，将主要打击方向定为兴登堡防线南端的谢曼—德—达姆。

这时，法国政府改组，潘勒韦成为新的陆军部长。以前历任陆军部长从不过问总参谋部的决定。但潘勒韦不同，坚持自己必须拥有相应的权力。他刚刚就任部长时，就会见了尼维尔，直言不讳地告诉尼维尔，如果他在霞飞被解职时担任部长，那么担任总司令一职的将是贝当。他告诉尼维尔，他得知他的作战计划包括进攻的准确日期在巴黎已是尽人皆知，他对此深感不安。这位部长认为，除敌人有可能知道细节和确切日期外，随着德军的撤走，原先围绕攻占突出部的计划自然应该取消。

德军坚固的防御工事

但是尼维尔只答应对计划稍作修改。他解释说，因为突出部不再存在，法国的大炮和部队将去德国前线打开缺口，然后在敌人后面扇形展开，以摧毁其堑壕体系。法国的损失将是微不足道的，因为兴登堡防线经受不住法国攻城炮的锤打。“我不担心人数，人数越多，胜利越大。”

与尼维尔的乐观不同，潘勒韦有一种大难临头的感觉。各集团军的指挥官向他提出对这一计划的许多怀疑。他们告诉部长，俄国的垮台已近在眼前。一旦俄国退出战争，那么德军就可以从东线调来许多强大的部队加强已严密设防的兴登堡防线。法国不需要单独流血，而应等到美国参战后再发动进攻。协约国得到美国的增援，就能粉碎德国军队。

1917 年 3 月 25 日，一位高级军官撰写的报告摆到了潘勒韦的办公桌上。这份报告是根据高级参谋们集体的意见写成的。该报告称德国已对法国的攻势做好了充分准备，如果法军的进攻被击退，那么法国陆军最好的几个集团军将遭到歼灭。这份报告让陆军部长胆战心惊，他立即召见尼维尔手下 3 个集团军的指挥官了解情况。结果，米什勒公然反对这次进攻，贝当也认为尼维尔的计划不会取胜，德斯佩雷也同样悲观。

陆军部长觉得不能再犹豫了。4 月 3 日，他将尼维尔请到陆军部，其他的客人中包括总理等人。潘勒韦向尼维尔说明了所有不利于他的进攻计划的事实，强调了等待美国参战的巨大利益。但尼维尔不为所动，他重申了他决定进攻的理由。德国撤退，只需要对法国计划作些小的变动，任何相反的观点都是无知的产物。他再次向他的听众保证，这场大规模的进攻将在数周时间内真正结束这次世界大战。虽然美国的参战已成定局，但他认为，美国提供的任何军事援助不会来到，至少要等到下一年。而那时，所有的黄花菜都凉了。在谈到德国的防御时，尼维尔认为那不值得担忧，他充满信心地说，兴登堡防线在第一次猛攻下就会土崩瓦解。说到这里，这位将军平息了一下自己激动的情绪，然后走到一幅巨大的西线地图前，用指挥棒横扫出一道宽阔的弧线。他高傲地宣称，所有这一切几天内将是我们的。尼维尔对他的听众十分了解，他的听众是那些对获得一点点胜利都会感到激动和满足的人，更不用说是一场大胜利了。差不多 3 年了，法国人得到的只是失败、耻辱和失望，他们太迫切需要一场胜利了。

潘勒韦暂时被尼维尔描绘的前景吸引住了，他忘记了高级参谋们给他的报告。他拉着尼维尔的手，激动地说："将军，如果你进攻的结果，只是归还我们这片广大的领土和它所包含的一切，政府和国家将认为这是一个伟大的胜利，并将大大地感谢你。"尼维尔报之矜持的微笑："你所说的没有什么，只是一个微不足道的小小的战术胜利而已。我在埃纳河集结的120万士兵、5000门火炮和50万匹马匹，不是为了这样一点点的战果的。果真如此，这场比赛是不划算的。"

然而，德国的防御体系现在已经做好了战斗准备。传统的堑壕，已被数千个布满机枪的混凝土碉堡所取代，任何机枪碉堡受到袭击，就会得到周围其他机枪碉堡的火力支援。在机枪碉堡的后面，是数千个地下掩蔽部，这些地下掩蔽部在猛烈轰击期间为防御部队提供掩护。在敌人炮火准备停止时，防守者将冲向前去，击退可能越过机枪碉堡的任何敌军。德军的这种所谓的"弹性防御"，是专门为迅速而彻底地挫败尼维尔进攻而精心设计的。

同时，尼维尔原来的计划假定，他的44个法军师将大大胜过敌人的9个师。但德国已从俄国和其他战线抽调足够的兵力，集结了43个满员师，沿着兴登堡防线布防。当这个情报送达尼维尔的办公桌时，他将其弃之一旁，认为这个情报不过是德国人的宣传。在进攻发起之前的一段日子里，许多指挥官，甚至是普通老百姓，不断给陆军部长写信，指出这次攻势的愚蠢。因此，潘勒韦部长又开始担心了。

4月6日，在大炮轰鸣之前10天，一个高级军政联席会议在贡比涅总统的个人专列上召开了。总统首先表明，在人力方面已感贫乏的法国，应当避免失败的风险。因为如果冒险失败，国家将遭到重大损失。陆军部长也发表了同样语调的讲话。在场的其他要员也都表示赞同总统的意见。

尼维尔仍旧一意孤行。他坚称："我不会在任何借口下卷入又一次索姆河之战的。"他预言，这次进攻将摧毁法国的消极态度。为了消除人们的担心，他作了甚至他本人也知道不能实现的许诺，如果进攻在 48 小时内不能成功，他将终止这场战斗，撤回所有部队。

但集团军指挥官的意见显然没有这样乐观。贝当认为："我们没有执行这个计划的人力物力。即使这个计划成功，我们也不能扩大这个计划的战果。我们有 50 万生力军来进行这样一次前进吗？没有。那么这是不可能的。"

面对反对意见，尼维尔不愿意妥协和放弃，他甚至以辞职相威胁："既然我不能得到政府的同意，又不能得到部下的同意，摆在我面前的唯一道路是辞职。"这下问题大发了。部长们知道，在大战即将发起的这样一个关键时刻，他们是无法向公众解释总司令辞职的理由的。尼维尔如果离去，有人将随之提出组织新内阁的要求。部长们关心的是保持国家的协调和他们自己的职位。因此，他们后退了，妥协了，即使尼维尔只获得一点点胜利，风险也就不会存在。即使发生最坏的情况，尼维尔不是已经许诺，他将放弃进攻吗？既如此，还有什么好担心的呢？最终，法国批准了尼维尔的计划，避免法国人遭受一次巨创的机会就这样丧失了。

法国深陷泥潭

1917 年 4 月初，大军云集在西线。在协约国方面，从新港到伊普雷地段，是比利时集团军群；伊普雷到鲁瓦是英国集团军群；鲁瓦到瑞士国境依次为法军的北方集团军群、预备集团军群、中央集团军群和东方集团军群。在主要突击方向上，法军投入进攻的兵力为 59 个步兵师和 7 个骑兵师，5000 余门火炮，1000 架飞机，约 200 辆坦克。预定参加全战役的协约国军队共 100 多个师。而与之对垒的德军，从海边到苏瓦松之间是巴伐利亚王储鲁普雷希特集团军群（辖第 4、第 6、第 2 集团军）；苏瓦松至凡尔登的是德国皇太子集团军群（辖第 7、第 1、第 3 集团军）；从凡尔登到瑞士国境是符腾堡公爵阿尔勃莱希特集团军群。此外，预备队有28个师。总兵力共151.5个师，270万人。在尼维尔预定的主要进攻方向上，德军配置了第1、第3和第7集团军，共27个步兵师，2400门火炮和640架飞机。

尼维尔攻势开始于4月9日。在那个可怕的早晨，首先由英军拉开了尼维尔攻势的序幕。英军第3集团军的13个师、2800门火炮、300架飞机、40辆坦克，在阿拉斯以南首先发起辅助突击，英军第1和第5集团军保障其两翼的安全。英军的目标是朗斯，企图以此打通通向杜埃和康布雷的大门。英军进攻前，实施了连续6天的炮火准备，向德军阵地倾泻了近9万发炮弹。进攻的第一天，英军在20千米宽的正面楔入了德军第一线阵地。配属英第3集团军的加拿大兵团5个师占领了兴登堡防线西北翼的维米岭。但是，英军的进攻遭到了德军的顽强抵抗，加之遍地泥沼，英军坦克和炮兵行动困难，步、炮、坦未能协同动作，以及天气恶化，气温下降和暴风雪等原因，英军推进缓慢。到第6天，最远只前进6千米，虽然俘虏了1.8万名德军，缴获了230门火炮，加上德军伤亡5.7万人，但英军也付出了8.4万人的代价，最主要的是，英军的辅助突击并未能牵制德军，并将德军的注意力从法军的主要突击方向上引开。

当大炮仍在阿拉斯轰鸣时，由法军第5、第6、第10和第1集团军120万大军组成的尼维尔攻势的强大主力部队，就要对德军发起突击了。

4月15日，进攻的前夕，黑暗降临，天气开始转为雨夹雪，气温迅速下降。法军士兵们步履艰难地走向他们的出发阵地，走向他们生命的尽头。泥深没踝，上衣被淋得湿透，慢慢地耗尽了精力。到达攻击位置后，他们在大下特下的雨雪下缩成一团。指挥官开始宣读尼维尔的命令："时间已经来到！勇敢和信心！法兰西万岁！"

与此同时，在对面敌人防线的后面，德军指挥官鲁普雷希特也在向士兵们宣读德皇的电报："你们军队正在经受猛烈的炮击。法国步兵的大进攻随时都会到来。整个德国正在期待地注视着它勇敢的儿子们。为我问候他们，我的心和他们在一起。”

英军大炮猛轰德军阵地

尼维尔把宝押在7000门大炮1100万发炮弹和十足的信心上。在法国炮兵通宵弹幕射击期间，法国部队开始向前移动，尽管寒冷刺骨，士兵们却感到一种新的力量。当拂晓前突击的哨子吹响时，部队攀登壕内的梯子登上壕顶，指望着把敌人杀光。但当他们在泥淖中艰难行进时，他们开始感到非常失望。

德军在法军长时间炮火准备时，主动将部分人员撤出第一线阵地，以保存实力。尽管如此，法军步兵的密集进攻仍遭到未被压制的德军机枪火力的打击和火炮的拦阻射击，遭受很大伤亡。法国的大炮尽管数量庞大，仍不可能轰击所有敌区。德国的带刺铁丝网都挂上了铃铛，当法国士兵在黑暗中撞上铁丝网时，铃铛就会发出响声。而在法国炮弹把带刺铁丝网炸毁的地方，德国人就在当场燃起黄色的火焰。在火光的笼罩下，法国进攻部队被火炮和机枪的火力所击倒。战役发起前芒让的计算只是纸上谈兵，在实战中变得一文不值。法国士兵不能绕过敌人防守的据点去进攻后方的德国阵地，只能倒伏在灌满泥浆的弹坑里。炮弹和机枪向他们扫来。到上午7时，尼维尔制定的时间表已乱成一团。法国的各个营，预定每隔15分钟就进入进攻堑壕，但由于后面的部队步履蹒跚，前面的部队又爬了回来，使得在他们后面堑壕里的人无法前进，而跟上来的人又倒在他们身上，乱成一堆。

在指挥部里，总参谋部不了解前线的攻势已经陷入绝境，芒让又向部队发出了催促前进的命令。他命令第6集团军“不要容许敌人建立连续的机枪防线。你们必须利用缺口，通过敌人抵抗的据点”。但法军可以利用的缺口不多，而这不多的缺口也都成了成千上万名法国士兵走向来世的通道。到中午，雨和雪下得更密，使目视通信和空中观察变成不可能。炮手们看不到他们前进的部队，根据混乱的报告而指挥炮击的炮兵指挥官，以为士兵们还没有离开堑壕，于是把掩护弹幕拉回到出发点，将数以吨计的炮弹倾泻到正在前进中的自己部队头上。

在战斗中，法国人第一次大规模使用了坦克。这种坦克按照制造它们的兵工厂的名字命名，被称为“施乃德”。进攻中，法军投入坦克支援步兵作战。为了增大行程，每辆坦克外部挂了一桶燃料，结果使坦克更容易被炮火击中起火。加上天气恶劣，大部分坦克陷入泥沼，成为炮火易于命中的目标。

下午2时30分，德国人开始大举反击。到黄昏时刻，法军以巨大的代价，在部分地段占领了德军第一防御地带，个别地方突入中间防御地带，而远远没有达到尼维尔规划的前进6英里。只是由于法国士兵的勇敢，才阻止了德军进一步把他们赶回来。

大量的伤亡，把本来就效率低下的法国医疗勤务完全压垮了。进攻发起前，卫生勤务部门做好了救治1.5万名伤员的准备，但第一天的伤亡人数就达9万人。一所医院只有4只体温表要供3500名伤病员使用，由于缺乏甚至最起码的医疗设施和条件，只得让伤病员躺在泥沼中。

尼维尔大吹大擂的“结束战争的突破”在头一天就完全停止了。48小时倏忽而逝，尼维尔再次自食其言。这时，就是他愿意他也不可能撤回他的部队了。

阵亡者的尸体填满了堑壕

4 月 17 日，法国部队占领了马尔梅松要塞，这个前出 2.5 英里的进展，也是尼维尔攻势发起后法国部队前进最远的地方。就是这个微不足道的进展，也是由于德军为了重新集结而从这一突出部撤走后取得的。此后两周，德军和法军在几乎是一条固定的战线上展开激战。

法国部队在前线遭到屠杀的报道在士兵中传开了，于是这样的口号在部队中响起："打倒战争！""打倒笨拙的将军！"甚至连军官也开始对尼维尔的战略提出抗议，他们说："这是倒退，我们没有学到一样东西，我们还在坚持 1915 年的战法。当然，我们将得到传令嘉奖和勋章，但是我们不在乎。我们关心的不是荣誉，而是可以节约更多人命的较明智的政策。"

当陆军部长巡视前线时，他最担心的事变成了现实。最后，就连尼维尔也认识到，他的攻势是一场大灾难。到这时，前线的真相传开了，尼维尔要寻找替罪羊。他向潘勒韦暗示，这次溃败是芒让的过失，但他企图推卸责任的做法遭到了无情的鄙视。

尼维尔歇斯底里大发作，他跑到米什勒的指挥部，在会议室里大发雷霆，当着米什勒幕僚的面，尖声谴责米什勒。但米什勒没有忍受责骂，他猛烈反击他的总司令。他大声喊道："你想要我对你的错误负责？我，从未停止过对你的错误提出告诫。你知道这种行为叫什么吗？"他指着尼维尔责问着，“嘿，这叫做怯懦！”尼维尔在他的部下面前退缩了，他像喝醉酒似的，摇摇晃晃地钻进他的小汽车，灰溜溜地开走了。

在尼维尔进攻期间，法国官方列出的伤亡人数是 9.6 万人。一位后来成为历史学家的前线指挥官报告法国的伤亡人数是 18 万人，其他人把损失定在 20 万人以上。至于德军，他们自己承认的伤亡人数是 16 万人。

法国士兵是勇敢的，对战争所引发的苦难也是有思想准备的，但他们再也不肯日复一日年复一年地像猪一样被赶到屠宰场去接受屠杀了，部队爆发了反抗。在此后的两个月中，法国陆军处于瘫痪状态。

法国士兵在为阵亡的战友搭十字架

这种反抗的情绪早已存在，正式开始于 1917 年 4 月 29 日，然后逐渐蔓延。这也许是现代史上一支庞大军队中发生的最大兵变，徒劳无益的流血，无休无止的战斗，没有得到充分的休息，没有任何娱乐设施，官兵间无法弥合的鸿沟，后方的反战罢工和绝望情绪，敌人的宣传以及俄国发生的革命，所有这一切累积在一起，导致了法国兵变。整师整师的部队拒绝执行命令，“兵营贴满了布告，宣布士兵们拒绝再回到堑壕去，奉命上前线去的一个营在树林中解散了。回家休假的士兵在火车上高唱国际歌，要求和平。在 16 个不同的军团中都发生了兵变，许多青年士兵游行穿过一个个法国城镇的街道，学着羊的咩咩叫声，表示他们就像羔羊一样被赶赴屠场。”

在最危急的日子里，只有两个可靠的师屹立在巴黎和德军之间。万幸的是德军当时对法国的混乱局面一无所知。法国最高统帅部曾担心德军可能向俘虏搜集这方面的情报，因此不断调动前线的部队以迷惑敌人。所有被俘的士兵连提也没提这次反抗的事。法国兵反抗的是无能的领导，但他们不是叛国者，这是法国的幸运。否则，一旦德国人了解实情，其后果当真是不堪设想。

军方领导人企图蒙骗政府，称这种反抗为“集体无纪律”行为，但纸终究是包不住火的。在反抗表面化的同一天，惊恐的政府得出结论，如果法国要生存下去，尼维尔必须滚蛋。当尼维尔的进攻转化为大屠杀后，有人直率地要他为了法国的利益而辞职。陆军部长正式提名贝当为总司令。这对一个60岁的职业军人，算得上一次让人炫目的提升。要知道，贝当在大战开始时，还只不过是一名默默无闻、即将退休的上校。

好大喜功的尼维尔连同他的大话全完蛋了，“凡尔登的救星”接过了法军的指挥权。对贝当来说，这是他最光荣的时刻。贝当立即将尼维尔的参谋人员解职，代之以与自己观点相同的人员，即赢得战争要靠大量使用大口径火炮和节约人力。在他的统帅下，指导法国军队的口号变成了“多用钢铁，少流鲜血”。当然，最要紧的是处理陆军内部的危机。他素来以士兵的保护者而著名，受到士兵的尊敬。为了安抚部队，平息不满，贝当勤勤勤恳恳，不知疲倦，在担任统帅的头一个月中，他就走访了约90个师，倾听士兵们的抱怨，安排更多的人休假，关心士兵的娱乐生活。最后，调查报告和军事法庭宣告事件结束，部队纪律得到恢复，法国继续进行战争。

直到现在，1917年的兵变仍是法国最为严密保守的机密之一。除法国官方有简短的记载外，军队用保持缄默把这件事包裹起来。一位历史学家认为：“积极反抗的至少有10万人，也许更多。”官方报告的数据是，有412个反抗者受到惩罚，其中23人被枪毙，但有多少人经过或未经军事法庭审判就被处死，仍然不得而知。其他反抗的人都被流放到魔鬼岛和非洲的劳役营，后来经政府大赦，才于1924年回到法国。

英军成了主角

到1917年6月底，法军的秩序和士气开始恢复。但是贝当很谨慎，他知道，人心散了，队伍不好带了，法军纪律完全恢复和士气的提升需要时间，没有比较充分的休整，法军很难恢复元气。因此，在1917年剩下的时间里，除了用于缓慢的恢复外，很难要求法军有什么大动作。他告诉英国人，在此期间，英国必须肩负起西线的重任。

这对大战开始以来一直充当配角的英国而言，无疑是一件十分棘手的事。因为年初时似乎对协约国有利的西线战略形势，这时已发生了逆转。俄国革命使德国腾出手来对付西线，灾难深重的意大利需要英法的援助，而刚刚经受重创的法军，显然一时指望不上，法国的陆军师只能防守从瑞士这一漫长战线上平静的地段。如果不想让西线崩溃，那么英国当仁不让地应该承担起重任。

黑格在法国兵变爆发之前就计划在佛兰德发动一场进攻，兵变似乎更增加了把德军吸引到英军战线的理由，英国情报机关也对德军的弱点和低沉的士气提供了越来越乐观的估计。于是，英国远征军司令黑格决定，继续按协约国1917年作战计划，发起进攻。进攻的地点，选在了大兵称之为“抹布”的伊普雷突出部，由于这里在1914年、1915年曾先后两次被选作大规模交战的战场，因此，人们将这次战役称为第三次伊普雷战役。

黑格爵士从来就不相信，机枪和坦克已使骑兵袭击成为历史陈迹。为了宣传他的这种观点，在整个大战期间，他那发亮的长筒靴总是带着马刺。他为进攻佛兰德的伊普雷战役拟定的计划，可以将他的梦想付诸实施，即在夺取奥斯坦德和泽布腊赫德国潜艇基地而向比利时海岸进行的扫荡中，将有机会大量地使用骑兵。

骑兵出身的黑格在整个大战期间都穿着带有踢马刺的皮靴，显示着他对骑兵的偏爱

伊普雷地区位于整个西部战线北部，靠近海峡。这里的德军防线，掩护着比利时海岸德军潜艇基地和用于轰炸英国本土的齐柏林飞艇基地，直接威胁着英国的安全。从帕尚代尔到梅森由北向南有一条12千米长、海拔300多米的高地，把利斯河与伊泽尔河分开。德军第4集团军的5个师在此据守了近两年时间，在高地上修筑了两条堑壕阵地及两道辅助阵地。

这里地势低洼，沟渠水网纵横交错。经过多少世纪的辛勤劳作，佛兰德的田野已从原始的沼泽中开垦出来。由于连年战火，原有的排水和堤坝系统均遭破坏，后来的雨淋把这里搅成一片泥海，那些星罗棋布而又阴暗、污浊的池塘，从活人遗弃的废物和垃圾以及人与动物尸体中散发的恶臭，使这一地区的地形不适合军事行动，但黑格却不这么认为，他一直对这个地区干燥的地图心往神驰。黑格企图一举攻占帕尚代尔—梅森高地，进而向比利时海岸扫荡，夺取奥斯坦德和泽布腊赫德国潜艇基地。这样，既可以吸引德军兵力以减轻法军压力，又可缓解德国潜艇对英国的封锁。黑格打算用于进攻的是英军第2集团军3个兵团，在第一梯队配置9个师，3个师作预备队。英军在进攻地带集中了2200门火炮，300架飞机，90辆坦克。

自1914年大战爆发以来，伊普雷突出部一直由普卢默指挥的英国第2集团军防守。他设计了一个方案，在挡住英军突出部东南侧翼的一连串山脊的梅森那一边挖掘地道，把它炸掉。威尔士矿工和部队为此劳动了两年之久，挖掘了19条地道，这是军事史上最惊人的坑道作业。这些坑道起自英军防御阵地的后面，终点在德军防御前沿阵地的下面，距地表面深度平均在25～36米，最深处达50米，坑道总长7300米，在敌人重要阵地的下面，英国人堆放了600吨高爆炸药。而德国人则一直针对英国人的作业埋设反坑道炸药包或进行对壕作业。这场黑暗中的战斗，在炮弹破坏的地面下进行，坑道内的肉搏战不时发生，士兵们相互卡住对方的咽喉，用镐和铁锹将对方打死。不过，德国人并没有把英国挖掘的地道当回事，因为他们深信英军的炸药不过是引起一阵震颤而已，作用有限得很，但英国人显然不这么看。6月6日夜，即攻击发起前夕，普卢默对手下说："先生们，我不知道我们是否将在明天创造历史，但我们肯定将改变地理。"

英国人将发起进攻的时间定在6月7日凌晨3时10分。在突击之前，英国第2集团军在9英里的正面上进行了长达17天的密集炮击。在发起攻击的半小时前,所有英国大炮都停止了射击,部队进入阵地在堑壕待命。到了发起进攻的时刻，起爆开关的插棒式铁芯被塞了进去，同时引爆了所有19条坑道的炸药。当泥土冲向高空时，震波穿过海峡，甚至伦敦唐宁街十号的首相官邸都感觉到了它的震动。德国防线上炸成的弹坑，每个直径达100多米，深30多米，2万名以上的德军被炸死或炸伤。当黎明的曙光出现时，9个师的部队发起了冲锋。英军开始前进时没有遇到抵抗，因为前沿阵地上只有一些被震昏的德国士兵还活着，英军第一梯队迅速突入德军阵地，下午即前出到德军第二阵地。稍后，德军预备队开进来投入战斗，英军遭遇的抵抗越来越强。经过艰苦奋战，英军在夜幕降临前攻占了梅森高地，从而保障了伊普雷突出部南翼的安全。德军防御部队的伤亡头一次略大于实施进攻的英军，作战第一天，英军俘虏德军7300余人，缴获机枪近300挺。以后，随着德军的防御不断加强，英军再未取得大的进展。6 月 14 日，英军暂时中止进攻，作战又进入胶着状态。

德军为报复英军的坑道大爆破，于 7 月 13 日在伊普雷附近地区首次使用了新的化学武器——芥子气炮弹。

伊普雷战场一角，那些断垣残壁无言地诉说着战争的冷漠与残酷

这种液状毒剂散发后，损害人的皮肤、眼睛和肺，甚至造成死亡。由于英军未能进行有效防护，当天伤亡 2000 余人。

为了扭转僵持局面，实现原定的作战目标，黑格又调英军第 5 集团军继续在伊普雷地区实施进攻，同时由英军第 2 集团军提供支援。英军第 5 集团军下辖 4 个兵团 9 个师，火炮 2300 门，飞机近 800 架，坦克 210 余辆。黑格企图在 8 月的暴雨使伊普雷突出部陷入泥淖之前，完成这一军事行动。他的计划包括占领山脊，然后向海峡口岸前进。但英第 5 集团军司令高夫及其参谋人员都不熟悉伊普雷周围的地形，其手下的部队有不少是新兵。

德军事先得到了英军进攻的情报，及时调整了部署，加强了防御准备。英第 5 集团军将要面对的，是德军的第 4 集团军，其中 8 个师配置在第一梯队，另外 12 个师作为预备队。德军的火炮 1500 多门，飞机 600 架。同时，德军正在运用一种新的战略——弹性防御，它容许敌人稍有前进，但必须在付出重大伤亡代价之后。第 4 集团军的防御包括 6 条堑壕线，由上面盖着混凝土和排列成菱形的机枪弧形窗加以支持。以往惯用的堑壕体系已经放弃，代之以一系列钢筋混凝土碉堡，每个碉堡甚至能经受一颗203毫米炮弹的轰击。德军在前沿阵地只配备了少量士兵，但是当进攻部队进入后方地区时，抵抗将越来越强。德国人还有一个撒手锏，那就是化学武器芥子气。为使他们的防御更为坚强，德军还使每个碉堡的三面都被水淹没。每个碉堡后面有几条小路，以便防守者迅速退却，而进攻者不得不缓慢地前进，从一个水坑跳到另一个水坑。因此，德国人对英国人即将发起的进攻满不在乎。德军指挥官说："对于进攻我心里是十分安定的，因为我们从来没有配置过这样坚强的后备部队，他们受过良好的训练，知道在被进攻的战线上应尽的职责。"

7月22日，英军的大炮开始了长达10天的炮火准备，发射了430万发炮弹。在7月31日步兵发起突击的那天，下了一场大暴雨，接着又是几个阴雨天。士兵们疲倦地在隔泥板铺成的狭窄小道上蹒跚而行，一不小心就可能一头扎进炮弹烧成的深水坑中，从小道上滑倒的骡马有不少就被淹死在那里。火炮掉进淤泥无法使用，步枪沾上泥土打不响了，甚至连食物也被污泥弄脏。英国坦克陷入泥沼，成为德军炮兵的标靶。坦克的装甲钢板太薄，经受不住德军炮火的轰击。航空兵因气象恶劣不能有效支援地面作战。

第一天，高夫的步兵前进了500米，但德国人的一次反击迫使他们几乎退回到出发时的防线。仅这一天，英军伤亡就达3.2万人。

一天英军以3.2万人的伤亡，仅推进了500米。8月初，连续不断的暴雨阻碍了英军的进攻。8月16日，英军重新组织攻势，但很快又被德军的弹性防御所阻。9月下旬和10月下旬，英军又发起两次进攻，都未取得明显战果。至11月10日战役结束时，英军只是将战线前推了6千米，占领了几平方千米毫无价值的沼泽地。英军至少损失了24万人，有人估计为38万人，歼灭德军27万人。

英军司令黑格试图冲到英吉利海峡的宏大计划破产了。首相劳合·乔治战后在回忆录中写道：这次作战“连同索姆河和凡尔登的战斗，将列为战争史上所曾进行过的最残忍、最无益和最血腥的战斗”，是英军统帅黑格“无与伦比的顽固和狭隘的自高自大”的必然结局，而黑格在事后则把失败归咎于持续几个月的“最坏的天气”。

坦克战横空出世

在伊普雷战役之后，英国又在康布雷发起新的进攻。

为了挽回伊普雷战役的失败，并策应意大利战场意军作战，1917 年 9 月中旬，黑格决定动用英军第 3 集团军的兵力，在康布雷发动一次有限攻势。战役从 1917 年 11 月 20 日开始至 12 月 6 日结束。黑格为这次战役制定的目标是，在敌军意想不到的地方发动突然进攻，取得局部成功，以减轻其他战线的压力。

早在这年的 9 月中旬，伊普雷战役正在进行时，英国第 3 集团军指挥官宾将军就奉命组织一次攻势，以便将德军的兵力从伊普雷地区引开。此时，坦克已经成熟，它的技术和战术已臻完善。终于能够大量使用，而不是零星地投入战斗。这些“铁罐子”开始发挥威力，并影响战役计划的制订。

宾将军和皇家坦克部队指挥官埃尔斯采纳了总参谋部军官、后来成为著名军事理论家的富勒上校于 8 月提出的建议。由于坦克在佛兰德的泥

康布雷战役时的富勒和英第 3 集团军司令官宾爵士

沼中难以发挥威力，富勒寻求和找到了能大量部署机动装甲部队和发挥巨大影响的地形，那就是康布雷地区。

康布雷是法国北部的一个城市，位于伊普雷东南 70 千米。该城的南面和西南是一片旷野，土地结实，适合于坦克机动作战。因此，英军将主要进攻地段确定在北运河与圣康坦运河之间 10 千米宽的台地，计划攻占康布雷镇，威胁阿拉斯德军的补给线，迫使敌人撤出该地区。由于英军在伊普雷战役中损失巨大，部队需要休整补充，再加上战役前夕，意大利军队在卡波雷托全线溃败，急需抽调兵力支援，因此，黑格决定限制战役规模，把取胜的希望主要寄托在新采用的大规模坦克攻击战术上。英军计划以大量坦克协同步兵突破德军第一道防线，然后掩护骑兵直插德军后防线，攻击德军的指挥系统和交通线，阻止其他战线德军增援。

为了实施这次战役，英军第 3 集团军司令宾将军把部队编成两个梯队：第一梯队包括第 3、第 4 兵团 6 个步兵师和坦克第 3 兵团 3 个坦克旅，共有 476 辆坦克；第二梯队包括骑兵第 3 兵团 3 个骑兵师；计有 1000 多门火炮和约 1000 架飞机负责炮火和航空兵保障。

为了打好这一仗，英军在战前进行了充分准备。参战部队进行了为期 8 天的步坦协同作战训练。为了保守秘密，英军采取了一系列措施。所有坦克都是在夜间用铁路运送，再从最近的铁路卸载站开往距敌前沿约 1000 米的出发阵地。飞机不停地在前线上空回旋，以掩盖坦克行进中的巨大噪声。美术家用最新迷彩斑纹把坦克伪装起来。除军官外，部队的其他人员，直到进攻前 48 小时都不知道坦克参战的事。进攻发起前，还取消了例行的炮火准备。

当面德军为巴伐利亚王储集团军群第 2 集团军的 6 个师，其中有 3 个师在两条运河之间地区防守。德军在 7 ~ 9 千米防御纵深内，设置了 3 道防线，防御工事比较坚固。

康布雷战役中坦克战建立奇功。一辆坦克拖着缴获的德国大炮从前线归来，受到英军士兵的热烈欢迎

11月20日晨6时20分，天刚蒙蒙亮，大雾弥漫，能见度低。英军在大雾掩护下突然发起进攻。381辆坦克在10千米正面展开，每3辆组成1组，沿着夜间用线带标好的车道，呈前三角队形隆隆向前冲击。随着坦克滚滚向前，德军的带刺铁丝网等障碍物被碾平了。德军事先曾将每条堑壕拓宽，目的是为了阻止英军坦克越过堑壕。但富勒克服了这种陷阱，所有的英国坦克都携带着用链条缚紧的长长的柴捆，把它们投入堑壕，搭建成临时便桥。英军的炮兵在坦克开始行动10分钟后才开始炮击德军阵地，德军猝不及防，被从大雾中突然冒出来的庞然大物惊呆了。至11时30分，英军在德军防线上撕开了数千米宽的口子，部分地段进至德军第二阵地。16时，英军突入德军第三阵地，向纵深推进8～10千米。英军伤亡4000人，俘虏7500名德军士兵。

对于经常伤亡惨重而又一无所得的英国人来说，这是一个巨大的胜利。当天，英国全国的教堂钟声齐鸣，庆贺这一难得的胜利，这在大战中还是第一次。但是，由于黑格在西线很少打过胜仗，他对于扩大在康布雷取得的战果没有思想准备，因此他既没有派出更多的预备队，又不愿放弃已经夺得的阵地。既没有后备力量的支援，又要保住已经占领的地盘，这使宾将军陷入两难的境地。由于英军预备队兵力不足，预定负责纵深进攻的第二梯队骑兵师没能及时投入作战，延误了战机，未能趁势扩大战果。

对于德军的溃败，鲁登道夫起初惊慌失措，但不久就镇定下来，命令援军迅速增援。德军从慌乱中稳住了阵脚，重新组织防御。11 月底，德军的兵力得到加强，达到 16 个师，超过了进攻的英军。11 月 30 日，德军发动了一次猛烈的突然反击，到 12 月 6 日，夺回了被英军占领的大部分阵地。

当德军反攻和英军撤退的消息传来时，伦敦早先的欢乐转化为沮丧。到 12 月的第一周结束时，暴风雪阻止了所有的军事行动。两周来的战斗使英军伤亡了 4.5 万人，德军的损失大致相同。有 1.1 万名德军被俘，英军被俘的人数约为 9000。

康布雷战役双方的损失相当，进攻的一方没有取得多大战果，对整个战争的进程也没有产生多大作用，但它在军事上却产生了深远影响。康布雷战役是进攻战中大规模使用坦克的先例，在组织实施坦克与步兵、炮兵、航空兵等诸兵种协同作战方面提供了许多宝贵的经验。坦克最终显示了它真正的潜力和价值。如果没有坦克助阵，英军是不可能取得最初的进展的。坦克在康布雷的战斗表明，适当地使用充分数量的机动装甲车辆能够改转战斗形势。鲁登道夫后来说，这种新式武器“是够讨厌的，但不是决定性的”。但兴登堡的认识更为清醒，他说：“英国在康布雷的进攻第一次揭示了用坦克进行大规模奇袭的可能性，它们能够越过我们未遭破坏的堑壕和障碍物，这不能不对我们部队有显著的影响，步兵感到对坦克的装甲侧面实际上无能为力。机动车辆一突破我们的堑壕线，防守者就感到他的后方受到威胁而离开了他的战斗岗位。”

1917 年，协约国为在西线取得决定性胜利，投入了大量兵力，实施了数次大规模进攻战，结果同往年一样令人失望，不仅未能达到预期的目的，反而损失惨重，原想摆脱无休止的阵地消耗战，不曾想最终还是陷入消耗战之中。大战已经打了 3 年多，各协约国国家的军队之间仍是各弹各的调，步调不一致，缺乏统一指挥。协约国在制订年度作战计划时，对各成员国军队具体行动的规模、时间、相互协同配合都没有严格的规定，未能建立统一的指挥机构，因此统一作战指挥也就无从谈起。各次进攻战役之间缺乏联系，成为几次分散孤立的作战行动，形不成整体打击威力，使得德国能不断从其他战线调动兵力加强防御。作战指挥者思想僵化呆板，未能跳出堑壕战思想的束缚，一直停留在对一线阵地的突破上，最终未能击败德军的弹性防御。

胜利对于意军实在是一种奢望

在1917年协约国的作战计划中，意大利战场作为辅助方向，肩负着牵制南线德奥军队以支援西线主战场英法军的任务。

到1916年年底，意军实力得到很大加强。陆军新组建了16个步兵师，另有6个师在整编中。意军的中程火炮比原来增长5倍，重型火炮增加4倍，炮弹生产也成倍增长，机枪由参战时的600挺增加到8200挺，飞机从1915年的380架增加到3800架。由于兵力数量大幅增长，意军总参谋长卡多尔纳财大气粗，对意军在1917年的进攻信心满满。

为此，意军对前几次伊松佐河战役的失利耿耿于怀，决定在新的一年发动第十次伊松佐河战役，亦称“五月攻势”。进攻的兵力为新组建的戈里齐亚集群和第3集团军，共28个师，1000多门重炮，计划在战线东部柏普拉瓦到戈里齐亚地段发起进攻，主攻方向是戈里齐亚以北地区。意军当面之敌是奥军第5集团军，共18个师，400门火炮。

意大利军队开赴前线

1917年5月14日，在经过两天的炮火准备之后，意军发起进攻，但意军进展缓慢，一周时间内仅向前推进了2～3千米。5月23日起，意军将主要突击方向向南转移，在维帕科河到海边的地段上发动新的进攻。由于得到130架飞机的支援，意军很快攻占奥军第一道防线。5月28日后，由于后续作战能力不足，意军停止进攻，就地组织防御。6月4日奥军突然发起反攻，夺回了许多意军苦战得到的阵地，至6月8日，第十次伊松佐河战役结束。意军在这次战役中损失15.7万人，歼敌12万余人。

1917年7月，协约国召开军事会议，再度要求意大利在秋季以前发动进攻。卡多尔纳遂决定集中51个师，5200门大炮，从8月19日开始，沿伊松佐河，在托米尔诺到蒂马沃河口地段发动第十一次伊松佐河战役。计划由意军第2集团军对巴恩西扎高原实施主攻，在北面托尔米诺实施牵制性进攻，意军第3集团军仍在滨海地区向卡尔索进攻。意军当面之敌仍是奥军第5集团军，奥军统帅部又从其他地区调来14个师加强防御。

8月19日凌晨，为给主攻部队开设通道，意军在伊松佐河上架设桥梁，但遭到奥军强大炮火袭击，原计划建造14座桥，最终只架设了6座。次日晨，意军强行渡河，初期进展顺利，向前推进10千米，后因部队伤亡很大，预备队不足，炮兵支援和后勤补给跟不上，被迫于8月29日停止进攻。战线南端的第3集团军，虽有意大利和英国海军的舰炮提供火力支援，但因奥军顽强防御，进展缓慢，部队伤亡很大，在8月23日停止进攻。9月4日奥军发动反突击，将意军赶回原进攻出发阵地。这次交战，双方都遭受了巨大伤亡。其中，意军死伤14.8万人，被俘1.8万人。奥军仅被俘就超过3万人。意大利的频繁进攻使奥匈陷入极度困境，频频向德国告急，要求增援，并以单独媾和相要挟。

为了挽救最主要的盟国，不使奥国崩溃，德国急忙从原本就很紧张的东线战场抽调兵力，将1个集团军司令部、7个师和700多门火炮抽调过来加强奥匈。奥军8个师与德军7个师合编成第14集团军，共25万人，由德国将军冯·贝洛指挥。德奥联军在普莱措、托尔米诺地域集结，形成一个强大的突击集团，企图集中力量攻取卡波雷托。奥军的第10、第2集团军分别从左右两翼配合作战。德奥军发动这次进攻，目的是把意军逐出伊松佐河地区，以便让奥军喘一口气，获得休整时间，为日后的反攻创造条件。德奥计划在其左侧的托尔米诺实施主要突击，歼灭意大利第2集团军；在其右侧的普莱措实施辅助突击。

意军对德奥军的企图早有察觉，掌握了包括德军来援甚至进攻日期等重要情报，但由于指挥混乱，部队士气低落等原因，没有采取有力措施做好抗击进攻的准备。意军的第一线兵力过于集中，预备队配置过于靠前，使德奥军第一次炮火打击就能够威胁意军防御的全纵深。

10月24日2时，德奥军开始用榴弹、化学炮弹对意军的前沿阵地和纵深进行了连续数小时的炮火准备，意军指挥系统和炮兵阵地遭到严重破坏，指挥所和前沿阵地联系中断。上午8时，德奥步兵开始进攻，迅速突破了意军在河东岸的3道防线，当天渡过伊松佐河，占领卡波雷托。10月26日，突破口宽达28～30千米，纵深达10～15千米。德奥军队开战以来第一次侵入意大利境内。意军第2集团军兵力分散，在德奥联军突然打击下溃不成军。同时，意军第4、第3集团军也遭到奥军的进攻。意军总参谋长被迫下令全线退却，撤往伊松佐河以西60千米的塔里亚门托河。意军慌忙后退过程中，遗弃了大量重武器装备。29～30日意军6万人被包围，次日全部缴械投降，德奥联军乘胜追击，意军许多部队落荒而逃。

英法两国对意军的惨败大为震惊。10月30日，福煦和罗伯逊赶到特雷维佐的意军总部激励意军，出谋划策，并调遣5个英国师和6个法

意军向奥军阵地发起进攻

国师共13万部队增援意大利。11月3日，德奥军乘胜向企图在塔里亚门托河建立防线的意军猛攻，意军又向西退，一直退到距伊松佐河110多千米的皮亚韦河才开始重新集结。意军把败退下来的士兵和后方增援部队，以及刚征集来的新兵，计100万人都部署在沿河防线上，新到达的英法军中也有6个师进入防线中段设防。德奥军队在突破塔里亚门托河防线后，继续向皮亚韦河推进，但由于没有足够数量的机动部队，又缺乏必要的物资器材来修复被意军破坏的道路和桥梁，进攻的速度逐渐放慢。11月10日，德奥军队开始进攻皮亚韦河防线。但由于战线过长，缺少新锐部队的补充，加上意军已加固防线拼死抵抗，德奥军的进攻没有多大进展，于12月底停止了进攻。

从10月24日至12月底，卡波雷托战役历时2个多月，德奥军队仅以损失2万人的代价，一举突破了意军防线，在300千米宽的战线上，向西推进100多千米，侵入意大利腹地，达成了第一次世界大战中少有的突破，毙伤意军4万人，俘虏26.5万人，另有30万意军被打散和逃跑，意大利濒于崩溃边缘。这一重大失利，导致意大利政府内阁集体辞职，意军统帅卡多尔纳被撤职。如果说这次战役对协约国有一点正面作用，那就是意大利的失利使协约国领导人认识到，统一的组织指挥和密切配合协同的重要性，从而推动了协约国建立统一的军事指挥机构的进程，促使协约国将建立这一机构提上议事日程。还在战役进行过程中，11月

5 ~ 7 日，英、法、美等主要协约国的政府首脑以及军事代表，在拉巴洛开会，决定成立由有关各国首脑和军事代表组成的协约国最高军事委员会，以协调各国军队的重大军事行动。

潜艇战将德国拉近坟墓

在 1917 年的海战场上，耀武扬威的是德国人的潜艇。

这一年，同盟国集团在陆战场上，不论是西线、东线，还是南线，在力量对比上都处于劣势，只能全面防御。而在海战场，经过 1916 年的日德兰海战，德国海军水面舰艇不敢与英国海军舰队一决胜负，争夺制海权。在此情况下，德国人又拿起这样的法宝，恢复无限制潜艇战，用潜艇来封锁英国海域，破坏英国海上运输，瘫痪主要依靠海外贸易的英国经济，从而最终迫使英国退出战争。不过，德军统帅部对无限制潜艇战也心存疑虑，不敢轻易定下这种决心，首先是潜艇战能否达到预期的

停泊在港口的德国潜艇

目的，不仅取决于自己潜艇的数量和潜艇的实战效能，还取决于对手的反潜措施，还有世界其他国家对无限制潜艇战的态度，特别是美国对潜艇战的态度。防止美国加入协约国和让俄国退出战争，是德国最为关切的重大战略问题。1915 年和 1916 年，德国曾两次发动无限制潜艇战，最终都是由于美国的反对而被迫中止的。如果这时恢复无限制潜艇战，一旦惹恼美国，导致美国对德宣战，这种后果是德国承担不起的。

犹豫不决时，德国海军参谋部向兴登堡提交了一份报告，这份报告的结论是：德国海军如果再次发动无限制潜艇战，可以在 6 个月内粉碎英国的抵抗能力，并迫使其求和。这份报告阐述了得出这一结论的根据，在英国现有的 2000 万吨商船中，除掉军队征用和国内航运外，用于海外贸易的只有 700 万 ~ 800 万吨，另有约 400 万吨国外船只可以利用。德国潜艇每月至少可以击沉 60 万吨英国商船，还可能使 2/5 的外国商船不敢驶往英国。所以只需要 5 个月的时间，就可以使英国的海运能力减少 40%。而这足以让英国的经济崩溃。德国新任海军司令卡培里还在国会宣称，即使美国加入协约国作战，其军事价值也等于零。因为假使美国派兵来欧洲，其运输船队也将成为德国潜艇的目标。他甚至拍着胸脯保证，不会让一个美国大兵能登上欧洲大陆。最后，统帅部批准了海军的计划，决定从 2 月 1 日起恢复无限制潜艇战。

1917 年年初，德国海军拥有 105 艘作战潜艇，编成 11 支潜艇队。其中，5 个队驻泊在北海沿岸，2 个队驻泊在比利时的泽布勒赫和奥斯坦德，2 个队驻泊在亚德里亚海海岸的奥地利基地，1 个队驻在波罗的海，1 个队驻泊在土耳其的君士坦丁堡。为了实施潜艇战，德国开足马力，大规模建造潜艇。除组建一种由排水量 2500 吨的大型潜艇组成的远洋潜艇舰队外，德国还打算在这一年新造 103 艘潜艇。德国的潜艇战术，是在公海战区采取单艇巡航和编队巡航，在港口和基地附近采取阵位法。潜艇使用鱼雷攻击大型船只，使用潜艇火炮攻击小型船只。

在德国恢复无限制潜艇战之初，协约国和中立国的船只损失惨重。1917 年 1 月份，有近 30 万吨共计 181 艘商船被击沉，2 月份急增至 259 艘 46.8 万吨，3 月份又增至 325 艘 50 万吨，4 月份达到 423 艘 85 万吨。1917 年头 4 个月的损失，就超过了开战头两年损失商船吨位的总和。4 月份，凡是从英国港口开出的商船，每 4 艘中就有 1 艘被击沉。丘吉尔当时哀叹："爱尔兰西南的巨大进出路正变成为英国船舶的真正葬身之所，在那里天天有商船在距陆地大约 200 英里处被击沉。"

英舰被德国潜艇发射的鱼雷击中

德国实施的潜艇战，对英国的海外贸易带来重大打击，主要依赖进口的物资开始出现供应紧张，国内经济陷入极大困境。到 1917 年 4 月，英国的存粮仅够供应 6 个星期。由于供应紧张，居民食物开始实行配给制。英国海军大臣杰利科连连惊呼，如果不尽快阻止这种不断增加的损失，"英国人民将要饿死"，德国就会打赢战争。

英国海军长期以来笃信大舰巨炮即可建立和维持海上霸权，忽视潜艇兵力的发展和反潜作战的研究，直到这时才不得不正视潜艇带来的巨大威胁。5 月 10 日，英国海军决定在所有主要海上航线建立护航体系。

海军参谋部专门成立反潜局，统一协调各海域反潜护航作战。8 月，首先在大西洋海区建立了护航体系，作为保障商船安全的最有效措施。美国参战后，美国海军也加入了反潜护航作战。

协约国组织海上护航，主要采用这样几种方式：全程固定编队伴随护航、分区分段护航和重点区域护航。英国为此动用了几乎全部中小型舰船，包括 227 艘驱逐舰、74 艘护卫舰、65 艘潜艇、406 艘摩托艇、49 艘快艇。还从民间动员大量商船和渔船改装成护卫舰和扫雷舰。与此同时，英军不断加强空中反潜兵力。有 50 架飞艇和近 200 架飞机直接参加反潜作战。值得一提的是，英国在“愤怒”号巡洋舰上改装了能携带数架水上飞机的平台，将 1 艘万吨级客轮改装成可载 6 架歼击机、6 架侦察机和 6 架轰炸机的“百眼巨人”号，这是世界上第一艘有全通式飞行甲板的航空母舰。

在建立海上护航体系的同时，协约国还采取了其他一些措施。组建了装备声纳的拖网渔船和摩托艇组成的反潜侦察船队；在危险海区航道上使用系留气球， 90% 的大吨位商船加装了自卫火炮，动员了 3200 多艘各型舰船、25 万人以清除德军潜艇布设的水雷。同时，为了加强对潜艇防御，限制德军潜入大西洋，英军还着手布设大规模防潜水雷障碍，1917 年在北海和大西洋共布设水雷 3.36 万枚，其中 2.2 万枚布设在赫尔果兰湾，3000 枚布设在比利时沿岸，8000 枚布设在英吉利海峡和英国海岸附近。9 月初，在伦敦举行的协约国海军会议上，决定在英国北部奥克尼群岛到挪威之间布设 10 万枚水雷，建立被称为“北海大障碍”的障碍区。协约国建立护航体系和加强反潜斗争诸项措施，成效明显。协约国在大西洋海区商船损失逐步下降。11 月和 12 月，船只的损失分别为 24.5 万吨 103 艘和 23 万吨 107 艘。

1917 年，由于德国海军再度恢复无限制潜艇战，因此，海战区的主要战事都围绕着潜艇战进行。德国潜艇攻击的主要目标不是敌方的海上舰队，而是出入敌国的所有商船。这一年，德国人的潜艇发挥了巨大的威力，取得了巨大战果，使第一次世界大战期间的潜艇战在这一年达到高潮。德国投入潜艇战的潜艇有 127 艘，损失 72 艘，共击沉商船 2566 艘，总吨位达 574 万吨，平均每月超过 50 万吨。德国潜艇的封锁给英国带来严重困扰，陷入崩溃边缘。但是，英国没有崩溃，德国的图谋未能实现，更严重的是德国人的潜艇战招致美国人参战。美国大兵由少到多，最后有上百万的美国兵出现在欧洲战场上，德国人的希望就要彻底破灭了。

2

俄国人退出

大战的苦难孕育着革命的种子。俄国捷足先登，率先举起了革命的大旗。“阿芙乐尔”巡洋舰上的一声炮响，宣告了一个新型政权的诞生。十月革命的胜利及俄国退出帝国主义战争，不仅影响了第一次世界大战的进程，也改变了 20 世纪的政治面貌，开创了人类历史的新纪元。

战争成为难以承受之重

第一次世界大战让人类陷入历史上一次人为的巨大灾难之中。这场战争，使各交战国的经济遭到了严重的破坏。大战期间，千百万劳动人民被征调到前线，充当帝国主义的炮灰。俄国 40% 的男子被征入伍，“有成千上万这样的村子，村里的壮丁都被征发到前线打仗去了”。其中的许多人再也没有回到他们的家乡，再也没能见到他们的亲人。法国农村有劳动能力的人口，原有 560 万，但到 1916 年年底只剩下 300 万人。意大利农村成年人口在大战期间也减少了一半。由于缺乏劳动力，造成大

莫斯科街头孕育着动荡不安的种子

片耕地荒芜，粮食大幅度减产。1913 年，德国小麦产量为 44 亿公斤，到 1916 年减少到 29 亿公斤。法国小麦产量 1913 年为 844 亿公斤，1916 年减少到 557 亿公斤。1916 ~ 1917 年冬，德国政府因粮食和饲料严重缺乏，不得不屠宰了 50 万匹马。

为了摆脱经济上的困境，从 1915 年起，各国开始对粮食、肉类、食油、衣服、靴鞋、煤炭、煤油等生活必需品实行配给制度。广大人民群众生活必需品的消费量比战前减少 1/2 ~ 2/3。随着经济的恶化，加上各国滥发纸币，物价飞涨，工人实际工资一落千丈。1916 年年底，各交战国日用品价格平均上涨 1 倍多。莫斯科从 1914 年至 1917 年主要食品价格上涨了 7 倍多，日用品的价格上涨了 10 倍多。

饥饿威胁着广大人民群众。各交战国食品供应极度紧张，1916 年 10 月，英国只有 4 个月存粮。德国由于粮食短缺，在 1915 年冬天不得不用蔓菁充饥，因此这年冬天被称为“蔓菁的冬天”。在奥地利，报纸向人们推荐仅有的一种蔬菜冬油菜，说它是“质量良好并富有营养”的食物。

燃料危机猛烈地冲击着各个交战国。1916 年年底，法国各地发生了冻死人的事件。在俄国，1915 年 10 月，彼得堡只能得到工业所需燃料的一半，莫斯科得到的更少。

后方民众在忍饥挨饿，前线的广大士兵的生活也越来越困苦。士兵没有足够的粮食和衣服。他们只能躺在泥地上和战壕里挨饿受冻。经过几年的战争，死亡、失踪、受伤、残废不断增加。在各交战国中，差不多每个家庭都带着黑纱。

帝国主义战争教育和锻炼了人民，让他们开始认真思索大战的真正原因，从而逐步看清了帝国主义的本质，提高了对革命的认识。“每一个觉悟的工人都看到和感觉到，要死，就得为自己的事业、为工人的事业、为社会主义革命斗争而死，决不能为资本家、地主和君主的利益而死。”

早在大战刚刚爆发之时，就有许多国家出现了群众性的反战活动。但是，各国统治阶级大肆破坏革命运动，把工人征调到前线充当炮灰，极力煽动军国主义的狂热，转移人民斗争的视线，致使革命运动未能形成规模。

随着战争的继续进行，人民群众的苦难越来越深重。各国人民反对饥饿、反对帝国主义战争的斗争，逐步走向高潮。列宁说：“正是在1915年，由于战争引起了危机，各国群众的革命骚动日益增长。”在这场革命浪潮中，俄国捷足先登，成为各国群众革命的一面旗帜。

1915年，俄国军队屡遭败绩，国内经济危机日益加深，物价不断上涨，人民群众怨声载道。工人罢工日益增多，农村和军队的革命运动也呈迅速发展蔓延之势。就连沙皇的内务大臣也不得不承认：“农村呈现出1905年的景象。”在部队中，士兵疲于战争，不满沙皇制度的人越来越多。尽管沙皇政府加紧控制和镇压，还是不断有人开小差、拒绝执行命令，甚至举行起义。1915年10月，在波罗的海舰队里爆发了主力舰“甘古特”号水兵起义事件。在彼得堡有两个步兵团拒绝向罢工工人开枪，调转枪口对准沙皇的警察。

沙皇俄国自参战以来，国内各种矛盾日益激化。沙皇的专制统治，加剧了人民的不满。战争带来的越来越大的人员伤亡和物资消耗，使本就十分脆弱的国家经济更是雪上加霜。皇室的昏庸无能，政府的贪污腐化，军队在前线的接连失利，人民生活的困苦不堪，导致人民的不满日益增长。

到1917年，沙皇俄国已经成了一座即将喷发的火山。3年多的战争吞噬了俄国大量的财富，使国民经济趋于崩溃的边缘，物资匮乏，粮食奇缺。1917年1月底，彼得堡面临饥饿的威胁，仅存有10天的面包、3天的食油，肉类供应则完全中断。前线士兵缺乏武器，吃的是已经发霉的粮食，就这样每人也只能领到半份。衣服鞋袜缺乏，士兵赤脚露体。国内的地主、富农和商人乘战争之机大搞投机倒把活动，加重了国内的经济危机。所有这一切，使广大劳动人民和前线士兵对沙皇政府深恶痛绝，反战的情绪在一天天增长。

列宁提出变帝国主义战争为国内战争

在这种情况下，布尔什维克党为了实现列宁变帝国主义战争为国内战争的路线，不顾沙皇政府的种种迫害，在群众中进行了广泛的反战宣传和组织工作。各地党组织散发传单，深入工会、工人合作社、伤病互助会及一些文化教育团体进行革命宣传。连沙皇的法庭，也变成了布尔什维克揭露敌人、教育群众的讲坛。布尔什维克在前线和后方的陆军和海军中建立了党组织，这些党组织由“喀琅施塔得军事委员会组织总干事团”统一领导，而“干事团”又同党的彼得堡军事组织有着密切的联系。

反对沙皇的士兵高举“革命你好”字样的旗帜

在布尔什维克党的领导下，革命运动迅速发展起来。1916年，工人罢工达1500次，人数超过100万，比前一年增加了1倍。1916年10月，罢工达到了高峰。工人们在“反对战争”“打倒专制政府”等口号下举行了示威游行。

深受战争之害的士兵也不断展开反战斗争。早在1914年年底，俄国士兵在前线就拒绝战斗，同奥匈士兵联欢。1915年、1916年同交战国士兵联欢的事件不断出现。前线士兵不愿为沙皇卖命而逃跑的事件逐年增多，仅1916年士兵开小差的就达150万人。农民也起来进行斗争，夺取地主的粮食、牲畜、农具等，烧毁庄园，撵走地主的事件屡屡发生。

日益蓬勃发展的革命运动使沙皇政府惊恐不安，于是策划同德国单独媾和，以便腾出手来，扑灭革命的烈火。资产阶级感到沙皇政府摇摇欲坠，不能阻止革命和继续战争，就阴谋发动一场宫廷政变，企图废掉尼古拉二世，立他的幼子阿历克赛为沙皇，由尼古拉二世的弟弟米哈伊尔摄政，以转移革命人民的视线，继续进行战争。但是，这一宫廷政变的计划没有实现。

1917年年初，俄国罢工运动达到了大战以来的最高潮。1月22日，是俄历的1月9日。1905年的这一天，彼得堡工人向沙皇请愿，遭到沙皇军警的血腥镇压，造成1000人死亡、2000人受伤的流血惨案。这一事件引起俄国各族人民广泛的抗议斗争，导致俄国1905年革命。1月9日是星期日，因此这一天被称为“流血的星期日”。为了纪念这一天，1917年1月22日，彼得堡的工人举行罢工，并召开群众大会，进行示威游行。其他城市的人民群众也纷纷走上街头，莫斯科有1/3的工人参加了这次罢工。3月3日，彼得堡普梯洛夫工厂的工人开始罢工，罢工的浪潮迅速遍及全城。

3月8日（俄历2月23日），国际妇女节那天，彼得堡的妇女们响应布尔什维克党的号召，举行示威游行，反对饥饿、反对战争、反对沙皇制度。男工也走出工厂，支援妇女的革命行动。第二天，彼得堡20万工人罢工。3月10日，罢工人数达25万人以上。几十万群众高举着“打

游行示威在俄国已经司空见惯

倒沙皇”“打倒战争”的旗帜向市中心涌去。在许多地方，工人解除了警察和宪兵的武装，并夺取沙皇政府宪警的武器来武装自己。3 月 11 日，设在彼得堡的布尔什维克党中央局发表宣言，号召进行反对沙皇政府的武装斗争和成立革命临时政府。从此，工人的罢工发展成为武装起义。

3 月 12 日（俄历 2 月 27 日），警察在街头用机枪枪杀 200 多群众，激起更大民愤。奉命协助警察恢复秩序的军队，掉转枪口站到群众一边，彼得堡驻军开始起义。一天之内，有 6 万多士兵站到了人民一边。工人和士兵联合起来，冲击皇宫，逮捕了沙皇的大臣和将军，打开监狱，释放了被关押的革命者。彼得堡起义胜利的消息很快传到全国，全国工人和士兵纷纷响应，投入摧毁沙皇政权的战斗。各地纷纷成立工人士兵代表苏维埃，取代旧的政权。3 月 15 日下午 3 点钟，沙皇退位。“愿上帝保佑俄国”是他的祈祷词和墓志铭。几天之内，沙皇及其家族成员即被逮捕，骑在俄国人民头上作威作福长达 300 余年的罗曼诺夫王朝，终于被革命的浪潮所埋葬。回首 3 年前，它是何等满怀希望地投入战争，不曾料却是引火自焚，被第一次世界大战的烈火所焚毁。

“二月革命完全是一个旧的专制帝国体系的突然而彻底的崩溃，这一体系处在两种压力夹攻之间：一种压力是它不曾准备好的一场大规模的现代战争；另一种压力是帝国宫廷的惰性，这个宫廷已经脱出了常规，丧失了对事件的感觉和与人民的联系，甚至失去了当权的官僚机构对它的尊敬。”

二月革命实现了列宁“变帝国主义战争为国内战争”的设想，标志着俄国资产阶级民主革命任务的完成。在革命期间，俄国无产阶级建立了自己的政权机构——工农兵代表苏维埃。正当布尔什维克在街头带领群众浴血奋战的时候，孟什维克和社会革命党人乘机窃取了胜利的果实，成立了一个资产阶级的临时政府。这样，就形成了两个政权并存的局面。

临时政府继续战争激起民愤

临时政府没有给人民以和平、土地和面包，而是继承了沙皇政府的衣钵，继续进行不义的战争。以克伦斯基为首的临时政府，不打算放弃原沙皇政府在战争问题上的对外政策。3 月 20 日，临时政府发布“告俄国人民书”，声称将“始终不渝地履行与协约国所缔结的协定”，“竭尽全力保障俄国军队所需要的一切，以期进行战争直到胜利”。3 月 22 日，临时政府得到了协约国的正式承认。

临时政府成立后，继续执行协约国 1917 年作战计划规定的在俄国战线大规模进攻任务。尽管国内危机重重，供应不足，军队的反战厌战情绪日益高涨，但是临时政府仍坚持军队应尽快转入进攻，以为这样才能转移国内矛盾，减少以至抵消布尔什维克的影响，甚至把这当作是克服危机“拯救军队和俄国”的唯一手段。4 月 12 日，俄军统帅部决定于 5 月开始进攻，后因准备不足推迟到 7 月。列宁在评论俄军这次攻势时说：

列宁在向群众发表演讲

“目前实际生活提出来的进攻问题，完全不是一个战略问题，而是一个政治问题，一个要把俄国革命完全摧毁的问题。” 5月1日，立宪民主党党魁、临时政府外交部长米留可夫向协约国声明，保证遵守沙皇政府对协约国承担的义务，把战争进行到最后胜利。米留可夫的声明触怒了彼得堡的革命群众。5月3日，10万工人和士兵响应布尔什维克党中央的号召，举行抗议示威，迫使临时政府不得不撤掉民愤极大的米留可夫和陆海军部长古契可夫的职务。

但是，临时政府不打算放弃战争。1917年6月5日，西南方面军司令布鲁西洛夫升任俄军总司令。布鲁西洛夫重新修订了俄军的进攻计划，由西南方面军60个师、1000多门火炮担任主攻，兵分3路，中路以第11、第7集团军，左翼为第8集团军，右翼为特别集团军，向利沃夫方向实施突击。北方方面军的第5集团军向考纳斯，西方方面军第10集团军向维尔纽斯，俄军第4、第6集团军和罗马尼亚第1、第2集团军联合向福克夏尼、多布罗加实施辅助突击。

7月1日，西南方面军第11、第7集团军从波莫尔扎内以东、别列扎内地区向奥匈军发起进攻。当天突入5千米纵深，但很快被德增援部队所阻。7月6日，第8集团军在斯坦尼斯拉夫以南地区进攻，突破了奥匈防线。10日占领加利奇，11日攻占卡卢什，13日进抵克罗皮夫尼克、洛姆尼察河地区。俄军以第7集团军加强第8集团军，向敌进攻，但许多士兵厌战，拒绝执行命令。这时，德奥军从其他战线调来16个师，重新调整部署。7 月 19 日清晨，德奥军从佐洛切夫、波莫尔扎内地区，在 25 千米宽的正面上向俄军发起反攻。俄军几乎未作抵抗，成群的士兵自行撤离阵地，向后退却。至 8 月初，德奥军队占领了几乎整个加利西亚和布科维纳，迫使俄军从进攻开始时的占领线大幅度地向东后退。

俄军北方方面军与西方方面军分别于 7 月 23 日和 22 日发起进攻，均未取得进展。在罗马尼亚战线，俄军于 7 月 20 日开始的进攻，虽有所进展，但在其他战线失利的影响下，5 天后便停止进攻，随后被德奥军队赶回国境线。从 7 月 1 日至 8 月 3 日，俄军仅西南方面军就损失 13.25 万人。

7 月 1 日，这次战役开始的同一天，50 万工人和士兵高举着红旗和标语，浩浩荡荡地从彼得堡的各个角落向市中心前进。他们高呼："打倒战争！""打倒十个资本家部长！""全部政权归苏维埃！"这次示威成了对布尔什维克党力量的大检阅。就连米留可夫也不得不承认："6 月（俄历）示威变成了布尔什维克的庆祝大会。"列宁称这一天是俄国历史上"一个转变的日子"，"第一次有行动的政治示威"。

7 月 14 日，临时政府在西南战线的进攻，遭到惨败，6 万人阵亡。消息传来，人民群众无比愤怒。7 月 16 日，彼得堡工人、士兵手持武器，自发地进行示威游行，要求打倒临时政府。7 月 17 日，在布尔什维克的领导下，举行了有 50 万工人和士兵参加的大规模示威，示威群众遭到临时政府的血腥镇压，群众的鲜血染红了彼得堡大街。从此，资产阶级便公开地镇压革命，逮捕革命者，解除工人赤卫队的武装，对有革命情绪的士兵进行残酷迫害，布尔什维克党的机关报《真理报》被捣毁和封闭，临时政府于 7 月 20 日下令逮捕列宁，白色恐怖笼罩着俄国，布尔什维克不得不重新转入地下。

这一流血事件表明两个政权并存的局面宣告结束，全部政权已操纵在资产阶级临时政府手中。在这种情况下，列宁领导的布尔什维克党着手准备武装起义，用枪杆子推翻临时政府，夺取社会主义革命的胜利。

临时政府把战场上的失败归咎于布尔什维克党，在国内实行大规模镇压。同时，于7月31日将布鲁西洛夫当成替罪羊，将他撤职，他的职务由科尔尼洛夫接任。8月8～16日，布尔什维克党在彼得堡秘密召开了第六次全国代表大会，制定了实行武装起义、夺取政权的社会主义革命路线。

德国从加利西亚一战中，看出俄军大势已去，判断俄国随时可能退出协约国集团和退出战争，于是决定以胡提尔将军指挥的第8集团军13个师在里加以南强渡西德维纳河，消灭里加地区俄军，占领里加，威胁俄国首都彼得格勒，迫使俄临时政府投降或与其单独媾和。防守里加地区的是俄军第12集团军约16万人，1000多门火炮，兵力占优势。俄军在事前已基本掌握了德军进攻的情报，但俄军总司令科尔尼洛夫却在忙于秘密策划利用德军的进攻之机，镇压这一地区军队中的革命势力，因此未进行认真的部署和准备。9月1日，德军发起进攻，很快突破俄军防线，渡过西德维纳河。俄军在科尔尼洛夫的授意下，未作重大抵抗，当夜放弃里加，向东退却。德军占领里加后，因西线和意大利战线吃紧，需要抽调部分兵力支援，放弃了进军彼得堡的计划。科尔尼洛夫借此机会，立即从前线抽调兵力到彼得堡镇压革命。

“阿芙乐尔”的炮声宣告一个时代的诞生

1917年10月20日（俄历10月7日），列宁回到彼得堡，亲自领导和指挥武装起义。23日，列宁主持了布尔什维克党中央委员会会议，讨论了武装起义的问题，认为实行武装起义的时机已经成熟，决定立即发动起义，并加紧进行准备。29日，举行了布尔什维克党中央扩大会议，重审了发动武装起义的决议，并成立了斯大林、斯维尔德洛夫、捷尔任斯基等人参加的党总部，负责起义的实际领导工作。

1917年11月7日(俄历10月25日),在列宁和布尔什维克党的领导下，俄国无产阶级举行了武装起义。工人和士兵迅速占领了彼得堡的火车站、邮政局、电话局、国家银行和政府各部。起义的“阿芙乐尔”号巡洋舰，炮轰临时政府的最后堡垒——冬宫。经过6小时短兵相接的激烈战斗，在深夜2点全部占领冬宫，逮捕了临时政府的部长。

当天晚上，在斯莫尔尼宫召开了第二次全俄苏维埃代表大会，宣布

起义者进攻冬宫

政权已转归苏维埃。次日，在大会上成立了苏维埃政府，列宁当选为人民委员会主席。接着，在莫斯科和全国各地都建立了苏维埃政权。世界上第一个无产阶级专政的社会主义国家就这样胜利诞生了。

十月社会主义革命胜利后，布尔什维克党为了巩固苏维埃政权，采取了一系列重大的措施。打碎旧的国家机器，建立无产阶级专政的新型国家机器，解散资产阶级立宪会议，把土地、大工业收归国有。但是，当时苏维埃国家还处在同德奥交战状态，加上国内被推翻的地主、资产阶级在疯狂地进行破坏，新生政权仍然面临着极大的危险。为了巩固新生政权，苏维埃政府宣布退出帝国主义战争，并向各交战国提出立即开始进行公正的、民主的和平谈判。在第二次全俄苏维埃代表大会上，列宁宣读了《和平法令》，提出立即缔结“不割地（即不侵占别国领土，不强迫合并别的民族）不赔款的和平”。同时，还公布无条件地废除沙皇政府和临时政府同英、法、意等国家所缔结的企图在大战结束后兼并领土、瓜分殖民地、划分势力范围的秘密条约。

然而，苏维埃政府的和平建议遭到英、法、美等国的拒绝。因此，它不得不单独与德国进行和平谈判。德国早就希望结束东线的战事，以便腾出手来全力对付西线，但又想利用俄国主动议和的机会大捞一把。所以，在派人与苏维埃谈判的同时，不断施加军事压力，多次发起攻势，迫使俄国接受其提出的苛刻要求。

俄国退出一战舞台

12 月 15 日，双方签订了停火 1 个月的休战协定，12 月 22 日，俄国、德国、奥匈、保加利亚和土耳其的代表团会聚在布列斯特—里托夫斯克，就和平问题举行谈判。列宁指出：“我们缔结单独和约，就能在目前可能的最大程度上摆脱两个彼此敌对的帝国主义集团，利用它们相互之间的敌视和战争——这种敌视和战争阻碍它们勾结起来反对我们——取得一定时期的行动自由，来继续进行和巩固社会主义革命。”

在谈判中，德国提出了掠夺性的议和条件，认为俄国人的“唯一选择是用哪一种调料下饭”。但以列宁为首的布尔什维克党中央为了避免继续战争，使新生的政权不至于夭折，主张作出某些必要的妥协以缔结和约，列宁说：“有各种各样的妥协，应当学习区分这样两种人：一种人把钱和武器交给强盗，为的是要减少强盗所能加于的祸害，以便后来容易捕获和枪毙强盗；另一种人把钱和武器交给强盗，为的是要入伙分赃。”

但是，许多人不同意对德国作出巨大让步。1918 年 2 月 10 日，托洛茨基退出了布列斯特—里托夫斯克谈判以抗议德国的苛刻要求。为了迫使俄国接受苛刻的条件，1918 年 2 月 18 日，德军发动全面进攻，占领了俄国广阔地区，并直接威胁着彼得堡。2 月 21 日，苏维埃政府发表了列宁起草的告俄国劳动人民宣言，宣布社会主义祖国在危急中！广大工农群众响应党和苏维埃政府的号召，踊跃参加红军，奋起抵抗侵略者，保卫社会主义祖国。23 日，年轻的红军在纳尔瓦和普斯科夫给德军以沉重打击，挫败了德军向彼得堡的进攻，迫使德国政府同意恢复谈判。苏维埃政府把这一天定为红军节。

2 月 23 日，德国人提出了一项要求，要俄国放弃在波罗的海、波兰和白俄罗斯的所有省份。许多人对此难以接受，决心继续进行战争，但是，列宁坚持要签订和约。他认为：“在我们这个时代，赢得战争不能单靠热情，而要靠技术上的优势。给我 10 万不会在敌人面前发抖的大军，我决不签订这项和约。你们能筹建一支军队吗？除了空谈和在纸板上画数字以外，你们还能给我什么东西呢？”

3 月 3 日，和平条约终于在布列斯特—里托夫斯克签订了。这是一项苛刻的军国主义和约，波兰、波罗的海诸省，以及芬兰都从俄国分离出去了，土耳其得到了高加索境内的卡尔斯、阿尔达汉和巴统地区，乌

俄德签订和平条约现场

克兰宣布独立。俄国丧失了领土的26%，耕地的27%，铁路的26%，纺织工业的33%，钢铁工业的73%，煤矿的75%。这些损失中的一部分，后来因德国战败而取消。但苏维埃国家在缔结和约后，退出了战争，赢得了时间，建立了红军，巩固了自己的政权，保住了十月社会主义革命的伟大成果。

十月社会主义革命第一次把马克思、恩格斯提出无产阶级专政的理论变成了现实，在世界1/6的土地上第一次推翻了人剥削人的社会制度，建立起了第一个无产阶级专政的新型国家。十月革命的胜利和苏维埃政权的巩固，具有极其伟大的世界历史意义。毛泽东指出："十月革命给世界人民解放事业开辟了广大的可能性和现实的道路。"开启了人类历史的新纪元。

十月革命的世界历史意义还在于，它冲破了世界帝国主义阵线，不仅动摇了帝国主义统治中心，而且也打击了帝国主义的后方，为世界被压迫人民指明了一条摆脱帝国主义战争和争取民族解放的光明大道，从而促进了殖民地、附属国人民的觉醒。十月革命的胜利对推动马克思列宁主义在全世界的广泛传播有着极其重要的和深远的影响。十月革命后，马克思主义迅速传播到全世界。世界各国人民在十月革命的鼓舞和推动下，掀起了一个新的革命高潮。

3

美国人参战

俄国退出战争，一时使战争的天平倾向德国，但美国人的参战，使本已精疲力竭的协约国像注射了一针强心剂。欧洲陷入你死我活的血战，使美国人痛在嘴上，喜在心头：美国主宰世界的机会来了。但狡猾的美国人却不急于搅进这潭浑水，它打算坐山观虎斗，利用中立大发战争横财。待到机会成熟后，再寻找借口走向第一次世界大战的战场，以便摘取胜利的果实。随着美国的参战，胜利的天平彻底倒向了协约国一边。

1912 年 11 月 5 日，民主党人、新泽西州州长威尔逊当选下任美国总统。图为威尔逊当选后向支持者发表演讲

美国人坐山观虎斗

第一次世界大战为美国展示了一幅全面实现霸权计划的美好前景。美国知道，这次战争是“为了决定在极少数大国集团中，谁有权利来掠夺、绞杀和剥削世界”。拥有强大力量的美国在决定这场世界霸权归属的斗争中自然不会袖手旁观，但美国朝野在参战问题上

存在分歧，人民群众反对战争，统治阶级中因不同的财团和不同的民族因素而有亲英、亲德之分。美国在军事上还没有做好准备，需要时间进行备战。另外，美国同交战的双方都有矛盾，任何一方的完全胜利都不符合美国的利益，美国希望它们两败俱伤，然后由它出面收拾残局。于是，第一次世界大战爆发时，美国人奉行的是中立政策，坐山观虎斗，让鹬蚌相争，伺机渔利。

美国总统伍德罗·威尔逊上任伊始，就一股劲地致力于在国内事务和在拉丁美洲争取“新自由”，他认为卷入地球另一端的战争无疑会扼杀他的这项大业，因此对这种有可能妨碍他宏伟计划的国外冒险，态度谨慎。更重要的是，他看到一个在世界舞台上可以为美国争取伟大地位的机会。1914 年 8 月 3 日，他在一次记者招待会上首次发表了有关战争的谈话，他说，他想要的是这样一种自豪感，即美国“可以随时援助世界其他国家”，并相信美国这样做可以“获得不朽的崇高荣誉”。所以在炮声未响之前，他便已想好了美国要扮演的角色，也就是他自己要扮演的角色。对威尔逊来说，他将美国置身于战争之外，目的是要美国在世界事务中更大地发挥作用，而不是少发挥作用。他要的是“不朽的崇高荣誉”，这既是为了他自己，也是为了他的国家。他深知只有使美国在这场争端中置身事外，他才能充当仲裁人，才能赢得这种荣誉。

8 月 18 日，威尔逊在一篇著名的讲话中要求他的同胞们“保持中立，名副其实，公正不阿，言行一致”，并阐明中立的最终目的是使美国能“提出和平的忠言”和“起到公正调停者的作用”。他希望在欧洲的冲突中，行使“道义上的仲裁”责任。他想用“为人类服务”、用“新世界的道义力量”把旧世界从愚昧中拯救出来，并运用“正义和仁慈的准则”，“不仅在美国而且在人类的旗帜下”，通过调停使和平得以实现。

政策能中立但人心不能中立

因此，大战爆发以后，美国一直处于中立国的地位，同两个敌对军事集团都保持着贸易等方面的往来关系。美国政府力图表现出不偏不倚的姿态，但实际上，从一开始就没有也不可能实行真正的中立政策。诚如美国驻伦敦大使佩奇所言："一个政府能恪守中立，但人却不能恪守中立。"他是一个全心全意支持协约国的人，在他看来，中立的概念是可耻的。大战伊始，他充满感情地向总统写去了一封生动而富有感染力的信件，希望总统能站在协约国一边。但是，威尔逊认为时机尚不成熟，还不是美国放弃中立政策的时候。因此，在战争爆发时，这位美国总统对于远隔重洋的冲突只表示了"全然谴责"，而根本不想在交战国之间区分是非。不过，这时他的思想深处，并不像他要求别人那样恪守中立。8月6日，英国外交大臣格雷致函威尔逊，对其夫人的逝世表示哀悼。威尔逊复函表示感谢，并说："希望你把我看作你的朋友，我觉得共同的原则和目的把我们联系在一起了。"

1914年8月30日，战争在比利时进行了1个月之后，威尔逊的顾问豪斯写下这样一段记载，威尔逊对比利时历史文化名城卢万被德国人烧毁感到心情沉重，"他对德国在这次战争中的所作所为的谴责甚至较我为甚，他竟允许他的反感广及全体德国人民，而不仅限于德国领导人"。"他表示了他的看法，他认为如果德国获胜，那就会改变我们的文化进程，使美国成为一个军人国家"。威尔逊说："如果德国的事业在目前的斗争中获得成功，美国就势必放弃它现在的理想而尽其全力于防务，这将意味着美国现行政体的结束。"

美国与英国有着割不断的历史文化联系。而哪里有长期建立起来的文化关系，哪里就有经济关系的发展。贸易不仅随着国旗走，而且随着人心走。美国对英法两国的贸易在战争中一直大于对德奥的贸易。开战伊始，英国就宣布对德经济封锁，禁止中立国与同盟国贸易，在海上强行拦阻包括美国在内的中立国船只开往德国。对此，美国政府只有几次无关痛痒的外交照会，实际上袒护英国。对外贸易方面，美国与协约国直接贸易额从1914年的8.2亿美元，激增至1916年的32亿美元。而同期与同盟国的贸易，却从1.7亿美元降到110万美元。贷款方面，1917年4月以前，美国对德贷款仅2000万美元，而对协约国的贷款则高达20亿美元。为了满足协约国的需要，美国的厂商生产了它们所需要的产品，最后，美国甚至成为协约国的粮库、军火库和银行，美国的利益已经与协约国的胜利紧密地联系在一起。正是由于在政治、经济、文化、价值观念等诸多方面，美国与英法等协约国有着更广泛深刻的联系，特别是美国国家利益的需要，驱使美国越来越偏离中立的轨道，直至最后直接参与战争。

美国的中立，是法律上的，不是感情上的。利益决定美国暂时中立，而感情却从开始就倾向协约国。同样，威尔逊虽然从内心里倾向协约国，但暂时他还不打算放弃中立政策。这样的政策，在美国有着比较广泛的民意基础。在1914年，美国的中立无疑是受到绝大多数美国人支持的，但在随后的3年时间里，各种因素组合在一起，慢慢地改变了公众舆论，美国人逐渐在法律上也放弃了中立，跟着感觉走向了同盟国的对立面，而与协约国坐到了一条板凳上。

要影响人们的情感，离不开舆论。在美国东北部，由于历史文化方面的关系，那里有更多英国和法国的同情者。而正是在这一地区，从波士顿到华盛顿，控制着美国最重要的媒体。英国人老练地利用这些媒体，在宣传领域展开了一场漂亮的宣传战，从而在改变美国人感情的斗争中大获全胜。

这种改变，是逐渐的，却是明显的。德国人入侵中立的比利时及其

被德国人处死的英国护士埃蒂丝·卡维尔

在比利时的暴行，激起了许多美国人的反感。随之，德国攻击法国，使法国看上去很像是一个受害者，对受害者的同情心导致美国倾向于法国。为了激起美国人对德国人的憎恶之情，协约国大肆渲染德军的暴行，如德军枪杀包括神甫在内的大批人质，德军挖出平民的眼睛，砍下姑娘的手，虐杀被俘的士兵，等等。

1915 年 10 月 11 日，德国人在比利时处决了一名英国女护士，其借口是这名女护士帮助协约国士兵逃跑。其实，这名护士既护理过德国伤兵，又护理过协约国伤兵，是一名真正的救死扶伤实行人道主义的白衣天使。这一事件，使英国人群情激愤，当时百姓参军的热情不高，但这一事件发生后，推动了成千上万的英国人走入军营，走上战场。英国人将这个故事讲到了美国，做到了尽人皆知。被砍掉双手的婴儿，遭奸污后被割掉乳房的妇女，诸如此类的骇人听闻的故事总是以不同的形式，在不同的场合突然出现。对于世界的大部分民众特别是美国民众来说，德国逐渐变成了“德国鬼子”。

德国人的暴行毁坏了他们的大业。他们在美国的活动手法拙劣，结果适得其反。德国驻华盛顿的海军武官因为从事与外交官身份不符的活动，被宣布为不受欢迎的人，引起了美国民众的极大不满。德国的特务机关大搞破坏活动，如在运往协约国的货物中安装定时炸弹，煽动美国工人罢工等。这些活动收效不大，往往弄巧成拙，其破坏计划一旦被查获，新闻媒体就会大加披露，从而使德国臭名昭著。就这样，德国人渐渐地却又是肯定地伤害了美国人的感情，加剧了美国民众的对立。如同水滴石穿一样，美国佬的中立主义不知不觉地被抛弃了。

战争开始后两年半的时间里，美国推销军火，大发战争横财，掏空了一些交战国的腰包。与此同时，扩充了海陆军备，加强了军事实力。协约国庞大的军事订货这一经济纽带把美国和协约国的命运联系到了一起。英法在战争中被削弱和德国在战争中暴露的狂妄野心，使美国认为德国是比英国更为危险的劲敌。因此，美国决心直接参战，打败德国，然后以战胜国的身份，夺取世界政治中的领导地位。

德国继续挑战美国底线

参战离不开借口，而这个借口则由德国人送上门来，它就是德国人实行的无限制的潜艇战。

战争头几年，英国对德国实施水面封锁的问题曾在英美两国之间引起摩擦，美国不满英国在公海上干涉它的航运。但是，相比较而言，英国的做法显得比较仁慈，他们只是要求停船检查，如果没有发现禁止运输的战争物资，多半会给予放行。而德国不同，大战开始以后，通往英国大不列颠群岛的所有航道，都被德国政府宣布为战区，所有通往战区的船只，无论是交战国还是中立国的，都将被击沉。德国潜艇战的实施，不仅伤害了英国人，也让美国人付出了生命的代价。

1915 年 2 月 4 日，德国第一次宣布对英国诸岛实施潜艇封锁。3 月 28 日，美国邮轮“法拉巴”号在事先无警告的情况下被德国潜艇击沉，导致 1 名美国人溺水死亡。5 月初，更严重的事情发生了。这一事件就是美国邮轮“卢西塔尼亚”号的沉没，激起了所有美国人的愤怒。

1915 年 5 月 1 日，德国潜艇击沉了美国巨型邮轮“卢西塔尼亚”号，

1907 年英国制造的“卢西塔尼亚”号下水

致使船上的 1198 名乘客，其中大部分是美国乘客，包括 291 名妇女和 94 名儿童葬身大海。美国的这艘巨型邮轮号称是大西洋中航行最快的轮船，最高速度是每小时 25 海里，比当时最快的潜艇速度还要高两节。这样快速的轮船，可以通过规避动作，大大减少被潜艇攻击的可能性。可是，这艘开往英国利物浦的邮轮，没有走躲避鱼雷攻击的航线，也没有以最高的速度通过危险区。为了节省燃料，邮轮只用了最高速度的 3/4。这些失误，使得德国潜艇能够从容进入最有利的攻击位置。攻击位置近而且行动突然，以至于在潜艇发射鱼雷时，刚刚用完午餐的乘客们只能惊恐地看到鱼雷贴着海面射向轮船时溅起的一条白色浪迹。鱼雷命中邮轮的左舷，不到 18 分钟，这艘被称为“大西洋王后”的巨型邮轮就消失在波涛之下。

德国声称这次攻击主要是因为该船携带了军火。实际上这艘船只携带了若干箱的轻武器子弹和一些榴霰弹。德国人这一不人道的行为激起了美国舆论的强烈愤怒，美国政府向德国连续递交了 3 份措辞严厉的抗议照会，向德国发出严厉警告，美国将把再度出现的沉船事件看作是“有意为敌”。德国的这一行动，也引起协约国的反德浪潮。人们纷纷捣毁所在国中德国侨民的店铺，并赶走德国人。德皇被迫于 8 月 26 日下令停止对所有客轮的无限制潜艇战。

“卢西塔尼亚”悲剧，只是造成美国人死亡系列事件中的一件，此类事件不断发生。为了回答美国的强烈抗议，德国只得暂时限制它的潜艇。

为纪念击沉“卢西塔尼亚”号，德国专门铸造了“卢西塔尼亚”勋章

但时过不久，又故态复萌。1916 年 2 月 10 日，德国再次宣布德国潜艇将不发警告就攻击所有武装商船。4 月 18 日，美国政府向德国发出最后通牒，如果德国不停止无限制潜艇战，美国将与德国断交，德国不得不再度让步。

随着美德危机的加剧，美国国内扩军备战的呼声不断高涨。海军部建议制订一项使美国海军到 1925 年与英国海军实力相等的海军建设计划，陆军扩大正规军的规模，并建立一支 40 万人的志愿后备军。1916 年 6 月 3 日，威尔逊总统签署“陆军改组法”，加强陆军兵力规模。8 月，国会两院通过了扩充海军的法案。9 月，美国总统得到国会授权，可以使用武力对付任何歧视美国贸易的国家。

在 1916 年年底的总统大选中，发誓要让美国避免战争的现任总统威尔逊，以微弱的多数得以连任。但事后不到半年，他就将美国拖进了战争之中。

德国制定的 1917 年战略规定德国在西线进行防御，但是在海上对各国航运开展无限制的潜艇战，以为这样就可以“触及英国生死攸关的神经中枢”。德国人宣布，在所有海域攻击协约国与中立的船只，只允许美国有 1 艘船只每周来往于纽约与英格兰的法尔默斯之间一次，并要有适当标记。无限制的潜艇战始于 1917 年 2 月 1 日，不久就有更多的美国人葬身海底。德国的挑战直接导致了美国参战。

美国人预见到美国作为世界大国的作用。对他们来说，不参加欧洲的战争，将意味着不仅失去贸易，而且相对地降低美国在世界的地位。他们觉得，随着1917年的到来，美国参战的时机已经成熟。这样，到1917年年初，美国越来越接近战争的边缘。

1917年2月25日，美国收到美国海军情报处截获并破译的德国外交大臣齐麦曼给驻墨西哥公使的一封加急电报。这份电报称，当德国与美国发生战争，希望墨西哥与德国结盟，同美国交战。届时，德国除给予慷慨的财政援助外，还将支持墨西哥收复"得克萨斯、新墨西哥和亚利桑那失地"。此外，还希望通过墨西哥总统争取日本退出协约国，加入新的反美联盟。威尔逊总统将这封电报交给美联社，于3月1日公开发表。于是，美国人掀起了反德的浪潮。

1917年3月9日，威尔逊下令武装美国商船。4月2日，敦促国会提前召开特别会议，审议对德宣战问题。这期间，又有数艘美国商船遭到德国潜艇袭击，而俄国爆发了"二月革命"，导致政局不稳，协约国的东方战线出现危机。这些因素，使美国看到，是对德国正式宣战的时候了。

1917年4月6日，美国参议院以82票对6票，众议院以373票对50票，通过了美国参战的建议。于是，刚刚在5个月前以"他使我们处于战争之外"为口号而勉强赢得大选胜利得以连任的总统，变成了"武力，最大限度的武力，没有吝啬和限制的武力"的倡导者。

当柏林决心开展无限制的潜艇战时，它曾认真地评估了此举可能带来的各种风险。它认为贪图金钱和享受的美国人只是在口头上表示愤怒，而不会同德国打一场伤亡和耗费极大的战争，另外侨居美国的数百万德国人不会拿起武器反抗自己的祖国。即使美国真的参战，它的武装力量为数很少，起不了多大的作用。对于美国军队来说，通往战争之路的3000 英里航程令人不寒而栗。在 1917 年，这条大西洋上波涛汹涌的水路充满了危险。一些德国海军将领甚至乐观地预言，德国潜艇甚至能让美国大兵在大西洋葬身鱼腹，根本不能到达法国去充实协约国的军队。因此，即使有一些为数不多的部队远渡重洋姗姗来到欧洲战场时，说不定欧洲的战争已经结束了。

柏林有充分的理由做出这样的推断。华盛顿的陆军参谋部法定军官员额是 19 名，美国的正规陆军加上已在墨西哥边境动员起来的联邦国民警卫队，总共只有 20.8 万余人，另有 10 万余人的国民警卫队员分散在各州服役。没有一个齐装满员的师，战备情况较好的海军，在 1916 年才勉强开始执行一项庞大的造舰计划。美国的空军，当时编制上为陆军通信兵的航空队，大约有 130 名飞行员和 55 架陈旧的飞机，加上海军航空兵的一些飞行员和飞机，这些兵力，在德国人看来，简直是微不足道，不值一提。

然而，后来的事实证明，德国人估计错了，而这个错误又是致命的。西点军校和安纳波利斯海军学院培训了一批能干的专业军官骨干，在美国参战之前作为准备措施而启用的普拉茨堡训练营还培训了一些军官。在美国参战不久，“美国佬来了”的歌声便响彻美国 48 个州的每一个城镇。

美国大兵第一次踏上陌生的土地

美国一宣战，协约国代表团便前往华盛顿。霞飞，这位法军前总司令官，此时作为代表团成员之一踏上了美国的土地。他此行的任务是专程向美国说明欧洲战场的危急形势，敦促美国尽快出兵支援。他坚持认为：“我们所需要的第一是人，第二是人，第三还是人。”霞飞的坦率谈话震惊了美国人，其他代表团成员也坚决要求美国出兵。

5 月 7 日，潘兴将军被任命为美国驻欧洲远征军司令。此人毕业于美国著名的西点军校，此前不久正率领美国军队镇压墨西哥的农民起义。美国参战后，他成了美国赴欧洲远征军司令。最后，他成了大战中的英雄，在战争结束后成为美国历史上第一位五星上将，也是仅有的10位五星上将中的一位。潘兴就任远征军司令伊始，便定下调子：这将是一支在美国人指挥下的美国军队，而且师的编制要大，几乎达2.8万人，约为英国和法国师的两倍。

这是一幅在美国广为流传的征兵广告。“山姆大叔”威严地伸出手指说：“美国军队需要你，到最近的征兵站去。”

5月19日，美国第一次实行征兵制，规定21～30岁为征集年龄（1918年8月改为18～45岁）。根据欧洲战场的需要，陆军部计划在1918年年底前向欧洲派出52个师235万人，1919年6月再增至80个师。但到1917年秋天，首批300万应征入伍者穿上军装。连同志愿兵在内，在陆军中服役的总数达400万人，另有80万人在海军服役。为了响应盟国关于在欧洲尽快出现一支即使是微不足道的美国部队也会有助于鼓舞协约国军士气的建议，美国抽调分散的正规陆军部队拼凑成第1师，该师主力加上海军陆战队的1个团于1917年6月启程前往法国。

5月29日，潘兴带了60名参谋、67名士兵和32名办事人员，乘上客轮“波罗的”号，从纽约起航，于7月4日到达巴黎。美国人没有忘记拉斐德，这位法国的将军和政治家曾于1777～1781年来到美国，援助美国的独立战争。潘兴及其手下站在拉斐德的墓前，告慰这位前辈的在天之灵："拉斐德，我们来到了这里！"于是，这句激动人心的话，四处流传，成为鼓舞法国人和其他协约国盟友的一句战斗口号。

从此开始，美国部队源源不断地开向欧洲。潘兴在肖蒙建立了总部。美国军需品临时堆积场和补给基地遍布法国各地。到年底，大约每月有5万人从4个加拿大港口、6个美国港口转到6个法国港口和许多英国港口。美国佬真的来了，而且来得很及时。

在美国国内，全国正在动员，包括人员、工厂和资源。训练营在全国各地的农场和林区办起来了；工厂三班倒，造船厂热火朝天。曾几何时这个还是内向的国家，如今已是面向世界了。它第一次显示出这种力量，想要成为地球上最强大国家的力量。

美国妇女送别亲人上战场

陆军部从1917年5月至8月开办了16个军官训练营地，每个训练营地都组成1个临时性的训练团，包括9个步兵连、2个骑兵连、3个野战炮兵连和1个工兵连。当陆军师普遍建成后，各师都自办军官营。后来，随着部队陆续开赴欧洲，又开办了8所军官训练学校，每期4个月。整个战争期间，共有8万多人毕业于各类军官训练学校，成为军官。与此同时，按照陆军部的规定，步兵要在美国国内训练4个月，再派往法国。为协助美军尽快适应欧洲西线战场的堑壕战，英国和法国都向美国派出了教官。已进驻法国的美军第1师，从10月起，每个团派出1个营跟随法军进入前沿阵地实习10天。后续的几个美军师也相继采用了这种轮换方法。

自决定参战后，美国海军于1917年4月10日和11日与英法海军会谈，初步划分了各自作战区域。美国负责西半球海域安全；英国则主要承担本土岛屿周围海区反潜作战。美国援助英国的第一批6艘驱逐舰于5月4日到达爱尔兰的昆士敦。至

美国大兵到达巴黎

7月5日，已有35艘美国驱逐舰停泊在该基地。美国参战不久，从5月份开始停止了上一年开始的庞大的战列舰建造计划，改为紧急建造250艘驱逐舰和400艘猎潜舰艇；以对付日益加剧的德国潜艇威胁。

为了保证急剧增加的军备生产和战场物资供应，在国民经济动员方面，美国也采取了一系列措施。开战两天之后，政府成立军需品总局，专门负责军事采购方面的协调工作。该局由20名成员组成，其中包括陆军后勤供应官和总参谋部的军官。1917年7月28日，军需品总局改组为战时产业局，下设若干个委员会。其任务是掌管军需品采购结算、重要原料分配和战时工业生产管理。战时产业局逐渐成为“政府中最强有力的机构”，成为“美国而且在很大程度上也是协约国的经济独裁者”。8月，威尔逊总统设立了与战时产业局平行的粮食管理局，统一调度国内的粮食和肉类生产，使战时美国粮食输出得以逐年成倍增长。

山姆大叔说的和想的、干的从来都不是一回事

美国的参战，使本已精疲力竭的协约国像注射了一针强心剂，美国雄厚的工业实力，把战争胜利的天平压向协约国一方。美国参战大大加

强了协约国集团的实力，到1918年大战结束时，美国已组成62个师。其中43个师在法国，其远征军总数近200万人。整个大战期间，美国供应协约国集团的军火和各种物资，以及直接贷款，总额将近100亿美元。

不过，就眼前而言，要让美国的军队和大量军用物资运到法国前线，他们首先要面对的，就是德国的潜艇战。如果不能有效面对德国人的这一招数，那么美国的参战，确实有可能如同德国所预料的那样，作用甚微。

制海权在现代战争的作用人所共知。1917年2月开始，虽然表面上看，英国等协约国海军掌握了制海权，但德国海军凭借潜艇，掀起了无限制袭船战的狂潮，通过水下活动正在切断英国的海上大动脉。3月份，英国被击沉的船只吨位超过60万吨，4月份的损失达90万吨。英国海军大臣杰利科说："如果损失像这样继续下去，我们将不可能继续进行这场战争了。"4月末，美国驻欧海军部队司令西姆斯将军报告："协约国现在已没有制海权。部队和补给的输送紧张到极点，对战场军队的保障已受到威胁。"

为了帮助英国打破潜艇的威胁，西姆斯建议英国海军采用舰队护航。他坚信："协约国的任务就是要迫使潜艇出战。"因为潜艇为了完成自己的使命，不得不主动寻找协约国的船只，通过护航就可以为决战提供好机会。护航军舰以驱逐舰为主，将能够击沉或赶走敌人的潜艇。

5月份，两支试验性的船队以微小的代价成功地横越了大西洋，英国海军便把船队护航作为其新的政策。靠着严密的护航船队，海军完成了它在战时的任务，保证了美国陆军、军需品和战争物资运抵协约国。

美国参战的目的与欧洲盟友不同。这些盟友主要是为了他们的生存和帝国的延续而战，而美国总统威尔逊所设想的，则是一个由美国主宰的世界。不过，他所用的却是一个十分崇高的口号：这将是一场结束一切战争的一次战争，以建立一个在民主的国际联盟中团结起来的、有持久和平与正义的崭新世界。这一口号听上去十分漂亮，也十分迷惑人。

威尔逊决定在1918年年初发表阐述美国参战目的的重要演说，并让他的顾问豪斯负责起草这一演说。于是，1918年1月4日，豪斯带着一批著名的专家来到华盛顿，帮助威尔逊准备这篇演说。他们在第二天上午即开始认真工作起来，现场的气氛显得有些神秘，因为他们是锁起门来进行工作的。豪斯后来一句话道破了美国参战的天机："我们实际上是在10点半开始工作的，在12点半就完成了按照我们的愿望重画世界地图的工作。"威尔逊亲自用打字机打出了这篇演说的定稿。第二天下午，他把演说的定稿念给豪斯听，豪斯被自己起草的那篇东西感动得热泪盈眶。

1918年1月8日，星期二，天气晴冷，威尔逊同夫人打了一会儿高尔夫球，然后在上午11点半回到白宫。直到这时，他才指示他的秘书通知副总统和众议院议长，他将在半小时内向国会联席会议发表演说。他在4天前刚刚向国会发表过演说。因此，人们对此感到意外，急忙去召集足够的参议员和众议员，以便国会里能够座无虚席。

这是一幅宣传画：自由女神号召男人们拿起复仇之剑，为那些诸如在"卢西塔尼亚"事件中丧生的同胞报仇

当威尔逊走上讲台时，只有零落的掌声。甚至连他自己内阁中刚听到消息而急忙赶来的那些阁员也不知道他即将发表演说的内容。威尔逊的这篇演说，阐述了美国参战的目的，算得上是一篇具有重大意义的演说。总统在演说开始时，声音低沉，没什么感情。

他告诉台下的听众，跟同盟国不一样，协约国对于战争目的一直是十分坦率的。在协约国当中，意见是清楚的，原则是肯定的，细节是明确的。威尔逊平静的语调没有引起人们的什么热情和共鸣。但随着他的述说，终于有人鼓掌了。随着来宾席上不断有人落座，而且又有一些匆忙赶来的参议员和众议员悄悄地坐到自己的位子上，大厅里的气氛越来越高涨了。

威尔逊继续说，美国参加战争的目的不是自私的：使世界成为合适的和安全的居住地方；保证使世界各国得到正义和公平交易。“因此，世界和平计划就是我们的计划，这个计划，我们认为是唯一可能的计划，是这样的。”整个会议大厅里鸦雀无声，倾听着他列举他的计划中的14点要求：公开的外交、海上自由、裁减军备、公正地调整对殖民地的要求。当他谈到下一点，即归还包括普鲁士在1871年占领的阿尔萨斯—洛林在内的全部法国领土时，人们欢呼起来，“参议员和众议员跳到椅子上，挥动手臂，好像他们是在观看一场足球赛”。

总统满面笑容,耐心地等待着这种喧哗声平静下来。然后接着讲下去，直到最后一点：要求建立国际联盟。他最后说，美国人民“准备以他们的生命，他们的荣誉和他们拥有的一切”来致力于实现使各国人民和民族都得到正义的这项原则，“争取人类自由的这场最后的战争的道义高潮已经到来，他们准备让自己的力量、自己的正直和忠心受到考验”。

在美国全国，对威尔逊演说的第一个反应是各政党一致同意。通常情况下总是严厉批评威尔逊的共和党纽约《论坛报》称这一演说是第二个解放宣言：“正像林肯在半个世纪前解放了南方的黑奴一样，威尔逊先生现在保证他的国家要为解放比利时人、波兰人、塞尔维亚人和罗马尼亚人而战斗。”“总统的话是一亿人的话。……今天，全国人民对自己的领袖和事业深信不疑，像以前从未有过的那样跟随总统前进。”

然而，在其他国家，即使是对美国援助望穿了两眼的盟友们，对美国人画定的蓝图也不是百分百认同。英国人对于威尔逊要求海上自由这一点毫无热情，法国人对此也同样表示怀疑，只是对于有关阿尔萨斯—洛林的声明感到宽慰。至于意大利领导人，对于威尔逊要求只“按照可以清楚认出的民族界线调整意大利边境”感到不快。

不仅欧洲盟国根本不准备接受美国的计划，德国更不愿意响应威尔逊要它参加“爱好和平的国家”社会的邀请。相反，德国由于这位总统要求自己交出阿尔萨斯—洛林而感到受到了侮辱。

美国人把自己参战的目的说得大公无私，高尚无比，而事实却证明它不过是一番骗人的美丽谎言。但有一点是肯定的，不论其目的是否高尚或丑恶，美国的参战，终于改变或者说是加速了第一次世界大战的进程。

美国参战，是第一次世界大战中的一个重大事件。它最终改变了两个军事集团的力量对比和欧洲战场的战略形势，对协约国最后打败同盟国起了重要作用。美国参战也影响了许多原来在大战中奉行中立的国家。继美国之后，又有巴拿马、古巴、希腊、泰国、利比里亚、中国、巴西、危地马拉、尼加拉瓜、哥斯达黎加、海地、洪都拉斯等卷入战争。

1917 年，标志着这场冲突最终演变成全球性战争。许多拉美国家继美国之后参战，世界的面目被扭曲变形，再也无法恢复原来的模样了。这场战争不仅在政治上，而且在军事上都扩大了。坦克在康布雷大显身手，飞机显示了干预地面战斗的能力，潜艇的踪迹遍布各大洋。历史上从来没有一场战争像这样范围广泛，这样残酷无情，这样摧毁一切。

对于协约国而言，1917 年简直是个灾难的年头。法国的大规模春季攻势失败了，这次失败导致了兵变的发生，使法国人在战争初期那种曾使德国人望而生畏的锐气受到了很大的损伤。流行的口号不再是进攻，而变成了防御，随之而来的是全国失败主义和不抵抗主义思潮的泛滥。11 月中旬，法国之虎克列孟梭执掌总理大印，他的内阁宣言简短而无情，他说，对投敌叛国者将严惩不贷，“不许再搞和平主义运动，不许德国人再要花招。通敌、半通敌都不能容忍；战争，只有战争，别无其他”。

英国人在佛兰德发动的进攻，加剧了协约国的不幸。英国人损失惨重，部队中怨声四起，士兵们编了许多讽刺挖苦的诗歌，只是没有哗变。

但是对于德国及其盟国来说，1917年的胜利留下了某种酸楚。到年底，潜艇战显然是失败了。陆地上从来没有取得足够的胜利，而人力的缺乏越来越严重。更糟的是英国持续不断的封锁使德国人忍饥挨饿，1917年成了德国人的“萝卜年”。德国在参战时政治上是团结一致的，这种团结现在开始瓦解了。在艰难困苦的情况下，民众的不满越来越强烈。俄国二月革命后，形势变得严峻起来。那场革命鼓舞30万德国工人在柏林和莱比锡举行了罢工。更令人不安的是，海军部队的哗变在逐渐蔓延。

这是革命的年代，彼得堡捷足先登。俄国革命的影响笼罩着全球，布尔什维克的胜利将要永远地改变一个世纪的历史。

第八章

决战决胜，致命一击

1918年是考验的时刻，是4年多血雨腥风的最后一幕。气喘吁吁、满身血污的对手们，磨剑以待将要来临的最后一搏。在这一年，人们将迎来最后的胜利和最后的失败。俄国退出战争终于使德国人摆脱了两线作战的困境，美国人大话连篇却迟迟不见行动。德国人于是决定在西线放手一搏。“迈克尔行动”直打得协约国叫苦连天，巴黎大炮更是让法国人魂飞魄丧。德国人高举酒杯，欢呼胜利。危急关头，一位赫赫有名的法国将军福煦接管了协约国的最高指挥权，他横刀立马，挡在德国人面前。于是，在这一年，人们将看到德国人在西线的最后挣扎，协约国在各条战线发动强大的攻势，保加利亚、土耳其、奥匈的崩溃，最后是德国的投降。

1

德国人失败前的挣扎

1918年新年到来，经过了将近3年半战争的欧洲已濒临崩溃。在这场战争中死亡伤残的士兵，数以百万计，田园荒芜，平民百姓挣扎在饥饿和痛苦之中。开战之初，参战各方都确信自己的军事力量是无敌的。无论协约国还是同盟国都以为他们能够轻而易举地速胜，但是，流血的僵持局面持续了一年又一年，激烈的阵地战中地盘的得失只能以米计算，许多国家的男子仍在许多战线上作无谓的牺牲：在比利时、法国、意大利、巴尔干、美索不达米亚和巴勒斯坦。经过 3 年多的战争，各主要交战国都消耗了大量人力物力，大多数国家战争资源已近枯竭，政治和经济危机进一步加剧。受伟大的俄国十月革命的影响，各国工人运动和反战运动掀起新的高潮。在李卜克内西、卢森堡等左派社会民主党人的领导下，1917 年年底～1918 年年初，英、法、意、德、奥等国都爆发了声势浩大的反战运动。1918 年 1 月，德国柏林发生 50 万人参加的政治总罢工，要求政府立即与苏维埃俄国缔结和约。2 月 1 日，奥匈海军基地科托尔爆发了水兵起义，波及 42 艘军舰。当局不得不派出大批军队进行镇压。法国国内政局不稳，政府为了防止可能发生的动乱，从前线调回 4 个骑兵师部署在首都巴黎和重要工业区。

各有各的难处

已经过去的 1917 年，对于协约国来说是一场噩梦。失败一个连着一个，更要命的是以前的盟友俄国退出了战争，使德国人摆脱了两线作战的困境，协约国在新的一年里，无疑会面临着更加可怕的压力。按照富勒的说法："到了 1917 年底，英国人由于流血过多已经面色灰白，法国人在精神上已经支持不住了，意大利人几乎已经退出了战争，而美国人却还不能对于战争作足够的贡献。"现在看来，协约国胜利的唯一希望在美国。英国舰队司令、海军上将贝蒂在元旦那天对《纽约时报》说："美国注定要成为这场世界大战的决定性因素。"

美国确实是协约国的希望。但是，在法国，只有 10 万没有受过良好训练的美军，这点力量显然是不够的。在英国政要中，怀疑美国部队能否及时赶来挽回败局的人不占少数。一位战时内阁成员就看不到“我们取得军事胜利的前景”。英国首相的一位密友里德尔爵士更为悲观，他在同丘吉尔共进午餐时说：“如果这场战争再进行12个月，那么，企图消灭德国的我们反倒可能自取灭亡。”丘吉尔倒是持有不同意见：“我们必须战斗到底，谁知道德国人会在什么时候垮掉。”

协约国的悲观是有理由的，英法已经精疲力竭，而美国目前看起来远水救不了近火，一时半会儿指望不上。美国虽然宣战已经有几个月了，但这场战争对于大多数美国人差不多仍然像是一场戏——一场富有浪漫色彩的故事。光是在西线就已经有数百万人死亡，在美国人看来，这只不过是统计数字而已。欧洲在1914年参战时也同美国人一样激情洋溢，一样天真烂漫。美国还没有感觉到这场战争的惨痛，许多军人最关心的问题是等他们到达前线时能否赶上这场盛大的演出。

美国的民歌反映了当时美国大兵普遍存在的这种情绪。有一首歌唱道：“在那边，在那边，请捎信去，带到那边，美军要奔赴战场，奔赴战场。鼓声咚咚传四方，整装待发，祈祷上苍。请捎信去，希望多保重，我们将踏上征途，我们要奔赴战场，那边战火不熄，我们决不回故乡。”这是美国举国上下一致的情绪，美国人几乎没有想到流血死亡。

德国家庭主妇和儿童在排队领取战时配给券

同盟国也遭到了协约国在1917年所遭到的灾难。1917年，同盟国的处境每况愈下。德国由于战争消耗和协约国的封锁，工业生产指数大幅度下降，1917年是1913年的62%。熟练工人不足，军工企业只得招收大批女工和利用战俘。居民生活更加困难，至1917年秋季，城市居民食品消费与战前相比，肉类为20%，油脂为11%，粮食为47%。奥匈、土、保等国的战争资源消耗也已达到了极限，甚至连军队的正常供应也难于维持。更严重的是，德国的主要盟国奥匈帝国正在解体，1916年继承皇位的年轻皇帝卡尔，正在秘密地设法与敌人谈判媾和。德国参战时政治上的团结一致在经历了饥饿的寒冬之后开始瓦解了。但即使这样，军方领导人仍对胜利充满信心，因为俄国实际上已退出战争。德国最高统帅部的决策人物鲁登道夫相信，东部战线80个师中的大部分兵力可以很快调到西部战线，因此，他策划在西线发动一次大规模的攻势，以便迅速取得最后胜利。那将使德国在这场战争中第一次拥有数量上的优势，这对于在人力、大炮和飞机处于很大劣势的军方来说，是一个令人陶醉的计划。总参谋长兴登堡元帅说，德国终于达到3年来努力争取和渴望的目标了，“我们已不再有后顾之忧，可以转而在西线进行大决战了。我们现在必须做好迎接这次决战的准备”。

于是，最高统帅部便加速进行春季大攻势的准备，以为这场攻势将解决他们的所有问题。至此，德国踏上了他们认为取得最后胜利——实际上却是最后失败的道路。

德国人最后的进攻

从1918年3月21日至7月17日，德军在西线先后组织了5次大规模进攻战役。这是德军在第一次世界大战中规模最大的攻势行动，也是最终失败前进行的挣扎。

1917年11月11日，德军统帅部在蒙斯召开了高级军事会议，讨论德军1918年西线进攻计划。会议由德军总参谋长兴登堡主持，参加者包括鲁登道夫、威廉皇太子集团军群参谋长舒伦堡和巴伐利亚王储集团军群参谋长冯·库尔以及统帅部作战处长韦策尔。会议讨论了两个方案。

第一方案是威廉皇太子集团军群参谋长舒伦堡和统帅部作战处长韦

德皇（中）与兴登堡（左）、鲁登道夫商议战事

策尔提出的。他们主张在凡尔登地区法军战线突出部两侧实施进攻，攻占凡尔登要塞，达成1916年凡尔登战役未能实现的战略目的。但是，由于该地区地形不利于进攻，法军在该地区驻有重兵，不易突破；即使有所突破，对战略全局也不会产生决定性影响。因此，这一方案被否决了。

第二方案是巴伐利亚王储集团军群参谋长库尔提出的。这一方案主张在伊普雷到兰斯地段上进攻战线北翼的英军，攻占英吉利海峡沿岸地带。德军统帅部一直把打败英军，并将其驱逐出欧洲大陆作为瓦解协约国联盟的主要环节，德军若在此得手，即可切断英军的重要补给线，迫使英军全面撤退。但是，在这一地区进攻可能遇上英军主力，而且地势低洼，4月以前不利于实施大规模进攻作战，因此，这一方案也被鲁登道夫否决。

鲁登道夫虽然也主张以英军为主要目标，但他把进攻地段选在英军防线的南段，阿拉斯到拉费尔之间。他认为，这里是英军的薄弱部分，靠近英军和法军的结合部，可以利用英法军的矛盾，切断英法军的联系。德军若攻占索姆河畔佩罗纳、阿姆一线，其左翼可依托索姆河，将进攻矛头再转向西北方向，直取英军的后路，英军必败无疑。最后，统帅部按鲁登道夫的方案制订了作战计划。

1918年3月，德军在西线已集中了194个师，编成4个集团军群。巴伐利亚王储集团军群辖第4、第6、第7、第2集团军，共83个师，配置在海峡到圣康坦之间；威廉皇太子集团军群辖第 18、第 7、第1、第 3 集团军，共 61 个师，配置在圣康坦到阿尔贡之间；“C”集群和第 5 集团军，共 24 个师，配置在阿尔贡到摩泽尔之间；阿尔勃莱希特集团军群辖第 19 集团军、“A”集群和“B”集群，共 26 个师，配置在摩泽尔到瑞士边界。德军在西线的总兵力约 400 万人，拥有火炮 5000 余门，飞机 3000 架，以及少量坦克。

协约国集团判断德军将在 1918 年发起进攻，决定先取战略防御，在防御作战中削弱敌军，并在有利形势下转入反攻，力争在 1919 年打败德国，结束战争。1917 年 11 月 7 日，协约国各国政府首脑和军方代表在法国的拉巴洛开会，决定成立协约国最高军事会议，协调协约国各国军队的作战行动。1918 年 1 月 30 日，在凡尔登召开最高军事会议，讨论 1918 年作战计划。会议一开始，各方意见不一。

法军总参谋长福煦强调积极防御，将敌进攻吸引到预定地区，在敌人进攻未取得决定性胜利之前，抓住有利时机实施坚决反突击，粉碎敌人进攻。为此需在西线建立一个统一的强大的战略预备队。法军总司令贝当和英国远征军司令黑格则认为，在美军主力在法国全部集中以前，协约国军队兵力不足，不可能采取任何大规模的反攻和进攻，只能进行防御。英国首相劳合·乔治支持贝当、黑格的意见，同时还提出应加强巴勒斯坦战线的攻势，以求彻底打败土耳其。英军总参谋长罗伯逊反对英国首相的意见，坚持全力加强西线，因为如果协约国在法国战败，英军在巴勒斯坦的胜利也毫无意义了。

讨论结果，通过了一个折中方案，即英军不从西线和意大利抽调兵力的条件下，可以在巴勒斯坦组织进攻，西线作战则以福煦方案作为基础制订计划。但是，由于在统一各国军队作战指挥权问题上出现扯皮，统一的战略预备队未能建立起来，福煦的反攻计划一直到德军发起进攻以后才开始逐步实行。

1918 年年初，协约国在西线的兵力为 186 个师，比利时国王指挥的比利时集团军群，共 13 个师，驻守在伊普雷以北到海边的地区；黑格指挥的英国远征军第 6、第 3、第 1、第 2 集团军，共 63 个师，驻守在伊普雷往南到圣康坦地区；贝当指挥的法军有 3 个集团军群，其中北方集团军群辖第 4、第 5、第 6 集团军 42 个师，防守圣康坦到凡尔登的正面；东方集团军群 56 个师防守凡尔登到瑞士边境的正面；法军统帅部预备队有 6 个步兵师和 6 个骑兵师。协约国军总兵力共 500 万人，火炮 1.6 万门，飞机 3800 多架，坦克 800 辆。

目标看上去很美

1918 年 3 月 21 日，德军开始了第一次世界大战最后一年的第一次进攻。这次进攻称为“皇帝会战”，代号为“迈克尔行动”。迈克尔是传说中日耳曼民族精神的保护神。德军以此命名这次进攻，其寓意不言自明。

按照鲁登道夫的计划，德军将以 62 个师的兵力在阿拉斯到拉费尔之间 80 多千米的正面上同时发起进攻。参加作战的有巴伐利亚王储集团军群的第 17 集团军 19 个师、第 2 集团军 20 个师和威廉皇太子集团军群的第 18 集团军 21 个师。此外，还得到统帅部预备队 3 个师的支援。用于进攻的火炮有 6800 门，飞机 1000 架。德军的主要进攻方向选在索姆河以北地区，由贝洛将军指挥的第 17 集团军和由马维茨将军指挥的第 2 集团军负责实施。进攻正面为 44 千米。其当前任务是围歼康布雷突出部的英军，并前出克罗齐尔、巴波姆、奥米尼翁河河口一线，随后在阿拉斯、阿尔贝尔正面实施进攻。由胡提尔将军指挥的第 18 集团军在索姆河以南地区担负辅助突击，掩护主突方向进攻集团的左翼侧，进攻正面为 43 千米。

德军当面之敌是英军第 3 和第 5 集团军，在其编成内共有 32 个步兵师和 3 个骑兵师，3000 门火炮，有 500 架飞机和 216 辆坦克支援。其中，驻守北段的是战斗力较强的英军第 3 集团军，英军的预备队兵力大部分也集中在这里，还可以得到更北面的其他英军部队的支援。中段和南段是英军第 5 集团军。该集团军的防线比其他集团军长，而且在上一年度作战中消耗甚大，元气尚未完全恢复。

进攻开始前，德军进行了周密的准备。年初，德军统帅部总结推广第 18 集团军司令胡提尔在 1917 年 9 月进攻里加时所创造的“胡提尔战术”，并将预定参战的各师分批撤到后方，进行整编和为期 3 周的训练。

德第 18 集团军司令胡提尔

协约国对德军企图事先已有所察觉，并着手进行防御作战的准备工作。但是，却始终没能判明德军的主要突击方向。自年初以来，西部战线看上去很平静。但是英军司令、陆军元帅黑格认识到，这只是德国一场大规模进攻之前的平静。他一再发出警告，说德国的进攻迫在眉睫，恳求增加兵力，但是首相劳合·乔治和他的战时内阁却无意将更多的部队投入一条已经白白消耗了英国精锐部队的战线。黑格觉得，事情已很明显，英军将是进攻的目标。法国人自从 1917 年发动的那场倒霉的春季攻势以来至今仍没有恢复元气。他推想，像鲁登道夫这样的人，一定会打击敌人的最强点而不是最弱点。他最担心的是阿拉斯，那是他的整个防御体系的基石。要是德国人在这里取得突破，那就会把他的战线一分为二，并分两路向沿海地区突进。北翼的伊普雷地区也使他忧虑，因为这也是通往英吉利海峡港口——敦刻尔克、加莱和布洛涅的门户。这些地方不仅对于保障供给是至关重要的，而且一旦发生总崩溃，对于部队撤回英国也是至关重要的。这位元帅的手下共有步兵师和骑兵师 62 个，坚守着一条 125 英里的战线。在他的 5 个集团军中，高夫的第 5 集团军坚守的战线最长，有 42 英里，可是用以守卫这条战线的兵力却最少。高夫的右翼紧挨着法国军队，尽管一旦出现紧急情况，他可以向他们求援，但能否得到及时的增援则是个未知数。在德军统帅部里，参谋军官们正在研究高夫阵地的情况。第 5 集团军的确是首要目标，而关键部位则是它的第 3 兵团，即沿着瓦兹河的英军战线的最右翼。德国人估计，这个地方是极敏感的，因为它是同法国军队的接合部。任何接合部都是薄弱环节，特别是与别国部队之间的接合部。另外，英法军在是否应实施纵深防御部署问题上争论不休。结果，临战时还是将其大部分兵力推到前沿，集中部署在第一阵地。在英法军的协调上，虽然在 1917 年成立了协约国最高军事会议，但统一指挥问题，仍未彻底解决，当法军总参谋长福煦提出英法军共同组成 30 个师的战略预备队时，英国远征军司令黑格坚决反对。

3 月 21 日 4 时 40 分，德军在晨雾掩护下，在阿拉斯到拉费尔全线同时发起进攻。炮火准备持续了 5 小时，这是有史以来最大规模的炮击。在一条 50 英里的战线，大约 6000 门火炮，同时开始轰击英国第 3 集团军和第 5 集团军。这场炮击是由德国第一流的炮兵专家、绰号“突破

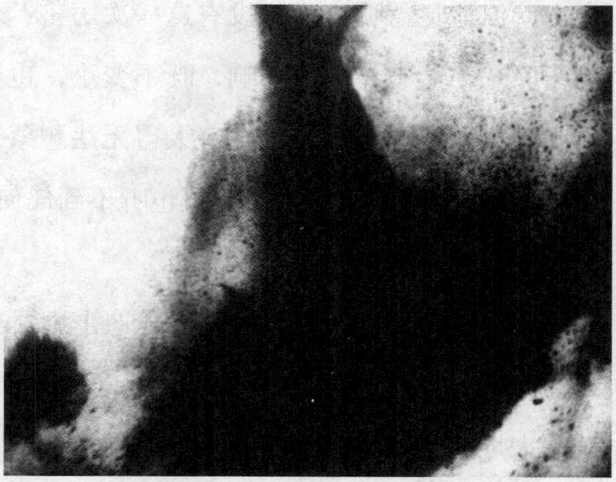

德军猛烈炮击下的协约国军阵地

手米勒”的布鲁赫·米勒中校精心策划的。他的计划是先集中火力轰击敌军的炮兵阵地。德军的炮声震耳欲聋，以至当英国的2500门大炮开始还击时，其声音听起来就像是蚊子在耳边嗡嗡作响。

炮击的声音在一位德国炮兵军官听来，就“好像世界末日快要到了”。他的大炮用毒气弹对敌人的大炮进行饱和轰击。炮手们的衬衫已经被汗湿透，但他们不断地装填炮弹。一位英国军官说：“炮弹四处飞落，这真是不折不扣的地狱。这种惨状是无法形容的，所以，我怎样描述都不会夸张。”

在他后面几英里的地方，丘吉尔以为最初爆炸的几颗炮弹是英国大炮发射的。“接着，就好像一个钢琴家的手指在键盘上由最高音掠过最低音一样，一眨眼的工夫，就响起了我从未听到过的巨大的炮击声。”

在高夫战线的中段，前首相阿斯奎斯的儿子、一位炮兵军官觉得这炮击声“就像山崩地裂，而不像人手所为。各种巨大的声音响成一片。这些不同的音响汇成翻江倒海的狂飙，你就是在几码以外用喊话筒发命令，别人也听不见”。

在第5集团军的南翼，一位久经征战的二等兵曾经历过多次猛烈的炮击，但他觉得哪一次都没有这一次厉害：“这声音大得很，简直叫人丧胆，一声轰鸣，一声巨响，既不变小，也不变大。其实，你简直想象不出还能变得更大了。这声音大得无法想象，使你分辨不出什么东西在崩坍，这声音压倒一切，使你再也听不到任何别的响动。这不可阻挡的、无休无止的声浪使我支持不住。”

上午9时35分，大约3500门迫击炮对英军前线发起速射轰击。德国的第17、第2和第18集团军由北向南排开，在“燃烧的天空之下，颤动的大地之上”进入出发阵地，等待进攻命令的军人有100万人以上。他们将由受过专门训练的强击部队打头阵，由39个师提供支援。两个集团军，即马维茨的第2集团军和胡提尔的第18集团军准备进攻高夫的部队，南面的第17集团军要攻击英国的第3集团军。

德国士兵们对德国实力的强大感到高兴欲狂。一个个急不可待地要发起进攻。有这样强大的力量，他们肯定能突破敌人的防线。决战即将开始，这场战斗关系到世界掌握在谁的手里。他们全都发疯了，丧失了判断能力，“已经离开了人世，进入了超凡境界”。死亡已变得无所谓了，他们的生命已完全属于祖国了。

9时40分，这个时刻终于来到了！火光升起来了，身穿灰色军装的德国士兵潮水般地向前涌去。一位名叫荣格尔的德军连长身先士卒，右手握着一支左轮手枪，左手提着一根竹鞭杆，狂怒在他的胸中沸腾，“这种压倒一切的杀人欲望使我的脚下生风，愤怒使我的双眼流出苦涩的泪水”。

进攻的第一天，德军在主要突击方向上索姆河以北地区楔入英军防线2～4千米，索姆河以南地区深入6～7千米。不断传来的坏消息使高夫将军确信，他在战区内无法打败德军，他的任务是尽可能是迟滞敌人的行动，等待援兵的到来。因此，他要求部队“尽量坚持久一些。我们每把德军挡住1小时，都能使我们的前景改善一些”。他相信在危急关头法国将军贝当会履行他的保证，很快就会赶来支援。但是贝当却以德军将马上转向香槟地区进攻威胁巴黎安全为由，迟迟不肯动用法军的预备队支援。因此，尽管他手头的后备部队有50个师，但是他连一个人、一门炮也不愿放出。德国人早就料到这一点。两个月前，一位军官就对鲁登道夫说：“根本不必做这样的估计：法国人会急急忙忙地跑去支援他们的协约国战友。他们会先看到自己的战线是不是也会受到攻击。只有当局势相当明朗的时候，他们才会决定去支援盟友。”

兴登堡的司令部对这一天的空前胜利是很满意的，但是，英国人的顽强抵抗也使他们感到不安。德国皇帝却欣喜若狂，他决定向兴登堡颁发金光闪闪的铁十字勋章。在前线的每一名士兵也都像德皇一样兴高采烈。威廉皇储参观了圣昆廷废墟，入眼所见的景象是令人难忘的。不久前那里还是一座繁荣的城镇。由于大炮的轰击，如今已变成一堆毫无生气的瓦砾。他手下的步兵一队接一队地从旁边快速经过，赶到前方去参加战斗。这位皇储说："我的周围是一张张喜气洋洋的笑脸。他们向我的汽车欢呼、高喊，使车子难以向前开动。这是一次不可抗拒的进军，是一支胜利队伍的脉搏在跳动。除了前进追击敌人之外，这支军队不知道任何别的法律。"到处都是被攻占的堑壕和缴获的枪炮以及大量战争物资。前面，战场上的火光缓缓地但却不间断地蔓延着。"这个场面是恐怖的，它给人留下的印象是不断变换的。而头上却照射着春天的明媚阳光。这阳光一扫许多时日以来的疑虑，使我重新充满信心，使我对未来产生了强烈的渴望。"

在德国，人们是在吃早餐时听到大进攻开始的消息的。一家报纸报道说："我们的部队以1914年时的那股劲头和精神，发起了地面进攻，击溃了全线敌人的抵抗。大家一致认为守军打得很英勇，但是英国的领导是经不起这样巨大的打击的。"

随后两天，北段德军进攻受到英军越来越有力的抵抗，推进迟缓，只前进12千米。而南段辅助方向靠近英法军接合部的进攻却进展迅速，胡提尔指挥的德军第18集团军3天深入敌防线20千米，突贯了英军第5集团军的战术防御地幅，使英军整个防御体系受到震撼。由于法军迟迟没有出兵救援，使英法军之间防线上出现了一条15千米宽的裂缝，亚眠受到威胁。

3月22日，英国人节节后退。撤退的路上，士兵们情绪低落。德军远程大炮的炮弹在头上呼啸而过。伤员们在公路上一瘸一拐地行走。一位军官这样说："我已经精疲力竭，与此同时，我的勇气也不复存在了。

我不想置身于战斗的前线，而是渴望后撤，离敌人越远越好。而且希望快点撤走，不要被耽搁在路上。但那路上挤满了其他车辆行人，我们被困住了，根本走不出去。”他生平第一次感觉到撤退的凄怆。“站在路上，看着人员、马匹、卡车、救护车、骡队、炮车、火炮，摩肩接踵、川流不息地从我们身边走过，心中那股压抑劲简直没法形容。神情沮丧、满身污泥的士兵蹒跚而行，常常是既没有枪支也没带任何用品。还有一些外衣上别着标签的伤员，竭力避开前行的车辆，以免被它们从身上碾过，还有的实在支持不住了，就坐在路旁休息，用手支撑着脑袋。”在伦敦，威尔逊参谋长很是郁闷：“我不明白，我们为什么这么快就把地盘丢了，德军为什么这么轻而易举地就突破了我们的战区。”

3 月 23 日，英军又撤退了一天。“最可悲可怕的撤退开始了。它之所以可怕，并不是因为敌人距我们只有半英里远，情势有危险，而是因

英军在撤退

为我们的人半个星期以来不停地开拔和挖掘工事，既没有睡觉，也没有什么吃的和喝的东西，因此已经到了精疲力竭的程度。在我们行进的过程中，不断有一些别的士兵加入我们的队伍，所以不出半小时，我们这支小队就变成了数千人的庞大的撤退队伍，情绪沮丧地拖着沉重的步子在旷野中前进。那队伍前望不见头，后看不见尾。而且，我们根本不知道它在向何处去。”一位军官说：“他们的士气已经荡然无存，这是地地道道的仓皇撤退。就我们所知，在我们和英吉利海峡各港口的后面已经什么都没有了，只剩下这批看来已经完全乱了阵脚并丧失了战斗意志的乌合之众。”

德军进攻的进展也出乎鲁登道夫预料，打乱了原定的进攻计划。德军面临一种选择：或者继续按原计划在北段实施主要突击，或者改变计划，把主突方向改到南段。3 月 23 日，德军在阿文召开了有德皇参加的集团军群会议。会上，鲁登道夫指出：“现在的目标是用向索姆河的两侧中的一侧快速突进的方法把英法两国军队分开。第 17 集团军向索姆河以北的英军进攻，把他们逼进大海。为了使英军全线崩溃，他们要不断攻击新的目标。在索姆河以南，将转向亚眠—蒙迪迪耶—努瓦荣一线，对法军发起攻势，然后向西南方向推进。这样一来，第 2 集团军就必然要沿索姆河两侧向亚眠逼进，并同第 18 集团军保持密切联系。”鲁登道夫过高估价德军的胜利，没有把主突方向放在南段，而是制订了一个同时向西北、西方和西南 3 个离心方向实施进攻的计划。北路德军第 17 集团军继续向西北方向的阿拉斯进攻，与第 6、第 4 集团军协同将英军赶下海；中路第 2 集团军沿索姆河两岸向亚眠方向进攻，割断英法军的联系；南路第 18 集团军转向西南方向，进攻法军第 6 集团军，将其击退到巴黎，但在推进时要放慢速度，与中路进攻齐头并进。这一计划，分散了兵力，未能在进展顺利的方向及时扩大战果，发展胜利，从而把到手的战机丢掉了。

这一天，对德皇来说是一个欢庆胜利的日子。“战斗已经打胜了。英国人已经被彻底击败！”他用香槟酒向军队及其领导人表示祝贺。德国的报纸在欢庆西线的胜利。《德意志报》说：“让那些要求达成协议、要求与和平的偶像实行和解的种种没有出息的哀鸣，让直到现在还想阻止德意志对英国怀有正义的憎恨并对之进行复仇的那些人的悲叹，统统见鬼去吧。整个德意志已经焕发出新热情，到处都是胜利与报复的吼声。”《日耳曼报》也同样气势汹汹和充满信心：“关于盎格鲁撒克逊人是优等民族的偏见要么获得胜利，要么被彻底击败，否则世界上就不会有持久的和平与持久的宁静。我们决心用刀剑来实现和平，因为我们的敌人不相信我们的诺言会带来和平。”

这天晚上，鲁登道夫得意洋洋。“德国领导人和军队的超群出众已经充分地表现出来了。”他在每天一次的报告中这样写道，“在斯卡普河和瓦兹河之间的战场上，在本月21日至23日的这3天内，英军遭到了英国历史上最惨重的失败。在这次巨大的胜利中取得的战绩如此辉煌，它是自西部战场各阵地发生战斗以来协约国所取得的任何胜利所远远不可比拟的”。此时，他还不知道，他的小儿子刚刚在一次飞机失事中身亡。头一天晚上，当那个年轻人离家前去参加这次大进攻的战斗时，劝说自己母亲不要悲伤：“要记住，我以全副身心热爱我的职业，尽管我已经历过许多战斗，但是，这最后一年的机会我是决不会放过的。”接着，这位年轻人向母亲吐露了心中的秘密：他的最高理想就是像父亲那样成为一名将军。鲁登道夫得知儿子的死讯时，身边一个人也没有。“我独自承受了这一巨大的打击。我不知道发生了什么事情。我只知道我支持不住了，而且，从那一天起，我这么多年一直疾病缠身，哀伤不已。”

福煦危急时刻显身手

在伦敦，战时内阁着了慌。他们在谈论要为把军队撤回英国作出安排。

23日下午4时，黑格见到了贝当。贝当说，他已决定把法约尔手下的两个集团军投放到南翼，在索姆河谷一带行动。他强调说，重要的事情是使法国和英国的部队彼此保持联系。要是失去联系，几乎可以预言，“敌人就会在两支军队之间打进楔子，从而使英军受到围困乃至被赶入大海”。但是，他们两个却各有各的打算。因为他们所关注的都是本国的战略利益，英国要加强它的北翼，以便在英吉利海峡诸港口保持一条明确的战线，必要时还可以逃回本国，而法国则要不惜一切代价保全法国的心脏——巴黎。

为挽救危局，必须要加强西线部队的协调，建立统一的指挥。“在这场战争中，有一件事是很重要的。”英国首相终于认识到这一点已经迫在眉睫，刻不容缓。而且，这个担任西线最高指挥的最佳人选将是法国人福煦。掌管协约国部队。

美国的西姆斯海军上将有些惊奇：“你为什么没有早走这一步？”英国首相回答：“要是内阁在两周前提议让一名外国将军来统辖英国军队，那它就会垮台。欧洲任何国家的内阁若提出这样的建议，也都会垮台。”英国首相即令战时内阁成员米尔纳勋爵前往法国，协调协约国之间的关系，“给福煦将军以组织和使用后备力量的必要权限”。

英国首相和黑格、霞飞等人在一起探讨军事问题

3月24日，形势在继续恶化，来自各部队的报告令人十分不安。局势严重了，德军已越过索姆河。平时很

是镇定的贝当变得慌乱起来。那天上午，军火部部长卢舍尔也注意到了这一点。“战争期间，我可以常见到他。即使在最困难的时刻，他也总是能够自制，从容镇定。这给人们留下深刻的印象，同时也能安定别人的情绪。”但是在这一天，他确实“激动起来”了。贝当的惊恐也传染给了总理克莱孟梭。法国总统大发感慨：“要是能有霞飞那样了不起的镇静自若该多好啊。”卢舍尔十分不安，去找法国总参谋长福煦。福煦倒是十分镇定：“局势是严重的，十分严重，但绝不是不可收拾的。要知道，我是不肯谈论撤退的可能性的。决不能撤退。”福煦看到，现在是各自为战：黑格在为保卫港口而战，贝当在为保卫巴黎而战。这样势必会导致两支军队失去联系，从而必败无疑。各协约国政府必须进行干预，否则就全完了。福煦来到巴黎，总理克莱孟梭惊恐地问：“你不会扔下我不管吧？”福煦回答：“我不会扔下你不管。不过，我们毫无准备。”

3月24日，对于英国总参谋长威尔逊来说，又是一个紧张的日子。他说：“这一天真是马不停蹄，我们已处于崩溃的边缘了。”英国首相劳合·乔治萎靡不振：“看来情况非常糟糕，我担心会大难临头。他们已经突破了防线，现在的问题是用什么来阻挡他们。缺乏后备力量是最严重的因素。”他认为：“除非（美国）威尔逊总统赶快行动，否则来不及了。他浪费的时间太多，他参战已经9个月了，可迄今在前线并没有作出什么实际贡献。”

3月25日下午3点，法国总理在巴黎会见从英国赶来的米尔纳勋爵。克莱孟梭宣布，必须“不惜一切代价保持英军同法军的联系，黑格和贝当必须立即投入他们的后备队去堵住缺口”。会见以后，他们在福煦和卢舍尔的陪同下去贡比涅同贝当和法国总统举行会议。在会议上，福煦说，最危险的是亚眠地区，德军在那里已经突破英法联军的防线，在两个集团军之间打开了一个大缺口。这条防线必须重建，两军之间的联系必须

法国总司令霞飞、法国总统普恩加来、英国国王乔治五世、福煦、英国远征军总司令黑格等人在一起

恢复，哪怕在别处冒些风险也在所不惜。法国总统和总理同意他的意见，并询问英国人打算怎么合作。米尔纳建议第二天开会研究这一问题。

3 月 26 日，这可能是决定战争命运的一天。在北距德军占领的巴帕默、南离亚眠各 20 英里的杜朗，英法两国军事会议在隆隆的炮火声中召开了。精力充沛、战斗情绪饱满的福煦听到一位同僚说，撤出巴黎也许是明智的，他立即插嘴："巴黎？巴黎毫不相干！巴黎远着呢！我们要就地挡住敌军。我们只要说：'他通不过！'他就通不过。这我可以向你保证。你们相信我，只要我们确信我们不能再后退，而且上级下命令在此刻我们所在的地方抵抗敌军，成功就有了四分之三的把握。"

会议经过争论，达成了这样一个十分重要的协议："英国政府和法国政府责成福煦将军协调西线盟军的行动。他将因此而同指挥作战的诸位将领合作，要求诸位将领向他提供一切必要的情况。"英国的米尔纳在协议上签了字，他保证英国战时内阁支持福煦，把大英帝国的命运交给他掌握。法国总统在宣布休会时说了双方都同意的一句话："先生们，我认为，我们为胜利作出了贡献。"在会议结束的时候，出现了会前本来认为不可能有的团结一致。与会者的看法、气质各不相同，由于语言、情趣、习惯和民族利益迥异，法国和英国的步调不一。然而，今天所有个人与民族的冲突都在这场危机中化为乌有。福煦立即将英国第 5 集团军的残部和法军第 1 集团军集结在亚眠，调法军预备队接替英军在索姆河以南的防线，以阻止德军进一步扩张战果。

在此期间，德军继续进攻。北路进攻阿拉斯的德军受阻，南路第 18 集团军再次取得较大战果，但德军统帅部仍未改变原定计划。3 月 26 日和 28 日两次下达的作战命令，仍不肯放弃久攻不下的阿拉斯，直到 3 月 28 日晚才不得不停止在索姆河以北的进攻。这时，德军又把主力和部分预备队调到中路，攻打亚眠，同时还命令南路第 18 集团军原地停留两天，使协约国军队获得了重新调整部署的时间。等到 3 月 30 日德军决心在南路重点进攻时，法军已调来了两个集团军的预备队，封闭了与英军接合部上的缺口。

3 月 27 日上午，英国要求美国立即派出 30 万军队调往前线，但美国只同意派出 4 个师去固守战线。潘兴一直反对把自己的军队合并到盟军的指挥机构中去，他只允许在紧急情况下使用一部分美军，他不愿意失去控制自己部队的权力。3 月 28 日，正在巴黎的美国陆军部长贝克和驻凡尔赛军事代表利斯将军讨论了协约国任命福煦为大元帅一事。他们认为，在没有美国人在场的情况下，英法两国作出这样的决定是不合适的。但是，潘兴没有提出异议，相反，他认为联合司令部早就应该建立，美国应当立即表示全力合作。随后，潘兴赶到福煦的总司令部。他告诉法国人，美军现在随时准备，而且急切地想在这场危机中发挥自己的作用。福煦一把抓住潘兴的胳膊，拉着他去见克莱孟梭。“把你对我说的话再说一遍！”福煦高声说。潘兴于是再次重申了自己的决定：“我到这里来是要告诉你们，美国人民认为，我国军队参加目前这场战役是莫大的荣幸，我以美国人民和我个人的名义要求参加目前这场战斗。现在毫无疑问只能战斗。凡是我们所有的步兵、炮兵、军用飞机，也就是你们的，你们随便使用。将来还会有更多的数量可满足需要。美国人民将为能参加这场历史上最伟大的战役而自豪。”法国人欣喜若狂，克莱孟梭情绪振奋。德军已经用尽全部力量了，他们不能再推进了。那天他酣畅地睡了一觉，在那个星期中他第一次睡得那么沉。3月29日，这个消息一发布，法国和英国举国上下兴高采烈。一家报纸这样说：“这确实证明了驻法盟军的团结一致，这非但没有削弱这个国家提供一切可能增援力量的决心，而且我们确信，这将使它获得新的力量。”

4月1日，从前线传来的消息比较好，福煦给克莱孟梭写信：“敌人的主动行动看来现在受阻，陷于瘫痪了。”

4月3日，协约国在巴黎以北45英里的博韦举行了一次重要会议。福煦觉得杜朗授予他的权力甚至不足以指挥目前的防御性军事行动，要在不久对盟国的军队进行战略部署，要执行更大的计划，仅仅赋予他协调人的权力是远远不够的，他必须享有更大的权力。于是，协约国决定举行这次会议商讨此事。最后，这次会议形成的决议责成福煦协调西线盟军的行动，“为此目的，授予他有效地协调盟军行动所必需的一切权力。

美国远征军经英国伦敦转赴法国前线

出于同一目的，英国、法国和美国三国政府委托福煦将军对军事行动进行战略指挥”。从此以后，黑格和贝当只负责各自军队的战术指挥。

当与会者鱼贯走出会议室时，英国首相高兴地走到福煦面前：“我现在该对谁打赌？对鲁登道夫还是对福煦？”

福煦回答：“你可以先支持我，你会赢的。因为鲁登道夫必须突破我们的防线，而他现在再也办不到了。至于我们，我们目前的任务是挡住他。我们肯定做得到这一点，以后等轮到我们突破他的防线时，那就是另一回事了，到那时再看我们可以做到哪些事情。”他认为自己手中的权力仍不足以对黑格和贝当两人下命令。“我是什么人？我是福煦先生，赫赫有名。但是依旧是福煦先生。”

英国首相明白他的心思，答应尽他所能使他成为最高统帅，这下应该让福煦满意了吧？“那完全是另一回事了。”这位法国人说，“如果做到了这一点，那就不会再有什么困难了。”于是，英国总参谋长威尔逊在日记里写道：“总的说来，这一天令人满意。”

4 月 4 日，德国人重新发起攻势，再次投入 15 个师，决一死战要占领亚眠，但是连绵淫雨使战场成为一片大泥潭，德国人几乎没有什么进展。鲁登道夫承认：“敌军的抵抗力超过了我军的兵力水平。”很明显，再战下去意义不大，便于 4 月 5 日停止进攻。

德军炮群在轰击英军

德军在 1918 年发动的第一次大规模进攻，从 3 月 21 日开始到 4 月 5 日结束，历时 16 天。这次进攻，是德军1918年历次进攻中最重要的一次，德军先后投入90个师，协约国投入86个师的兵力。德军占领了大片领土，在两周的时间内攻占了3200多平方千米的地区，形成了一个纵深60千米，宽150千米的弧形突出部。鲁登道夫确信，这一辉煌战绩将载入史册，“英军和法军没有做到的事，我们做到了，那是在战争第4年做到的”。德军俘虏英军近9万人，缴获大炮975门，英军伤亡16.4万，法军伤亡7万人，德军损失24万人。但是，德军的胜利只是战术性的，远远没有达成其突破英军战线，分割英法军，将英军驱赶出欧洲大陆，迫使其退出战争这一目的。同时，这战术性胜利的代价也是十分昂贵的，德军的战线拉长，丧失了成千上万优秀的士兵，德军的70个师打得精疲力竭，更重要的，德军的这次进攻，促使协约国统一了指挥权，而这一点对于德军又恰恰是致命的。

鲁登道夫再次无功而返

鲁登道夫不顾这一切，很快就发动了第二次大规模进攻。这次进攻也称第二次佛兰德战役，代号为“乔其纱”。鲁登道夫认为这次攻势肯定会把英法军队打得落花流水，德军将获得最后的胜利。德国的那些工业家们也毫不怀疑德军会稳操胜券，他们已经开始着手瓜分法国了。

德国的第一次进攻停止之后，协约国方面预料德军马上就会发动另一场大攻势，他们的判断是正确的。“乔其纱”行动的目的在于攻击黑格在佛兰德平原战线的北半部，在拉巴斯运河和伊普雷之间的约25英里的地带。德国人的主要攻击目标是阿尔芒蒂耶尔。该城位于英军防线后面2英里。德军一旦占领此城，就能长驱直入约15英里而到达重要的铁路枢纽哈兹布鲁克。一旦这个地方陷落，背靠英吉利海峡的黑格，除了逃回英国外，没有其他办法可想。兴登堡在回忆录中写道：“如果我们在这样一次行动中取得很大的进展，那么，为我们开创的前景是非常诱人的。但是，进行这样一次攻击有十分严重的障碍。首先，很清楚，我们在这个地方所对付的，是最强大的英国部队。”其次，在阿尔芒蒂耶尔两边都有险恶的地形，北面是克默尔山，南边是利斯河低地，春季经常出现连续数周阴雨形成通行困难的沼泽。不过，这一年气候干燥，专家预测，在4月初可以展开军事行动。同时，考虑到美军加快增援欧洲的步伐，时间对德军十分宝贵。因此德军统帅部决定在4月上旬在此发起进攻。

德军计划以第6集团军在阿尔芒蒂耶尔和拉巴斯运河之间宽24千米的正面上实施主要进攻，攻占阿尔芒蒂耶尔和哈兹布鲁克。第4集团军在其北侧11千米正面向克默尔山和伊普雷进攻，支援第6集团军作战。从拉巴斯运河到奥兰贝克宽约35千米的正面上，德军用于进攻的兵力为2个集团军29个师，2200门火炮和490架飞机。与其当面的是英军第2和第1集团军共17个师，750门火炮，以及80辆坦克。

4月9日凌晨4时15分，在阿尔芒蒂耶尔和拉巴斯运河之间的战线一带响起了猛烈的炮击声，这是德军送给鲁登道夫53岁生日的献礼。在实施4个半小时的炮火准备之后，德军步兵在炮兵徐进弹幕射击的掩护下发起了攻击。德第6集团军的主要突击指向英国第1集团军编成内的两个葡萄牙师的防线，这两个师过去没有参加过作战。当德军冲到葡军战壕时，发现大部分战壕都是空的，葡萄牙人已仓皇逃走，“有的士兵甚至脱下了靴子，以便跑得更快些”。到这天傍晚，整个葡军防线已崩溃，共有6000人被俘，1.3万人逃跑。德军向前推进了近8

面对危局，法军迅速驰援英军

千米，在英军防线打开了一个大缺口。

第二天拂晓，德第4集团军开始进攻，楔入英军防御纵深2～3千米，占领了梅森附近的一块高地，进抵奥兰贝克。这一天，德军两个集团军在30千米正面上前进12千米。4月10日夜，英军为避免被合围，主动放弃阿尔芒蒂耶尔。德军利用英军防线上的几处缺口继续发展进攻，至12日已向前推进18千米，距哈兹布鲁克铁路枢纽只有9千米。

黑格看到形势危急，向全体官兵发布命令："我们除了打到底以外没有其他出路。每一个阵地必须坚守到最后一个人，决不能后撤。由于我们陷入困境，并相信我们的事业是正义的，我们每一个人必须战斗到底。我们的家园的安全和人类的自由，全都取决于我们每一个人在这个关键时刻的行动。"

英军且战且退，距海岸也越来越近了，英军只有背水一战。危急中，英国远征军司令黑格再次向福煦求援，这回法国人的行动比较迅速。随着法军援兵赶到，英军防御得到加强。德军的进攻势头逐渐减弱，到4月15日，德军暂停进攻。4月17日，德军重新发起进攻，企图向伊普雷英军实施向心突击。英军预料到德军行动，在两天前撤离了该地区。德军开始从西南进攻哈兹布鲁克，久攻不下，转从东北进攻。25日，德军攻下克默尔山，但这时的德军已是强弩之末，后劲乏力了。29日，鲁登道夫决定停止进攻，第二次进攻战役结束。

这次进攻，德军共投入42个师，英法军投入35个师。德军损失8.6万人，英法军损失11.6万人。德军把英军逼退到1914年的阵地，在英法军防线形成一个纵深18千米的突出部，但未能攻占哈兹布鲁克，以及伊普雷、阿拉斯、亚眠等战略要点，没有达成击败英军的战略目标。

德国人离成功只有咫尺之遥

鲁登道夫在两次进攻受挫之后，仍未放弃在西线取胜的企图。他决定在西线中部的切敏—德达姆和苏瓦松地区对法军实施一次有限的攻势，把法军预备队兵力从北边的英军防线上引开，然后再回到北段发动决定性攻击，最终打败英军。所以，第三次进攻，开始计划时只是一次佯攻，只准备打到苏瓦松附近的埃纳河。这次进攻原定在 4 月 17 日开始，后由于作战准备等方面的原因，一直推迟到 5 月 27 日。该计划规定，德军第 7、第 1 集团军在亚贝库尔、布里蒙地段 74 千米正面上发起进攻。进攻开始第 4 天，第 18 集团军的左翼部队投入作战，将进攻正面扩大到 86 千米。最后，到 6 月上旬，在蒙迪迪埃、努瓦荣地段上发动进攻，将整个作战正面扩大到 120 千米。

攻击开始前，德军在预定进攻地段上集中了第 7 集团军的 28 个师、第 1 集团军的 3 个师、第 18 集团军的 3 个师共计 34 个师，5200 门火炮，500 多架飞机。在德军的对面，是法军第 6 集团军的 15 个师，其中有 4

大批法军成了德军的俘虏

个英军师，防御正面为 90 千米。法军炮兵有火炮 1400 门，航空兵有 14 个中队，法军编成 3 个梯队防御，防御重心放在第一防御地带上。法军统帅部预备队有 8 个步兵师和 2 个骑兵师。

德军统帅部总结了前两次进攻作战的经验教训，修改了原来的作战条令，把进攻区分为对绵亘筑垒地带之敌进攻和对非绵亘筑垒地带之敌进攻，进一步强调前线指挥官的主动性和各兵种的协同动作。

为了达到进攻的突然性，加强奇袭效果，德军采取了严密的保密和伪装措施。部队向前线调动的时间都在夜间进行，而且都是在进攻开始前夕才进入阵地。严格管制有线和无线电通信，禁止在前沿构筑无法迅速伪装的工事。所有车辆轮子都用布包上，以防止发出响声。在北段英军当面，德军统帅部有意向德军第 2 和第 18 集团军全体人员宣布即将发起进攻的假命令，无线电网频繁活动，飞机加强对英军后方的侦察轰炸，以迷惑英军。尽管如此，驻法美军情报机关还是得到了德军进攻的确切情报，并向法军统帅部作了通报，但未引起法军的足够重视。法军统帅部一直把这一地区视为战线最平静的地段，经常把作战部队调来休整。直到进攻前一天，通过德军俘虏口供获得证实后，才匆忙着手作战准备。

5 月 27 日 2 时，德军炮兵未经试射便对法军第 6 集团军防御阵地全纵深进行猛烈炮击。攻其不备，出其不意，德国人做到了这一点。在德军突如其来的炮火打击下，法军第 6 集团军配置在前沿的大部分指挥所、通信枢纽、弹药库都遭到破坏，作战指挥系统陷于瘫痪。两个半小时后，德军第 7 集团军的步兵在徐进弹幕掩护下发起进攻。与以往不同的是，这次采用双层徐进弹幕射击。第一层弹幕使用杀伤榴弹，第二层弹幕则使用化学炮弹。德军几乎未遇抵抗，便于当天中午推进了 8 千米，前出到埃纳河，到这一天结束前进抵韦勒河，在 40 千米正面上向纵深推进了 32 千米，全歼法军 4 个师，击溃 4 个师。法军统帅部慌忙从北段英军防线抽回预备队第5集团军的10个步兵师和3个骑兵师，德军达到了原定从北段调开法军预备队的目标。

这一天的战局让德皇激动万分："先生们，一次大胜利，抓了1万名俘虏，缴获了许多枪炮。"德军士兵同他们的皇上一样情绪高涨，信心十足："每个角落都在欢呼胜利，战俘和战利品从眼前经过，光辉灿烂的5月似乎发出了胜利的微笑，好像1914年的那些日子又回来了。"这是一次惊人的胜利，这样的胜利对鲁登道夫来说完全是意想不到的。基本目标都实现了，已经迫使协约国的后备队调出了佛兰德地区。为什么不借机使这次佯攻变成一次真正的突破呢。他的军队将以排山倒海之势向南挺进，可以顺利到达马恩河。然后，调头向西朝巴黎进发，也许可以一举拿下法国首都，从而结束战争。鲁登道夫无法抑制这样的欲望，于5月28日下令继续沿苏瓦松西南高地、费尔昂塔尔德努瓦、兰斯南部堡垒一线进攻，企图夺取苏瓦松和兰斯，以保障南进部队两翼的安全，从而把原计划的佯攻发展成一次实实在在的进攻——向巴黎方向挺进，迫使法军投降。

德军夜以继日的进攻，使仓促开到的协约国援军未能及时封闭德军的突破口。28日夜，苏瓦松失守，法军第6集团军全线溃退。5月30日，德军第18集团军左翼和第1集团军右翼投入战斗，向南发展进攻，当天到达4年前德军曾到过的地方——马恩河畔的夏托—蒂埃里，

英军士兵遭受德军毒气弹攻击后双目失明，丧失战斗力

离巴黎仅60千米。德军逼近巴黎，使法国首都再次陷入混乱，人们纷纷举家南逃，政府中有不少人再度提议迁都波尔多。“除了官员以外，巴黎实际上成了一座死城。我想，这一切在那些不能离去的人看来是非常令人沮丧的。”法军统帅部决心全力防守马恩河一线，贝当向部队发布了这样的命令：“大家的任务是守住阵地，不要怕敌人的先头部队冲击。”但人们对能否守住马恩河产生了怀疑。

英国驻法国总司令部代表团团长杜坎对战争的前景感到悲观，他非常焦急。万一法国被打败，英国有250万人将会作为人质在欧洲大陆。他认为，法国军队可能被击溃，他们同我们的联系可能被切断，作为和平的条件，敌人可能要求交出从鲁昂到勒阿弗尔到敦刻尔克的所有港口。如果拒绝的话，全部德军将无情地打垮我们的军队。他还认为，如果要把战争继续打下去的话，将有可能在法国留下100多万战俘。大英帝国参谋长威尔逊也心绪不宁：“如果法国军队被击败，那将意味着什么呢？我们的军队将在法国被消灭吗？在意大利被消灭吗？在萨洛尼卡被消灭吗？巴勒斯坦和美索不达米亚、印度、西伯利亚以及海上的情况怎样呢？”

美国人大为吃惊。“这完全是一次大溃退。我注意到，在沿交通线混乱撤退的法国士兵中，在法国人民中，绝望情绪远远超过了1914年德国进攻高潮时的悲观失望情绪。”如果敌人再增加一些压力的话，就会获胜，因为法国人很明显“现在接近于崩溃的边缘”。因此，“法国人缠住我们不放，想说服我们同意把我们训练很差的几个师开上前线”。潘兴的作战部长康纳上校说：“他们说，这是战争最紧急的时刻，我不知道他们什么时候可信，一会儿趾高气扬，一会儿又悲观失望。”潘兴派格里斯科姆少校到法国陆军部了解情况，这位少校发现法国人彻底泄气了。同他素昧平生的法军参谋长诉说了自己的绝望：“法国面临着大灾难，它已经精疲力竭了，步兵都上了前线，我们工厂最好的工人都被抽走了，因为人上了前线，我们的供应陷入了瘫痪。我们的铁路几乎不能运行了。”他就这样滔滔不绝地讲了差不多1个小时，然后说：“如果你们愿意的话，你们可能给予我们很大的帮助。你们知道，美国人对待这次战争的态度与我们不同，他们成千上万的强壮男子在开采煤炭向全世界出售获利，在他们的军火工厂里，非常强壮的男子远远超过了他们的需要。众所周知，他们参加作战部队的人数有限，然而他们的海军则是满员。现在是迫使那些逃避兵役的人上法国前线的时候了。但是，我们不可能让他们理解我们所处的极端严重的困境。”这位美军少校离开巴黎来到贝当的司令部，贝当不在司令部，但贝当的参谋长安托万将军坦率地对他说：“一切都完了！没有任何办法能挽救巴黎，没有任何办法了！你是一个外国人，不可能想象丢失巴黎意味着什么。巴黎不仅是我们的首都，而且是我们最大的工业城市。如果丢失巴黎，我们就完了。”不仅是他，每一个法国人都知道这一点。与此同时，潘兴来到福煦的总部，代表整个美国明确保证：美国政府和美国人民将同法国坚持到最后。

于是，美国的援助开始了。美国人终于来了，现在有希望了，可以挡住德国人了。“新的生命力渐渐给法国这具流血过多快要死亡的躯体带来了新的、日益高涨的活力，因而出现了这样的情况，在极端艰难的日子里，当敌人再次出现在马恩河边，认为我们已丧失了信心的时候，出乎意料的是，法国却充满了不可言喻的信心。”

随着美军的紧急增援，协约国军预备队不断投入战斗，力量对比逐渐对德军不利，战场形势出现了转机。随后几天，德军进攻逐渐减弱。到6月5日，德军先在两翼，最后在中央停止了进攻。

这次战役，德军先后共投入51个师的兵力，协约国投入43个师。德军损失9.8万人，协约国军损失12.7万人。在这次战役中，德军依靠组织严密的炮兵火力和步炮密切协同，利用法军在兵力部署和作战指挥上的失误，在战役初期达到了大战以来前所未有的进攻速度，第一天前进20千米，4天前进60千米，威逼法国首都，达成了把法军预备队调离英军防线的原定目标。但是，德军没能实现彻底粉碎法军、迫使其投降的计划，反而给自己背上了一个新的包袱，在马恩河地区造成了一个新的巨大突出部。

法军在拼命阻击德军的进攻

德军统帅部为了将1918年3次进攻形成的亚眠和马恩河两个突出部战线拉直，保证苏瓦松地区德军第7集团军右翼安全，在6月9～13日在西线发动了第四次进攻，这次进攻以第18集团军21个师的兵力，在蒙迪迪埃至努瓦荣22千米的正面，向贡比涅方向发动进攻。德军当面之敌是法军第3集团军，有15个师和4个坦克群160辆坦克。法军事先得知德军企图，做了防御准备。法军总结了以往防御作战的经验，改变了过去将基本兵力都配置在第一阵地的做法，将主要防御兵力转移到第二阵地，并建立了强大的战役预备队，用于实施反突击，以粉碎德军进攻。

6月9日4时20分，德军开始进行炮火准备，经过3个多小时的炮击，德军开始进攻。头两天作战，德军楔入法军防线10千米，距贡比涅只有7千米。6月11日，法军4个师在坦克支援下发起反击，阻止了德军前进，迫使德军于6月13日停止进攻。

这次进攻，德军损失2.5万人，法军损失4万人。德军不仅没有达到目标，而且由于作战失利，部队士气进一步下降。更严重的是，德军经过4次大规模进攻，虽占领了大片土地，也给自己背上了一系列包袱。4次进攻形成的3个巨大突出部，进一步拉长了德军的战线，使本来已近枯竭的德国兵力更是捉襟见肘。从而给协约国军队实施反攻创造了有利条件。战略家利德尔·哈特认为，鲁登道夫在次要方向上耗费太多的时间和兵力，德军的各次进攻不够协调，相互缺乏联系，德军在英法军防线上所打开的3个缺口虽有一定深度，但其中没有一个缺口的深度足以达到敌人的战略后方，能切断敌人的重要动脉。

德国回光返照

1918年7月15～17日，德军在西线对协约国军队实施了第五次进攻，这是德军在整个第一次世界大战中的最后一次进攻，亦称“第二次马恩河战役”。

战役开始前，鲁登道夫过高地估计德军在前四次进攻中取得的战果，错误判断英法军已遭到严重削弱，在法国的美军一时还成不了“大气候”，因而主张在美军大部分赶到西线战场之前，发动一次攻势，以摆脱德国国内日益加剧的政治经济危机，即使不能赢得战争，至少也要迫使协约国接受有利于德国的媾和条件。

德军统帅部为这次战役制定的基本战略目标仍是粉碎佛兰德的英军。同时，为保障马恩河突出部翼侧的安全，鲁登道夫决定在进攻发起前10天，先对兰斯地区法军实施突击，以达到拉直战线和进一步从北面引开协约国兵力的目的。担任这次进攻的是威廉皇储所辖集团军群的第7、第1、第3集团军。按作战计划，第7集团军在多尔芒地域强渡马恩河，摆出要在巴黎方向发动决战的架势，以其左翼向兰斯迂回，与第1集团军在埃佩尔内—孔代地域会合；第1和第3集团军在兰斯以东突击，强渡韦勒河，向夏龙进攻。战线北部的巴伐利亚王储集团军第4、第6集团军积极做好进攻英军准备。进攻前夕，德军在从蒂埃里堡到马西斯 88 千米的战线上，部署了 48 个师，6350 门火炮和 900 架飞机。

德军在 1918 年接连不断的战斗，使部队疲惫不堪，消耗很大，补充不足，多数营由 4 连制改为 3 连制，部队士气迅速下滑，为使作战部队得到休整，不得不将进攻开始时间延后近 1 个月。这一延迟，给了协约国军队以喘息之机，英法得以借此机会调集兵力，恢复元气，美国援军在此期间到达前线的数量急剧增加。因此，在德军的进攻发起前，与之当面的是法军第 6、第 5 和第 4 集团军，共 36 个师，3000 门火炮。法军对德军的进攻早有察觉，有针对性地进行了准备，加强了纵深防御力量和预备队兵力，并计划在德军火力准备开始前 40 分钟，抢先对占领进攻出发阵地的德军实施突然而又猛烈的炮火反准备。

7 月 15 日凌晨，德皇到达兰斯以北的观察所。这一天是他登基 30 周年的日子，也是预定发动攻势的日子。他确信，这次攻势将把敌人打垮。他发表一项文告，把这场战争说成是“世界上两条道路之间的冲突，要么是普鲁士—日耳曼的道路，即公正、自由、体面、道德继续受到尊重，要么是走盎格鲁撒克逊的道路，这条道路意味着崇拜黄金”。

7 月 15 日 0 时 30 分，法军首先对准备进攻的德军实施炮击。德军仍按原计划组织进攻。在进行了 3 小时 40 分的炮火准备后，步兵冒着法军炮火，开始在马恩河上架设浮桥实施强渡。4 时 50 分，德军各部队对法军阵地发起攻击。第 7 集团军渡过马恩河，向前推进了 6 ~ 8 千米。第 1 和第 3 集团军在敌前沿阵地未遭重大抵抗，前进了 3 ~ 4 千米，随后被法军强大的炮火所阻。法军 60 架轰炸机袭击了德军的渡口，迟滞了德军在马恩河方向的进攻。鲁登道夫预感形势不利，先后于 16 日和 17 日下令停止在马恩河方向的攻势，并令马恩河南岸部队于 20 日夜晚撤回北岸。同时，德军炮兵开始北调佛兰德，准备向英军进攻。不过，鲁登道夫计划中的北线攻势已经永远不可能发起了。7 月 18 日，协约国军队开始了强大反击。德军 1918 年西线攻势宣告彻底破产，协约国军队掌握了战场主动权。攻守易位，德国的失败就快到来了。

从 1918 年 3 月 21 日至 7 月 17 日，德军先后组织了 5 次大规模的进攻战役。这几次进攻，德军取得了相当大的进展，数度在宽大正面上突破了英法军的防御阵地，攻占的面积超过了前3年西线作战的总和。然而，德军在 1918 年的进攻，不过是失败前的回光返照。德军进攻虽使英法军遭受重大损失，甚至一度使英法军队岌岌可危。但德军的进攻未能达到预期的战略目的，既未能把英军赶回英国，也没有使法国投降。几次进攻形成的几个突出部，使德军战线拉长，战略态势恶化。5 次进攻德军折兵 100 万人，蒙受了难以弥补的损失。

看一眼卫生兵手中拿着的准备掩埋阵亡士兵的十字架，就知道战况的惨烈程度

德国进攻未达到目的不是偶然的。第一次世界大战在进入 1918 年以后，整个战争形势越来越朝着不利于德国的方向发展。尽管由于俄国退出战争使德国得以从两线作战的困境中解脱出来，东线的部队可以加强西线，但美军已大量涌入欧洲，协约国兵力大幅度增加，而德国兵源近乎枯竭。1918 年夏，德军每个月需要补充的人员为 16 万人，实际只能动员 6 万人，因此有 24 个师的建制被迫撤销。由于协约国的封锁，德国国

内经济危机加重，反战运动不断高涨，同盟国内部矛盾加剧。因此，德国在 1918 年发动的几次攻势，看上去声势浩大，战果显赫，但实际上不过是失败前的哀鸣和最后的挣扎。

2

协约国大反攻

1918 年夏季，协约国在西线顶住了德国最后的大规模进攻。随着美国增援力度的加大、增援速度的加快，每月有近 30 万美军和 100 万吨的作战物资到达法国。美军到达战前，部分接替法军的防线担负防御任务，部分临时编入英法军序列作战。至 7 月中旬，协约国在西线战场的兵力已达 210 个师，360 万人，1.9 万门火炮，5400 架飞机和 1500 辆坦克。与之相对峙的德军有 209 个师，327 万人，1.8 万门火炮，3000 架飞机和少量坦克。协约国反攻的条件已经成熟。7 月 24 日，西线协约国军统帅福煦在法国博蒙召集法国贝当、英国黑格和美国潘兴 3 位司令官，举行他在联军统帅任内的第一次、也是最后一次协约国盟军总司令会议。会上通过了协约国的反攻计划：先拔掉德军在马恩河、亚眠、圣米耶尔 3 个突出部，打通被这几个突出部割断的铁路交通，然后发起全面反攻以彻底打败德军。

“世界历史在 3 天内就演完了”

1918 年协约国军在西线打响的第一次反攻战役，被称为第二次马恩河战役。这次战役由法军负责实施，从 7 月 18 日开始，到 8 月 4 日结束，历时 17 天。

其实，早在 1918 年 6 月，法军就开始在马恩河突出部的东侧博韦和西翼埃佩尔内集中战略预备队，准备实施反攻。法军得知德军将发动第五次进攻的情报后，在如何实施反攻问题产生了分歧。贝当主张把德军放进来打，在第一线只以少数兵力引诱敌人进攻，然后且战且退，直至把敌人的预备队引进来后，对突出部的底边实施强大反击，将德军围歼在突出部地区。福煦则认为，法军应先发制人，在德军开始进攻前就发动反攻。最后，法军按福煦的方案进行了部署。

根据法军统帅部的反攻计划，法军将在西、南、东3个方向对马恩河突出部发起向心突击。主要进攻方向选在突出部西侧，从丰特努瓦至贝洛的50千米地段上，由法军第10集团军和第6集团军左翼部队实施。第6集团军右翼部队和第5集团军在主要方向上发动进攻后的第2天，在突出部南侧和东侧实施突击。战役目的是拉直苏瓦松至兰斯的战线，消灭马恩河突出部的德军。反攻前夕，法军在主要作战方向50千米正面上集中28个师，其中包括4个美国师，2100门火炮，500辆坦克和1100架飞机。当面德军只有18个师，900门火炮，800架飞机。

福煦和潘兴在一起

为了达成反攻的突然性，法军采取了一系列保密和伪装措施。反攻计划一直控制在统帅部很小的范围内，对一些政府高级官员也暂不予通报。军队人员和武器装备都在夜间调往前沿，协约国空军全力阻止德方飞机进入防区侦察。因此，德军对法军的反攻准备毫无察觉。

7月18日凌晨，法国第10集团军和第6集团军左翼部队，未经预先的炮火准备，即在炮兵徐进弹幕射击的掩护下，在213辆坦克的支援下发起反攻。一个半小时后，第6集团军右翼部队也转入反攻，400多架法军飞机参加夺取战场制空权和支援地面部队的作战。刚由进攻仓促转入防御的德军遭到突袭后，还未及弄清情况，就丢失了第一阵地。德国人乱了阵脚，纷纷退却。反攻第一天，法军第10集团军推进9千米，第6集团军推进5千米，直接威胁苏瓦松以东德军铁路交通。

此时，鲁登道夫正在佛兰德的巴伐利亚王储集团军群总部部署对英军的进攻。当他得知协约国军队发动反攻的消息后，大为震惊，当即命令停止对佛兰德地区的进攻准备，急忙抽调4个师的兵力向苏瓦松增援。

法国人和美国人联合反攻的消息使德国人大为吃惊。德国首相赫特林说："就连我们中间最乐观的人都知道，一切都完了。世界历史在3天之内就演完了。"

7月19日，法军第5和第9集团军也投入了交战。德军集团军群司令威廉皇太子见大势已去，且面临被包围的威胁，遂下令部队立即撤出马恩河突出部。

7月20日，鲁登道夫放弃了打赢这场战争的希望，下令德军后撤。他在下达这个命令时说："我希望上帝不会遗弃我们。"德军先是撤至乌尔克河一线，然后又撤至埃纳河和韦勒河。8月2日，法军收复苏瓦松。把敌人赶出埃纳河和马恩河突出部，使巴黎沉浸在一片欢庆之中。德国皇储觉得胜利已不再是可能的事情了，因此建议设法借助中立渠道通过谈判实现和平，但被他老子拒绝了。他在7月的最后一天告诉他的臣民："我们已尽了一切努力来结束战争，实现和平！但是，在敌人的阵营里却听不到这种仁慈的声音。我们一讲要和解，就遭到嘲笑和仇恨。我们的敌人仍然不希望和平。他们在无耻地用新的罪名来玷污干净的德国这个名称。"

随着战线的收缩，德军抵抗力逐渐增强，法军进攻的速度减慢下来。鲁登道夫又恢复了信心。第二天，他向在西线的4个集团军群司令下达了一项命令，要求各部队一方面采取守势，另一方面应尽快恢复进攻，在进攻中，重要的不是占领更多的地盘，而是消灭敌人的有生力量，获得较好的阵地。但是，在前线，每个人都有厌战情绪，士气已低落到这种程度，无法再鼓起来了。鲁登道夫知道人们有这种失败主义情绪，也知道许多人担心，如果敌人再发动一次进攻，就会把德国彻底打败。他说："只要我们的部队保持警惕，履行职责，这种担心和害怕就是没有根据的。"敌人之所以取得这次反击的胜利，只是因为他们搞了突然袭击。"目前，我们在每个地方的阵地都大大地巩固了，而且我确信，我们的步兵和炮兵都有了合理的编制。今后，我们将能够怀着更大的信心等待着敌人的进攻。就像我已经说过的那样，我们最希望看到敌人发动进攻，因为这样只会加速敌军的土崩瓦解。"到8月4日，战线在埃纳河与韦勒河地区稳定下来。

这次战役，协约国先后投入59个师，其中美军8个师、英军4个师、意大利1个师，损失近6万人。德军参战65个师，伤亡和失踪12万人。法军向前推进了40千米，将防线缩短了45千米，把德军挤出了马恩河突出部，协约国彻底粉碎了鲁登道夫在西线重新发起攻势的企图，解除了德军对巴黎的威胁，沉重打击了德军士气。

福煦全线大反攻

当鲁登道夫等待敌人进攻之时，协约国确实在积极准备发动进攻。"现在是时候了，我们应该放弃迄今为止由于数量上的劣势而被迫采取的总的守势，而转为攻势。"福煦建议发动一系列进攻，首先在亚眠前面发动进攻。黑格和潘兴都同意这项计划。这次进攻主要由英国人承担，法国第1集团军参加最初阶段的进攻，黑格则选择加拿大和澳大利亚人来挑这副担子。

亚眠战役是协约国军队 1918 年在西线实施反攻的第二个战役。这次反攻战役使西线德军开始走向崩溃。战役从 8 月 8 ～ 13 日，历时 6 天，由英国远征军司令黑格统一指挥。英军的战役企图是，击败索姆河与阿夫勒河之间的德军，消除对亚眠和巴黎—亚眠铁路的威胁，把战线推到亚眠以东原英军防线以外。

协约国参战兵力是，英国第 4 集团军和法国第 1 集团军左翼部队，共 20 个师，2000 门火炮，600 辆坦克和 800 架飞机。主要突击方向选在亚眠以东阿尔贝尔至莫雷尔 16 千米正面上。战役发起时间定为 8 月 8 日，法军第 3 集团军和第 1 集团军其余部队稍后展开进攻。

为确保此战胜利，黑格制订了详尽的战役实施计划。根据此前马恩河之战的经验，英军不进行预先炮火准备，以 1/3 火炮直接进行徐进弹幕射击，其余火炮对敌步兵、炮兵阵地，指挥所实施压制。对敌人防御纵深作战计划也制订得很具体，预定步兵和坦克在攻击开始后两小时到达第一目标线（纵深 3 千米）。然后暂停推进，调整炮兵火力。两小时后继续进攻第二目标线（纵深 4.5 ～ 8 千米），之后，不间歇地进攻第三目标线（纵深 9 ～ 12 千米）。骑兵在步兵进攻两小时后出动，越过步兵后直接攻占亚眠外围防线，步兵到达后再进一步扩大战果。同时，为保证进攻突然性，英军在进攻前一天才下达作战命令。在道路铺上沙土和稻草，防止发出巨大声响，航空兵阻止敌方飞机进入侦察。

与英军对峙的，是德军第 2 和第 18 集团军，共 20 个师，其中许多人是新征召到部队的少年兵和年纪较大的后备役军人，战斗力不高。此时，德军统帅部尚未意识到大难临头，局势严峻，认为协约国军队在马恩河战役中受到很大消耗，在短时间内难以举行大规模进攻。

8 月 8 日拂晓时分，英军第 4 集团军步兵和坦克在浓雾和炮兵徐进弹幕射击的掩护下，由坦克引导，突然发起冲击，法军随后也投入进攻。面对突然的打击，德军措手不及，有7个师的指挥所还未弄清情况就被敌军占领。不到两小时，就有1.5万名德军被俘。这一天，协约国军队进展顺利，向前推进11千米，歼灭德军2.8万人。更重要的是，协约国这一天所取得胜利的意义不在于夺得多少地盘，而在于取得胜利的方式和德军普遍感到的惊恐程度。德国官方报告说："8月8日太阳下山时，德军遭到了自战争开始以来最严重的失败，这个情况已成定局。从阿夫勒河到索姆河之间的阵地由于遭到敌人的袭击，几乎完全被摧毁了。"

在了解到整个战场的情况后，鲁登道夫像换了个人，原有的信心不见了，他悲观地感到，局势"非常严重，如果敌人即使以通常猛烈的程度继续进攻，我们再也不能继续待在索姆河以西了"。更让人不安的是，前线的士气十分低落，军人成群结队地逃往后方。这些消息让鲁登道夫火冒三丈："我所担心的事情，我一而再告诫人们要注意的事情终于在这里成了现实了。我们的作战机器再也没有什么实际价值了，尽管我们的绝大部分师作战很勇敢，但我们的作战能力已遭到了损害。8月8日标志着我们的军力的下降，而且使我失去了这样一种希望：我们可以通过补充兵员，找到某种战略办法，使局势变得再次有利于我们。"

亚眠之战中被俘的德军

鲁登道夫得出了有名的结论：8月8日是"德军黑暗的日子"。他像输掉赌本的赌徒，完全绝望了。他向德皇说，他不再能够保证军事上的胜利，并提出辞职。但这一要求被拒绝。德皇沉重地说："我看我必须结账了，我们再也没有能力做任何事情了，这场战争必须结束。”

不过，前线的德军暂时还没有崩溃。在度过遭到奇袭之初的慌乱之后，他们收缩战线，加强了炮兵反坦克火力，重创了英法军坦克。英军第4集团军进攻地段上的415辆坦克，有100辆被击毁。8月9日参加进攻的145辆坦克，损失了39辆。由于缺少坦克支援，进攻进展缓慢。8月13日，英法军进抵阿尔贝尔、康布雷以西一线后，停止了进攻。

英法发动的这次进攻，完成了既定的战役目标，歼敌4.8万，在75千米宽的正面上向东推进了10～18千米，消除了德军对巴黎—亚眠铁路的威胁，给德军以沉重打击。8月14日，德皇威廉二世在统帅部所在地斯帕召开御前会议，决定立即设法通过荷兰国王同所有协约国联系，试探媾和。

鲁登道夫完全绝望了

然而，协约国不打算轻易罢手，他们正准备发起圣米耶尔战役。这是1918年协约国军队在西线实施反攻的第三个战役，在这次战役中唱主角的是美军。因此，这次战役也是美军参战以来第一次单独组织实施的进攻战役。

圣米耶尔突出部是1914年秋季德军进攻凡尔登后形成的。这个突出部楔入法军防线20千米，切断了法军从巴黎到洛林沿线横向铁路交通，威胁着法军凡尔登、南锡等要塞的后方，同时还能保障德军后方交通枢纽梅斯和布里铁矿区的安全，对德军有着极为重要的地位和

法军坦克掩护美军部队向前推进

意义。所以，几年来，德军一直把这一突出部作为重要设防地区，驻有重兵。

1918 年夏季，大批美国远征军到达法国。8 月 10 日，正式成立美军第 1 集团军，直接由美国远征军司令潘兴指挥。该集团军下辖 17 个师，每个师 2.8 万人，还有保障部队，另有法军 2 个师 11 万人也归潘兴指挥。战役开始前，共有 3000 门火炮，270 辆坦克，1400 架飞机。

潘兴自 1917 年率部登陆法国以来，为了保持美军的独立性，控制美军的自主权，极力反对将美军分散在英法军编成内行动。为此与盟军将军发生过激烈争执，有几次甚至争得面红耳赤，不欢而散。如今，总算是如愿以偿，可以向世人展示美国远征军的强大力量了。

进攻圣米耶尔的作战计划，是由受到潘兴赏识和器重的美军第 1 集团军作战处长马歇尔上校拟定的，此人在第二次世界大战期间曾任美国陆军参谋长。马歇尔制订的计划是，对圣米耶尔突出部的两侧底部同时发起强大的向心突击，合围突出部的德军集团。美军第 5 兵团将从突出部的西面进攻，美军第 1 和第 4 兵团从突出部的南面实施主要进攻，法军第 2 殖民地军的 3 个师在突出部的顶端实施辅助攻击。

德军防守该突出部的兵力为一线的 8 个师，另有 2 个旅和 5 个预备队师。尽管统帅部曾下令，“不经过激烈战斗，不准放弃一寸土地”，但是，经过连续征战的消耗，后备兵源已近枯竭，德军再也无力与协约国硬拼消耗了。8 月底，德军指挥部估计到美军可能进攻，便于 9 月 8 日下令德军撤出突出部。9 月 12 日，美军进攻开始时，德军的撤退工作还未结束。

9 月 12 日 5 时，美军在坦克支援下发起进攻。面对炮火映红的天空，潘兴心潮澎湃：“我们欣喜若狂，在这里，经过了 17 个月的努力之后，美国军队终于在自己的旗帜下战斗了。与此同时，我们也意识到这会给双方都带来牺牲。然而，这是命运的安排，我们必须战斗到底。”突出部的德军步兵在撤退中受到攻击，德军由于大部分炮兵已后撤，无法组织有效抵抗。在进攻中，协约国集中使用了第一次世界大战期间最多的航空兵。美军第1集团军的航空勤务队，由美国早期著名的空权论者威廉·米切尔将军指挥，共集中了包括美、英、法、意等国航空部队在内的96个航空中队，各型飞机1481架。协约国航空兵积极打击德军航空兵，夺取战场上空的制空权，并直接配合地面部队行动，攻击德军纵深目标。13日上午，在南面进攻的美军第11师和在西面进攻的美军第26师在维尼厄勒地域会合。当天德军完全放弃圣米耶尔突出部。4年来，这里一直是法国一翼的肉中刺。这根刺终于拔掉了，而且只用了1天时间。一位德国将军说："在长达5年的战争中，我经历了许多事情，取得的胜利也不少，但是我必须把9月12日列为我的为数很少的黑暗的日子之一。"鲁登道夫在得知这一消息时被惊得呆若木鸡，他"完全绝望了"。

德皇输掉了这场战争

9月13日，这一天对美国人来说又是一个幸运的日子。到中午时分，防守的绝大部分敌军已经逃遁。这场胜利对潘兴来说，是一件合适的生日礼物。到次日傍晚，主要的战斗已经结束。在这次战役中，美军以不到7000人伤亡代价，歼敌5000人，俘获德军1.6万人，收复土地500平方千米，收缩战线24千米，但由于没有及时发现德军撤出，未能实现合围德军的计划。

美军进攻圣米耶尔

协约国以消除西线3个突出部为主要目标的反攻，取得了预期的胜利。经过近两个月的反攻作战，协约国军队牢牢掌握了战略主动权，为发动全面总攻创造了条件。西线协约国军司令福煦经过前两次反攻战役，逐步看清了德军的败势，开始把彻底打败德军的计划从1919年提前到1918年年底。为做好全面总攻准备，他要求各协约国军部队在整个战线上对德军实施连续不断的进攻，不给敌人以喘息时间。8月20日，法军第10集团军在苏瓦松至瓦兹河地段向德军第9集团军发动了进攻；8月21日，英军第3集团军在北线阿尔贝尔至阿拉斯20千米正面上向德国第1集团军进攻；8月26日，英军第1集团军也参加了这一进攻。协约国军队的连续进攻迫使德军全线后撤。德国人兵败如山倒。8月27日，黑格说："我们使德军遭到了一次沉重打击。我认为我们取得了英国军队所取得的最伟大的一次胜利。下列事实说明了这一点：我们大约抓了4.7万名俘虏，缴获了六七百门炮，还占领了大块地盘。但是，我们还没有彻底打垮德国人，我估计不久还会捉到更多的德国俘虏，这是因为德军已彻底厌战，我们的进攻还会继续下去。"

德国人正在慢慢退回到兴登堡防线。9月1日，黑格指挥澳大利亚人夺取了圣昆廷山，从而使敌人的防线退到索姆河沿线。9月2日5时，英国第1集团军和加拿大人对兴登堡防线往北延伸的德罗古—克万特阵地发起进攻，很快突破德军防线。这意味着兴登堡防线的南端遭到了严重的破坏，德国人将不得不大举撤退。黑格高兴地说："我认为结束战争的时刻就为期不远了。今天的战斗确实取得了巨大的、辉煌的胜利。"英国人突破德罗古防线的消息传来，德皇撕心裂肺。他用拳头敲着桌子，大声说道："现在我们输掉了这场战争，可怜的祖国！"他十分激动，开始数落起他的将军们过去这些日子的失败："我不知道他们在阿韦纳都干了些什么！在7月15日以后，我们接二连三地遭到了失败。我们的陆军正处于山穷水尽的境地，高级军官都阵亡了。"他发出了歇斯底里的叫嚣："这不折不扣地意味着我们已输掉了这场战争！"

3

大战落下帷幕

协约国在 1918 年 9 月在西线的反攻，铲除了亚眠、马恩河、圣米耶尔 3 个突出部，从而使自己的战略态势大为改善。在兵力对比上，协约国军队已形成决定性优势。在西线，协约国拥有 211 个师，其中，法军 101 个师、英军 61 个师、美军 34 个师、比利时军 12 个师、意军 2 个师、波兰 1 个师。而德军只有 190 个师，其中包括奥匈军 4 个师。在巴尔干、中近东等战场，协约国也不断取得胜利。协约国判明德军已全线溃退，遂决定于 9 月 26 日转入总攻，力求在 1918 年内彻底打败德军。

这时，德国及其盟国的形势更加恶化，国内资源耗尽，供应困难，人民生活困苦，不满情绪骤增，各地不断发生骚动以至武装起义。德军处境艰难，部队严重缺编，大部分部队兵员满员率只在 30 % ~ 60%，军官更为缺乏。部队纪律松弛，公开的反战活动频频发生。由于德国自顾不暇，难以

德国民众发起反战集会

对同盟国提供有力支持，奥匈已不能继续下去，被迫独自向协约国发出媾和的请求。面对内忧外困的严重局势，德国只得集中全部力量组织防御，以阻挡协约国军即将发动的总攻，阻止协约国军进入德国本土，争取在有利的条件下与协约国议和。

协约国发起最后总攻

1918 年 9 月 3 日，西线协约国军总司令福煦分别向贝当、黑格、潘兴下达了 9 月下旬实施总攻的命令，规定协约国军以其全部兵力同时沿向心方向实施突击，一举摧毁德军的兴登堡防线：美军第 1 集团军 16 个师和法军第 4 集团军 29 个师在马斯—阿尔贡地区向梅济埃尔方向实施突击；英军第 1、第 3、第 4 集团军 48 个师在法军第 1 集团军左翼 14 个师的支援下，在圣康坦和康布雷之间向瓦朗西安—互森伊一线推进；比利时国王指挥的佛兰德集团军群 33 个师在北翼沿海地带和利斯河之间实施突击。此外，法军第 5 集团军 13 个师、第 10 集团军 13 个师以及英军第 5 集团军 6 个师随后投入战斗，以进一步扩大战果。参加总攻的协约国军总兵力为 179 个师，1500 辆坦克和 5000 架飞机。

德军统帅部判断协约国不久将发动新的攻势。为了挡住敌军的攻势，争取在有利的条件下与协约国议和，决心坚守兴登堡防线。该防线已经营多年，从利斯河起，经康布雷至拉费尔，筑有大量永备防御工事，纵深约 7 千米。在防线后方，从海边到马斯河，德军还新修了 3 道防线，最后一道防线是从 1918 年 10 月开始沿德国边境修筑的。

协约国军队在马斯—阿尔贡地区实施的突击，目的是夺取包括梅济埃尔和奥努瓦两个铁路枢纽在内的阿登山区以南 80 千米宽的狭长地带，截断德军经梅斯到法国西北部占领区的主要铁路交通。担任这一突击任务的是 60 万美军，他们在刚刚完成圣米耶尔突出部的反攻后，又受领了这一任务。制订这次作战计划的马歇尔上校，不仅要把 60 万美军部署到进攻地段，而且将原来在这一地区担负作战任务的法军调出去。这些部队将在位于马斯河和起伏不平的阿尔贡森林西部边缘之间长达 80 千米的战线上发起进攻。在西部战线，这些地区的地形对防守者十分有利，而不利于进攻。在右侧，有蒙福孔、居纳尔、罗马涅和巴里古等高地，这些高地为防守者提供了天然屏障以及观察周围情况的观察哨。在左边的阿尔贡森林，到处是深邃的山谷和茂密的灌木丛，通往这一地区的只有 3 条路。在过去的 4 年中，德国人不仅修筑了许多混凝土机枪工事，而且设置了密密麻麻的带刺铁丝网。

潘兴的计划是，在敌人的增援部队到达之前，用 25 万突击部队消灭对面的敌军。因此，他把攻击以蒙福孔山峰为中心的整个坚固的山脊防御工事作为第一天的目标。潘兴可能是盟国指挥官中唯一敢于冒险的人，因为这场战斗准备得非常仓促，他的最有经验的部队仍被牵制在圣米耶尔地区，大部分美国部队是首次参战，突击师中曾打过仗的只有 4 个师，许多士兵都是 7 月份入伍的，他们在部队中度过的 6 周时间主要是行军走路，一些新兵甚至连怎样上子弹都不会。一位法国联络官对美第 77 师师长亚历山大说："阁下，我不怀疑你的士兵是勇敢的，我不怀疑你们已做了充分准备，这将给你的士兵明天夺取胜利创造机会，但请允许我这样说，在我看来，你们面临的这条防线是不可动摇的。这条防线已有 4 年之久，构筑得非常坚固，铁丝网纵横交错，而且德国人很能打仗。我担心你们将不能取得你们所希望的那种进展。"亚历山大要这个法国人放心，这条防线将被突破。

9 月 26 日凌晨两点半，3800 门大炮一起开了火。5 点 30 分，对前沿压制射击的火力转移为徐进弹幕射击，步兵在大雾中开始向前挺进。特种部队在敌人的带刺铁丝网上搭起了软梯，后面的人不顾一切地冲向德军的防线。开始，防守的敌军完全不知所措，除了由蒙福孔山的一些制高点控制的中部防线外，在整条防线上都被突破。但是，德国的支援部队快速赶到这一地区。这下，美国人的仗就不太好打了。第二天，美军的进攻不仅没有取得更大进展，反而自乱阵脚。在这样高低不平的地区，军官们无法根据地图指挥战斗，许多部队散失了，大炮陷在泥潭中动弹不得，运载军需品的卡车无法通过。这种极端的混乱情况不解决，攻击的时间就会推迟。“这些美国人将使我们失去在入冬前夺取重大胜利的机会。”人们开始批评和埋怨潘兴，甚至要求解除他的职务。

9 月 27 日，即在美国人陷入麻烦的同一天，黑格率领的第 1 和第 3 集团军对西部战线，即兴登堡防线最坚固的防御工事发动了一次强攻。攻击照例是先由炮兵进行火力准备。5 点 30 分，弹幕向前推进，进攻的时刻到来了。军官们挥手发出了冲锋的信号，士兵们蜂拥着爬过胸墙。

大批德军被押往战俘营

到下午，第 1 集团军已插进德国人的主要防御体系 5 千米深的地方。几乎在所有地方，作战计划中规定的最终目标都已达到。第 13 集团军到达了圣昆廷运河沿岸的防线，距康布雷西南只有 3 千米的地方。第二天，在宽 30 千米的正面上突破了德军防线，向前推进了 11 千米，德军遭到沉重打击后开始退却。

9 月 28 日，比利时国王指挥的佛兰德集团军沿利斯河开始突击，进展顺利，当天就占领了德军第一阵地和部分第二阵地。

到 9 月份的最后一天，福煦元帅得意至极，因为由他协调一致的总攻势终于正在得到实现。从佛兰德到凡尔登，人人都在战斗。在遥远的北方，比利时人在他们国王的领导下，正在向敌人发起进攻。在伊普雷，协约国的军队以雄伟的气势向前推进。英国人已经突破和正在接近兴登堡防线，斗志昂扬的美国部队，正在重新组织在马斯—阿尔贡地区的另一次重大攻势。对福煦来说，梦想变成了现实。他开始觉得，胜利已经指日可待，1918 年将会结束战争。

此后，尽管战场上的战斗仍在进行，但外交场合的战斗变成了主角，如何结束这场战争，摆在了各国政客的桌案上。

德国舰长弃船而逃

在第一次世界大战爆发后，德国国内就不时有人呼吁德国应利用有利的战场形势为条件，与协约国谈判媾和，但每次都受到德皇和德军统帅部的抵制。1918 年 6 月德军西线第三次进攻失利后，这种呼声再度兴起，且越来越强大。当时的外交部长认为德国再也不能单靠纯粹军事上的决胜来赢得这场战争了，进而小心翼翼地提出“也许我们不得不满足于所谓和解性的媾和”。他的话立即招来了鲁登道夫的强烈反对，并最终被迫下台方才了事。就是在 7 月 18 日协约国反攻开始以后，鲁登道夫仍想东山再起，重新发动进攻。直到 8 月 14 日，德军全线溃败，鲁登道夫才在德军大本营所在地斯帕召开的御前会议上表露出对战局发展的担心，但他仍坚持要把战争打下去，继续反对任何实质性媾和的建议，导致德国一次又一次丧失了可能在较为有利条件下谈判媾和的机会。

9 月下旬，协约国开始全线总攻，整个兴登堡防线岌岌可危。协约国对兴登堡防线的打击，使德军摇摇欲坠。在德军差不多已从法国的全部和比利时的一部分领土上撤出时，战斗转化为激烈的后卫战。当 9 月份行将结束时，鲁登道夫的权威消失了。

9 月 29 日，保加利亚退出了大战，这对德国人无疑是雪上加霜。多重打击使鲁登道夫精神开始崩溃。他一反常态，突然迫不及待地要求政府即刻向美国总统呼吁实现西线停火。他在斯帕大本营当着德皇的面宣布，德国在这场战争中已无望取胜，军队必须立即进入停战状态。为了保全自己，在宣布停战前，他们需要找到一只替罪羊，即设法成立一届新政府，由议会党团组阁，再由他们出面向敌人求和。

这一天，德国首相赫特林辞职，外交大臣欣策拿出一份准备好的改组政府的法令摆在桌上，要求皇帝签署。威廉二世无力地转过身，走到桌子旁签了名。

当议会党团的主席们被告知将要由他们掌管国家政权时，他们如坠云雾，不知所措。那些往日骄横跋扈的将军们几年来一直咒骂他们这些主张议和的人为国家的叛徒，而今想不到他们竟然会主动拱手让出大权。但他们很快就明白了一切，德国战船已经千疮百孔，船长只不过是找个借口，在这艘破船沉没之前率先逃命去了。

10 月 1 日，鲁登道夫任命了一个停战委员会，然后要求外交部尽快告诉他将向美国总统威尔逊发出和平建议的确切时间。鲁登道夫完全垮了，在例行的参谋人员讨论军事形势的会议上，他滔滔不绝，责备除自己以外的每一个人。

这一天，德国自由派领导人巴登亲王麦克斯就任新首相。这位新任首相不情愿立即去进行停火谈判，认为现在要求立即停火，无异于无条件投降。他要求鲁登道夫拖延几天后再发出呼吁停火的照会。但鲁登道夫极不耐烦，他说，陆军 48 小时都坚持不了。他再三催促，并警告说防线随时可能被突破。这位新履职的首相没有想到，他上台的第一件事就是向美国发出照会，表示愿意在十四点方案的基础上进行谈判，并要求立即停战。然后，他同所有的德国人一样，惴惴不安地等待着美国人的答复。

美国总统威尔逊获悉德国求和的消息，就打电话给顾问豪斯。豪斯告诉他："今天得来的是激动人心的消息。在我看来，像德国人和奥地利人要求的这种停战是不可能的，然而，应该用有利于你的措辞加以拒绝，西线福煦在酣战，而你再深深地插进一个外交楔子，这样，战争就有可能在今年年底结束。"

在协约国胜利在望的时候，《纽约时报》劝说自己的总统首先要德国废黜他们"不负责任的、吹牛的德皇，并由德国人民自己的政府来代表他们说话"。其他报纸也警告说，德国的这个建议只是一个圈套，想在"通过谈判取得的和平"中使威尔逊上当受骗，从而使敌人免遭惨重的失败。

英国人认为德国人的建议不可接受："让德国佬滚到莱茵河后面去，然后我们才可以讨论。"法国人也对德国的建议采取了敌视的态度，同样要求将战线"推进到莱茵河后面去"。

在巴黎召开的一次协约国领导人会议上，克莱孟梭要求与会者不要理睬这个照会。美国总统怎么敢把他那十四点方案作为停战的条件！应坦率地告诉威尔逊，德军从所占领土撤走是任何停战的必要前提。经过长时间的争论后，英国、法国和意大利的首相和总理们在一份大意如此的联名照会上签了名，然后把这份照会发出去了。

长达 4 年痛苦的战争，使人们比较容易提出和平的建议，而不太容易接受这种建议。所以，现在不是威尔逊操心的时候，特别是在大炮仍在发言之时。于是，美国总统威尔逊给德国人的答复是：如果美国必须“与德国的军界头目和君主独裁者”打交道，“那么美国必须要求德国投降，而不是和谈”。

当德皇看到美国总统拒绝与德国的军界首脑和独裁者谈判的答复时，大叫道：“这个虚伪的威尔逊终于扯下了他的假面具！这样做的目的是要搞垮王室，撇开君主政体。”

鲁登道夫确实感到再也无力赢得战争了。但他不甘心就此认输，妄想以谈判稳住阵脚，使疲惫不堪的军队得到休整，并以此为筹码，争取在有利的条件下与协约国和谈。但是，时过不久，鲁登道夫又反悔了。10 月 14 日美国总统威尔逊发出第二封答复照会时，他公开声明反对以停止潜艇战为停战条件，干扰已经开始的与协约国的对话。10 月 23 日，当威尔逊发出措辞更为强硬的第三封照会时，他立即声称军队不接受威尔逊的通牒。

然而，事到如今，德国人不得不低下高昂的头。10 月 26 日，在政府的强烈要求下，鲁登道夫被解除了职务。在德国即将崩溃时，将军们隐退了，避免在有条件的投降中扮演任何角色。鲁登道夫生怕有人杀他，穿起便服戴上墨镜化装逃亡瑞典。

于是，矛盾的焦点转到了德皇身上。根据协约国的停战条件，德皇必须废黜，君主立宪制必须改为共和制。德皇不甘退出自己已经把持了 30 年之久的帝座，不愿让霍亨索伦家族开创的王朝断送在自己手里。10 月 29 日，德国最后一个盟国奥匈帝国完蛋了。麦克斯亲王知道，他必须立即采取行动，必须有人劝说皇帝立即退位。如果皇帝不退位，和谈是不可能的。因此，越来越多的人要让皇帝退位。

11 月 1 日，普鲁士内政大臣德鲁斯抵达斯帕，执行麦克斯赋予他的艰难使命。皇帝非常冷淡地听完了这位使者提出的要求皇帝退位的建议，轻蔑地打量他一番："你，一个普鲁士官员，一个曾发誓效忠于我的臣民，怎么竟敢在我面前提出这样的一个要求？"这位皇帝说："那么好吧，让我来告诉你，退位以后会出现什么样的混乱。我退位，所有的王朝也都随着我而垮台，军队将会变得群龙无首，前线的部队定将溃散，退过莱茵河。那些对我不满的人就会聚集起来，在敌人的支持下进行烧杀抢掠，这就是我不想退位的理由。"威廉宣称，腓特烈大帝的后代不可能退位。

但是，这时有消息传来，美国的第 1 集团军已经突破了在阿尔贡的防线，正在迅猛地向色当推进。英国和法国的军队也在加紧前进。在后方，随着军队在战场上不断败退，德国的政治体制开始崩溃，饥饿、混乱、流行病折磨着广大的城市和乡村，在民众之中埋藏已久的积怨终于爆发了。甚至连兴登堡也清楚，末日已经来临，德皇垮台是无法避免的了。

11 月 2 日，在基尔这个波罗的海港口发生了一次大骚乱。起因是，一个星期前，舍尔下令舰队出海，而 6 艘战舰上的水兵拒绝听命。由于海军司令部拒不收回命令，水兵们公开举行反叛，大多数战舰不得不返回基尔港。在那儿，一些水兵被关进监狱。然而，这一行动更激起了水兵的反抗。第二天，将近 2 万名码头工人和水兵高举火把，唱着国际歌，向军事监狱进军。兵变变成了革

德国起义士兵将机枪从军舰上拆下来架在街头

命。

在这一事件的影响和鼓舞下，德国全国各地也发生了类似的行动，11月4日早晨，水兵们抢劫了兵工厂和武器库，占领了基尔的大部分地区，在港口停泊的舰只，都挂起了革命的红旗。

11月6日，接替鲁登道夫的格勒纳会见了麦克斯，告诉他："我们无论如何必须在11月8日上午与福煦谈判。"他又说，停战代表团应该在当天出发，他们必须举起白旗，主动提出举行停战谈判，甚至可能必须投降。内阁对此一致同意。

法国人趾高气扬

这是决定德国命运的关键一天，起义的水兵已经占领了吕贝克、汉堡、库克斯港、不来梅和威廉港等地。他们将会通过水路和铁路进入每一个城镇，释放被监禁的水兵和政治犯，然后成立包括工人在内的委员会。更重要的是，柏林和慕尼黑两地也在酝酿起义。看样子，红旗一定会很快地在全国大部分地区的上空飘扬。

不能再拖下去了。德国政府于是任命议会中间派领导人埃茨贝格尔为停战委员会的政府代表。午夜过后不久，福煦接到这样一份电报：德国停战委员会准备动身，希望电告在何地与他会见，然后他们将乘车前往指定地点。

福煦在1小时内作了答复："如果德国的全权代表希望会见福煦元帅并向他请求停战的话，他们可以去连接希梅、富尔米、拉卡佩尔和吉兹这几个地方的路旁的法国前哨站。已经下令接待他们，并且把他们带到指定的会见地点。"

11月7日上午8时，德国代表团抵达斯帕。兴登堡为他们送行时说，这大概是第一次由政治家去谈判停战问题，但既然最高统帅部不再决定国家的政策，他现在也不反对这一点了。军队对今后发生的一切不再负责了。他含着眼泪与埃茨贝格尔握手：“上帝保佑你，为我们的祖国力争最好的结果。”

11 月 8 日上午 9 时，在贡比涅森林中，埃茨贝格尔一行被带进了一节火车车厢。在车厢内，德国人站在一张大桌子一边的椅子背后，椅子上贴着各人的名字。几分钟后，福煦进来了。双方相互作了简短的介绍后，各就各位，面面相对，福煦用低沉的、冷冰冰的声音对翻译说：“问问这些先生们，他们有什么要求？”

埃茨贝格尔惊讶地发现，在场的没有美国人、比利时人和意大利人。他说：“我们来是为了接受协约国关于在陆上、海上和空中实行停战的建议的。”

福煦立即打断他，对翻译说：“告诉这些先生们，我没有什么建议。”他欠起身子，仿佛要走的样子。

德国代表团另一位成员奥本多夫从桌子那边探过身来，急忙说：“元帅先生，这是个很严肃的时刻，无需在措辞上争吵。你希望我们怎么说好？这对我们来说根本无所谓。”

“先生们，你们应当说明你们有什么要求。”福煦粗暴地说。

“你知道，元帅先生。”奥本多夫接着说，“我们是根据美国总统的信到这里来的。如果你允许，我将宣读这封信。”他把信大声地念了一遍，然后说：“如果我没有理解错，这就是说，你们将向我们通报停战的条款。”

这时，法国将军魏刚开始宣读那 18 条条款，主要内容是：14 天内退出被占领的领土，包括阿尔萨斯—洛林在内；交出全部潜艇；把 10 艘战舰、6 艘重型巡洋舰、8 艘轻型巡洋舰和 50 艘驱逐舰扣留在中立国或协约国的港口内；赔偿损失，立即交还从被占领区掠去的财富和证券；交出大量战争物资，其中包括 5000 门火炮、2.5 万挺机枪。

福煦注意到，德国代表温特费尔特将军脸色苍白，不断地抽泣。福煦说："先生们，我把这个文本交给你们，你们要在72小时以内答复。在此期间，你们可以向我提出具体意见。"

埃茨贝格尔恳求道："请看在上帝的面上，元帅先生，不要等72小时了吧。今天就停止敌对行动吧。我们的军队已经一片混乱。他们受到了布尔什维克主义的威胁，布尔什维克主义可能在整个德国蔓延开来，还会威胁到法国的安全。"

福煦说："我不知道贵军的情况，我只知道我军的状况，我不但不能停止进攻，我还在发布命令，要他们以加倍劲头进攻。"

温特费尔特插进来说："元帅先生，我们的人员需要互相协商一下，讨论贯彻执行协定的具体细节。"

但福煦毫不松动："各国政府已经提出了各自的条件，在停战协定签字之前，进攻不能停止。"他告诉德国人，11月11日上午11时之前必须作出回答。

在整个德国，有组织的革命的烈火正在向各地蔓延。德国各地的地方政权一个接一个地垮台，被工人委员会、水兵委员会和陆军士兵委员会接管，柏林实际上陷于包围之中。

德皇的时代结束了

11月9日上午，麦克斯一直耐心地等待着斯帕方面的消息，他打了几次电话，都没有打通。现在他必须作出抉择，要么继续等待，要么采取行动。于是，他给通讯社送去了一份声明："皇帝兼国王已决定退位。"

在宣布这一消息之后，他的首相职务随即被社会党领导人艾伯特接替。新首相留在首相府，同他未来的内阁成员们谈话，他的同事沙伊德曼匆匆跑到议会告诉他的党内同志们，艾伯特已成了德国的新领导人。然后他跑到阳台上，对外面黑压压的人群宣布："公民们，工人们，党内同志们！君主制度已经垮台。很多军人已经站在我们一边。霍亨索伦王朝已经垮了。”接着他高呼：“伟大的德意志共和国万岁！”人群中响起了暴风雨般的掌声。

就这样，沙伊德曼自作主张地宣布了共和国的诞生，德意志第二帝国灭亡了。第二帝国是1871年1月18日在法国宣告诞生的，当时的普鲁士国王、威廉二世的祖父威廉一世在凡尔赛宫的镜厅宣布登基为德国皇帝一世。一天的工夫，霍亨索伦王朝崩溃了。

尚蒙在鼓里的威廉得知自己完全被罢免德国皇帝和普鲁士国王的消息业已公之于众后，惊呆了，茫然若失地回到客厅，简直不敢相信他听到的消息会是真的。在场的人沉默了几分钟，谁也说不出话来。“我们脚下的地就像要陷下去似的。”皇储后来回忆说。

皇帝开始时还尽可能地保持威严，强作镇静。但不一会儿，情绪就变了。“叛变，先生们。”他叫起来，“赤裸裸的、无耻的叛变！”他怒气冲冲地开始在电报纸上起草“抗议声明”。

下午3时半，被罢黜皇帝的顾问们在兴登堡的别墅里开了一个会。兴登堡要求让皇帝到某个中立国家去暂避一时。“假如皇帝被叛军裹胁到柏林，像俘虏那样向革命政府投降，我可担当不起。”他认为荷兰最合适，因为那里也是君主政体，而且离这里只有100千米。其他将领也认为，很难保证皇帝的安全，他们对一年前俄国尼古拉二世被废黜的事件记忆犹新：“难道皇帝就不会遭到同样命运的威胁吗？”

这时，威廉考虑的已不是自己的皇位问题，而是更为重要的性命了。无奈之下，他只好要他的臣僚同荷兰政府进行联系。那天黄昏时分，皇帝犹豫了一阵之后决定去荷兰，并把这个意思告诉了兴登堡。第二天凌晨2时，威廉的车队在黑沉沉、雾漫漫的夜色中缓缓地行驶着。刚过7点钟，他们来到埃斯顿村附近的荷兰边境。由于这天正好是星期天，这里没有边防军官值班，他们只得在寒冷中等待。荷兰女王召开内阁会议。经过

沙伊德曼在阳台上宣布德国君主制垮台的消息

简短的讨论之后，决定同意让德国君主避难。于是威廉被送到了一个火车站，月台上有些人认出了他。“嗨，这家伙完蛋啦！”几个人喊了起来，另外一些人则高呼“法兰西万岁”。直到威廉登上火车之后，这种难堪的局面才告结束。

德国历史上最重要的一天就这样过去了。它不仅标志着一个帝国的灭亡，而且还标志着一个时代的结束。

第二天早晨，柏林市民醒来后，发现保皇报纸的报头上没有了原先那些忠于霍亨索伦皇族的套话，柏林的报纸纷纷改名。中午，首相艾伯特会见了自己的顾问们，讨论了停战协定条款的要求。最后他们给斯帕的最高统帅部发电，指示他们通知埃茨贝格尔接受福煦的条件，并要求他们尽可能地讨价还价。

退位的德皇威廉和皇后逃亡荷兰

当最后一次停战谈判开始时，已是11月11日凌晨2时15分。“我逐条逐条地讨价还价，试图让他们把条件改得更宽大些。”埃茨贝格尔后来回忆说。但败军之将难言勇，到5点零5分，问题全部解决，为了尽早结束敌对行动，决定立刻把协定的最后一页打印出来供代表们签字。福煦和英国代表威姆斯首先签了字，当温特费尔特硬着头皮去签字时，泪水再次涌上了眼睛。最后一个签名结束时是5点10分，但大家都同意把签字结束的时间正式定为5点整，这样6个小时后，即法国时间上午11时，停战就可开始生效。

这时，埃茨贝格尔表示有话要说。他宣读了4位德国全权代表的一份书面声明。声明提醒注意协定所允许的撤出军队和交出重要交通工具的时间太短，这也许会使他们无法实施这些条件，但这“既不是德国政府，也不是德国人民的过错”。德国人民同一个敌对的世界对峙了50个月，尽管出现了各种各样的暴力行动，他们仍将维护自己的自由和统一。“一个有7000万人民的民族在受苦受难，”声明最后说，“但它没有死亡。”

“很好。”福煦说，5时半，他宣布会议结束。双方代表团离开时，谁也没有跟谁握手。福煦立即通过无线电和电话向各条战线的司令官发布命令，要他们在上午11时起停止敌对行动。在接到进一步的命令之前，部队不得越过那时所达到的界线。

法国人没有想到，这一幕会在另一次世界大战中重演。在不同的时间却是相同的地点，轮到法国人落泪德国人高兴了，而那个可恶的希特勒，更是令人作呕地在此跳起了欢乐的快步舞。

半小时之后，福煦和英国代表威姆斯前来向克莱孟梭汇报签字的详细经过。克莱孟梭喜不自禁，他用左手抓住威姆斯，右手抓住福煦，互相祝贺。福煦说，到11时的时候，应该鸣炮来宣布敌对行动的结束。“好吧，就在11点钟鸣炮吧。”克莱孟梭答道。

“我的任务完成了。你的工作开始了。”起身离开的福煦，尽管也很高兴，但在他内心深处，对这么快就停战还是感到遗憾的，他认为再有两个星期，德军就会全部被包围，那时他们就不得不放下武器。他感到失望的是，德国人接受了他提出的条件，但并没有宣布他们战败了，更糟糕的是，他们并不认为他们已经战败。

在西线的大部分地区，恼人的阴雨连绵不断。在前线，美国人仍在进行战斗。一位美国将军解释说：“我们之所以要命令部队这样做，是因为必须利用一切机会来保证使敌人完全接受停战。”

狂欢的运动会

停战的时刻终于来到了，前线突然出现一阵沉寂。协约国军中有些人走出战壕，兴奋得大喊大叫。几乎所有曾经认为停战不过又是一个谣言的人，最后都认识到战争确实是结束了。美国人跑出战壕，“那股热闹劲儿，”一位随军记者说，“就像美国的哪个大学里举行一次大型运动会一样。”接着，德国人也都跑出了战壕。“一望无际的旷野上沸腾起来，人们欢呼跳跃，分不清哪是友军，哪是敌军。就在这块曾经如此激烈争夺过的狭长地带上，德国人和美国人现在走到一起来了。有些人露出不好意思的神情，如同遇到了为难事情的学生一样。”

但也有少数人，不相信恐怖局面已经过去。一位美国军官说：“你想这是真的吗？从来没有过这样宁静的夜晚。静得出奇，这多少有点令人毛骨悚然，我们已经忘记了宁静是个什么样子。”在胜利到来的时候，他情不自禁地想起死去的同伴来。“现在我们应该意识到他们已经不在人世了。在此之前，我们很难说意识到了这一点。我们仍然同他们在一起，在同一个国家里，离他们很近，我们自己也在死亡的边缘。但很快我们就要离开这里，离开他们了。我们将要返回家园，他们将留在这荒无人烟的战场废墟上。”

另一位美国少校则觉得这种结局未免有点平淡。“我不知道我所期待的是何种局面，但肯定不是这个样子。士兵们为了驱寒取暖，沿着弯弯曲曲的战线点起了一堆堆篝火。每当有人朝天射出最后的几发子弹，战线两边的人都会同时引起一阵惊慌。不过多数人都在认真思考他们走过的历程以及在未来和平生活中的打算。”一位文学爱好者这样写道：“解下绷带，写一首颂扬和平的诗。”

11 点差一刻钟的时候，占领蒙斯的英国部队已经到了城东，先头部队已开始入城。1914 年 8 月，英国军队就是在这里同敌军首次交锋。巧的是，他们在战争最后一天的进军正好也是在这个具有历史意义的小城市里。停战的消息传来，出现了一些欢呼胜利的场面。“不过，除此之外，他们在这个伟大的事件到来时是平静的。对我来说，这是个决定性的时刻。我看到了世界和我的国家的一个新时期的开始。”一位英国军官说，“炮火终于停止了，战争结束了，人们又可以规划未来了。”在蒙斯，一位记者写下了这样一段话：“可怕的战火熄灭了，我作为战地记者写好了最后一条新闻，感谢上帝！”

11时的钟声敲响了。

一艘停泊在国民议会大厦对面塞纳河上的潜艇开始鸣响了礼炮，人们涌上巴黎街头，欢呼战争结束了。霎时间，人人都成了老相识，不管你是哪个国家的，是什么肤色，是平民还是军人，人们自动地组织起来游行。在宽阔的爱丽舍田园大街上从头排到尾，大家手拉着手，唱着歌，摇头晃脑，喜气洋洋，乐不可支。一位中年妇女冷不防地在一个美国兵的脸上吻了一下，然后抱歉地说：“你的长相同我的儿子一样，他死在这场可怕的战争中了。”

听到停战的消息，巴黎街头的人们欣喜若狂

庆祝活动以惊人的速度向各处蔓延。到下午三四点钟，巴黎的庆祝活动达到高潮。福煦在乘车前往出席内阁会议的路上，被人们团团围住。当他来到开会地点时，看到克莱孟梭正在与法国总统亲吻。克莱孟梭说：“从早晨到现在，吻我的姑娘已有500多个了。”他说，胜利是大家奋斗的结果，每个人，从最高当局到底层的民众，都尽了自己的一份力量。接着，他们一起来到国民议会，在那里宣读停战协定的条款。4 时，克莱孟梭走上讲台，600 多名议员热烈鼓掌欢迎。当克莱孟梭宣读协定条款时，几乎每个人的眼里都闪烁着泪花。他每念一条，大厅里都发出一阵赞同的欢呼声。克莱孟梭说："对我来说，宣读完停战协定后，看来我的任务就算完成了。"他对收复阿尔萨斯—洛林很是高兴，最后他赞扬法国士兵："昨天是上帝的士兵，今天是人类的士兵，永远是为理想而奋斗的士兵。"夜晚，巴黎歌剧院广场灯火辉煌，这是 1914 年以来的第一次。广场四周的建筑物上，每个阳台和窗口都挤满了观众，广场上的人群远远地伸展到大街的远处。一些法国最出名的歌手在刺骨的寒风中出现在歌剧院的阳台上，演唱了《马赛曲》等歌曲。听众也一齐跟着唱了起来。"这是一次社团歌咏节，这样的歌咏节从前哪个城市也没有见过，而且以后恐怕永远也不会再出现。整个巴黎就像幸福的儿童在痛痛快快地玩乐了一天之后，沉浸在一片笑声之中。"

在法国举国上下都在欢庆胜利的时候，英国驻法大使德比显得不像别人那样兴高采烈。因为克莱孟梭宣布是法国打赢了这场战争，而根本不提英国在战争中的作用，也没有提到美国、比利时和其他协约国。在法国的美国人也碰到了同样的问题。当一名美国人提议为胜利干杯并说是美国人真正打赢了这场战争时，他遭到了在场很多法国人的抗议，这让美国人很是不爽，美国人对自己的贡献没有得到承认也是相当不满的。

在伦敦，威尔逊将军是在早晨 6 时半获悉停战协议签订的消息的。3 个小时后，内阁召开会议，决定在 11 时鸣钟奏乐。11 点钟的时候，传来了一连串的鞭炮声，一位记者大吃一惊。6 个月来，这些声音一直是伦敦的空袭警报。他连忙跑到大街上，看看究竟发生了什么事。"停火啦！"一些人在那里高喊，"战争结束啦！"天色昏沉沉的，寒气袭人，像要下雨的样子。人们从四面八方拥上街头。整个伦敦充满了一股不可阻挡的激情，人们纷纷丢下工作，走上街头，在那里大喊大叫，又唱又跳，兴奋得热泪盈眶。汽车的喇叭声、铃声、茶盘的碰击声和警笛声汇成一种震撼人心的交响乐。

英国伦敦民众在庆祝胜利

在唐宁街10号，首相同丘吉尔和威尔逊将军共进晚餐。首相说，他希望枪毙德国皇帝。丘吉尔不这样想，而威尔逊的意见是："应该公开揭露他的所作所为，然后把他留给后代人去评判。附带提一句，他逃到荷兰去了，这表明他是个懦夫。"他们考虑的问题自然不只这些。他们回顾了过去岁月中那些惊心动魄的事件。历史上有过如此的多事之秋吗？俄国、德国和奥匈帝国的暴君一个个都垮台了，就连英、法在同一战壕共过患难之后，也绝不会再是老样子了。无论世界的哪个地方，生活都绝不会再是老样子。然而是变好还是变坏呢？丘吉尔感到最为不安的是，活跃在欧洲的苏维埃人。他认定，现在应该乘布尔什维克主义的力量尚未壮大之前，把它扑灭在俄国。当威尔逊晚餐后返回他的寓所时，看到喜气洋洋的群众仍聚集在白金汉宫前面。在尽情欢乐的人群中，他发现一位衣着整齐的老年妇女独个儿在悄悄地哭泣。威尔逊不禁问道："你有什么犯难的事？我能帮你什么忙吗？""谢谢。不，我虽然流泪，但我是高兴的，因为现在我知道，我在战争中牺牲的3个儿子并没有白死。"

在纽约，庆祝活动是在黎明前随着一声尖厉的空袭警报声开始的。自由女神像被灯火照得通明，工厂的汽笛和教堂的钟声齐鸣，人们纷纷走上街头，乱哄哄地开始了游行。在游行队伍中，一辆卡车上装着一口棺材，德国皇帝的模拟像被一次又一次地吊起来。士兵们挥动着标语牌，上面写着："再也不要让我们吃大豆了！再也不要给我们假咖啡！再也不要让我们像猴子那样挤在又闷又热的屋子里！"

美国总统威尔逊得知停战的消息，当即命令全体政府机关工作人员放假一天，并写了一份告人民书："停战协定已于今晨签字。美国为之奋斗的一切已经实现。现在我们值得庆幸的责任是，用我们的榜样，用明智、友好的忠告和物资援助，帮助在全世界建立公正的民主制度。"当庆祝活动达到高潮时。总统和夫人驱车来到宾夕法尼亚大街，他显得十分高兴，胜利的果实对他来说是甜蜜的。但在此时，他已在考虑欧洲的问题以及如何最终实现他的理想，也就是美国领导和称霸世界的理想了。

美国人在欢庆胜利

在柏林，没有一点节日的气氛。而在前线的数百万德国士兵中，有些人感到他们被国内的那些人出卖了，他们的阵线并没有溃散，他们是有秩序地撤退的。在休战日的当天，德国第 3 集团军司令告诉他的部队："虽然已经停火，但并非战败，你们是在敌人的国土上结束战争。"德国国内宣传也认为，德国并没有被打败，最高统帅部之所以求和，是为了防止进一步流血和结束对妇女儿童的饥饿封锁。

1918年11月11日，是胜利者高兴之时，失败者沮丧之日。但是，胜利者高兴的光阴不长，失败者沮丧的时日也不久。不过此时此刻，无论对胜利者还是对失败者来说，欧洲的一个时代算是过去了，历史上一场最野蛮血腥的大搏杀终于结束了。

第九章

曲终人尽，硝烟未散

前线的炮击停止了，战场上的硝烟慢慢散去了。在各国将士抖落满身征尘的时候，各国政要们却匆忙赶往巴黎，抢夺战争的胜利果实。于是，一场新的战斗又在另一个场合打响了。不过，这回的较量却是在谈判桌上进行的，指挥战斗往来冲杀的，不再是那些荷枪实弹的将军，而变成了老谋深算的“滑头政客”。结果，名为和平实为分赃的会议，自然不可能播下和平的种子，它所孕育的，只能是另一次更加残酷的世界大战的怪胎。

1

孕育战争的巴黎和会

一位西方军事理论家说：“我们的文明可以很好地创造战争，但是它却忘了怎样制造和平。战争的手段开始垄断着战争的目的，结果战争便以另一种形式继续进行了，这样当然不可能有和平。”

第一次世界大战创造了一个沙漠，于是人们把这个沙漠叫做和平。

这个和平，宛如一个难产的婴儿，是在鸟儿重新在西线的月牙形战场上重新开始歌唱 9 个月后才诞生的。

谈判桌成了新的战场

1919 年元旦，巴黎，这座美丽的城市冬意正浓，寒气逼人。虽然战争所造成的破坏仍然随处可见，但毕竟战争的阴云已经散去，和平的阳光又照耀在塞纳河上，欢声和笑语再次回到了人们中间。这里的人们已经不必再为德军炮弹的呼啸声胆战心惊，也不必再为发生在头顶上的激烈空战而惊慌失措。

就在两个月前，即 1918 年 11 月 11 日，德国的代表在贡比涅森林与英法等国代表签署了停战协定，西线正式停火，第一次世界大战结束了，协约国终于取得了这场旷日持久的战争的最后胜利，人们也终于可以告别战争的噩梦。现在，埃菲尔铁塔广场已被鲜花簇拥，香榭丽舍大街也披上了节日的盛装，巴黎将迎来欧洲历史上乃至世界历史上规模空前的聚会——巴黎和会。欧洲的未来，甚至是世界的未来，将在这次会议上勾画出轮廓，人们将在此努力实现建立世界新秩序的梦想。

对于每一个参战国来说，第一次世界大战都是一场不堪回首的噩梦。战败的同盟国当然更是输掉了老本，而取得最后胜利的协约国也同样是伤痕累累。

美国总统威尔逊和妻子伊迪丝在庆祝胜利

4 年前，当奥匈帝国王储斐迪南倒在

一个不知名的塞尔维亚人的枪口之下时，谁也没有想到这个小小的萨拉热窝事件最后竟会演变成一场几乎全球范围的世界大战。

战争刚开始时，几乎所有的人都以为战争很快就会结束，而且事实上大多数国家也都是以速决战的思想来谋划这场战争的。他们认为随着战场胜负在一定程度的决出，战争将按照过去的惯例由外交谈判来结束。然而，这场战争的惨烈程度大大超出了他们的想象，在交战双方举国上下的一片悲泣声中，杀红了眼的双方最后都走上了一条两败俱伤的道路。

这场战争从表面上看有赢有输，但事实上并没有真正的赢家，也没有绝对的输家。德国人诚然输掉了这场战争，但并没有亡国灭种；英国和法国虽然赢得了战争的最后胜利，但却是遍体鳞伤，今非昔比，成为日暮途穷的没落贵族。如果一定要找出一个赢家的话，那就是美国。由于它的加入，不仅使德国人战败，也让英国和法国的地位和作用大大下降。战争结束之后，它一跃成为国际社会的新贵。

硝烟散尽之后，人们发现在遭受生命与物质的重大创伤外，欧洲大陆再次处于秩序大乱的状态。4 大传统帝国——沙俄、德意志帝国、奥匈帝国、土耳其帝国先后土崩瓦解。而在欧洲的另一端，诞生了人类历史上第一个社会主义国家——苏联，它的出现极大地震撼了欧洲乃至整个世界。

在英国，退役的士兵为生计当起了小贩

无情的战火已经将旧的欧洲格局化为灰烬。人们在精疲力竭地抚平身上的创伤的同时，无不梦想着建立一个新的欧洲及世界的新格局。英国首相劳合·乔治在宣布德国与协约国间已签署停战协定时说：“但愿我们可以这么说，在此重大的早晨，一切战争均将终止。”

全世界的民众都在渴望一个能遏制战争、消灭战争的新的格局的诞生，传统大国期望着一个能维护其传统利益、遏制旧敌重新崛起的新格局的产生，新兴大国盼望着一个能有利于自己获取新的利益的新格局的出现。于是，召开一次历史性的和会便成为理所当然。因此，大国的首脑们来到了巴黎。

1919 年 1 月 18 日，规模空前的巴黎和会在凡尔赛的镜厅开场。法国之所以选在这个地方作为大会的开幕地点，其用意耐人寻味。这一天，正是 48 年前普鲁士战胜法国后在凡尔赛宫的镜厅宣布德意志帝国成立的日子。法国总统普恩加来在开幕词中，以胜利者的口吻，讥讽战败了的德国“生于不义，自当死于耻辱”。

有 27 个战胜国的代表出席了这次会议。它们包括美国、英国、法国、

和会会场

意大利、日本、比利时、巴西、加拿大、澳大利亚、南非、印度、中国等，还有5个新成立的国家和“社会团体”的代表也参加了会议，而新生的苏维埃俄国却被排除在外。参加会议的正式代表的人数就达1000多人，另外还有数以千计的各国工作人员。再加上众多记者，真可谓是盛况空前。

许多国家的代表在踏上路途之初，都满怀着共聚一堂、共商大计的念头。但是，当他们到达巴黎后才发现，对于大多数国家的代表来说，他们不过是这次会议的旁观者和见证人。

从表面上看，巴黎和会的任务是起草并签订对战败国的和约。但是，几个大国召开这次会议的根本目的则是：在大战结束后形成的力量对比的基础上，巩固它们在战场上既得的利益，并在谈判桌上最后确定它们对全世界的再分割，这次会议是帝国主义列强争霸的继续。因此，凡尔赛宫的谈判桌变成了新的战场，帝国主义又“准备彼此大斗一场”。只不过指挥这场战斗的，已不是那些披坚执锐的将军，而变成了一些老奸巨猾的“滑头政客”。

“三巨头”是真正的主角

为了保证这次分赃会议得以按照大国的愿望顺利进行，会议规定美、英、法、意、日5国各派5名全权代表出席，比利时、巴西和塞尔维亚各派3名代表。中国、希腊等大多数国家各派2名代表，新西兰仅有1名代表。

更不公平的是，与会国的代表还被分成几个等级。按照英国和法国的提议，参加会议的27个战胜国和5个新成立国家或“社会团体”分为4类：第一类是“享有整体利益的”交战国，即美、英、法、意、日5个国家；第二类是“享有局部利益的交战国”；第三类是“与德国集团断绝外交关系的国家”；第四类是“中立国家和正在成立的国家”。

除了可以参加与本国有关的会议外，本来人数就少的后3类国家基本只能参加会议的全会，即由全体与会各国的所有代表参加的“全体大会”。而这种全体大会在整个会议期间总共只进行了7次。事实上，这种全会仅仅是在形式上举手表决通过而已，并无任何实质性的作用，真正决定会议内容的则是由少数几个大国代表参加的会议。

就在会议召开之前，几个大国的首脑就已经商定了会议的形式。首先由美国总统威尔逊和国务卿蓝辛、英国首相劳合·乔治和外交大臣贝尔福、法国总理克莱孟梭和外长支雄、意大利首相奥兰多和外交大臣桑理诺、日本前首相西园寺公望和前外相牧野伸显参加的“十人会议”。在这些大国首脑看来，世界的未来由他们10个人决定就可以了，而不必劳其他人费心了。

即使是这样小范围的会议，克莱孟梭等人仍觉得还是过于庞大，人数还是太多。劳合·乔治更是明确提出这样的会议形式不便于进行秘密的交易和解决会议中的一些难题。于是，在他的提议下，到3月初，原先的“十人会议”变成为仅仅有几个大国首脑出席的会议。接着，克莱孟梭等又借口日本的首席会议代表并非现任首相，又将日本人排挤出最高级会议。这样，“四人会议”便成了会议的核心机构，而代表美、英、法、意4大国的“四巨头”也就成为会议的主角。

和会会场

日本对于自己被排挤出最高会议并没有表示出强烈的不满，因为对于刚刚跻身世界大国的日本来说，虽然它名列5大国之列，但其分量不够，其实力和影响力只能算得上是一个地区性大国。再说它关心的只是它在亚洲和太平洋地区的利益，对于欧洲和其他地区，兴趣不大。因此，它很是识趣，尽量避免“介入纯粹的欧洲问题”，对于与己无关的重大国际问题“也缺乏积极的兴趣和准备”。

与英、法、美3国相比，意大利显得势单力薄。战争期间的无数次惨败让意大利丢尽了脸面；要不是其他大国的伸手帮助，意大利根本无法躲过灭顶之灾。再说，意大利的国力和军力远不能与其他大国相提并论，因此，它只不过是个无足轻重的“小伙伴”，真正起作用的是英、法、美3国。

作为“四人会谈”的补充，会议又设立了由5大国外长组成的“五人会议”，以讨论一些“四人会议”中所产生的具体问题。此外，还有审议各种专门问题的“特别委员会”，如赔款委员会、国际联盟委员会等，主要由有关国家的代表组成。各国代表都可以随意向这几个委员会表达各自的意见，提出不同的要求和申诉。表面上看，这次会议十分公平与民主，但这种做法不仅旷日费时，而且真正重要的关键问题并不能由它们决定，而只能由“四人会议”决定。

这样，在整个会议期间，只有美、英、法、意4国的代表可以出席一切会议，而其他各国只有在讨论涉及该国的问题时才能参加，而最根本的问题更是集中到英、法、美3国首脑的会晤中。因此，这3国首脑便成了整个会议的中心人物和一切重大问题的“仲裁者”。

对于这种“少数决定多数”的局面，许多国家都纷纷表示出强烈的不满。在第二次全体会议上，就有数个小国要求维护它们的利益，扩大他们在会议中的权利，但这种企图刚一露头就遭到了残酷的扼杀。克莱孟梭十分强硬地说：“以1200万军队为后盾的大国必须左右大会。”这番赤裸裸的话清楚地道出了此次会议的性质。而3大国的首脑都是不折不扣的“最可恶的帝国主义强盗”。为了竭力维护本国的利益，都想在会上多捞一把。他们矛盾很大，在会上争斗不休。“他们在每个问题上都是互相拆台的”，“他们因分赃不均，经常发生激烈的争吵”。正应了英国外交大臣贝尔福在会前所预感到的：这次会议“势将成为扰乱不安的场所”。

作为东道主的克莱孟梭无疑是这次会议中最引人注目的人物之一。用美国国务卿的话说，他是“占统治地位的角色”。在欧洲大陆上，高傲的法兰西民族与毗邻的德意志民族之间的明争暗斗从未停止过。1870年普法战争，让法国人深深体会到了失败的痛苦，阿尔萨斯、洛林两个省份的割让更是让法国人承受了从未有过的奇耻大辱。大多数法国人认为，第一次世界大战的胜利，终于使他们有了向德国人讨还血债的机会。作为一个从普法战争中走过来的老军人，克莱孟梭素有“老虎”的美称，这形象地说明了他钢铁一般的意志和无比好斗的性格。他明白，要避免50年来法国两度被德国占领的悲剧重演，必须趁此机会痛击对手，将其打倒在地，再踏上一只脚，让它永世不得翻身。身为总理，他比谁都清楚，此时的法国虽然拥有世界上最为强大的陆军，占领着欧洲具有最重要战略意义的地带，但战争已经使法国元气大伤，国力衰竭。整个战争期间全国的损失达2000亿法郎，1919年的工业产量只及战前的57%，此时的法国负债累累，欠美国38亿美元，欠英国6.5亿英镑。虚弱的法国更加迫切地需要从各个方面来限制甚至摧毁欧洲大陆上的老对手。

与法国人的咄咄逼人不同，英国首相劳合·乔治则显得老奸巨猾。这位刚刚在选举中赢得压倒多数而取胜的威尔士人一向以机敏善变著称。他频繁穿梭于矛盾各方之间，最大限度地维护战后大英帝国在欧洲大陆乃至全球的利益。与法国在战争中的伤筋动骨相比，英国的损失相对小一些。尽管它在战争中人员伤亡惨重，在经济上开始失去作为世界金融中心的地位，但它还继续支配着殖民地的巨大财富，对其欧洲盟国仍保持着债权国的地位，它仍然拥有世界上最强大的海军。这些都能保证英国在战后相当长的时期内不会受到致命的安全威胁。因此，继续玩弄大英帝国多年来在欧洲大陆的“均势”政策，就成为维护大英帝国长治久安的最佳选择。于是，英国人一方面迎合法国人的口味，提高对德国的惩罚力度，并坚决主张摧毁德国的舰队，限制德国的经济实力，发誓要迫使德国赔偿战争损失，就是“搜他们的口袋也要搜出这笔钱来”。另一方面，英国人当然也不希望看到法国趁机在欧洲大陆坐大。因此，反对肢解德国，其目的无非是用德国来牵制法国以及远在欧洲大陆另一端的苏俄。同时，还必须和法国人一起，对付美国称霸世界的野心，共同抵制美国人对老牌殖民大国利益的威胁。

威尔逊巡回演出

在这次万众瞩目的会议上，最抢眼的当然要算是美国总统伍德罗·威尔逊了。在欧洲诸强都因战争而精疲力竭之时，作为国力蒸蒸日上的新兴大国的首脑，威尔逊的一言一行无疑会引起整个国际社会最为广泛的关注。

在这场人类历史上大规模的战争当中，美国人的损失最小而收获最大。当欧洲各国为夺取战争胜利而耗费了最后一块金币时，精明的美国佬却充分利用各交战国特别是协约国迫切需要军火、粮食及其他物资的机会牟取了暴利。战争期间，美国的工业总产值大幅度增长，对外贸易几乎增加了 3 倍，由战前的债务国一跃而成为世界头号债权国，不仅还清了原来所欠欧洲各国的 60 亿美元，而且向 17 个欧洲国家发放债务约 100 亿美元。战争结束时，全世界 40% 的黄金储备都集中到了美国，取代英国成为世界经济的中心。此时的欧洲不但无力偿还美国的债务，而且还需要美国进一步扩大援助，才能免于饥饿和破产。腰包鼓了的威尔逊，自然是财大气粗，说话的分量自然也就重了许多。

作为美国第 28 任总统，威尔逊比他的前任学识要丰富得多。他曾获霍普金斯大学政治博士学位，当过律师、大学教授、大学校长，著述丰厚，是美国历史上“学术地位最高”的一位总统。在他看来，战争已经迫使人们必须改变统治欧洲及世界秩序长达 100 多年的旧体制了。在历经 4 年的战火之后，他的想法就是要彻底摆脱旧世界的经验与准则，按照美国的意愿另起炉灶建立起一种全新的国际秩序。

巴黎和会三巨头美国总统威尔逊（右）、法国总理克莱孟梭（中）和英国首相劳合·乔治

早在欧洲诸强在战场上杀得天昏地暗之时，美国就已经开始考虑战后的国际形势。从美国的切身利益出发，威尔逊非常清楚，在欧洲诸强国受到严重削弱之际，正是美国走向世界之时，而这需要一种新的国际秩序来保证。1918 年 1 月 8 日，当战争尚未结束时，威尔逊在国会发表演说，提出所谓争取世界和平的“十四点”，强烈表示美国将根据这个原则来构建战后新的国际秩序，其中第一条提出“不得私结国际之盟约”和“开诚布公”的外交。美国这一主张的意图是反对英、法、日、意等国在战争之初所签订的、未把美国包括在内的分赃密约。第二条主张公海航行的绝对自由，其用意正是反对英国的海上霸权地位。第三条是要求“门户开放，机会均等”，其目的就是打破列强传统势力范围和关税壁垒，便于自己的经济渗透和扩张。第五条主张“公平处理”殖民地、“尊重”殖民地人民公意，实质上则想借此插手殖民地事务，重新瓜分英法等国

刚到手的前德国殖民地。在其他条目中主张对德、奥匈、土耳其等战败国的措施，其用意就是力图保持德国等国的领土和经济、军事潜力，作为牵制英、法两国和镇压欧洲各国革命以及反对苏俄的工具。而最后一条倡议“国际合作”，建立国际联盟，则是想借此机会进一步提高它在国际事务的大国主导地位。早在1907年，威尔逊就这样说道：“自从贸易打破国界和制造商坚持以全世界作为商品市场以来，星条旗必须飘扬全球，对它关门的国家的门户必须予以摧毁。金融界获得的特权必须得到国家部长们的保护，即使蹂躏不服从的国家的主权，也在所不惜。殖民地必须加以掠夺或驯服，这是为了世界上那些有用而又没有得到利用的角落。”

这就是威尔逊所主张的国际新秩序的实质。威尔逊发表“十四点”演讲的第二天，《纽约时报》就评论说，威尔逊只用一篇演说就改变了美国政策的全部性质，打破了它的一切传统。他把美国带回了欧洲，他建立了美国的世界政策。说得更明白一点，这“十四点”实质上就是后起的美国在一种冠冕堂皇的辞藻下，与英、法等老牌列强争夺世界霸权的宣言。

1918年12月4日，威尔逊乘船跨海来到欧洲，对欧洲各国首都和著名城市进行了为期3周的访问。所到之处，他如同“救世主”，受到了众多小市民、中小资产阶级、和平主义者以及改良主义思潮影响下的工人群众的顶礼膜拜。这是美国历史上的第一位现任总统来到欧洲。此时，志得意满的威尔逊下定决心要以他的思想来对欧洲传统秩序进行改造。

威尔逊欧洲之行的第一站是英国。12月28日，威尔逊在伦敦市政厅发表演讲，公开指责统治了欧洲百年历史的均势思想，指出过去那种所谓的“均势”只是建立在“虎视眈眈的觊觎及利益的对立”之上的，“旧秩序的核心”是“称之为均势的东西，其势力的均衡是取决于某一方的

写着“购买更多的自由债券”和“帮他实现这个梦”的美国海报

武力，取决于相对利益间不安定的平衡”。他认为，这正是造成战争悲剧的根源所在。因此，威尔逊不遗余力地兜售他的那一套主张：在集体安全的基础上建立新的世界和平，而判定和平是否确已遭到破坏就需要建立一个权威性的国际机构。这个机构就是威尔逊所朝思暮想的“国际联盟”。但是，威尔逊的主张与欧洲列强的传统利益格格不入，自然遭到了英、法的反对。从会议的第一天开始，围绕着国际联盟与委任统治的问题，威尔逊便与英国和法国人发生了激烈的争论。威尔逊坚决主张和会的主要议题从国际联盟开始，先建立国际联盟，再讨论和约问题，而后者则抱定首先讨论瓜分领土和战败国赔偿问题的主意。由于三国首脑在大会程序上的分歧，因而在大会的开始阶段就呈现出一片混乱，连记录都是一团糟，分不清正式记录和非正式记录。克莱孟梭谩骂道：“管他妈的什么记录。”一时间，会谈陷入僵局，气氛十分紧张。美国代表团的一位成员说：“看来，一切都完了……总统很凶，劳合·乔治很凶，克莱孟梭也很凶。总统同他们谈判时，第一次失去了自制。”

对于英、法而言，威尔逊的主张不仅是难以接受的，甚至是荒唐可笑的。克莱孟梭说：“上帝给我们制定了十戒，我们触犯了他们。威尔逊又给我们制定了十四点原则，结果会怎么样呢？走着瞧吧。”威尔逊之所以抱住国联不放。是因为按照他的意图，此次会议中最核心的问题就是要把战后的世界秩序纳入他精心设计的国际联盟体制中，通过国际联盟，就能逐渐树立起美国在世界的领导地位。因此，威尔逊在会议中遵循的最大一条原则是：只要把国际联盟计划作为和约不可分割的一部分，只要让美国在国际联盟中居于领导地位，其他的一切问题都好商量。英、法的反对，早在威尔逊的预料之中。美国参战后不久，他就说："战争结束后即可强使他们接受我们的想法，因为届时他们在财务等各方面将有求于我。"于是，威尔逊搬出了自己的撒手锏，威胁说，如果因此而导致国际联盟问题泡汤，他将退出会议。这一招果然有效，英、法只好作出让步，接受了委任统治原则。

这样，在经过长时间的争论后，2 月 14 日，威尔逊代表国际联盟委员会向"全体大会"提交了国际联盟盟约的初稿。他在大会上说："猜忌和阴谋的帐幕已经撤掉，人们彼此注视着说道：我们是兄弟，我们有着一个共同的目标。这是我们的兄弟和友爱的宪章。"幕后的妥协加上华丽的辞藻，终于使盟约获得通过。当天，全体会议批准了威尔逊的方案。会后，威尔逊得意洋洋地说："我们就此真正地迈出了第一步，因为我现在比以往更真切地领会到，一旦成立国际联盟，我们当前正设法达成的和约中必然会出现的种种错误，均可通过它加以仲裁改正。"

《国联盟约》的条文只有 26 条，确定了这一组织的机构、职能、原则及会员国的义务。国联的主要机构为全体大会、行政院及常设秘书厅。国联大会每个会员国一律一票，行政院由 5 大国及为大会选出的其他 4 国代表组成。一般情况下，大会及行政院的决议，只有经过出席成员的一致同意才能生效。国联的所在地设在日内瓦。从表面上看，国际联盟似乎是一个维持世界和平的强有力工具。但是，盟约中既无关于战争、战争行为的规范性定义，又没有确定实行制裁的具体措施，所谓制止侵略不过是一句空话。相反，在后来日本侵略中国等事件中，国际联盟事实上反而起了包庇和纵容侵略者的作用。

盟约还规定了委任统治制度。委任统治地分为 3 类。甲类是过去属于奥斯曼帝国的一些地区，“其发展已达可以暂被承认为独立国之程度”，但“仍须有受任统治国予以行政之指导及帮助，至其能自立之时为止”。乙类是中非的前德国殖民地，“依其发展之程度，受任统治国必须负地方行政之责”，但应保证其他国家“在交换上、商业上之机会均等”。丙类是德国过去在西南非的殖民地及太平洋上的岛屿属地，应“受制于受任统治国法律之下，作为其领土之一部分”。从一定意义上说，委任统治制度在一定程度上改变了一战前的殖民地体系。但是，严格地说，委任统治制度只是变相维护殖民体系的一种手段，根本没有动摇西方帝国主义国家的海外殖民制度，对于广大殖民地国家来说，只不过是换了一个殖民统治者而已。

列宁曾一针见血地指出，这个由“一群互相厮杀、彼此毫不信任的野兽”组成的联盟，“是一种无聊的骗局，实际上是一群你抢我夺的强盗的联盟”。尽管它将“正义”“和平”之类的美丽辞藻写进盟约里，尽管它被吹嘘为“友爱的宪章”“和平的工具”，使它罩上了一层骗人的“和平”面纱，以欺世盗名，暂时蒙蔽了一些人，但它实际上如同毛泽东所说，不过是一面“白色的反革命大旗”。具有讽刺意味的是，威尔逊不遗余力地为建立国联而奔走忙碌，企图借此建立美国的世界领袖地位。但结果却事与愿违。在许多美国人看来，《凡尔赛条约》维持了英国的海上霸主地位，确立了法国在欧洲大陆的霸权，巩固了日本在中国和南太平洋的优势，而美国呢？

威尔逊、克莱孟梭、贝尔福和意大利外长桑理诺到达和会地点

一无所获！于是，在威尔逊费尽九牛二虎之力而建立国联之后，美国参议院却拒绝和约及参加国联，拒绝批准威尔逊代表美国与英、法缔结的三国互相保证条约。

对德和约成为焦点中的焦点

在会议中，比国际联盟更为重要的是“对德和约”问题，其中最为关键的则是德国的疆界和赔款问题。在参加会议的各国中，没有哪个国家比法国更为关注战败国德国的疆界了。在法国人眼里，大西洋和太平洋为美国提供了绝佳的地理保护，德国舰队的投降也消除了英国对制海权的忧虑。在战胜国的大国中，只有法国需要在欧洲大陆建立一个具有安全保障功能的缓冲区。一位法国代表说：“对法国而言，就如同英、美，有必要建立一个安全区。这个区域海权强国靠其本身的舰队，靠消灭德国的舰队来建立。没有海洋屏障的法国，又无力消灭千千万万训练有素的德国人，就必须靠莱茵河来建立这个安全区，由盟国共同占领这条河。”作为一个有经验的政客，克莱孟梭知道要达到目的，必须先使劲抬高价码。因此，当开始讨论德国西部领土时，他就要求归还阿尔萨斯和洛林，确定莱茵河为法德的天然边界，并在莱茵河流域的德国创建一个莱茵共和国。至于德国的其他疆界，则要割让相当大面积的部分给波兰、比利时等国家。克莱孟梭知道，他的这一要求必定会遭到美、英的反对，因此，他还准备了另一手：暂将莱茵河左岸同德国分离开来，由协约国军队占领，莱茵河右 50 千米地带不许德国设防，将萨尔交给法国。克莱孟梭声称，如果不能得到萨尔，法国就绝不在任何协定上签字。

威尔逊对克莱孟梭的强硬立场感到恼怒，他坚决反对分割德国领土的主张，认为这样不仅有违他提倡的和平主张，而且会让德国永远愤恨不平，从而威胁欧洲乃至世界的和平。一向持均势思想的英国人更不愿意过分削弱德国而让法国在欧洲过于强大。他们争执不下，会议再次处于破裂的边缘。为了避免会议破裂，各方展开了紧张的讨价还价和私下交易。4 月中旬，克莱孟梭写信给威尔逊，表示同意美国关于把门罗主义的原则列入国际联盟盟约的主张，作为交换条件，美国必须对法国在德国领土方面的要求作出让步。一向以国际联盟为最高准则的威尔逊终于答应重新考虑过去在萨尔问题和莱茵河问题上的态度。对于日不落帝国的英国来说，保持欧洲大陆的均势是重要的，但更重要的是维护大英帝国的海上霸权，因为那才是英国的命根子所在。于是，英国人同意对法国作出让步，但条件是美国必须放弃海上军备竞争。这样，在一场利益的连环套游戏中，各方都得到了自己想要的东西。美国人保持了梦寐以求的国联，英国人维护了帝国的海上霸权，而法国人则得到了朝思暮想的莱茵河缓冲区。

对德和约中的另一个重要问题是赔款及其分配。为了使德国人在今后相当长的一个时期内难以恢复元气，克莱孟梭以法国在战争中所遭受的损失最为重大为由，提出了 240 亿英镑（4800 亿金马克）这样一个天文数字的赔款额，其中近一半归法国所得。这样，法国人不仅能在很大程度上弥补战争损失，而且能在相当长的一段时间内让德国人无法翻身。英国人认为巨额赔款将会导致德国的经济破产，这样在欧洲大陆的中心将缺少一个能同法国和苏联抗衡的国家。因此，英国人提议赔款的总数为 20 亿英镑。美国人则认为，超出实际支付能力的赔偿要求无异于杀鸡取卵，很可能导致美国丧失在欧洲的庞大债务，同时会使美国失去一支牵制英、法和对付苏俄的力量，所以威尔逊主张适当减轻德国的赔款，提出了 250 亿美元的赔偿数字。由于各方的意见相差太过悬殊，特别是在赔款的分配上争执不下，最后威尔逊提议，将这个理不清的财政问题交给一个特别设立的委员会来讨论解决。

“和平”的体系埋下了不和平的种子

历经近3个月的争吵与交易之后，和约的主要内容基本讨论完毕，和约的总体框架也基本落成。1919年4月，先前未被允许参加和会的德国人接到通知，到巴黎去接受和约草案。4月29日，外交部长布罗克道夫·兰佐率领的德国代表团应召来到凡尔赛。

德国代表团来到会场

法国人经过精心挑选，将举行仪式的地点选在了凡尔赛宫的镜厅。48年前，铁血首相俾斯麦就是在这里宣布德国的正式统一，而这一举动在法国人的心中深深地播下了仇恨的种子。现在，克莱孟梭以牙还牙，要德国人在这里接受和约。克莱孟梭说：“清算的时候到了。你们向我们请求和平，我们同意给你们和平，现在我们就把这项和约的文本交给你们。”

没有解释，不允许申诉，协约国只许在15天的期限内提交书面意见。对此，德国外交部长极为不满：“有人要求我们承认是战争的唯一祸首，如果我本人这样承认，那就是撒谎。”他指出，和约的内容过于苛刻，根本就与德国当时放下武器的条件不相符合。和约一旦付诸执行，必将造成“德国的破产和毁灭，将使有权索取赔偿的国家，丧失它们指望得到的利益，将使欧洲整个经济生活陷入不可想象的混乱”。

和约的内容一公开，在德国国内引起了极大的愤慨。5月12日，柏林举行了规模浩大的示威游行。德国舆论坚决反对英、法、美等国的对德国和约立场，并且强烈要求德国政府拒绝在和约上签字。5月29日，德国人递交了复照，几乎全部推翻原先和约草案的主要条款。面对德国人的抵抗，协约国态度坚决。6 月 16 日，和会给德国代表发出的答复中，除在个别地方作了很小的改动或调整外，仍然坚持原来的要求。强硬的克莱孟梭更是明确宣称，对于这些条件，德国人要么是完全接受，要么是完全拒绝，如果在 5 天之内不作出答复，协约国将宣布停战期终止，而“以武力实施上述条款”。6 月 21 日，德国人通知和会，准备签署和约，只是不承认“德国人民”应负战争罪责，反对把德国作为大战的唯一祸首。同一天，克莱孟梭警告德国代表，协约国不接受对和约的任何让步或修改。如果德国在 6 月 23 日下午 7 时前拒不签约，英、法、美、意 4 国军队将在波兰和捷克斯洛伐克军队的配合下，再次向德国发起进攻。

败军之将不可言勇，成者为王败者寇。如今德国人算是真切地领会

德国慕尼黑 3 万人集会抗议凡尔赛和约

到了这句话的含义。

6月23日下午5点，德国政府被迫宣布它已作出决定，将无条件接受条约的全部内容。6月28日，德国人在凡尔赛宫正式签署了这一和约，即《协约和参战各国对德和约》，简称《凡尔赛和约》。

《凡尔赛和约》共406条，涵盖了割让领土、重分殖民地、限制军备和战争赔偿等内容。根据和约，德国将割让近1/8的领土，人口锐减1/10。其中，经济地位十分重要的西里西亚省等地割让给了新建国的波兰。同时，波兰还得到通往波罗的海的出海口及波森一带地区，这就是"但泽走廊"。欧本、马尔美迪、莫列斯纳割让给了比利时，西里西亚省南部划归新建国的捷克斯洛伐克，萨尔区的矿井割让给了法国，萨尔区的行政权则由国联代管15年。莱茵河左岸由协约国占领15年，德国无权在莱茵河左岸以及莱茵河右岸50千米以内地区设防。德国同时失去它所有的海外殖民地，按照《国联盟约》中规定的"委任统治制度"分配给各战胜国。

和约使德国基本丧失了战争能力。军事限制包括：废除德国的普遍义务兵制，代之以志愿兵役制；陆军总数不得超过10万人；海军军舰的最高额为巡洋舰6艘及其他更小的作战舰艇10余艘，禁止德国生产和输入坦克、装甲车等重型武器，禁止拥有军用飞机、潜水艇等进攻性武器；莱茵河以东50千米范围内的军事设施必须全部拆除，唯一可保留的是德国沿海和东部的一些军事设施，前提是这些设施必须针对苏俄。

作为战争赔偿，德国总计约70亿美元的海外资产与众多德国的专利被没收。在1921年5月1日前，德国先赔偿200亿金马克，以黄金、商品、船只和有价证券加以支付。从1921年起计算，在30年内按照特别委员会所提出的赔款数额支付赔款。此外，战胜国对德国输出或从德国输入货物将不受禁止和限制，外国军舰和商船可自由出入基尔运河及德国境内其他内河，所有占领军的全部费用由德国支付。

这一和约从政治、经济、军事、外交等各个方面极大地削弱了德国。这是一个赤裸裸地掠夺战败国的和约。正如列宁所揭露的："凡尔赛条约不过是强盗和掠夺者的条约……是一个高利贷者的和约、刽子手的和约、屠夫的和约，他们把德奥抢劫一空，弄得四分五裂。他们剥夺了这两个国家的全部生活资料，使得孩子们挨饿，甚至饿死。这真是骇人听闻的、掠夺性的和约……它把亿万人，其中包括最文明的人，置于奴隶地位。"就连当时出席会议的一位英国经济学家也承认："它是一个残忍的胜利者在文明史上所干出的最凶暴的行为之一。"

正在被拆毁的德国坦克

巴黎和约及随后签订的对奥、匈、土、保等国的条约一起被统称为凡尔赛体系。这个所谓的"和平"体系，是各国为争夺殖民地和势力范围并建立各自的霸权而进行的分赃、勾结与暂时妥协的结果。它不仅没能解决各大国之间固有的矛盾，从它产生的那一天起，又出现

由于不得拥有飞机，德国人被迫将飞机的螺旋桨锯开当柴烧

了各种新的矛盾，暴露出各种新的问题。

凡尔赛体系一建立，就包含着各种矛盾的因素，潜伏着未来冲突的根源，埋下了爆发第二次世界大战的祸根。它既没有使战败国与战胜国重归于好，也没有使战胜国之间的帝国主义国家握手言欢，当凡尔赛体系各条约的签字墨迹未干，就显露出这个体系的裂痕和崩溃的征兆。因为“靠凡尔赛条约来维系的整个国际体系、国际秩序是建立在火山上的”。

德军回到柏林，受到市民的夹道欢迎。在一张张笑脸背后，掩藏的是不屈和仇恨

在这种不稳定、不牢固的体系中，最令人担心的就是战败国的未来走向。就在和约签订前后，英国首相忧心忡忡地对克莱孟梭说：“你们可以夺走德国的殖民地，把它的军队减到仅够建立一支警察部队的力量，把它的海军减到五等国家的地位，这一切终究毫无意义。如果德国认为 1919 年的和约不公平，那么它将会找到对战胜国进行报复的手段。”出于对德国重新崛起的担忧，战胜国加大了对德国的压制与掠夺。不曾想这种疯狂的盘剥更加助长了德国复仇主义情绪的日益高涨。欧洲大陆的国界被大国的领导者勾画得面目全非，混乱不堪。罗马尼亚一夜之间涌入了数百万的匈牙利人，波兰境内多出了数百万德国人和一条分隔德国领土的走廊，捷克斯洛伐克的 1500 万人口中，居然有 300 万德国人、100 万匈牙利人、50 万波兰人。对于这种情况，就连当初的策划者都感到有些担心。劳合·乔治对威尔逊说：“我想不出将

来有比这更可能掀起战火的原因，亦即不愧是世界上数一数二积极进取与实力雄厚的德国，居然被一群小国所包围，而其各民族中有不少从未能建立稳定的政府，但每一国中都有大批吵着要与祖国统一的德国人。”

巴黎和会把德国视为战争罪犯，然而，对于威廉二世、兴登堡等战争的罪魁祸首并未加以追究。威廉二世逃往荷兰，逍遥法外。兴登堡后来还爬上了德国总统的宝座。4 年的大战始终是在德国境外进行的，德国的社会结构基本上未受到损害，军国主义传统依然存在，就连它的军队也是完整地从别国领土上撤回来的。《凡尔赛和约》对德国的剥夺和限制是如此苛刻，但保障体系又如此脆弱，就连丘吉尔也承认这是“胜利者所做的蠢事”。

凡尔赛体系就像一个摇篮，培养着德国普遍存在的仇恨。凡尔赛条约极大地削弱了德国帝国主义的外交地位，德国本身被排挤在大国之外，德国人民担负着沉重的战争赔款。所有这一切，加上战后德国经济衰落和政治动荡，都影响着国内整个思想气氛，这对统治阶级思想家们燃起复仇主义、军国主义的宣传提供了非常适宜的土壤。英法打算利用德国作为防止所谓来自苏联“共产主义瘟疫”威胁的“西方文明梭堡”，在它们的默许下，军国主义在德国复活，凡尔赛条约的许多军事条款都秘密地或公开地被毁弃。

战后，兴登堡被神化，成了德国凝聚民心士气的象征。这是柏林市民在街头为他树立塑像

德国军人认为自己并没有被

这幅漫画：希望注定要无情破灭，可谓一语破的

打败，而是被国内的卖国贼“在背后捅了一刀”。1919年，那个临阵脱逃的鲁登道夫回到德国，同他以前的部下而今的政治伙伴希特勒一样，捡起了这个口号。在不满和怀恨的德国人中间，没有什么能比“背后捅了一刀”这个说法更易于打动人心的了。埃茨贝格尔成了这个口号的著名受害者，1921年，两名前军官把他当作签订停战条约的“卖国贼”，将他枪杀了。1933年，在总统兴登堡的支持下，战争狂人希特勒，这个第一次世界大战中穿着褐色衬衣的下士，僭取了比德皇曾经享有的更大的个人权力，把准备新的大战作为内外政策的主要目标，于是德国成了另一次世界大战的纵火犯。

凡尔赛体系基本规定了战后直到二战爆发前的国际格局。但是，“这不是和平，这是20年的休战”，这句出自法国一战英雄福煦将军之口的话，说得对极了。仅仅过了20年，希特勒便利用德国国内对《凡尔赛和约》的普遍不满，再次点燃战火，发动了给人类带来更大灾难的第二次世界大战。

这便是第一次世界大战的最终结局。

2

古老的中国迎来曙光

第一次世界大战是一场特大地震，它震撼了现代人类的历史，所造成的政治后果至今犹存。硝烟散尽之后，人们发现，在遭受生命与物质的重大创伤外，世界仍然处于秩序大乱的状态之中。

四大传统帝国——野心勃勃的德意志帝国被推翻了，穷凶极恶的沙皇专制政权垮台了，奥匈帝国瓦解了，土耳其帝国崩溃了。国王和君主的时代，除了作为礼仪性的国家元首外，已在第一次世界大战中宣告结束，变成了历史。在俄国的土地上，长出了一个新生的政权，极大地改变了整个世界的政治版图。俄国革命的影响笼罩着全球，布尔什维克的胜利改变了一个世纪的世界历史。红色革命的浪潮汹涌澎湃，无产阶级革命和民族解放运动的新时代到来了。在这个时代里，在世界的东方，古老而又多灾多难的中国，也迎来了新世纪的曙光。

一不小心成为参战国

第一次世界大战爆发前，中国已完全沦为半殖民地半封建社会。帝国主义列强的长期侵略和国内封建势力的残酷统治，导致国家日益贫弱，民族灾难深重，人民饥寒交迫，社会动乱不已。在近代以来西方列强侵略中国的过程中，德国一直是一个重要的元凶。因此，第一次世界大战爆发后，中国本来可以借机向德国宣战，赶走德国在中国的侵略势力，废除德国与中国签订的各项不平等条约，收回德国侵占的各项权益。但是，当时的中国政府考虑到自身的现状和利益，竭力避免卷入大战。

1914 年 8 月 3 日，中国政府请求美国政府采取措施，不要把战争扩大到中国，但被拒绝。8 月 6 日，中国政府宣告中立以防战火的波及，接着又公布了中立条规，阐明了中国的立场和要求。其中第一条：各交战国在中国领土领海内不得有占据及交战行为，凡中国海陆各处均不得倚之为根据地，以攻敌。第十四条：各交战国有破坏中国之中立条规者，中国如以各种方法阻止之时，不得视为启衅之举。当时的中国，无力制止列强之间的战争，也没有奢望通过战争获得好处，只是希望不受战争牵连，自己的中立地位得到尊重。但即使是这样可怜的要求，也没有得到各国的谅解和支持。无论是同盟国还是协约国，它们从来没有把中国的主权放在自己的眼里，为了在中国争夺殖民地和瓜分世界，肆无忌惮地破坏中国的中立。

1914 年 8 月 7 日夜，即在中国宣布中立后的第二天，日本内阁以履行英日条约为借口，通过了参战决定。日本人参战的目的，不是为了依约支援盟国，而是在德国将注意力集中于欧洲战场之时，乘机夺取德国在中国山东的租借地以及太平洋上的一些岛屿。8 月 8 日，日本舰队出现在中国胶州沿海海面。

封锁胶州湾的日本军舰

8 月 15 日，日本向德国发出最后通牒，要求德国在 9 月 15 日以前无条件把胶州租借地让给日本，德国未予理睬。8 月 23 日，日本政府对德宣战。8 月 28 日，日军开始向中国大陆运送部队。9 月 2 日～10 月 5 日，日军在中国山东的龙口湾和崂山湾登陆。中国政府对此提出抗议，要求列强尊重我国的中立地位，但日本不仅依然我行我素，还对中国政府进行恫吓。10 月 6 日，日本占领济南火车站。当天，日本政府不仅无视中国政府的抗议，而且

日本国内庆祝日军占领中国青岛

还警告中国："中国方面的任何抵抗都将被认为是援助日本的敌人，中国必须为此而产生的严重后果承担责任。"腐败无能的中国政府，自感无力扑灭列强在自己土地上燃起的战火，只好听之任之。11 月上旬，日本在迫使驻青岛的德军守备部队投降后，越出德国的租借地范围，几乎占领了整个山东省。

1916 年袁世凯死后，黎元洪继任大总统，段祺瑞为国务总理。段祺瑞对交战双方的力量和战争的前景进行了分析，他认为："多维（佛）尔海峡，连当年的拿破仑都未能渡过，英国陆军虽弱而海军强大，德国要想击败英国海军渡过海峡，看来是没有可能的。"他还认为，德国虽强，但寡不敌众，最终必将失败，而且日本已参战，中国若不参加，山东青岛必将被日本掠夺。一些中国外交官员也认为，中国若不参战，将来国际舞台上就没有中国的座位，必将受人支配。如果参战，可以争取协约国的经济援助，缓付赔款。也就是说，中国要避免日后外交上的孤立、政治上的被动和缓解当时经济上的困难，选择参战利大于弊。以黎元洪为首的总统府，原本也同意参战，但他不愿让以段祺瑞为首的国务院从中捞取政治资本，扩大实力，遂转而坚决反对参战，两派意见不一，争执不下。

围绕着中国应否参战而展开的这场"府院之争"，实际上也是一场争权夺利的派系斗争，关键不在于中国是否参战，而在于由谁主导参战，以便从参战的一方那里捞到一笔借款，扩大自己的政治影响和军事实力。段祺瑞是亲日派，为了扩大皖系军事力量，力主对德宣战，以便通过参战，壮大自己的力量，消灭异己。黎元洪身为总统，但在实力上不如段祺瑞，为加强和巩固自己的地位，不让段祺瑞通过参战捞取政治资本和扩充实力。在此情况下，段祺瑞指使以皖系督军为骨干组成的"督军团"，胁迫国会和黎元洪同意参战。得到英、美和直系军阀支持的黎元洪，下令将段祺瑞免职，段祺瑞在天津设立“独立各省总参谋部”，准备进攻北京。黎元洪一看形势不妙，便请军阀张勋来京调解。1917年6月张勋率军进京后，不仅未作调停，反而逼迫黎元洪解散国会，后来又逐走黎元洪，拥清帝溥仪复辟。张勋的倒行逆施遭到全国人民的反对。段祺瑞以反对复辟为名率兵反张。张勋兵败后，冯国璋任代理总统，段祺瑞复任总理，掌握实权，又把参战问题提上了议事日程。然而，参战这样的大事，不可能一言而决，必须考虑到国际国内对这一问题的立场和态度。

大战爆发后，英、法、俄等国为了加强协约国的实力，曾要求中国参加反对同盟国的战争。1915年，当大战陷入僵局后，英、法、俄三国曾劝说日本支持中国参战。日本政府以中国参战“不利于远东和平”，以及“日本政府不能为唤醒四亿人民的活力承担责任”为由加以拒绝。实际上，日本是害怕中国人民在战争中觉醒，威胁其在华的利益和特权。后来，协约国向日本作出保证，承认日本在华的利益，日本政府才勉强表示有限度地支持中国参战。1917年2月3日，美国政府在宣布与德国绝交后，派公使芮恩施劝说中国政府与美国采取一致行动。在他的游说下，中国政府于2月9日就德国潜艇封锁公海一事向德国政府提出抗议。日本政府获悉美国插手中国对德外交、企图左右中国政局后，迅速改变了对华政策，转而积极支持中国参战。2月13日，日本派寺内首相的亲信西原亀三赴华，以同意中国减缓交付庚子赔款、提高关税和提供参战军费为诱饵，唆使中国政府向德宣战。1917年3月初，法国邮船“阿特拉斯”号被德国潜艇击沉，其中有中国劳工500余人遇难。3月3日，段祺瑞政府开会议决对德绝交，并提出与德国断交的前提条件：所欠德奥的庚子赔款全部撤销，欠协约国的赔款延缓10年偿还，偿还时不另加利息；将进口关税额增加五成；解除辛丑条约中关于天津周围20里中国不得驻兵等规定。日本及其他协约国原则上表示同意，但要等到中国与德、奥绝交后方可酌定。3 月 14 日，中国政府得到各国允诺后，以德国无视中国抗议、继续进行无限制潜艇战、袭击中立国之船只为理由，宣布与德国政府断绝外交关系。

在与德国断交后，对于是否参与对德战争，当时国内的看法极不一致。持反对意见的人认为，饱受战祸的中国如果参战，必将招致更大的灾难。如孙中山自开始即主张中国应保持中立，不应参战。

主张参战的人则认为，自日军攻占青岛以后，中国的中立已名存实亡，如若继续执行"中而不立的政策"，实际上是自缚手脚，中国应利用参战，"确保在和会上的发言权"，争取战后政治上的主动地位，"延期支付庚子赔款，提高关税，获得借款，借机缓解财政，创造条件，以利发展经济"。陈独秀在 1917 年 4 月 1 日《俄罗斯革命与我国民主觉悟》一文中指出："加入战团后，当然有列席和议之权，其对发言效力，固必极微，岂不愈于他国代表吾人议定而责吾承受之乎。"一些民众团体及各界人士也要求政府当局做出参战决定。上海政商军学各界要求政府"克日宣战，以杜后患，而扬国威"。

1917 年 4 月 6 日，美国政府对德宣战。6 月 25 日，第一批美军到达法国。6 月 29 日，长期保持中立的希腊也正式参加协约国一方作战，以德国为首的同盟国败迹日益显露。中国主战派的势力自平定张勋复辟后已占绝对优势。在协约国的一再催促下，要求参战的呼声更为高涨。段祺瑞认为，参战的时机已经成熟，应立即采取行动。8 月 14 日，中国政府发布《大总统布告》，正式宣布对德、奥宣战。外交部照会各协约国和中立国以及德、奥驻华公使，通告中国对德、奥宣战。美、英、法、日、意、俄等国公使当即复函外交部，对中国参战表示欢迎。至此，长达 3 年之久的"宣战之争"遂告结束，中国加入了协约国的行列。

对德、奥宣战后，段祺瑞为了进一步扩充自己的势力，建立自己的嫡系武装，排斥和消灭异己，以参战为名，筹建参战军。1918 年 3 月 1 日成立了参战督办处，7 月开始各项筹备工作，8 月成立了参战军训练处。该处下设军官、军士两个教导团，经过 3 个月的短期集训后分赴各地招募新兵，组建部队。参战军筹建时，第一次世界大战已进入尾声。等到 1919 年 1 月参战军正式宣布成立时，大战已经结束，所以中国没有派兵到国外去作战。

中国对德宣战后，英、法两国立即开始在中国招募华工到法国战场。它们与段祺瑞政府商定的华工数目，英国方面为 10 万人，法国方面为 5 万人，加上其他国家招募的华工，派往欧洲和近东的劳工总数约为 17.5 万人。

英、法等国以欺骗和利诱的手段在华大量招募华工。事先向应招者大肆宣传：中国政府已经宣布参战，参战是中国人民应尽的义务；在国外当劳工可享受优厚的待遇，一般工人每人每月的薪水是 32 元，担任翻译等技术工作的，每人每月 120 元；战争结束后可以到欧洲各大城市去旅游；等等。中国劳工到达法国后，主要任务是挖战壕。在前沿挖战壕，与敌人的距离不超过 40 ~ 50 米，处于敌军步枪射程之内，实际上是在最前线，时刻面临着生命危险，许多华工被敌军打死。这与所订合同中“不作战”“保障生命安全”的条文是完全不相符的。装卸运送给养和各种军需品是华工的另一项重要任务。为了保障将粮弹和给养及

中国劳工在欧洲战场上

时送往前线，中国劳工必须昼夜加班搬运。稍有疏忽，就会受到处罚、欺凌和折磨。患病和受伤的华工因得不到及时医疗而致残或病死他乡者甚多。由于外币贬值，华工的实际收入大大下降。一些华工曾联合致函中国驻英国和法国的公使，要求他们出面交涉，但因“中国是一个公共的殖民地”，根本没有人去理睬中国驻外使馆和华工们的正当要求。在将近 3 年的时间内，中国劳工为协约国的最后胜利付出了鲜血和汗水，为英、法等国战后的经济重建作出了贡献。1920 年春，华工们开始返回祖国，但许多人已死于异国他乡，再也回不到祖国，看不到亲人。

第一次世界大战对人类历史的进程产生了巨大影响。它促使俄国十月社会主义革命的爆发，导致殖民地和附属国民族解放运动蓬勃开展。同样，第一次世界大战对中国也产生了极为深远的影响。第一次世界大战唤起了中国人民的觉醒，反对帝国主义和封建主义的革命运动日益高涨。因巴黎和会剥夺中国正当权益而直接引发的五四运动，成了中国由旧民主主义革命转变为新民主主义革命的转折点，在思想上和组织上为中国共产党的成立准备了条件，中国革命从此进入新的阶段。

第一次世界大战爆发后，欧美列强先后卷入战争，暂时放松了对中国的侵略，从而为中国民族资本主义的发展提供了有利时机和条件。大战期间，英、法、德等帝国主义国家减少了对中国的商品输出。与此同时，协约国为了满足战争的需要，纷纷来华购买粮食，棉花等物资，中国的出口货值增加。中国的重工业，如采矿业、钢铁冶炼业，有了一定程度的发展，造纸、皮革、水泥、卷烟等轻工业发展更快。这一阶段，中国民族资本主义的发展出现了一个“黄金时代”。民族工商业的发展，提高了民族资产阶级的社会地位和政治地位，一些民族资本家登上政治舞台。在他们的强烈要求下，政府颁布了一些有利于民族工商业发展的法律和法令，从而刺激了资本家投资和兴办企业的热情。随着中国资本主义的发展，以及外国在华投资的增加，中国工人阶级的队伍不断壮大。产业工人1912年前不到60万人，到1919年已发展到200万人。备受帝国主义和封建主义双重压迫的中国工人，在斗争中不断提高觉悟，积极投身于革命运动。正如毛泽东在《论联合政府》中所指出的那样："中国工人阶级，自第一次世界大战以来，就开始以自觉的姿态，为中国的独立、解放而斗争。一九二一年，产生了它的先锋队——中国共产党，从此以后，使中国的解放斗争进入了新的阶段。"

第一次世界大战期间，中国人民反帝反封建的爱国运动高涨。为了反对日本帝国主义强加给中国的二十一条不平等条约，全国上下掀起了规模巨大的反日爱国运动。

十月革命传经送宝

俄国的十月革命，对中国发生了划时代的影响。它鼓舞了中国人民正在进行的反帝反封建的斗争，给中国送来了马克思主义，给中国革命带来了希望。

十月革命胜利后，马克思主义开始在中国广泛而迅速地传播，从而使1915年开始发展起来的新文化运动发生了根本的变化，即由一个资产阶级文化革命运动转变为一个广泛宣传马克思主义的运动。

1918年4月，毛泽东等人在长沙成立了"新民学会"。10月，由邓中夏等人参加的"国民社"在北京成立，并出版了《国民》杂志。经过具有初步共产主义思想的知识分子和爱国团体的积极活动，马克思主义在中国的影响愈来愈大，同情或拥护十月革命的人越来越多，从而为即将爆发的五四运动创造了条件，奠定了思想基础。

战胜国的权利被无理剥夺

中国是第一次世界大战的参战国，作为战胜方的一员，大战的结束似乎给中国带来了一片光明的前景，人们对于协约国的胜利欢欣鼓舞。

国务院代理总理钱能训在众议院的演讲充满欣慰："此次欧战，中国幸能随同最讲公道、最爱和平各友邦，与以专尚武力、欺凌弱小之国角斗，是为我中国最有荣幸之事。"为了庆祝胜利，北洋政府于1918年11月28日在紫禁城太和殿前举行了盛大阅兵式，政府各机关放假一天。各界人士普遍认为，第一次世界大战的结束是公理战胜强权，把象征耻辱的克林德碑改名为"公理战胜"碑，由东单迁至中央公园（今中山公园）。北京大学在天安门搭台演讲数日，蔡元培校长发表了《黑暗与光明的消长》的演说。在欢庆胜利的同时，人们普遍认为，作为战胜国的中国，自然会享受战胜国的权利，指望在巴黎和会上一洗80年来受辱的历史，改变和提高中国的国际地位。

为了参加巴黎和会，中国政府进行了大量的准备工作。1918年12月18日，徐世昌在总统府内设立了一个外交委员会，其主要任务就是为总统和政府提供有关巴黎和会的方针、政策、措施、咨询及建议。同时，选派以外交总长陆征祥为首席全权代表，驻英公使施肇基、驻美公使顾维钧、驻比利时公使魏宸组、广东非常国会参议院副议长王正廷为全权代表的中国代表团。中国代表团的其他人员有：驻法公使胡惟德、驻丹麦公使颜惠庆、驻意大利公使王广圻等。除这些成员外，国内各界知名人士梁启超、蒋方震、张静江、叶恭绰等云集巴黎，为代表团出谋献策。

中国北洋政府在一战后期先后派出大批劳工到欧洲和中近东等地担任战争勤务，蒙受了巨大的牺牲。但是，在巴黎和会上，作为战胜国的一员，中国却成了列强宰割的对象。

日本人参加巴黎和会的主要目的，就是要求继承德国在中国山东所强占的一切权益，取得列强对它在中国特殊地位的承认，中国代表顾维钧据理驳斥了日本的无理要求。作为战胜国，中国完全有理由从战败的德国人手中夺回自己的领土主权。因此，中国代表团坚持"胶州租借地、

一战结束，北京政府总统徐世昌向各国外交使团宣布协约国胜利

胶州铁路及其他一切权利，应直接交还中国”，呼吁和会在处理山东问题时“尊重中国政治独立、领土完整之根本权利”。中国政府还通过两份照会，提出取消日本和袁世凯订立的“二十一条”以及列强在华的特权。但是，废除在华特权各大国根本不予考虑。

在会议期间，美国人关注的一个问题是如何限制日本在太平洋及中国的势力进一步扩大，因为这关系到美国在太平洋的利益。出于抑制日本在西太平洋势力进一步扩张的考虑，美国十分担忧日本在中国势力的膨胀。因此，美国在山东问题上倾向于中国。但是，法国和英国人十分担心这样会开了废除战时密约的先例，对英法的殖民地会造成影响，因此对日本的要求加以袒护。有了他们的支持，日本代表有恃无恐，气焰嚣张，宣称如不在“最短时间内”解决山东问题，将拒绝参加国际联盟。在这种情况下，1919 年 4 月 30 日，凡尔赛条约中关于中国山东问题的条款出笼了：

“第 156 条，德国将按照 1898 年 3 月 6 日与中国所订条约及关于山东省之其他文件，所获得之一切权利所有权及特权，其中以关于胶州领土、铁路、矿产及海底电缆为尤要，放弃以与日本。

“所有在青岛至济南铁路之德国权利，其所包含支路，连同无论何种附属财产、车站、工场、固定及行动机件，矿产，开矿所用之设备及材料，并一切附随。

“自青岛至上海及自青岛至烟台之德国国有海底电线，连同一切附随之权利及特权，亦为日本获得，并继续为其所有，各项负责概行免除。

“第157条，在胶州领土内之德国国有动产及不动产，并关于该领土德国因直接或间接负担费用实施工程或改良而得以要求之一切权利，均为日本获得，并继续为其所有，各项负担概行免除。

参加和会的中国代表顾维钧

“第158条，德国应将关于胶州领土内之民政、军政、财政、司法或其他各项档案、登记册、地图、证券及各种文件，无论存放何处，自本约实行起3个月内移交日本。

“在同样期限内，德国应将关于以上所指各项权利所有权或特权之一切条约、办法或合同，通告日本。”

作为一个战胜国，中国不仅未能享受到战胜国应享受的权益，甚至连从战败国手中夺回以前丧失的权益的权力也被剥夺了。

五四运动开启中华民族新纪元

随着巴黎和会上有关山东问题交涉失利的消息不断传回，国内群情激愤，社会各界纷纷举行示威游行，对巴黎和会提出强烈抗议，要求中国代表团拒绝签字。当得知外交失败的主要原因是由于1915年中日密约和1918年的合同与换文时，斗争的矛头立即指向了签订这些卖国密约的北洋政府及曹汝霖、陆宗舆、章宗祥等人。1919年4月20日，山东10万群众集会要求严惩卖国贼，抗议活动很快波及上海、青岛等各大城市。各类进步刊物连续发表文章，支持广大民众的爱国运动。5月2日《晨报》发表林长民的文章，大声疾呼：“胶州亡矣，山东亡矣，国不国矣！”“国亡无日，愿合四万万民众誓死图之！”这篇极具战斗性的文章，引起了广泛的共鸣。5月3日，国民外交协会作出决定：5月7日为国耻纪念日，在中央公园召开国民大会。当夜，北京大学千余学生及校外学生代表在法科礼堂集会，共商行动方案，会议决定于5月4日在天安门举行学生界大示威。

5月4日下午1时，北京10余所学校3000余名学生云集天安门。学生手持“还我青岛”“保我主权”等标语，高呼“外争国权、内惩国贼”“取消二十一条”“拒绝和约签字”等口号。集会后，学生游行到东交民巷向各国驻华使馆请愿，随后向曹汝霖住宅进发。愤怒的学生涌入曹宅后未找到躲在里面的曹汝霖，便放火烧宅。当时躲在曹宅的章宗祥从锅炉房中跑出，被学生抓住痛打一顿。军阀政府派军警镇压，逮捕32名学生。此举引起学界愤怒，全市学生立即实行总罢课，并通电全国表示抗议。天津、上海、长沙、广州等地学生纷纷罢课，游行示威，声援北京学生运动。日本、法国的中国留学生以及南洋华侨学生都展开了爱国活动，以示声援。

五四运动唤醒了中国人民。具有初步共产主义觉悟的知识分子纷纷发表文章。李大钊、陈独秀、陈冷血等人接连撰文，揭露帝国主义者的所谓“公理战胜强权”“废弃密约”“尊重弱小国家权利”“建立永久和平之同盟”等，全是“昙花幻梦”，告诫人们必须抛弃对帝国主义包括对威尔逊“十四条”宣言的幻想，只有“自谋”“自助”才能救亡图强。各界人士纷纷行动起来，支持爱国学生运动。为了抗议卖国政府镇压学生运动，北大校长蔡元培于5月9日不辞而别，离京出走。教育总长傅增湘也提出辞职。5月17、18日，北京中等以上学生联合会连续召开会议，向当局提出挽留蔡、傅等要求，并于19日开始总罢课。

五四运动的爆发，极大地震撼了中国社会，促使统治阶级内部矛盾尖锐化和公开化。交通总长曹汝霖、总裁陆宗舆、驻日公使章宗祥先后被迫提出辞职，他们的后台徐世昌等也受到指责。北京政府为了稳定政局，决定对学生运动采取强硬措施，于5月中旬决定：公开主张签订和约，严厉镇压学生运动。5月21日，徐世昌下令撤销镇压学生运动不力的步军统领李长泰的职务，由王怀庆接任。5月23日，关闭《益世报》，并对各类报刊实施新闻检查。5月25日，徐世昌下令禁止集会、游行、演说、散布传单，违则实行镇压。

政府的倒行逆施，没有压倒满腔热血的青年学子。6月3日，北京各校学生再次掀起大规模示威游行。北京政府在6月3日、4日两日逮捕学生1000余人，激起了全国更大的愤怒。上海工人发动了六七万人的大罢工，接着沪宁、沪杭两铁路的工人举行了罢工。南京、天津、杭州、武汉、九江及山东、安徽等地的工人纷纷响应，走上了街头。上海等市的商店职工也举行罢市，许多店门都贴上了“不诛卖国贼不开市”“要求政府夺回青岛”等标语。这次因声援6月3日北京大批学生被捕而发生的全国性政治运动，史称“六三运动”，它标志着中国无产阶级开始登上政治舞台，五四运动进入一个新阶段。从此，五四运动就成为以工人阶级为主力军，包括小资产阶级和民族资产阶级参加的全国性的革命运动。

面对日益严峻的政治危机，北京政府不得不“舍车保帅”。6月10日，徐世昌下令罢免曹汝霖、章宗祥、陆宗舆的职务。6月13日，下令免去钱能训的总理职务，由财政总长龚心湛任代总理，主持看守内阁。龚心湛上任后，两面三刀，为了讨好列强，他表示中国政府可以在对德和约上签字；为了逃避签字的责任，他又不给中国代表团任何明确的指示，而令其“自酌办理”。身为代表团全权委员长的陆征祥也于6月17日以“旧病暴发”需住院医治为由，将签约一事推给顾维钧办理。

这是“五四”运动中被撤职的章宗祥与夫人的合影

自巴黎和会开幕以来，中国代表团关于山东问题曾提出过许多方案，可以说是步步退让，委曲求全。但是，这些方案均遭无理拒绝。在这种情况下，中国代表团于 6 月 28 日决定拒绝签字，不参加当天下午在凡尔赛宫举行的对德和约签字仪式。同时，电告中国政府，申述拒签理由。中国代表团拒签对德和约，震惊中外。这是中国人民反帝爱国运动的一大胜利，标志着中国外交开始打破近代以来“始争后让”的惯例，在中国近代史上写下了敢于在外交场合向列强抗争的光辉篇章。

第一次世界大战对中国的经济、政治、军事、文化等方面均产生了重大影响。特别是因巴黎和会剥夺中国正当权利而直接引发的五四运动，影响更为深远。伟大的五四运动使马克思主义在中国得到广泛传播，揭开了新民主主义革命的序幕，在思想上和组织上为中国共产党的诞生做了准备。从此，中国历史开始了新纪元，中国人民沿着五四运动开始的新民主主义革命道路，在中国共产党的领导下，步步前行，最终赢得了革命的彻底胜利，人民的彻底解放。

3

影响深远的军事遗产

第一次世界大战结束了。它留下的军事遗产，走进了历史的教科书，成为世人说长道短的对象。

大战开创了战争总体性的世纪

在人类社会发展史中，战争并不是什么稀奇古怪的历史现象。只要战争的根源不消灭，战争就不可避免。但是，就其涉及范围与规模、激烈程度，最重要的是就其总体性来说，第一次世界大战却是破天荒的。

在此之前，从来没有任何一次战争消耗了如此众多的资源，从来没有任何一次战争覆盖了地球上如此广阔的土地，从来没有任何一次战争使这么多的国家卷入战争的漩涡之中，从来没有任何一次战争像这样大规模地、不分青红皂白地进行大屠杀。

大战的统计数字是让人触目惊心和毛骨悚然的：卷入这场浩劫的有30多个国家15亿人口，占世界总人口的3/4；战争期间，各交战国共动员7350万人参战，其中阵亡1000万人，相当于过去1000年间欧洲发生的所有战争中死亡人数的总和；受伤的有2000多万人，其中，终生残废的有350万人；战争引起的饥饿和灾荒，仅据12个交战国的统计，就夺走了2000万人的生命。其中，俄国500万人，奥匈440万人，德国420万人；战火将无数村庄化为灰烬，使无数城镇变成废墟，导致千百万人流离失所，无家可归；这场大战的直接战费总额约为1805亿美元，间接战费约1516亿美元，总计约3321亿美元。这个数字比1793～1907年的欧洲历次战争开支的总和还多10倍。

第一次世界大战是一场真正的全球战争，它的规模之大、流血之多以及破坏性之巨都是史无前例的。它使全人类临近深渊，使文化濒于毁灭，使千千万万的人死亡，把广大地区变成了人间的地狱。第一次世界大战不仅给欧洲各国人民，而且给殖民地半殖民地国家带来了沉重灾难。帝国主义列强为了进行这场侵略战争，进一步加紧了对殖民地和半殖民地国家的掠夺，不仅从殖民地半殖民地国家搜刮了大量钱财，还在殖民地半殖民地国家征集了大量人员。大战期间，法国从殖民地征召了150万人，其中84.5万人来自非洲。英国从殖民地征召了450万人。德、奥等国也从殖民地征召了大量军队，为它们充当炮灰。这些来自殖民地半殖民地的军人，大部分在战争中丧生。列强还从殖民地半殖民地征召了几百万民夫。当时人口不到1000万的埃及，就被征去50万人，从东非征发的民夫为20万人，乌干达为12万人。这些民夫被迫在前线和后方从事危险而又繁重的体力劳动，成千上万的人被折磨致死，陈尸于异国他乡。帝国主义国家为了把战争的重负转嫁给殖民地人民，增加各种苛捐杂税。一些殖民地成了列强的军事基地和军需品供应地。

第一次世界大战开创了一个战争的总体性的世纪：手段的总体性、力量的总体性和目的的总体性。它使“全国武装”这个词在战争中头一次变成了完全的现实。

面对着被摧毁的家园和信念，人们心中一片茫然

第一次世界大战战场空间的扩大，人员消耗的增多，战争时间的持久，使交战双方武装力量的动员达到了当时的最大规模。

第一次世界大战的总体性首先表现在动员的全面性。第一次世界大战以前，战争动员的概念即已出现，但那时的战争动员，与战争的有限性和局部性相适应，大多局限于武装力量的动员，属于军队行动的一部分，涉及范围小，速度慢，规模不大。第一次世界大战爆发前，无论是同盟国还是协约国，根据以往战争的经验，都认为即将爆发的战争，仍与过去一样，将是短期的速决战，并据此来制订计划。施利芬曾说，战争将在春天开始，在秋天落叶时结束。英国在战争初期流行的口号依然是“照常工作，各安本业”。各交战国都没有持久作战的计划和在全国范围内进行全面战争动员的准备。但是，第一次世界大战爆发不久，就宣告了短期速决战略的破产，运动战演变成持久战和消耗战。前所未有的战争规模和巨大的人力物力消耗，使各参战国的战争物资储备不到数月就消耗殆尽。俄国原计划每门75毫米火炮一年的炮弹储备为1000发，实际战争中只打了16天就告罄。俄国的步枪储备，也只够用两三个月，以致新兵中有半数没有步枪。只能赤手空拳等着从阵亡者手里获得武器。法国从开战第二个月起就出现炮弹匮乏，国内原有生产规模，只能满足需要量的1/15，开战3个月步枪和火炮供应就已中断。英国远征军1915年年初每天只能得到4 ~ 10发炮弹的供应。为了满足战争的需要，各交战国不得不把整个国民经济转入战时轨道，对整个国家进行全面动员。因此，第一次世界大战的战争动员与以往历次战争相比，动员领域广泛，动员组织系统复杂，动员的时效要求高。

第一次世界大战爆发时，各交战国都宣布了战争动员，但在开始时仅有军事动员而无经济动员。随着战争的发展，战争动员的领域逐步扩大到经济领域，工业生产方面的动员是由于军队武器装备的不足引起的。工业生产中，重工业生产又首当其冲。接着纺织、服装、食品加工等轻工业也开始承担大量的战争订货。由于许多国家粮食、棉花供应紧张，农业生产也被列入国家统制范围。为了筹措战争经费，金融财政和税收成了统治阶级向人民群众转嫁战争负担的手段。为了诱使群众支持和参加战争，各国都极力煽动民族沙文主义情绪，进行思想政治动员，于是，战争动员被逐步扩大到社会生活的各个领域。

以往的战争动员，主要集中于兵员动员，组织系统单一，一般归军队有关部门领导。第一次世界大战的战争动员，涉及面广，持续时间长，组织机构复杂。动员对象中，既包含军队，也涉及地方；既有官方的，也涉及民间；既要保证眼前的战场急需，又要兼顾持续的动员后备；既要保证前方作战，又要维持后方生产和基本民需，从而保证整个国家生活各个方面在战时体制下能够运转。要做到这一点，就要求政府进行集中统一的领导和科学的组织管理。战争爆发后，德国国防部于 1914 年 8 月 9 日成立了战争原料处，得到了联邦议会的各种立法保证，确立了“战时经济制度”，较短时间内，使国家经济转入了战时轨道。1916 年 12 月，

正在制造炮弹的英国妇女

德国通过了由鲁登道夫负责制订的“兴登堡计划”，要求将国家的全部人力、物力、财力都用来为战争服务，并设置了国防部战争局，担负战时经济的一切职能。英国在战争期间，成立了“战时内阁”，集中统一领导战时英国的各项事务。战时经济方面，内阁专设军需部，专门颁布了“军需品法”，规定有关的一些私营企业交由国家管理；限制雇主利润；实行强制劳动和限制罢工等。军需大臣统一管理一切有关军需的机构。在基层则设立军需品仲裁委员会，具体处理触犯上述法令者。美国在参战前颁布了一系列战争动员的法令，如《海军法》《1916 年国防法》《陆军改组法》。美参战后又颁布了《战时贷款法》《选征兵役法》《利弗食品管制法》《战时岁入法》等，以立法手段保障国家的全面动员。

第一次世界大战，是两大对立集团国家总体实力的较量，新的科学技术和生产力的发展，使战争空间相对缩小，战争强度得到加强，战争消耗成倍增长，从而对战争动员提出了更高的要求，而现代资产阶级国家机器的不断完善，为组织领导巨大复杂的战争动员提供了保证。然而，这种全面动员必须是有限度的，超过一定的限度，就会适得其反。

法国和英国在军队服役的人数分别占总人口的 17.2% 和 10.8%。各国平均 20% 的适龄男子都被征服兵役。各国还从殖民地动员大批人力投入战争。1917 年，德国军工企业工人占全国工人总数的比例为 58.3%、俄国为 76%、法国为 57%、英国为 46%、美国为 31.6%。由于大批熟练技术工人应征上了前线，各国被迫雇用大量女工和其他社会闲散人员，即使这样后方企业也无法保证正常开工。由于大部分人力物力流向军事工业，使社会基本消费品生产受到很大影响，普通民众的基本生活供应难以得到保证。比如经济落后的俄国，在整个战争中动员了 1580 万人参战，占全国总人口的 8.7%，农村的壮劳力基本上被征调，工业劳动力有 76% 直接为战争服务。俄国的战争动员超过了国力所能承受的极限，结果，不但前方供应得不到满足，后方人民生活也极度恶化，加剧了国内政治经济危机，爆发了“十月革命”，导致了沙皇政府的倒台。其他国家政权垮台的原因，也莫不如是。

真正的联盟战争留下历史印记

第一次世界大战是一场全球性战争，仅仅一两个国家是难以进行这样规模战争的。因此，第一次世界大战的一个鲜明特点就是联盟战争。

通过联盟而进行的战争，在历史上屡见不鲜。但第一次世界大战的联盟战争与以往的联盟战争相比，表现出许多不同特点。第一是联盟的规模空前。以往的战争联盟，大都局限于某个地区的部分国家。而第一次世界大战时的两大军事集团，涉及欧洲、亚洲、非洲、南北美洲和大洋洲的30多个国家和地区参加。第二是联盟相对稳定，持续时间长。过去的战争联盟，通常是临时性的，由于参加联盟的各国利益和价值观念等方面的差异，结成的联盟并不稳固，经常会发生变动，持续的时间一般不长。结盟只是作为一种权宜之计，一种谋略手段，马基雅维里的“只有永久的国家利益，没有永久的敌人和朋友”被奉为至理名言。第一次世界大战中对垒的两大军事集团，在战争爆发前即已形成，一直维持到大战结束，同盟国联盟持续了40年，协约国联盟持续了13年。世界规模的战争，要解决全球性的矛盾，对抗剧烈，规模巨大，消耗增多，联盟内各国间在政治、经济、军事上的相互依存性越来越大。一个国

战争总动员导致妇女儿童成为武器弹药的生产者

家在战争中的得失存亡，往往取决于整个联盟的成败。第一次世界大战将以往战争的单纯军事对抗，发展成为两大军事联盟政治、经济、外交、心理等各方面的总体战。战争的胜利，不仅仅取决于某一国家军事上的比拼，而且取决于联盟总体实力上的较量。因此，巩固和扩大自己的联盟，削弱瓦解敌方的联盟，贯穿于整个大战的始终，并最终决定了整个战争的基本走向。第三是加强军事上的协同变得更为重要。第一次世界大战以前的联盟作战，基本停留在保持作战对象的一致上，很少有几个国家在不同战略方向或几个战场上，协调一致地作战。即使是一次作战行动，联盟内不同国家的军队，也大多是各自为战，基本保持各自原有的指挥关系。协约国在开战之初，依然如此。由于没有成立可以协调各国军队的机构，仅靠政府间的一些原则协议，结果，各国军队在各个战场上各自为战，形不成合力，导致作战不断失利。这使协约国开始认识到，建立战场统一指挥的必要性和紧迫性，经过多次协商，协约国在西线设置协约国军总司令，统一指挥西线战场的作战，从而使战场形势大为改观，加速了战争的进程。

新的军兵种促使战争向机械化立体化发展

第一次世界大战是科学与工业相结合为战争服务而产生的潘多拉罪恶之盒的预演。现代科学技术的发展，本应为人类带来幸福与进步，但不幸的是，它却结出了邪恶的花果。它在历史上第一次把最大的技术成就用来大规模地摧毁、屠杀千百万人的生命，使战争手段的总体性成为可能。科学技术孕育出来的新式武器，使得不分青红皂白的大屠杀变成现实，潜艇、飞机、大炮、坦克和毒气竞相登台亮相，在战争史上写下了凶相毕露的新篇章。而随着新技术兵器的不断出现，导致各国军队的军兵种结构发生了巨大变化。

在陆军的编成中，步兵虽仍居主导地位，但其比重开始不断下降。

战争开始时，步兵约占陆军总数的70%，战争后期减少了约20%，但威力却增长了1～2倍。步兵装备有大量的机枪、迫击炮和枪榴弹，并开始使用汽车，出现了摩托化步兵的萌芽。

大战前夕，各国都有相当数量的骑兵部队。在战争史上，骑兵由于机动能力高，冲击力强，曾在相当长的时间里成为陆军中的一个极为重要的兵种。在第一次世界大战的初期，骑兵依然作为机动作战兵力发挥作用。但是，随着战场火力密度不断增大，骑兵开始丧失原有的地位，到大战后期，骑兵部队的数量已明显减少。

与步兵、骑兵的失落相比，一些新生的军兵种可谓是春风得意，风光无限。

炮兵是陆军的主要火力突击力量，在第一次世界大战中有了长足发展。大战前夕，各主要参战国陆军共有火炮2.4万门，到大战结束时达到8.48万门。火炮的性能也有了很大改进，火炮的口径和射程增大，射速和精度提高。大战后期，主要火炮射程都超过10千米，可以压制对方整个战术纵深。火炮在大战中发挥了巨大威力，炮兵火力造成的伤亡占全部战场人员伤亡总数的75%，步机枪造成的伤亡仅占15%～20%。大战期间，还出现一些超大口径和超远程火炮。德军进攻列日要塞时，使用了克虏伯工厂制造的419毫米巨炮，发射药和弹丸总重近2吨。1918年，德军使用口径220毫米，射程达122千米的"巴黎大炮"，炮击巴黎，造成法国首都的恐慌。

工程兵在大战中的地位提高，人员增加了50%，在构筑野战工事、设置工程障碍和进行伪装等方面发挥重要作用。协约国军队还从国外大量招募随军劳工进行工程作业，弥补工程力量不足。

通信兵在大战中也得到很大发展，为实施大规模作战提供了保障。大战开始时，军队的主要通信手段是有线电话、电报，辅以徒步、信鸽和少量无线电通信。大战中期，无线电通信普遍装备到师一级作战单位。无线电通信的运用，又使密码通信相应发展，交战双方破译和反破译斗争不断加剧，军事斗争增加了一个新的领域。

大战中，最值得一提的是后来称雄战场的陆战之王坦克的出现。坦克的发明和使用，使陆军增加了一个新的兵种——装甲兵。

坦克的出现，既是当时突破步兵无法克服的堑壕和铁丝网的需要，也是当时技术发展所提供的可能性的必然产物。自从西线陷入堑壕战僵局后，防御的一方，特别是德国人，在作战中广泛运用了机枪、速射炮等大杀伤力武器，并与铁丝网、堑壕等防御手段相结合，使阵地防御战术日趋完善，防御明显强于进攻。进攻一方除了依靠强大的炮火外，没有任何突破防线的方法。英国人在对德的阵地战中，伤亡惨重，吃尽了苦头。因此处心积虑地想发明一种能突破堑壕体系的攻击型武器，这种武器既要能轻松地突破堑壕和铁丝网，又要能挡住密集的机枪子弹，还要有强大的火力，坦克就是适应这种需求而诞生的。

坦克的出现，一方面是战争的需要，另一方面与当时科学技术的发展密切相关。19 世纪末 20 世纪初，蒸汽机技术、内燃机技术、火炮技术、装甲技术和履带推进技术已基本成熟。1906 年，英国制成以蒸汽机为动力的拖拉机。火炮已广泛用于实战，带有钢铁装甲的蒸汽机军舰与枪炮融合为一体，使制造适应陆战场攻防兼备的新式武器具备了技术基础和物质

一战中的坦克

条件。因此，一种划时代的新式武器在这一时期的出现成为必然。

坦克登上战争舞台，改变了战争的面貌，意味着机枪、铁丝网加堑壕的阵地战时代即将成为过去，机械化战争的新时代已经到来。第一次世界大战后，英国的富勒、法国的戴高乐等人提出建立以装甲兵为核心的“小型职业军队的理论”和“机械化战争论”，强调装甲兵具有独立机动作战的能力，对战后各国的军队建设和军事学术的发展产生了很大影响。

化学兵也产生于第一次世界大战。20世纪初，化学工业在欧洲迅速兴起，为现代化学武器的发展提供了条件。大战期间，化学武器逐步成为具有重要军事意义的制式武器。1915年德军首先在伊普雷战役中用钢瓶施放氯气。之后交战双方竞相研制和使用化学武器。随着化学毒剂的发展，战场上先后出现了化学毒剂抛射器和化学炮弹。大战后期，使用化学炮弹已占所用毒剂总量的90%以上。化学战剂种类增多，出现了窒息性光气和双光气毒剂、全身中毒性氢氰酸毒剂、糜烂性芥子气毒剂等。各国在战争期间共生产各种化学毒剂15万吨。化学武器的使用，随之产生了对化学武器的防护。化学战的实施与防护成为现代合同作战的重要任务之一。

在第一次世界大战的弥天战火中，一个崭新的军种——空军，正在茁壮成长，赋予战争以全新的角度，使战争由过去的平面向立体发展。

第一次世界大战中,航空兵的飞速发展对战争进程产生了重大影响。世界上第一架飞机上天是在1903年。1909年，飞机开始运用于军事领域。但在大战开始时，各国统帅部对它的作用却颇不以为然。

航空兵隶属于陆军，基本建制单位是航空连（营）或航空队。随着飞机数量增加，质量提高，航空兵的战斗使用范围不断扩大，承担的任务增多，出现了侦察、歼击、轰炸、攻击等多机种的航空兵，编成了航空兵中队、大队、联队（师）。航空兵除用于侦察和校炮外，还被广泛用于空战，轰炸敌后方城市，攻击敌地面军队，掩护己方军队作战。战争已由陆上、海上扩展到空中，开始具有立体战的性质。航空兵由勤务性质的部队发展成为举足轻重的作战兵种。到大战结束时，交战双方已拥有作战飞机1万多架，其中歼击机4000多架，

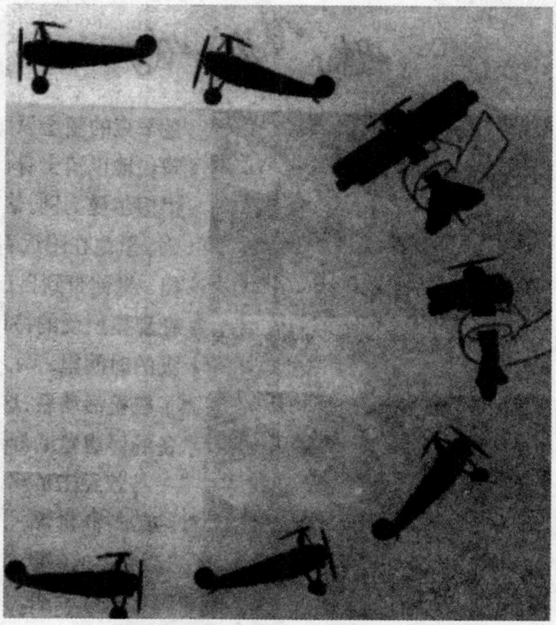

一战中的机群

轰炸机1400多架。1918年4月，英国率先成立了与陆海军平行的皇家空军，空军开始成为独立的军种。空军，在第一次世界大战中还不是一个决定战争的重要军种，但是，它已经向人们展示了它在战争中的独特作用和不可替代的发展前景。

海军在第一次世界大战中有了很大的发展。海军这一古老军种，在第一次世界大战前已进入“战列舰时代”。从1906年英国建造第一艘“无畏”级战列舰起，各海上大国海军军备竞赛不断升级。到1914年，英国已拥有22艘“无畏”级战列舰和6艘老式战列舰。这些“无畏”级战列舰排水量在1.8万～2.8万吨，航速21节，装备有11英寸以上的巨炮。“大舰巨炮主义”成了这一时期海军建设的指导思想。辅助这些战列舰作战的有大量战列巡洋舰、轻巡洋舰、驱逐舰，以及潜艇和海军航空兵。“大舰巨炮主义”把“海上主力舰队决战”作为海战的基本样式。然而，在第一次世界大战中，这种“海上主力舰队决战”，仅有1916年日德兰

海战一次，且胜负未见分晓。相反，原来未被人注意的德国潜艇却得到了超水平的发挥。大战期间，德国建造了 344 艘潜艇。德国潜艇分为巡洋潜艇、远洋潜艇和近岸潜艇 3 种。潜艇在破坏海上交通和封锁沿海的斗争中显示了巨大的威力。大战中，海军航空兵得到迅速发展，对战后海上作战样式的根本改观具有深远意义。海军航空兵的主要装备是水上飞机和飞艇。大战后期，首次出现了航空母舰。1917 年和 1918 年，英国用大型商船和军舰改装了 3 艘可搭载 6 ~ 20 架飞机的航空母舰，海军已成为以多种水面舰艇为主的诸兵种联合体。

第一次世界大战期间，军事力量的发展在世界战争史上占有重要的历史地位。随着战场规模扩大，对抗强度增加，各种新技术兵器广泛运用，各主要参战国军队建设愈益朝着组织大型化、编制合成化、机动机械化、作战立体化方向发展，为战后各国军队现代化建设提供了宝贵的借鉴和启示。

全新的军事理论粉墨登场

新式武器的大量使用，对军事理论的发展产生了深远的影响。战后涌现的各种军事学说，诸如空军制胜论、坦克制胜论、闪击战和坚固防御工事制胜论以及总体战、大战略等等，都是第一次世界大战的产物。

第一次世界大战的消耗战是在交战双方进入阵地战以后，都试图凭借自己的力量优势，在与对方拼消耗的过程中削弱对方，以取得战争胜利的一种战略思想和作战方式。大战中的许多战役都是靠几十万、上百万士兵的伤亡和大量消耗武器弹药来支持的。因此，在战后不少人评论指出，第一次世界大战在战争艺术上出现了大倒退，战争走进了死胡同。其实，这次作战双方在军事力量上相对平衡，军事斗争的手段不够完善，缺乏进行世界战争的指挥经验等，使当时各国的统帅部不得不依靠消耗成千上万的士兵和炮弹来赢得战场上的胜利。客观上讲，第一次世界大战在战术领域还是取得了一些重要的发展，最为突出的就是产生了集群战斗、纵深梯次防御和诸兵种合同战术。

第一次世界大战以前，各国军队普遍流行的进攻战术队形是拿破仑战争时期形成的密集的散兵线与密集纵队相结合的战术队形。在第一次世界大战开始时，“法国军队以19世纪最好的队形出现在战场上，戴了白手套、修饰得漂漂亮亮的军官走在他们部队前面60英尺，部队则穿了暗蓝色短上衣和猩红色裤子。伴随他们的是团旗和军乐队”。士兵们很勇敢，部队进攻时就像阅兵行进那样整齐。然而，他们一个个“像野兔一样被打翻”，“没有一个能在向他们集中射击的炮火下活下来”。这种战术队形在进入阵地战阶段以后，面对着不断加强的防御火力，越来越显得不合时宜。因此，在大战期间，就产生了“火力集中，人员分散，小群协同”这一新的作战原则，形成了集群战斗的战术。即把步兵小分队部署在坦克、伴随火炮、重机枪和其他集群战斗兵器附近进行战斗。这种新战术，把步兵分成许多小的集群，多波次尾随炮兵火力实施进攻，集群间的间隔加大。这种战术队形与以往的队形战术相比，无疑是一大进步。

在第一次世界大战中，防御战术得到很大发展。阵地战开始以后，

阵地战成为一战中最为常见的战术

各国都十分重视防御战术的研究与实践。孤立的防御基点很快被堑壕连接起来，产生了具有一定纵深的线式阵地防御，兵力兵器被有重点地配置在主要防御方向和阵地的诸要点上，形成以机枪为核心，与火炮相结合的火力配系。在防御阵地的浅近纵深内，还设置预备阵地，用以配置预备队兵力。在防御阵地前设有铁丝网等障碍物。随着进攻兵力火力的不断加强，进攻战术进一步改进和完善。同时，防御的一方为了增强防御的稳定性，开始加大线式防御的战术纵深，增强防御作战的弹性。到了大战中后期，出现了梯次防御阵地。这种防御阵地由数道堑壕线组成，并有交通壕相连接，野战工事与永备工事相结合，具有反坦克、防化、防炮火袭击等多种作战功能，大大提高了防御的稳定性。

第一次世界大战期间，陆军的基本兵力是步兵。炮兵、通信兵、工程兵都有很大发展。大战中期，出现了坦克和化学武器，飞机也开始直接支援地面作战，从而产生了诸兵种合同战术，并得到很大发展。大战期间，炮兵是支援步兵作战的最重要兵力。进攻战斗中，炮兵负责实施火力准备，炮火准备经常持续数日。发起进攻后，炮兵转入徐进弹幕射击，有时实施双层弹幕射击，直接掩护步兵冲击。防御战斗中，炮兵通过实施火力反准备、拦阻射击等战术手段支援步兵作战。坦克出现以后，由于性能不完善，主要担负直接支援步兵进攻作战的任务。在大战后期，坦克的作用越来越大，出现了步坦联合作战，现代合同战术雏形初现。

历史是一本教科书，读史可以明智。时至今日，第一次世界大战那段不堪回首的历史，仍然会经常出现在学校的教案里，出现在人们的谈论中。但令人遗憾的是，许多人并没有真正地以史为镜，吸取鲜血和生命浸染的经验教训，以避免类似的悲剧重演。

于是，战争，和平，战争……历史就这样周而复始，日复一日，年复一年……

主要参考文献

1 Barbara W. Tuchman. The Guns of August. Dell publishing Co, Inc,1963

2 ［苏］罗斯图诺夫．第一次世界大战史．上海：上海译文出版社，1982

3［英］杰克·雷恩．第一次世界大战的重大战役．上海：上海译文出版社，1980

4 张海麟等. 公理战胜强权的神话: 第一次世界大战. 北京: 国防大学出版社，1993

5 王文华，毛元佑．世纪豪赌：第一次世界大战．北京：军事科学出版社，2000